本书为山西警察学院本科规划教材并获得『2019年院级规划教材项目』立项资助

普通高等教育精编法学教材

ESSENTIALS OF POLICE LEGAL KNOWLEDGE

民警法律知识精要

邢曼媛 苏天照 ◎ 主编

图书在版编目(CIP)数据

民警法律知识精要/邢曼媛,苏天照主编. —北京:北京大学出版社,2019.10
普通高等教育精编法学教材
ISBN 978-7-301-30726-7

Ⅰ. ①民… Ⅱ. ①邢… ②苏… Ⅲ. ①法律—中国—高等学校—教材 Ⅳ. ①D92

中国版本图书馆 CIP 数据核字(2019)第 199740 号

书　　　名	民警法律知识精要 MINJING FALÜ ZHISHI JINGYAO
著作责任者	邢曼媛　苏天照　主编
责 任 编 辑	毕苗苗
标 准 书 号	ISBN 978-7-301-30726-7
出 版 发 行	北京大学出版社
地　　　址	北京市海淀区成府路 205 号　100871
网　　　址	http://www.pup.cn
电 子 信 箱	law@pup.pku.edu.cn
新 浪 微 博	@北京大学出版社　@北大出版社法律图书
电　　　话	邮购部 010-62752015　发行部 010-62750672　编辑部 010-62752027
印 　刷 　者	北京虎彩文化传播有限公司
经 　销 　者	新华书店
	730 毫米×980 毫米　16 开本　21.25 印张　370 千字 2019 年 10 月第 1 版　2023 年 9 月第 6 次印刷
定　　　价	59.00 元

未经许可,不得以任何方式复制或抄袭本书之部分或全部内容。
版权所有,侵权必究
举报电话: 010-62752024　电子信箱: fd@pup.pku.edu.cn
图书如有印装质量问题,请与出版部联系,电话: 010-62756370

作者简介

苏天照 男,三级警监,管理学博士,现为山西警察学院副院长,副教授、硕士研究生导师。长期从事法学教学、科研和高校管理工作,为本科生、研究生讲授刑法学、民法学、行政法学、法学概论、卫生法学等课程。已承担国家社科基金项目、教育部人文社会科学研究项目、山西省软科学研究项目等课题十余项,已发表学术论文四十余篇,参编《卫生法学》《护理伦理与法规》等国家级规划教材,曾获2007年度山西省高校科学技术一等奖。

邢曼媛 女,二级警监,现为山西警察学院教授、硕士研究生导师。已在《中国刑事法杂志》等学术刊物上发表了六十余篇学术论文,出版专著和主编教材十余部。曾荣获"山西省模范教师""山西省双师型教学名师""山西省首届杰出中青年法学家""山西省巾帼建功标兵""山西省青年科技奖""山西省青年教育专家""十佳女警官"等荣誉称号,并荣立个人一等功1次,二等功1次,三等功1次。

前　言

　　本书编写的目的是为公安院校学生构建良好的法律知识框架和培养其良好的执法能力，实现应用型人才培养目标，使学生具有成为人民警察所需要的良好的法律素质。基于公安院校人才培养目标的要求，我们选择法理学、宪法学、民法学、民事诉讼法学、警察法学中与公安执法工作密切相关的内容展开本书编写，以期通过法学概论课程教学，逐步培养学生在未来的警务工作中应对复杂的执法活动所需的执法能力。

　　在编写的过程中，我们认真研究了本书使用对象的需求，充分发挥教材在教学中的作用，从而形成了本书自身的特点：第一，本书内容与公安执法工作紧密相关。在有限的课时安排下，我们精选了直接服务于公安执法工作需要的内容。第二，本书的编写体例新颖，集知识性、能力性和趣味性于一体。本书的编写体例由四个方面组成：案例导入、法理阐释、知识链接和思考题。具体而言，本书首先以案例为引导，激发学生的学习兴趣，然后以法理阐释内容帮助学生建立基本的法律知识架构，再以知识链接拓宽专业知识范围，鼓励学生课下自学，最后以思考题提示学生教学的重点和难点。

　　本书撰稿人及分工如下：第一章由管晓静撰写；第二章由王英松撰写；第三章由贾琳娜撰写；第四章由刘剑军撰写；第五章由苏天照、邢曼媛、付茜撰写。本书是山西警察学院院级规划教材，在出版方面得到了学院的大力支持和资助。在本书的编写过程中，山西警察学院法学系组织具有教授职称或者博士学位的骨干教师予以教材立项论证，力求内容科学，体例新颖；山西警察学院教务处也对本书给予重点关注和支持。在此，我们向学院领导及有关部门的同志表示真诚的感谢！本书还参阅了全国一些重点出版社出版的教材和专著，在此向这些图书的作者和出版社表示衷心的感谢！

目 录

第一章 全面掌握法的基本理论,努力实现依法治国的宏伟目标 …… 1
 第一节 夯实法的本体知识,形成法律思维方式 …………………… 3
  一、法的概念（3）   二、法的本质（5）
  三、法的特征（7）   四、法的作用（8）
  五、法的渊源（13）   六、法的效力（15）
  七、法的要素（17）   八、法律体系（22）
  九、法律关系（24）   十、法律责任（38）
 第二节 完善法的运行环节,推进依法治国的基本方略 …………… 46
  一、立法（47）   二、守法（56）
  三、执法（59）   四、司法（62）
  五、法律监督（64）

第二章 忠于宪法法律,实现长治久安 ………………………………… 69
 第一节 弘扬宪法精神,维护宪法权威 ………………………………… 71
  一、宪法的概念（71） 二、近代宪法的产生（73）
  三、宪法的法律地位（74） 四、宪法的本质（75）
  五、宪法的分类（76） 六、宪法结构（77）
  七、宪法的指导思想及基本原则（78） 八、宪法制定（80）
  九、宪法修改（80）   十、宪法解释（82）
  十一、违宪审查（82）
 第二节 坚持党的领导,坚持社会主义制度 …………………………… 84
  一、国家性质（84）   二、政权组织形式（87）
  三、选举制度（90）   四、国家结构形式（95）

第三节 树立正确权利观,切实尊重保障人权 ………………… 97
  一、我国公民享有广泛的基本权利(97)
  二、我国公民应履行的基本义务(109)
第四节 明确法定职权,坚持依法行使职权 ………………… 111
  一、全国人民代表大会及其常务委员会(111)
  二、国家主席(116)   三、国务院(117)
  四、中央军事委员会(119)
  五、地方各级人民代表大会及地方各级人民政府(120)
  六、民族自治地方的自治机关(123) 七、基层群众性自治组织(124)
  八、监察委员会(126)   九、人民法院与人民检察院(128)
  十、特别行政区政权(131)

第三章 培育核心价值观,尊重自由与平等 ………………… 135
第一节 辨清法律关系,正确适用法律 ……………………… 138
  一、民法的概念(138)   二、民法的调整对象(141)
第二节 贯彻民法原则,规范民事活动 ……………………… 147
  一、平等原则(147)   二、自愿原则(149)
  三、公平原则(150)   四、诚实信用原则(151)
  五、守法和公序良俗原则(152) 六、绿色原则(153)
第三节 明确物权法定,依法支配财产 ……………………… 154
  一、物权的概念(154)   二、物权的种类(155)
  三、物权法的基本原则(162) 四、物权的保护(163)
第四节 尊重契约精神,维护交易安全 ……………………… 165
  一、合同的概念和特征(165) 二、合同的相对性(166)
  三、合同的订立(167)   四、合同的效力(171)
  五、违约责任(179)
第五节 履行法定义务,保护民事权利 ……………………… 184
  一、侵权责任(184)   二、侵权责任归责原则(185)
  三、一般侵权行为的构成要件(188) 四、共同侵权行为(195)
  五、侵权责任方式(197)

第四章 熟悉诉讼制度,提升化解民事纠纷的能力 …………… 205
第一节 厘清民事纠纷范围,合理选择纠纷解决途径 ………… 207
  一、民事纠纷的处理机制(207) 二、民事诉讼(210)
  三、诉权与诉(216)

第二节 了解诉讼基本准则,确立纠纷解决的正确理念 …………… 222
　　一、民事诉讼法的基本原则的概念（222）
　　二、诉讼权利平等原则（222）　　三、辩论原则（224）
　　四、处分原则（225）　　　　　　五、法院调解原则（226）

第三节 明确诉讼主体,促进纠纷的合理解决 ……………………… 227
　　一、民事案件管辖（227）　　　　二、民事诉讼当事人（232）
　　三、诉讼代理人（241）

第四节 正确运用诉讼证据,揭示纠纷的是非责任 ………………… 245
　　一、民事诉讼证据（245）　　　　二、民事诉讼证明（252）

第五节 了解"东方经验",掌握诉讼的调解机制 …………………… 255
　　一、诉讼调解概念与特征（255）
　　二、诉讼调解与诉讼外调解的区别（256）
　　三、诉讼调解的原则（257）　　　四、诉讼调解的程序（258）
　　五、调解书的制作（260）　　　　六、调解书的效力（262）

第六节 适当选择诉讼措施,保障裁判有效执行 …………………… 263
　　一、保全（263）　　　　　　　　二、先予执行（267）

第五章　依法行使权力,规范执法行为 …………………………… 271

第一节 人民警察依法行使职权,受法律保护 ……………………… 273
　　一、人民警察的职权（273）　　　二、人民警察的义务和纪律（280）
　　三、人民警察的组织和管理（288）四、人民警察的警务保障（292）
　　五、对人民警察的执法监督（296）

第二节 公安民警现场制止违法犯罪作为,应当依法采取处置
　　　　措施 ………………………………………………………… 300
　　一、公安民警现场处置原则（301）二、公安民警现场处置程序（302）
　　三、公安民警现场处置措施（304）四、人身安全检查（322）
　　五、公安民警现场处置的事后处理（325）

参考文献 …………………………………………………………… 330

第一章　全面掌握法的基本理论,努力实现依法治国的宏伟目标

四川泸州遗赠案

被告蒋伦芳与遗赠人黄永彬于1963年登记结婚,婚后感情一直不合。1996年,黄永彬与张学英相识后,二人便一直在外租房公开同居。2001年初,黄永彬患肝癌住院治疗,张学英一直在旁照料。黄永彬于2001年4月18日立下书面遗嘱,将其住房补贴金、公积金、抚恤金和出售泸州市江阳区新马路6-2-8的房产所获的钱款的一半4万元及自己所用的手机一部,总计6万元的财产用遗赠的方式赠与张学英。2001年4月20日,泸州市纳溪区公证处对该遗嘱出具了(2001)泸州证字第148号公证书。同年4月22日,黄永彬因病去世。黄永彬的遗体火化前,张学英偕同律师上前阻拦,并公开宣布了黄永彬的遗嘱,称黄永彬将6万元的遗产赠与她,但蒋伦芳拒绝分配财产。当日下午,张学英以蒋伦芳侵害其财产权为由诉至泸州市纳溪区人民法院。该法院于2001年4月25日受理了该案,并依法组成合议庭,分别于5月17日、5月22日两次公开开庭进行了审理。

法院经审理后,于2001年10月11日作出驳回原告诉讼请求的判决。原告不服一审判决,向四川省泸州市中级人民法院提起上诉。二审法院在查明本案的事实后,以与一审法院同样的理由当庭作出了驳回上诉、维持原判的终审判决。

1. 阐述法律原则与法律规则的区别。
2. 分析一审法院作出驳回原告诉讼请求判决的理由。

第一节 夯实法的本体知识,形成法律思维方式

▶一、法的概念

探究最普遍意义上的"法"的词源与词义以及法的概念,自古以来就是法哲学或法律理论的一个核心问题。法可以用许多方式来定义,不同的定义源于不同的角度和思路,服务于不同的研究和实践目的。

（一）法的词源与词义

1. "法"的西语词源与词义

在西文中，除英语中的 law 同汉语中的"法律"对应外，欧洲大陆各民族的语言中都用两个词把"法"和"法律"分别加以表达。比如拉丁文的 jus 和 lex，法文中的 droit 和 loi，德文中的 recht 和 gesets 等。值得注意和思考的是：西文中的 jus、droit、recht 等词既表示"法"，又兼有"权利""公平""正义"等富有道德意味的抽象含义；lex 等词通常指具体规则，其词义明确、具体、技术性强。法指永恒的普遍有效的正义原则和道德公理，而法律则指由国家机关制定和颁布的具体的法律规则，法律是法的真实或虚假的表现形式。这种二元结构是"自然法"（理想法、正义法、应然法）与"实在法"（现实法、国家法、实然法）对立观念的法哲学概括。

2. "法"的中文词源与词义

汉语"法"的古体为"灋"，《说文解字》注释说："灋，刑也。平之如水，从水；廌，所以触不直者去之，从去。"①廌是一种神兽，独角兽，也叫獬豸。古书记载，一说像羊、一说像牛、一说像鹿，其说不一，但认为它"性知有罪，有罪触，无罪则不触"。这说明：第一，在中国古代，法与刑是通用的；第二，法从古代起就有公平的象征意义；第三，古代法具有神明裁判，神兽裁判的特点。可见，从词源看，汉字"法"确有"平""正""直"和"公正裁判"的含义。我国法律史学家蔡枢衡先生认为，"平之如水"乃是"后世浅人所妄增"，水的含义是指将罪者置水上，随流漂去，即现在所谓的驱逐。其对"灋"字有新解，认为"灋"古音为"废"，等于"禁止"，故法有禁止之意。

在古代文献中，"法"除与"刑"通用外，也往往与"律"通用。从《尔雅·释诂》中可以了解到，在秦汉时期，"法"与"律"二字同义，都有常规、均布、划一的意思。《唐律疏义·名例释》更明确指出"法亦律也，故谓之为律"。我们今天所说的法在夏商周为刑，在春秋战国为法，秦汉以后为律，三者的核心语义是刑罚的刑。把"法"和"律"连用作为独立合成词"法律"，在古代文献中偶尔出现过，但主要是近现代用法。清末以来，"法"与"法律"是并用的。

在现代汉语中，"法律"一词有广义和狭义两种用法。广义的"法律"是指法律的整体，指包括宪法、全国人民代表大会及其常务委员会制定的法律、行政法规、地方性法规、规章等在内的一切规范性文件。而狭义的法律则专指全国人民代表大会及其常委会制定的规范性文件。为加以区别，学者们有时把广义的法律称为法，把狭义的法律称作法律，但在很多场合下，仍根据约定

---

① 许慎：《说文解字》，中华书局 1963 年版，第 202 页。

俗成的原则将所有的法统称为法律。

以上对"法"的词源和词义的考证和比较,只是简单说明了"法"作为一个文化符号的演进过程。而马克思主义创始人从唯物史观出发,从不同侧面和角度对法的概念作了定义式的表达,深刻揭示了法的本质和基本特征。

(二)法的定义

法是由国家制定、认可并依靠国家强制力保证实施的,反映由特定社会物质生活条件所决定的统治阶级意志,以权利和义务为内容,以确认、保护和发展对统治阶级有利的社会关系和社会秩序为目的的行为规范体系。具体分析如下:

第一,揭示了法与统治阶级的内在联系。该定义深刻阐明了法是以统治阶级的利益为出发点和归宿,是从统治阶级的利害标准和价值观念来调整社会关系的。

第二,揭示了法与国家之间的必然联系。该定义直接指明了国家在统治阶级的意志客观化为法的过程中有"中介作用",没有这个"中介",任何阶级的意志都不能成为社会的共同规则而具有统一性、权威性和普遍约束力。

第三,揭示了法与社会物质生活条件的因果联系。该定义不是从精神世界或权力意志中寻找法的本质,而是深入到法的物质基础即经济基础中来理解法的本源。

第四,揭示了法的主要目的、作用、价值。该定义认为法具有价值取向,即法是统治阶级有意识地创造出来的行为规范体系,具有一定的目的性,是为了确认、保护和发展一定的社会关系和社会秩序而制定的,这种社会关系和社会秩序是统治阶级所期望的,即对统治阶级是有意义和有价值的。

▶二、法的本质

人类对法的本质的认识过程相当漫长,众多的思想家和法学家们都曾试图回答该问题,但总是众说纷纭。马克思主义法学者运用辩证唯物主义和历史唯物主义科学地阐明了法的本质。

(一)法是统治阶级意志的体现

"法是统治阶级意志的体现"这一命题包含着丰富而深刻的思想内容。

第一,法是"意志"的体现或反映。意志的形成和作用在一定程度上受世界观和价值观的影响,归根到底受制于客观规律。意志作为一种心理状态和过程、一种精神力量,本身并不是法,只有表现为国家机关制定的法律、法规等规范性文件才是法。所以说,法是意志的反映,是意志的结果、意志的产物。正因为法是意志的产物,所以才可以说法属于社会结构中的上层建筑。

第二,法是"统治"阶级意志的反映。所谓"统治阶级"就是一国掌握国家政权的阶级。虽然统治阶级意志由统治阶级的根本利益和整体利益所决定,但其形成和调整也必然受到被统治阶级的制约。统治阶级在制定法律时,不能不考虑到被统治阶级的承受能力、现实的阶级力量对比以及阶级斗争的形势。统治阶级的意志上升为国家意志、被奉为法律之后,在其实施过程中还会遇到来自被统治阶级的阻力。我们应当清楚地看到,在任何情况下,被统治阶级的意志都不能作为独立的意志直接体现在法律里面。它只有经过统治阶级的筛选,吸收到统治阶级的意志之中,转化为统治阶级的国家意志,才能反映到法律中。所以,归根到底,在阶级对立社会中,法是统治阶级意志的体现。

第三,法是统治"阶级"的意志的反映。马克思主义认为,法不论是由统治阶级的代表集体制定的,还是由最高政治权威个人发布的,所反映的都是统治阶级的阶级意志,代表着统治阶级的整体利益,而不纯粹是某个人的利益,更不是个别人的任性。当然,统治阶级的共同意志并不是统治阶级内部各个成员的意志的简单相加,而是由统治阶级的正式代表以整个阶级的共同的根本的利益为基础所集中起来的一般意志。也就是说,法是体现统治阶级的"公意"而不是"众意"。

第四,法是"被奉为法律"的统治阶级的意志。法是"被奉为法律"的统治阶级的意志,这意味着统治阶级意志本身也不是法,只有"被奉为法律"才是法。"奉为法律",就是经过国家机关把统治阶级的意志上升为国家意志,并客观化为法律规定。他们之所以用"法律",是由于法律是法的"一般表现形式"。但通观法的历史,法的表现形式并不是只有法律这一种。除法律之外,还有最高统治者的言论,以及由国家认可的习惯、判例、权威性法理、法学家的注解等。所以,可以将马克思、恩格斯所用的"法律"普遍化为所有法的形式。这样就可以说,统治阶级的意志只有表现为国家有权机关制定的规范性文件,才具有法的效力。

(二)法的内容是由统治阶级的物质生活条件所决定的

把法的本质首先归结于统治阶级的意志,开始触及阶级对立社会的法的本质。但如果认识仅停滞于此,仍摆脱不了唯心主义。要彻底认识法的本质,认识法产生和发展的规律,还必须深入到决定统治阶级意志的社会物质生活条件之中。社会物质生活条件培植了人们的法律需要,同时又决定着法的本质。

社会物质生活条件是指与人类生存相关的地理环境、人口和物质资料的生产方式。其中,物质资料的生产方式是决定性的内容。生产方式是生产力与生产关系的对立统一,生产力代表人与自然界的关系,生产关系代表生产过程中所发生的人与人的关系。马克思和恩格斯的伟大功绩之一,就是发现了社会物质生活条件中生产方式因素的决定意义。生产方式之所以是根本因素,在于它一方面通过生产力和生产关系使自然界的一部分转化为社会物质生活条件,使生物的人上升为社会成员,创造了社会;另一方面,生产过程发生的人与人之间的关系是根本的社会关系,其他一切关系包括法律关系在内都是由此派生的。地形、气候、土壤、山林、水系、矿藏、动植物分布等地理环境因素和人口因素一般说来只有通过生产关系才能作用于法。除了社会物质生活条件以外,政治、思想、道德、文化、历史传统、民族、科技等因素也会对统治阶级的意志和法律制度产生不同程度的影响。

法的本质所揭示的并不是某个唯一的、终极的要素,而是法内在的一种矛盾关系。这一矛盾关系包括两个相关的方面:其一,从主观方面看,法是国家意志和统治阶级意志的体现;其二,从客观方面看,法的内容是由一定的社会物质生活条件所决定的。前者是法的国家意志性和阶级意志性,后者是法的物质制约性。

法的物质制约性和法的阶级意志性是法的不同层次的本质属性,法的这两个方面是矛盾的统一体,两者具有辩证统一的关系,不能将二者割裂开来,截然对立起来。若片面强调法的阶级意志性,则可能导致法律的"唯意志论";若片面强调法的物质制约性,甚至以物质制约性否定阶级意志性,则将导致法律的"宿命论"。只有全面理解它们之间的矛盾关系,才能正确理解法的本质。

▶ 三、法的特征

法的特征是法律本质的外化,是法律区别于其他事物和现象的征象和标志所在。由于法律的特征是法律固有的、确定的东西,人们无法主观想象,任意编造,只能科学地予以认识和分析。建立在前人对法律特征进行探索和认识的基础之上,我们把法律的特征归结为以下几点:

(一) 法是调整人的行为的社会规范

第一,在社会体系中,法属于社会规范的范畴。作为社会规范,法既区别于思想意识和政治实体,又区别于非规范性的决定、命令,如法院判决。

第二,人的行为是法的调整对象。也可以说,法的调整对象是社会关系。这两种说法的意思是一致的,因为社会关系不过是人与人之间的互动行为或交互行为。没有人们之间的交互行为,就没有社会关系。法调整人的行为,同时也就调整了社会关系。作为法的调整对象的行为是指人的外在行为,排除了内在的思想和心理活动。

(二) 法是出自国家的社会规范

法既然是由国家制定或认可，其必然具有国家意志的属性，因此具有高度的统一性、普遍适用性。这种统一性是建立在国家权力和国家意志的统一性基础之上的。法的统一性首先指各个法律之间在根本原则上一致；其次是指除特殊的情况外，一个国家只能有一个总的法律体系，且该法律体系内部各规范之间不能相互矛盾。从法的统一性又可以引申出来法的普遍适用性，即法作为一个整体在本国主权范围内具有普遍约束力，所有国家机关、社会组织和个人都必须遵守法。任何人的合法行为都无一例外地受到法律保护，任何人的违法行为也都无一例外地受到法律制裁。

(三) 法是规定权利和义务的社会规范

法是通过规定人们的权利和义务，以权利和义务为机制，影响人们的行为动机，指引人们的行为，以此来调整社会关系。权利意味着人们可以作出或不作出一定行为，以及可以要求他人作出或者不作出一定行为。法律通过规定权利，使人们获得某种利益或自由。义务意味着人们必须作或者不作一定行为。义务包括作为的义务和不作为义务两种，前者要求人们必须作出一定的行为，后者要求人们不得作出一定行为。正是由于法是通过规定权利和义务的方式调整人们的行为，因此，人们在法律上的地位体现为一系列法定的权利和义务。

(四) 法是由国家强制力保证实施的社会规范

任何一种社会规范都具有强制性，都有保证其实施的社会力量。法的强制性不同于其他规范之处就在于其具有国家强制性。法是以国家强制力为后盾，由国家强制力保证实施的。法的国家强制性，既表现为国家对违法行为的否定和制裁，也表现为国家对合法行为的肯定和保护；既表现为国家机关依法行使权力，也表现为公民可以依法请求国家保护其合法权利。是否具有国家强制力，是衡量一项规范是否是法的决定性标准。

必须指出的是，法依靠国家强制力保证实施，这是从终极意义上讲的，即国家强制力是法的最后一道防线，而非意味着法的每一个实施过程、每一个法律规范的实施都要借助于国家系统化的暴力，或者国家强制力是保证法的实施的唯一力量。

▶ 四、法的作用

法的作用是指法对人的行为和社会所产生的影响，其实质是统治阶级意志、国家权力对社会关系和社会生活的影响，是社会生产方式自身力量的体现。

（一）分类

根据法在社会生活中发挥作用的形式和内容不同，法的作用可以分为规范作用和社会作用。规范作用是从法是调整人们行为的社会规范这一角度而提出，而社会作用是从法在社会生活中要实现一种目的的角度来认识，两者之间的关系为：规范作用是手段，社会作用是目的。

1. 法的规范作用

作为由国家制定的社会规范，法具有指引、评价、预测、教育和强制等作用，这是法本身的作用或法的专门作用。

（1）指引作用，指法律对个体行为的指导和引领作用，包括确定性指引和选择性指引。确定性指引，即通过规定法律义务，要求人们作出或抑制一定行为。选择性指引，即通过授予法律权利，给人们创造一种选择的机会。就确定性指引来说，法律的目的是防止人们作出违反法律指明的行为；而就选择性指引来说，法律的目的是鼓励人们从事法律所允许的行为。

（2）评价作用，指法律作为一种行为标准和尺度，能够对他人行为的法律意义进行判断和衡量，即对他人行为的评判。但在现实生活中，法并不是唯一的评价人们行为的标准，道德规范、宗教规范、风俗习惯和社会团体的规章等也具有对行为的评价作用。但是，法作出的评价却有着与它们不同的特点。首先，法的评价对象仅限于人的行为而非思想意识、心理活动等。其次，法的评价具有比较突出的客观性。即什么行为正当，什么行为不正当；什么行为可做，什么行为不可做，在法律规范中均有明确规定。当然，在利用法律规范对行为进行评价时，评价者对规范的理解也可能发生细微的有时甚至是重大的差别。不过，这种差别在其他评价标准中就更为明显和经常。最后，法的评价标准具有普遍的有效性、严格性、确定性和统一性。在同一社会，基于道德观念、宗教信仰、风俗习惯等的不同，每一个人对一定行为所做的评价结果有可能不同；而法律规范不同，法律的评价标准是严格、具体、明确和具有普遍约束力的。

（3）预测作用，指根据法律规定，可以预先知晓或估计到人们相互间将如何行为以及行为的法律后果，即对人们相互间行为的预计和估量，从而对自己的行为作出合理的安排。人们在社会生活中，每个人的行为都可能对他人的行为发生影响，同时也可能受到他人行为的影响。在这种复杂的互动关系中，如果没有一定的公认规则据以预测自己行为的对错和行为后果，社会生活就会陷入无序状态。法的预测作用可以减少行动的偶然性和盲目性，提高行动的实际效果。法律的预测作用要得到真正的实现，还需要法律规范是公开的、确定的、不溯及既往的和相对稳定的。

（4）教育作用，指通过法的实施和传播，对一般人的思想和行为发生直接或间接的影响。首先，通过对法律的反复适用，使人们不自觉地认同法律，被法律同化，形成习惯，并借助人们的行为进一步广泛传播。其次，通过法律的实施对一般人今后的行为发生影响。例如，对违法者的制裁不仅对违法者起到教育作用，而且可以警示他人，今后谁再作出此类行为也将受到同样的惩罚。再如，对合法行为的鼓励和保护，可以对一般人的行为起到示范和促进作用。最后，法的这种特殊教育作用，对于提高公民的法律意识、权利意识、责任意识和养成自觉尊重法律、遵守法律的习惯，是不可或缺的。

（5）强制作用，指为保障法得以充分实现，运用国家强制力制裁、惩罚违法行为。法的强制作用是法的其他作用的保证。通过制裁可以维护法的权威性，保护人们的正当权利，增强社会成员的安全感。法的制裁的形式多种多样，侵害的社会关系和危害后果不同，制裁的严厉程度也不同。例如，刑法中的主刑（管制、拘役、有期徒刑、无期徒刑、死刑）、附加刑（罚金、没收财产、剥夺政治权利、驱逐出境）；民法中的停止侵害、排除妨碍、消除危险、返还原物、恢复原状、支付违约金等；行政法中的警告、罚款、行政拘留、没收财物、责令停止营业等；宪法中的对国家和政府领导人的弹劾、罢免等。

2. 法的社会作用

法的社会作用是指法对各种社会关系的调整，涉及社会经济生活、政治生活和思想文化领域等各个方面，往往体现在立法、司法、执法等法律运行的各个环节。

（1）维护阶级统治的作用

在阶级社会，基本的社会关系是对立阶级之间的关系。对立阶级之间的冲突和斗争，是对统治阶级和整个社会最严重的威胁。法律作为国家维护社会秩序的重要手段，其作用也主要表现为阶级压迫和阶级专政，制定和实施法律的目的就是要极力建立起有利于统治阶级的社会秩序和社会关系。

第一，维护阶级统治必须依靠国家强制力。国家掌握着阶级社会中的政治、经济命脉，其通过自己的权力系统和法律规则体系建立的秩序，是把一个阶级对另一个阶级的压迫合法化、制度化。通过国家强制力解决阶级间的各种冲突，以建立起有利于统治阶级的社会秩序和社会关系。

第二，维护阶级统治首先立足于维护经济上的统治。统治阶级对国家的统治首先表现为经济上的绝对控制，即维护统治阶级对社会生产资料的占有以及在组织生产、分配和消费方面的优越地位。

第三，维护阶级统治决不可忽视思想领域。维护阶级统治间接表现为意识形态的统治,即必须保证统治阶级在意识形态领域的垄断地位或绝对优势。

第四,维护阶级统治的方式各有不同。在阶级社会中,统治者除了采取极端、专制的管理方式外,基于整体利益的考虑,有时会作出一些让步来缓和阶级冲突。首先,在制定法律时,作出一些保护被统治阶级个别利益的条款。这些条款既是被统治阶级斗争的成果,也是统治阶级为了维护自己的长治久安而暂时缓和阶级斗争的一种措施或让步。其次,为了维护统治阶级作为一个整体的统治,法律也对统治阶级内部个别违法犯罪的成员实施惩罚。最后,在阶级社会中,统治阶级为巩固自己的统治地位,扩大其社会基础和政治力量,在立法时也会注意调整统治阶级与其同盟者之间的关系,适当照顾同盟者的利益。

(2) 实施社会管理的作用

第一,进行社会控制。社会冲突和社会矛盾是任何社会都难以避免的,因此必须建立和完善社会纠纷解决机制,进行全方位的社会控制。任何法律都需要按照一定的原则和方法,并依照法定程序对社会纠纷予以解决。此作用既是法的保护功能的外化,也是法的社会作用在司法上的体现。从直接意义上说,法律就是为解决社会矛盾、维护社会秩序而创制的。

第二,分配社会利益。资源有限是现代社会的基本特征,社会成员无法平等享有。既有法律必须按照一定的原则和方法对社会资源和社会利益进行合理分配。此作用既是法确认功能的外化,也是法的社会作用在立法上的体现,其目的是通过立法确认法律主体地位,明确法律主体的权利和义务,合理分配社会资源和社会利益,体现分配正义。

第三,管理社会公共事务。此作用既是法调整功能的外化,也是法的社会作用在执法上的体现,其目的是通过执法实现国家对社会的管理,保护社会公共利益,维护社会公共秩序,促进社会的可持续性发展。具体表现为:维护人类社会的基本生活条件,大致包括最低限度的公共治安,社会成员或绝大多数社会成员的人身安全,食品卫生,环境卫生,生态平衡,交通安全等;维护生产和交换的秩序,包括确定生产管理的一般原则,各种交易行为的基本规范,规定基本劳动条件等;组织社会化大生产,即随着社会生产力的高度发展,科学技术的广泛使用,生产的社会化程度越来越高,致使私人由于资金、技术和劳动力的限制无法承担起社会经济发展所必需的一些领域,国家通过立法来进行管理;确定使用设备、执行工艺的技术规程和有关产品、劳务、质量要求的标准,以保障生产安全,防止事故,保护消费者的利益;推进教育、科学、文化的发展,即教育、科学、文化的发展状况对于一个社会来说具有长期稳定的意义,决定着一个民族的生死存亡。各国都通过立法来保障和推进教育、科学和文化事业的发展。

（二）法的局限性

法以其特有的规范作用和社会作用对社会生活发生着深刻的影响，我们必须充分认识和重视法的作用，但也不能因此陷入"法律万能论"的误区。法在作用于社会生活的范围、方式、效果以及实施等方面存在着一定的局限性，并要以这种对法的局限性的认识为基础，把法的调整机制与其他社会调整机制有机地结合起来，建立良性的社会秩序。

1. 法的调整方法和手段具有局限性

法是用以调整社会关系的重要方法，但它不是唯一的方法。除法律之外，还有政策、纪律、规章、道德、民约、公约、教规及其他社会规范，还有经济、行政、思想教育等。虽然在当代社会，就建立和维护整个社会秩序而言，法是最主要的方法，但在某些社会关系和社会领域法并不是主要的方法，且在各种规范调整方法中，法律有时也不是成本最低和最有效率的方法。

2. 法的调整范围具有局限性

在现代社会，法的作用范围极为广泛，涉及经济、政治、文化、社会生活的方方面面。但是，应当看到，在不少社会关系、社会生活领域或很多问题上，采用法律手段是不适宜的。例如，涉及人们思想、认识、信仰、心理或私生活方面的问题，就不宜采用法律手段。否则，不仅不可能起到应有的效果，而且往往导致有害的结果。

3. 法的性质具有局限性

法律作为一种规范，其内容是抽象的、概括的、定型的，制定出来之后则有一定的稳定性，不能朝令夕改，否则就会失去其权威性和确定性。但是，它要处理的现实社会生活则是具体的、形形色色的、千变万化的，因而不可能存在预先包容现实和将来全部社会生活事实的法律，这就使得既有法律会存在调整范围的缺漏和一定的不适应性。

4. 法的实施条件具有局限性

在实施法律所需人员条件、精神条件和物质条件不具备的情况下，法不可能充分发挥作用，正如孟子所说："徒法不足以自行。"[①]法律作为国家制定或认可的社会规范，其实施必须有人来运作。纵使有最良好的法律，而如果缺乏具有良好法律素质和职业道德的法律职业人员，法律也难以起到应有作用。法律的实施，也需要有相应的精神条件或文化氛围，如需要公民和法律职业人员树立法治意识、权利和义务观念、程序意识等。当前，我国依然存在

---

① 出自《孟子·离娄上》。

的有法不依、执法不严、违法不究的现象,说明还没有形成良好的法治文化环境,法的作用必然会受到限制。法律的实施还需要必备的物质条件,如要有相对完备的侦查、检察、审判组织及物质附属物(警察、法庭、监狱等)。这些组织及物质附属物的设立和运行意味着大量的财政支出。如果经费困难,必备的物质条件则难以保障,就会限制这些组织及其附属物的建立和正常运行。

总之,我们要看到法在作用于社会生活的方式、范围、效果以及实施等方面存在一定的局限性,并以这种对法的局限性的认识为基础,把法的调整机制与其他社会调整机制有效地结合起来,建立良性的社会秩序。

▶ 五、法的渊源

法的渊源主要指法的效力渊源,是由不同国家机关制定、认可和变动,具有不同法的效力或地位的各种法的表现形式。

(一)分类

根据不同的标准,法的渊源分类很多。在法律实践中,法的渊源最主要的分类就是法的正式渊源和非正式渊源。

第一,正式渊源,指具有明文规定的法律效力,以规范性文件形式体现出来的成文法。如立法机关或立法主体制定的宪法、法律、法规、规章和条约等,主要为制定法,即不同国家机关根据具体职权和程序制定的各种规范性文件。

第二,非正式渊源,指不具有明文规定的法律效力,但具有法的意义的观念和其他有关准则。它有法律意义,但是还没有明文得到一种权威性的体现,如正义标准、理性原则、公共政策、道德信念、社会思潮、乡规民约、权威性法学著作、外国法等。

(二)当代中国法的正式渊源

中国法的渊源有较为明显的特点,这就是中国自古以来就形成了以成文法为主的法的渊源的传统。成文法在不同的历史时代不尽相同。当代中国法的正式渊源主要包括以下七种。

1. 宪法

作为法的渊源,宪法是指国家最高权力机关通过特殊程序制定和修改的,综合性地规定国家、社会和公民生活的根本问题,具有最高效力的一种法。它在法的渊源体系中居于最高的、核心的地位,是一级大法或根本大法。

2. 法律(狭义)

法律是由全国人民代表大会及其常务委员会依法制定和变动的,规定和调整国家、社会和公民生活中某一方面带有根本性的社会关系或基本问题的规范性文件,在中国法的渊源体系中仅次于宪法。

根据我国《宪法》的规定,法律又分为两种:

(1) 基本法律,即由全国人民代表大会制定和修改的规范性文件。

(2) 基本法律以外的法律,即由全国人民代表大会常务委员会制定和修改,规定由基本法律调整以外的国家、社会和公民生活中某一方面的重要问题的规范性文件。

3. 行政法规

行政法规是由我国最高国家行政机关即国务院依法制定和修改的,有关行政管理和管理行政事项的规范性法律文件的总称。其法律地位仅次于宪法和法律,其调整范围广、数量多,在国家生活中起着重要作用。

4. 地方性法规、民族自治法规、经济特区的规范性文件

地方国家机关制定的规范性文件包括三类:

(1) 地方性法规

根据我国《宪法》的规定,省、直辖市的人民代表大会和它们的常务委员会,在不同宪法、法律、行政法规相抵触的前提下,可以制定地方性法规,报全国人民代表大会常务委员会备案。设区的市的人民代表大会和它们的常务委员会,在不同宪法、法律、行政法规和本省、自治区的地方性法规相抵触的前提下,可以依照法律规定制定地方性法规,报本省、自治区人民代表大会常务委员会备案。地方性法规具有如下特点:制定机关是省级人民代表大会及其常务委员会,设区的市的人民代表大会及其常务委员会;仅在本行政区域内具有法律效力;内容广泛,但不能涉及军事和法律保留事项。

(2) 民族自治法规

根据我国《宪法》的规定,在少数民族聚居地区实行民族区域自治,设立自治机关。民族自治法规是民族自治地方的人民代表大会依照当地民族的政治、经济、文化特点所制定的地方规范性文件,其不能同宪法、法律、行政法规相抵触,并有特殊的生效程序,包括自治条例和单行条例。自治条例是民族自治地方根据自治权制定的综合性规范文件,单行条例是根据自治权制定的调整某一方面事项的规范性文件。

(3) 经济特区的规范性文件

经济特区是指实行对外开放以来,为发展对外经济贸易,特别是利用外资、引进先进技术而实行某些特殊政策的地区。经济特区的规范性文件,是由全国人民代表大会及其常务委员会授权经济特区制定的地方规范性法律文件,是当代中国法的渊源之一。

5. 特别行政区的法律

在香港、澳门特别行政区实行不同于全国其他地区的政治、经济、法律制度，即在一定时期保持原有的资本主义制度和生活方式不变，因而在立法权限和法律形式上也有特殊性，特别行政区的法律、法规在当代中国的法律渊源中成为单独的一类。全国人民代表大会已于1990年4月和1993年3月先后制定通过了《中华人民共和国香港特别行政区基本法》和《中华人民共和国澳门特别行政区基本法》。

6. 行政规章

行政规章是有关行政机关依法制定的事关行政管理事项的规范性文件的总称，包括部门规章和地方政府规章。部门规章，是国务院所属部委、中国人民银行、审计署和具有行政管理职能的直属机构，根据法律和国务院行政法规、决定、命令，在本部门的权限内所制定的规范性文件，其地位低于宪法、法律、行政法规。地方政府规章，是指有权制定地方性法规的地方人民政府，根据法律、行政法规制定的规范性法律文件。地方政府规章除不得与宪法、法律、行政法规相抵触外，还不得与上级和同级地方性法规相抵触。

7. 国际条约、国际惯例

国际条约是我国同其他国家或国际间组织缔结的协议和其他具有条约、协定性质的文件。生效后的条约依据"条约必须遵守"的要求，对缔约国具有法律上的约束力，是我国法的渊源之一。

国际惯例是指各种国际裁决机构的判例所体现或确认的国际法规则和国际交往中形成的共同遵守的不成文的习惯，国际惯例是国际条约的补充。

当代中国法的非正式渊源是正式渊源的补充，主要是政策、判例和习惯。

▶ 六、法的效力

法的效力通常有广义和狭义之分。广义上泛指法的约束力和法的强制性，指人们应当按照法的规定行事，必须服从，不得违反。狭义上指法的生效范围或适用范围，即法在什么时间和对什么人适用，包括时间效力、空间效力和对人的效力。此处所指仅是狭义的效力。

（一）时间效力

时间效力是指法何时生效、何时终止效力，以及法对其生效前的行为和事件有无溯及力。

1. 法的生效时间

法的生效时间主要有三种情况：(1) 自法公布之日起生效；(2) 由该法明文规定具体的生效时间；(3) 规定法公布后符合一定条件时生效。

2. 法的终止效力(失效)

法的终止效力指法被废止失去拘束力,方式有两种:

(1)明示废止,即在新法或其他法中明文规定加以废止。

(2)默示废止,即在法律适用中,出现旧法与新法冲突时适用新法而使旧法事实上被废止。

3. 法的溯及力

法的溯及力是指法溯及既往的效力,即法颁布施行后,对其生效前所发生的事件和行为是否适用的问题。如果适用,该法具有溯及力;如果不适用,就不具有溯及力。

由于人们不可能根据尚未颁布、实施的法律处理社会事务,因此近代以来,各国的立法一般采用法不溯及既往的原则,如法国民法典规定"法律仅仅适用于将来,没有溯及力";美国《1787年宪法》规定"追溯既往的法律不得通过"等。但在现代刑法中,法无溯及力也不是绝对的。刑法中确认法有无溯及力,一般有如下原则:从旧原则、从新原则、从轻原则、从新兼从轻以及从旧兼从轻原则(大多数国家)。在某些有关民事权利的法律中,法律有溯及力。

(二)空间效力

空间效力是指法生效的地域范围,即法在哪些地方具有拘束力。根据国家主权原则,一国的法,如果不是有特定的空间效力的话,可以在其主权管辖的全部领域有效,包括陆地、水域及其底土和领空。此外,还包括延伸意义上的领土,即本国驻外大使馆、领事馆,在本国领域外的本国船舶和飞行器。

1. 法的域内效力

法的域内效力是指法在本国主权管辖范围内有效。包括两种情况:(1)在全国范围内有效,如宪法、法律、行政法规等;(2)在国家局部区域内有效,如《民族区域自治法》《香港特别行政区基本法》等。

2. 法的域外效力

法的域外效力是指在特定条件下,法在本国主权管辖领域外有效。现代社会,国际经济贸易文化交流日益频繁,为了维护国家主权和保护本国国家、公民的利益,规定了本国法律的域外效力。中国的民事、贸易、婚姻家庭方面的法律,就实行域外效力的原则。即便在我国刑法中,也规定了某些特定的犯罪,在国外也要适用我国刑法。

(三)对人的效力

对人的效力是指法对哪些人具有拘束力,确立法对人的效力的原则主要有:

第一,属人主义原则。一国的法对具有本国国籍的公民和在本国登记注册的法人适用,不论其在本国领域内还是在本国领域外。在本国领域内的外国人,则不适用该国法。

第二,属地主义原则。一国的法对其主权管辖范围内的一切人均有效,包括本国人、外国人和无国籍的人。本国人在本国领域外则不受约束。

第三,保护主义原则。任何人只要损害了一国的利益,不论损害者的国籍与所在地,该国法对其均有效。

第四,以属地主义为基础,以属人主义、保护主义为补充原则。这是近代以来大多数国家所采用的原则。我国对人的效力也采用这种原则。

七、法的要素

法的要素是指法的基本成分,即构成法的整体的各个主要组成部分。每个要素都是独立的、多样的,但同时又兼具整体性和不可分割性。

(一)法律概念

法律概念是具有法律意义的概念,即对各种有关法律的事物、状态、行为进行概括而形成的术语。法律概念有的来自日常生活,有的来自法律实践活动(立法、司法活动),有的源自法学家的创设。只有借助于法律概念,立法者才能制定立法文件,司法者才能对事物进行法律分析,作出司法判断,民众才能了解法律,法律研究者才能研究探讨法律。从表面上看,似乎法律概念不如法律规则和原则重要,其实不然。由于法律概念的不同,同一法律规则可能表达不同的含义,表面上不同的法律规则或原则,其含义则可能是相同的。另外,一个法律概念外延的改变也常常会改变法律规则或原则本身。

依据不同标准,法律概念的分类如下:

1. 按法律概念涉及的内容划分为涉人概念、涉事概念和涉物概念

(1)涉人概念,指关于行为主体的概念,如,"公民""法人""法定代理人""犯罪嫌疑人""证人""国家工作人员"等。

(2)涉事概念,指关于法律事件和法律行为的概念,如,"故意""过失""紧急避险""正当防卫""行贿""抢劫""代理"等。

(3)涉物概念,指关于物品及其质量、数量和时间、空间等无人格的概念,如"金额""标的""国家财产""不动产""时效""犯罪地"等。

2. 按法律概念的功能不同划分为描述性概念和规范性概念

(1)描述性概念,指对外在事物进行描述的概念,通过描述使法律得到表达,通常是对于和法律有关的事物、时间和地点的描述。

(2)规范性概念,指对人的行为有规范意义、本身具有规范内容的概念,如间接故意、犯罪、缔约过失等。

3. 按法律概念的确定性程度不同划分为确定性概念和不确定性概念

（1）确定性概念，指内涵和外延相对确定的法律概念，这些概念只能依法而释，如挪用公款、定金、刑事证据、公务员等。

（2）不确定性概念，指内涵和外延相对不确定的法律概念，在运用时需要法官或执法者运用自由裁量权解释，如程序正当、公平正义、公序良俗等。

确定性概念与不确定性概念的区分是相对的，一个不确定的概念可以通过立法、法律解释或法律适用而得以确定，一个原本确定的概念随着社会的发展有可能变得不确定。

4. 按法律概念涵盖面的大小划分为一般法律概念和部门法律概念

（1）一般法律概念，指适用于整个法的领域的法律概念，如权利、义务、责任、规则、原则等，是法律概念的最高等级，通常可称为法律范畴。

（2）部门法律概念，指仅适用于某一法律领域的法律概念，它的涵盖面远较一般法律概念窄，如犯罪、刑罚、合同、债务、行政相对人、行政处罚、开庭、质证等。

（二）法律规则

法律规则是指采取一定的结构形式，具体规定人们的法律权利、法律义务以及相应的法律后果的行为规范，是法的主要元素。

1. 法律规则的逻辑结构

法律规则是法的要素之一，但其本身也是一个整体，在这个整体中也有下一位阶的若干要素，正是这些要素逻辑地构成了完整的法律规则。所谓法律规则的逻辑结构，就是指从逻辑意义上说由哪些要素构成了法律规则的整体，以及构成法律规则整体的各个要素之间的逻辑关系。对于法律规则的逻辑结构，法学界有不同见解，通说认为由假定条件、行为模式和法律后果组成。

（1）假定条件，指一个法律规则中关于该法律规则适用条件的部分，包括法在什么地方、什么情况下、对什么人适用。在立法实践中，假定条件有两种表现形式：第一，直接在法律规则中明确规定；第二，有的法律规则虽无明示条件，但可以推论出来。假定条件在法律规则中是必然存在的，否则便失去了适用的前提条件。

（2）行为模式，指法律规则中规定人们具体行为的部分，是法律规则的核心部分，为主体如何行为提供标准或准则的范式，包括：

可为模式（权利行为模式），指在什么假定条件下，人们"可以如何行为"的模式。

应为模式（义务行为模式），指在什么假定条件下，人们"应当或必须如何行为"的模式。

勿为模式（义务行为模式），指在什么假定条件下，人们"禁止或不得如何行为"的模式。

（3）法律后果，是法律规则中对行为人的行为是否符合行为模式的要求所作出的评价，一般只对行为人的具有法律意义的行为应获得何种后果进行规定，分为两类：

肯定性后果，即行为人的行为符合法律规则关于行为模式的规定，便会得到法律上的肯定性评价，表现为对行为人的保护、许可或奖励。

否定性后果，即行为人的行为不符合法律规则关于行为模式的规定，便会得到法律上的否定性评价，表现为对行为人的制裁与强制，对其行为不予保护、撤销、停止，或要求其进行赔偿、恢复原状等。

在理解法律规则的逻辑结构时，必须注意以下问题：

第一，任何一条完整意义上的法律规则都是由三种要素按一定逻辑关系结合而成的，三种要素缺一不可。

第二，在立法实践中，有时基于立法技术的考虑，为符合中文语言表述习惯，避免法律条文过于烦琐，在表述法律规则的内容时，有时会将某种要素加以省略。省略的要素并非不存在，只是没有直接用法律条文表述出来。因为通过法律推理，可以将未明文表述的要素顺利还原。但需注意的是，法律后果原则上不可省略，否则法律规则形同虚设，丧失其可操作性。

第三，法律规则中的行为模式和法律后果，可体现在同一个法律规则、同一个法律条文或同一个法律规范中，也可体现在不同的法律规则、不同的法律条文或不同的法律规范中。

2. 法律规则的种类

（1）根据法律规则的行为模式不同分为权利规则、义务规则和权义复合规则。

权利规则，又称授权性规则，是规定主体可为或不可为一定行为以及要求其他主体为或不可为一定行为的规则。其明显特点在于它具有可选择性，主体可根据权利规则所赋予自己的权利，实现或放弃某种权利。例如，按照法律规定，公民符合条件便有权结婚。但有的公民不结婚，放弃或不行使这一权利，是完全可由自己选择的。因此，权利规则是同自由相通的。权利规则通常采用"可以""有权""有……的自由"这类句式表述。

义务规则，是明确规定主体必须为或不为一定行为的规则。义务规则是以法定义务形式为主体设定的社会责任。义务规则具有强制性而不具有可选择性，主体对自己的法定义务只能履行而不能拒绝。义务规则可分为两类:一是命令性规则,即规定主体必须作为的义务,亦称积极义务。如法律规定结婚的男女双方必须亲自到婚姻登记机关办理登记,便是这种规则。二是禁止性规则,即规定主体不得作为的义务,亦称消极义务。如宪法关于公民行使自己的权利时,不得损害国家、集体和他人权益的规定。义务规则通常以"应当""必须""不得""禁止"等句式表述。

权义复合规则,从形式上看是权利规则或是义务规则,但实际行使这种权利也是一种不可转移、放弃或推脱的义务,履行这种义务也是一种特有的权利,这种规则兼具权利和义务二重性特点。这种规则在国家机关的组织与活动原则的规定中较为常见,在公民的基本权利义务中也有这类规定,如我国宪法关于教育与劳动的规定,既是公民权利,也是公民义务。

(2) 根据法律规则的强制性程度不同分为强行性规则和任意性规则。

强行性规则,指规定人们必须为或不为一定行为的法律规则。这种规则所设定的权利和义务具有完全肯定的形式,不允许任意变更。义务规则通常属于强行性规则。在权利规则和权义复合规则中,主体不能任意变更的那些规则也属于强行性规则。公法如刑法、行政法、诉讼法等,主要涉及社会公共利益,其中的强行性规则较多。

任意性规则,指规定的权利义务内容,允许法律关系的主体在法律范围内自行决定或由双方商定。权利规则多属任意性规则。私法如民商法等,主要关涉私人利益,其任意性规则较之公法更多。当然公法中有的规则如刑事诉讼法中"告诉才处理"的规定,也是任意性规则。

(3) 根据法律规则内容的确定性程度不同分为确定性规则和不确定性规则。

确定性规则,指明确规定了行为规则的内容,法律规则要素完整,可直接适用的法律规则。这是法律规则最常见的形式,绝大多数法律规则都属于确定性规则。

不确定性规则,指无明确规定行为模式,也无规定具体法律后果,而需要引用其他法律规则来说明或补充的法律规则。主要有两种形式:

第一,委托性规则,即没有明确规定规则的具体内容,而是委托有关某一专门机关制定具体内容的法律规则。法律、法规中关于有关事项的具体实施细则由某机关制定的规定,即为这类规则。这也是许多位阶较高的法律、法规中常见的一种法律规则。

第二,准用性规则,即没有明确规定规则的具体内容,而规定可以或应当依照、援用、参照其他既有的法律规则。如我国《刑事诉讼法》规定,书记员、翻译人员、鉴定人的回避问题可以援用本法有关条文对审判员回避的规定。

（三）法律原则

法律原则是构成法律规则的思想基础或政治基础，为其他法的要素提供本源的综合性、稳定性的原理，并对法律规则的创制、适用、解释、推理起统率作用的准则。如果说法律规则是法的"细胞"，法律原则便是法的"灵魂"。

1. 法律原则与法律规则的区别

（1）调整的方式不同。原则一般较为抽象，通常指明一个方向；原则不具体规定权利、义务和行为模式、后果模式，而是为它们设定基本精神或准则。规则是具体的，它是解决问题的直接依据。

（2）适用的范围不同。原则是从广泛的现实的社会生活中概括出来的行为标准，它具有宏观指导作用，适用范围比规则广泛。规则具有微观调控作用，只适用于某个或某种类型的行为或事项，只在特定范围内有效。

（3）发生效力的方式不同。原则发生效力时未必有具体的针对性，往往在相同的场合涉及多种原则的效力，或是在多种场合涉及多种原则的效力交错。规则则不同，当同一个案件涉及两个或两个以上规则并且它们之间存在矛盾或冲突时，只能选择一个适用，被选择适用的是有效的，未被选择适用的是无效的。

（4）稳定性程度不同。法律原则的稳定性较强。就一个国家来讲，其法律原则的确定既要体现国体与政体，也要借鉴人类的优秀法文化遗产，既不能随便确立，也不能任意废弃。法律规则与法律原则相比变动性较强，其要随着社会政治、经济、文化等的变化而不断进行调整。

（5）优先适用度不同。通常情况下，司法实践中优先适用法律规则，适用法律原则为例外。当法律原则直接作为判案依据时，须同时满足以下条件：该案件有争议或是疑难案件；应当适用的法律规则存在遗漏或矛盾；直接适用法律原则判案时，必须严格说明理由。

2. 法律原则的种类

（1）根据法律原则产生的基础不同分为政策性原则和公理性原则。

政策性原则，指国家为达一定目的而依据长远目标，结合当前情况或历史条件所制定的实际行动准则即国家政策，在法律、法规中的原则性反映，通常是关于社会的经济、政治、文化、国防的发展目标、战略措施或社会动员等。其在宪法和宪法性法律中有更多的体现。一般来说，高位阶的法律、法规中的政策性原则比低位阶的法律、法规中的政策性原则为多。政策性原则比之公理性原则，其针对性较强而稳定性较弱。

公理性原则，是在社会生活和社会关系中产生的，经由立法者选择和认可的公理，在法律、法规中的原则性反映。如选举法的普遍、直接、秘密、平等原则,现代刑法中的罪刑法定原则,刑事诉讼法中的无罪推定原则,民法中的平等、自愿、等价有偿、诚实信用等原则,行政法中的合法性原则,国际法中的和平共处五项原则等都属于公理性原则。相较于政策性原则,公理性原则更具有普适性和稳定性。

(2) 根据法律原则覆盖面的不同分为基本原则和具体原则。

基本原则,是指体现法的基本精神和基本价值取向的原则,是整个法律活动的指导思想和出发点,是构成法律体系的神经中枢。如现代法律中的"法律面前人人平等"原则、基本人权不可侵犯的原则。

具体原则,是基本原则的具体化,是构成某一具体法律领域的法律规则的基础或出发点。例如,分权原则、司法独立原则、正当程序原则等。

(3) 根据法律原则涉及的内容不同分为实体性原则和程序性原则。

实体性原则,是规定实体权利和义务具体内容的原则,如契约自由原则、罪刑法定、公序良俗原则等。

程序性原则,是规定实体权利和义务实现程序的原则,如司法独立原则、回避原则、诉讼中当事人法律地位平等的原则。

▶ 八、法律体系

(一) 法律部门

法律部门,又称部门法,是按照法律所调整社会关系的内容和方法作为划分同类法律规范的总称。凡调整同类社会关系并采用同一调整方法的法律规范,就构成一个独立的部门法。如规定犯罪和刑罚的法即构成刑法部门;调整平等民事主体的财产关系、人身关系的法为民法部门。

(二) 法律体系

法律体系是指由一个国家的全部现行法律规范按照一定标准和原则,划分为不同的法律部门而形成的内部和谐一致、有机联系的整体。其具有以下几个特点:

第一,法律体系是由一国全部现行法律构成的整体。它只包括现行的本国法,不包括完整意义的国际法,即国际公法;不包括历史上曾经存在过但已失效的法律;也不包括将要制定尚未生效的法律。

第二,法律体系是一个由法律部门组合而成的呈体系化的有机整体。法律部门是法律体系的构成要件,统一于一个法律体系,具有层次性。

第三,法律体系是客观规律和主观意志的结合。法律体系是社会物质生活条件特别是客观经济规律和经济关系的反映,其特点总与一定的国情相关,必须符合法律自身的发展规律。同时从法律关系的形成过程看,它又受到人的意志以及社会意识形态、文化传统的影响,由此使世界各国各地区的法律体系呈现不同的模式、形态。

(三)中国特色社会主义法律体系的基本框架

我国目前涵盖社会关系各个方面的法律部门已经齐全,各个法律部门中基本的、主要的法律已经制定,相应的行政法规和地方性法规比较完备,法律体系内部总体做到了科学、和谐、统一,社会主义法律体系已经基本形成。

1. 宪法

作为部门法的宪法,与作为法的渊源的宪法,是不同的概念。它不单指中华人民共和国宪法典,还包括所有宪法性法律,如规定国家基本制度、原则、方针、政策、公民的基本权利和义务以及国家机构的组织、地位、职权和职责的规范性文件或者特别行政区基本法等。宪法部门是法律体系中居于主导地位的部门法,是整个法律体系的统帅。

2. 民商法

民商法部门是指调整平等主体之间的财产关系、人身关系和商事关系的法律规范的总和。其调整的特点主要在于主体平等、意思自治、诚实信用、等价有偿。该法律部门由民法和商法两个部门集合而成。民法部门主要包括民法通则、物权法、合同法、知识产权法、婚姻法、继承法、收养法等。商法部门主要包括公司法、票据法、保险法、海商法等。

3. 行政法

行政法部门是指调整国家行政管理活动中形成的各种社会关系的法律规范的总和。其中包括关于行政管理体制,行政管理的原则,行政机关的活动方式、程序,公务员行为准则等法律规范。行政法遵循合法行政、合理行政、程序正当、高效便民、诚实信用、权责一致的原则,既保障行政机关依法行使职权,又保障公民、法人和其他组织的权利。由于行政管理活动具有多样性、复杂性、广泛性,行政法很难用一部法典概括,因而行政法没有一部统一的法典。行政法部门由许多单行的法律、法规、规章及其他规范性文件构成。行政法又分为一般行政法和特别行政法。一般行政法适用于行政管理的各个领域,主要包括行政许可法、行政处罚法、行政复议法、公务员法等。特别行政法适用于行政管理的某个领域,规定和确立各专门行政职能部门的行政管理制度,如治安管理处罚法、人民警察法、国家安全法、土地管理法、教育法、海关法等。

4. 经济法

经济法部门是指调整国家在经济运行中,从社会整体利益出发,对经济活动实行干预、管理或调控所产生的各种经济关系的法律规范的总和。经济法的目的是在于防止市场经济的自发性和盲目性导致的弊端,其调整范围包括国家在经济管理中的纵向经济关系、各种社会组织在经济活动中的横向经济关系、各种经济组织内部活动中的经济关系。由于经济关系的复杂性和广泛性,经济法部门也不可能由一部法典来概括所有的经济法律规范,目前主要由大量的单行法律所构成。具体包括:预算法、会计法、证券法、中外合资经营企业法、外资企业法、审计法、产品质量法、招标投标法、消费者权益保护法等。

5. 社会法

社会法部门是指调整有关劳动关系、社会保障、社会福利和特殊群体权益保障等方面的法律规范的总和。社会法的主旨在于通过公权力的介入保护公民的社会权利,尤其是保护弱势群体的利益。市场经济会自发导致强者越强、弱者越弱。此时如果没有公权力的介入来保护弱者的利益,将使社会关系的失衡状态加剧并最终导致严重的社会问题。因此,通过制定和完善社会法是改变这种失衡局面的必然选择。我国的社会法主要有劳动法、工会法、城市居民最低生活保障条例、安全生产法、红十字会法、妇女权益保障法、未成年人保护法等。

6. 刑法

刑法部门是指关于犯罪、刑事责任和刑罚的法律规范的总和,是惩罚犯罪、预防犯罪,维护正常的社会秩序的重要部门法。刑法所采用的调整方法是各部门法中最严厉的一种法律制裁方法,包括主刑和附加刑,适用于严重危害社会,触犯刑事法律的人。凡以刑罚为制裁方法的法律规范都属于刑法部门。

7. 诉讼与非诉讼程序法

诉讼和非诉讼程序法部门是相对于实体法而言的一个重要法律部门,是规范解决社会纠纷的诉讼活动与非诉讼活动的法律规范的总和。诉讼程序法的主要内容是关于司法机关及其他诉讼参与人进行各种诉讼活动的原则、程序、方式方法以及各类诉讼法律关系主体的诉讼权利和义务,关于诉讼活动的监督、检查以及纠错的原则、程序、方式方法的规定,其任务是保证司法机关正确处理案件,保护诉讼主体的正当权益。我国诉讼程序法主要有刑事诉讼法、民事诉讼法、行政诉讼法。非诉讼程序法是指不通过诉讼方式处理案件的程序法,主要有人民调解法、仲裁法、公证法等。

▶ 九、法律关系

法律关系是法律规范在调整人们行为过程中形成的以法律上的权利和

义务为内容的社会关系。

（一）特征

1. 法律关系是体现意志性的特殊社会关系

法律关系是一种社会关系，社会关系是人与人之间的关系，而不是人与物或人与自然之间的关系。即使是涉及保护自然资源等方面的法律关系，也不意味着法律关系是人与物之间的关系，因为一种社会关系是以人的意志为转移的，它对自然规律，对"事物的法的本质"可能反映得好，也可能反映得不好。

法律关系体现着国家的意志。法律关系是根据法律规范有目的、有意识而建立的社会关系。这表明在法律关系形成以及实现过程中要通过法律规范来反映国家意志，任何法律关系的产生、变更、消灭都首先体现着国家意志的要求。因此，破坏法律关系的同时也违背了国家意志。

法律关系体现法律关系参加者的意志。法律关系毕竟不同于法律规范，它是现实的、特定的法律关系的法律主体参与的具体社会关系，因此它的产生、变更、消灭，尤其是法律关系的实现，必定体现着法律关系参加者的意志。比如，合同法律关系的产生，需要双方意思表示一致。有的法律关系的建立只需参加者一方的意志即可成立，如行政法律关系，上级机关依法发布命令，不管下级机关是否同意，该法律关系即成立。有的法律关系的产生可以不通过人的意志，而是由于某种不以人的意志为转移的事件，如出生、死亡、自然灾害等。但无论法律关系是怎样产生的，是否通过其参加者的意志，它们的实现都要通过人的意志。

在法律关系产生或实现的过程中国家与参加者的意志是相互作用的。一方面，法律关系参加者的意志必须符合国家的意志，否则该关系得不到国家的确认和保护，法律关系不可能建立起来。在这种意义上，国家意志对于法律关系的产生和实现起着主导作用。另一方面，体现在法中的国家意志，只有通过法律关系的参加者的意志才能得到实现，否则法所规定的权利和义务就只能是一种抽象的可能性和必然性，不能变为现实。在这种意义上，法律关系的参加者的意志对于法所体现的国家意志的实现又是必不可少的工具。

法律关系的形成和实现要通过国家的、当事人的意志，但这并不意味着它不受社会关系的制约，这也就是说法律关系还具有客观性。法律关系的客观性表现为：第一，任何法律关系都根源于一定的社会经济关系或物质关系，反映一定的社会经济关系的性质、内容和发展规律的要求。法律关系既包含着法律形式的方面，又包含着其社会内容的方面，既有以人的意志为转移的思想关系的属性,又有受到不以人的意志为转移的客观规律——物质关系制约的属性。第二,法律关系除了受社会经济关系的制约,还要受诸如政治关系、道德关系、传统力量等其他社会关系的影响。第三,从法律关系本身来看,其一经形成就作为一种客观的社会法律现象而存在,并对一定的经济关系和其他社会关系产生影响。

2. 法律关系是以法律规范的存在为前提的社会关系

法律关系是以相应的法律规范的存在为前提。没有相应的法律规范的存在,就不可能产生法律关系。假如没有调整婚姻家庭的法律规范,父母与子女之间的关系仅是一般的社会关系。有些社会关系,如友谊关系、爱情关系,政党和社会团体的内部关系,一般不由法调整,不存在相应的法律规范,也就不存在法律关系。有些社会关系,虽然应该得到法的调整,但由于种种原因还没有制定法律规范,也不能产生法律关系。法律关系就是法律对纳入其调整范围的社会关系加以调整而产生的过程和结果,所以某种法律关系的产生必须以相应的法律规范的存在为前提。

3. 法律关系是以权利与义务为内容的社会关系

法律对社会的调整主要是通过安排和配置人们之间的权利和义务实现的,法律规范调整一定的社会关系的过程,也是赋予一定法律关系参加者法律权利和义务的过程。这是法律关系与依据习惯、道德、宗教等行为规范而形成的社会关系的主要区别。习惯是人们在长期共同劳动和生活过程中逐渐形成、世代沿袭并成为内在需要的行为常式,依习惯行事无所谓权利和义务。道德是按照一定的价值观念,通过规定人们在生活中的义务,并依靠社会舆论、内心信念和良知调控人际关系的行为规则。宗教是以规定人们对"神明"及其在人间的"代表"的服从义务的各种戒律而控制人的思想和行为。所以,道德和宗教主要都是义务关系。在各种社会关系中,只有法律关系才是一种肯定的、明确的权利义务关系。

法律关系中的权利与义务是统一的,即对一方来讲有什么权利,对另一方来讲则表现为有什么义务。如果一方的权利不是以某种方式同另一方的义务联系在一起,就不可能有主体的权利。

(二)法律关系的种类

由于法律关系体系是一个结构丰富、内在统一、动态运行的有机整体,因而有必要根据一定的标准加以分类,从而认识不同法律关系的性质、构成方式和特征。

1. 按照法律关系主体的具体化程度不同分为一般法律关系与具体法律关系

一般法律关系是根据宪法形成的国家、公民、社会组织以及其他社会关系主体之间普遍存在的社会联系。根据公民的基本权利和义务所产生的法律关系就属于此类。一般法律关系的主体是不具体的个人、社会、组织和国家机关,如我国《宪法》第33条规定:"中华人民共和国公民在法律面前一律平等。"根据该规范建立的一般法律关系的主体不特指某一特定公民,而是包括所有的中国公民。所以,一般法律关系是某一国家范围内全部社会关系主体之间的一种法律联系,它体现一国范围内全部社会关系主体之间的经常性的、稳定的法律状态。一般法律关系不根据某一具体事实而产生,它是由某种长久的事实状态引起的,如确定公民的基本权利与义务的一般法律关系只是由于主体是中华人民共和国公民这一事实而产生。如中华人民共和国公民有依法纳税的义务,依法服兵役的义务,有受教育的权利,有劳动、休息的权利等。

具体法律关系是指除宪法性法律以外的法律调整而形成的法律关系。其特点在于,该法律关系的主体至少一方是具体的,该法律关系的产生不但要有法律的规定,而且要有具体事实的发生,如刑事法律关系、民事法律关系、行政法律关系等。

2. 按照法律关系产生的依据、执行的职能和实现规范的内容不同分为调整性法律关系和保护性法律关系

调整性法律关系是基于人们的合法行为而产生的、执行法的调整职能的法律关系,它所实现的是法律规范(规则)的行为规则(指示)的内容。调整性法律关系不需要适用法律制裁,法律主体之间即能够依法行使权利、履行义务,如各种依法建立的民事法律关系、行政合同关系等。

保护性法律关系是由于违法行为而产生的、旨在恢复被破坏的权利和秩序的法律关系,它执行着法的保护职能,所实现的是法律规范(规则)的保护规则(否定性法律后果)的内容,是法的实现的非正常形式。它的典型特征是一方主体(国家)适用法律制裁,另一方主体(通常是违法者)必须接受这种制裁,如刑事法律关系。

3. 按照法律主体在法律关系中的地位不同分为纵向(隶属)的法律关系和横向(平权)的法律关系

纵向(隶属)的法律关系是指在不平等的法律主体之间所建立的权力服从关系。其特点为:(1)法律主体处于不平等的地位。如亲权关系中的家长与子女,行政管理关系中的上级机关与下级机关,在法律地位上有管理与被

管理、命令与服从、监督与被监督诸方面的差别。(2)法律主体之间的权利与义务具有强制性,既不能随意转让,也不能任意放弃。

横向法律关系是指平权法律主体之间的权利义务关系。其特点在于,法律主体的地位是平等的,权利和义务的内容具有一定程度的任意性,如民事财产关系,民事诉讼之原告、被告关系等。

4. 按照法律主体的多少及其权利义务是否一致分为单向法律关系、双向法律关系和多向法律关系

单向(单务)法律关系,是指权利人仅享有权利,义务人仅履行义务,两者之间不存在相反的联系(如不附条件的赠与关系)。单向法律关系是法律关系体系中最基本的构成要素。其实,一切法律关系均可分解为单向的权利义务关系。

双向(双边)法律关系,是指在特定的双方法律主体之间,存在着两个密不可分的单向权利义务关系,其中一方主体的权利对应另一方的义务,反之亦然。例如,买卖法律关系就包含着这样两个相互联系的单向法律关系。

多向(多边)法律关系,又称"复合法律关系"或"复杂的法律关系",是三个或三个以上相关法律关系的复合体,其中既包括单向法律关系,也包括双方法律关系。例如,行政法中的人事调动关系,至少包含三个方面的法律关系,即调出单位与调入单位之间的关系,调出单位与被调动者之间的关系,调入单位与被调动者之间的关系。这三种关系相互关联,互为条件,缺一不可。

5. 按照法律关系的作用和地位不同分为第一性法律关系和第二性法律关系

第一性法律关系又称为主法律关系,是人们之间建立的不依赖其他法律关系而独立存在的或在多向法律关系中居于支配地位的法律关系。

第二性法律关系又称为从法律关系,指由第一性法律关系产生的、居于从属地位的法律关系。一切相关的法律关系均有主次之分,例如,在调整性和保护性法律关系中,调整性法律关系是第一性法律关系,保护性法律关系是第二性法律关系。

(三)法律关系的主体

法律关系主体是构成法律关系最根本的要素,没有一定主体的意志与行为,便无从构成任何法律关系。

1. 含义

法律关系主体,即法律关系的参加者,是法律关系中权利的享受者和义

务的承担者,享有权利的一方称为权利人,承担义务的一方称为义务人。在每一具体的法律关系中,主体的多少各不相同,但大体上都属于相对应的双方。

法律关系主体具有法律性,即法律关系主体是由法律规范所规定,不在法定范围内,不得任意参加法律关系成为法律关系的主体。如按照我国《婚姻法》的规定,结婚年龄,男不得早于22周岁,女不得早于20周岁,低于上述年龄不得成为婚姻法律关系的主体。法律关系主体具有社会性,即法律规范规定哪些人或组织能够成为法律关系主体不是任意的,而是由一定物质生活条件决定的。比如,在奴隶制国家的法律中,只有自由民才是法律关系的主体,奴隶像物一样,是奴隶主的权利与义务所指向的对象,不是法律关系的主体。

2. 种类

法律关系主体的种类很多,在我国,概括起来主要包括以下几类:

(1) 自然人。自然人是指有生命并具有法律人格的个人,是权利主体或义务主体最基本的形态,也是数量最多的法律关系的主体。在我国,自然人包括两类:第一类是指中国公民,第二类是外国人和无国籍人。具有中华人民共和国国籍的人即为中国公民,是多种法律关系的参加者,而外国人和无国籍人则只能参加我国的部分法律关系,其范围由我国法律以及我国同其他国家签订的条约、国际公约规定。

(2) 法人。法人是自然人的对称,指具有法律人格,能够以自己的名义独立享有权利或承担义务的团体。主要包括三类:一是各种国家机关(立法机关、行政机关和司法机关等);二是各种企事业组织和在中国领域内设立的中外合资经营企业、中外合作经营企业和外资企业;三是各政党和社会团体。这些机构和组织主体,在法学上可以笼统地称为"法人"。其中既包括公法人(参与宪法关系、行政法律关系、刑事法律关系的各机关、组织),也包括私法人(参与民事或商事法律关系的机关、组织)。我国国家机关和组织,可以是公法人,也可以是私法人,依其所参与的法律关系的性质而定。

(3) 国家。在特殊情况下,国家可以作为一个整体成为法律关系主体。例如,国家作为主权者是国际公法关系的主体,可以成为外贸关系中的债权人或债务人。在国内法上,国家作为法律关系主体的地位比较特殊,既不同于一般公民,也不同于法人。国家可以直接以自己的名义参与国内的法律关系(如发行国库券),但在多数情况下则由国家机关或授权的组织作为代表参加法律关系。

另外,还有一些特殊的社会构成单位,如人民、民族、一定的行政区域等单位,也是法律关系的构成主体。

3. 法律关系主体的资格

公民和法人要能够成为法律关系的主体,必须具有外在的独立性,能以自己的名义享有权利和承担义务,具有一定的意志自由。这种意志自由在法律上的表现就是权利能力和行为能力,即具有法律关系主体构成的资格。

(1) 权利能力

权利能力又称权义能力(权利义务能力),是指能够参与一定的法律关系,依法享有一定权利和承担一定义务的法律资格。它是法律关系主体实际取得的权利、承担义务的前提条件。

公民的权利能力可以从不同角度进行分类。第一,根据享有权利能力的主体范围不同,可以分为一般权利能力和特殊的权利能力。前者又称为基本的权利能力,是一国所有公民均具有的权利能力,它是任何人取得公民法律资格的基本条件,不能被任意剥夺或者解除。后者是公民在特定条件下具有的法律资格。这种资格并不是每个公民都可以享有,而是只授予某些特定的法律主体。如国家机关及其工作人员行使职权的资格,就是特殊的权利能力。第二,按照法律部门的不同,可以分为民事权利能力、政治权利能力、行政权利能力、劳动权利能力、诉讼权利能力等。这其中既有一般权利能力(如民事权利能力),也有特殊权利能力(政治权利能力、劳动权利能力)。

法人的权利能力没有上述类别,所以与公民的权利能力不同。一般而言,法人的权利能力自法人成立时产生,至法人解散时消灭;其范围是由法人成立的宗旨和业务范围所决定的。

(2) 行为能力

行为能力是指法律关系主体能够通过自己的行为实际取得权利和履行义务的能力。公民的行为能力是公民的意识能力在法律上的反映。确定公民有无行为能力,其标准有二:一是能否认识自己行为的性质、意义和后果;二是能否控制自己的行为并对自己的行为负责。因此,公民是否达到一定年龄、神智是否正常,就成为公民享有行为能力的标志。例如,婴幼儿、精神病患者,因为他们不可能预见自己行为的后果,所以在法律上不能赋予其行为能力。然而,公民的行为能力不同于其权利能力。具有行为能力必须首先具有权利能力,但具有权利能力并不必然具有行为能力。这表明,在每个公民的法律关系主体资格构成中,这两种能力可能是统一的,也可能是分离的。

公民的行为能力也可以进行不同的分类。其中较为重要的一种分类,是根据其内容不同分为权利行为能力、义务行为能力和责任行为能力。权利行为能力是指通过自己的行为实际行使权利的能力。义务行为能力是指能够实际履行法定义务的能力。责任行为能力(简称责任能力)是指行为人对自己的违法行为后果承担法律责任的能力,它是行为能力的一种特殊形式。

公民的行为能力问题,是由法律予以规定的。世界各国的法律,一般都把本国公民划分为完全行为能力人、限制行为能力人和无行为能力人。完全行为能力人,是指达到一定法定年龄、智力健全、能够对自己的行为负完全责任的自然人(公民);限制行为能力人,是指行为能力受到一定限制,只具有部分行为能力的公民;无行为能力人,是指完全不能以自己的行为行使权利、履行义务、承担责任的公民。

法人组织也具有行为能力,但与公民的行为能力不同。主要表现在:第一,公民的行为能力有完全与不完全之分,而法人的行为能力总是有限的,由其成立宗旨和业务范围所决定。第二,公民的行为能力和权利能力并不是同时存在的。也就是说,公民具有权利能力却不一定同时具有行为能力,公民丧失行为能力也并不意味着丧失权利能力。与此不同,法人的行为能力和权利能力却是同时产生和同时消灭的。法人一经依法成立,就同时具有权利能力和行为能力;法人一经解散,其权利能力和行为能力也就同时消灭。

(四)法律关系的客体

1. 概念

法律关系的客体是指法律关系主体之间的权利和义务所指向的对象。它是主体之间建立一定法律关系所指向的具体目标,是人们通过自己的意志欲改变和影响的对象,是连接权利和义务并使其具有实际内容的现实载体。

2. 特点

(1)法律关系客体的同一性。法律关系客体是构成法律关系的要素之一,通过它将法律关系主体之间的权利义务联系在一起。在每一具体的法律关系中,权利主体的客体和义务主体的客体是重合的、同一的,这样一来客体才能把主体之间的权利义务联系在一起。比如,在财产法律关系中,财产既是所有权人的权利所指向的对象,又是所有权人以外的其他人的消极不作为义务所指向的对象。在行政法律关系中,国家主管机关管理权所指向的对象恰恰是相对人服从的义务所指向的对象。

(2)法律关系客体的客观性。法律关系客体是独立于人的意识之外并能为人的意识所感知和人的行为所支配的客观世界中各种各样的现象,具有客观性。它不仅包括客观物质世界中的各种现象,如土地、森林、水源、矿藏、工厂、机器等,而且包括客观精神世界的各种现象,如国家制度、所有制、平等、休息、劳动、名誉、人格等。

(3)法律关系客体的法律性。任何社会现象要成为法律关系的客体,首先决定于法律的规定。法律规定是法律关系的客体得以确认的前提,某种现象如果没有法律规定就不能成为法律关系客体。

(4) 法律关系客体的利益性。法律关系的客体必须能够满足主体的物质和精神需要,是满足权利人利益的各种各样的物质和非物质财富。

综上所述,只有那些能够满足主体需要并得到法的确认和保护的客观现象才能成为法律关系的客体,成为主体的权利和义务所指向的对象。如果一种客观现象能满足主体利益,但这种利益得不到法的确认和保护,也不能成为法律关系的客体。如赌博虽然能使某些参赌者获得利益,但该行为是不受我国法律保护的,所以由赌博所引起的债权债务关系,在我国不是法律关系。

3. 种类

在现代法律制度中,法律关系的客体主要有以下几类:

(1) 物。法律意义上的物是指法律关系主体支配的、在生产上和生活上所需要的客观实体。它可以是天然物,也可以是生产物;可以是活的动物,也可以不是活的动物。作为法律关系客体的物与物理意义上的物既有联系又有不同,它不仅具有物理属性,而且具有法律属性。物理意义上的物要成为法律关系客体,须具备以下条件:应得到法律之认可;应为人类所认识和控制,不可认识和控制之物(如地球以外的天体)不能成为法律关系客体;能够给人们带来某种物质利益,具有经济价值;须具有独立性。不可分离之物(如道路上的沥青、桥梁之构造物、房屋之门窗)一般不能脱离主物,故不能单独作为法律关系的客体存在。至于哪些物可以作为法律关系客体,可以作为哪些法律关系的客体,应由法律予以具体规定。在我国,大部分天然物和生产物可以成为法律关系的客体。但有以下几种物不得进入国内商品流通领域,成为私人法律关系的客体:人类公共之物或国家专有之物,如海洋、山川、水流、空气;国家所有的文物;军事设施、武器(枪支、弹药等);危害人类之物(如毒品、假药、淫秽书籍等)。

(2) 人身。人身是由各个生理器官组成的生理整体(有机体)。它是人的物质形态,也是人的精神利益的体现。在现代社会,随着现代科技和医学的发展,使得输血、植皮、器官移植、精子提取等现象大量出现,同时也产生了此类交易买卖活动及其契约,带来了一系列法律问题。这样,人身不仅是人作为法律关系主体的承载者,而且在一定范围内成为法律关系的客体。

但需要注意的是:第一,活人的(整个)身体,不得视为法律上之"物",不能作为物权、债权和继承权的客体,禁止任何人(包括本人)将整个身体作为"物"参与有偿的经济法律活动,不得转让或买卖。贩卖或拐卖人口,买卖婚姻,是法律所禁止的违法或犯罪行为,应受法律的制裁。第二,权利人对自己的人身不得进行违法或有伤风化的活动,不得滥用人身,或自伤人身和人格。例如,卖淫、自杀、自残行为属于违法行为或至少是法律所不提倡的行为。第三,对人身行使权利时必须依法进行,不得超出法律授权的界限,严禁对他人人身非法强行行使权利。例如,有监护权的父母不得虐待未成年子女的人身。

人身(体)部分(如血液、器官、皮肤等)的法律性质,是一个较复杂的问题。它属于人身,还是属于法律上的"物",不能一概而论。应从三方面分析:当人身之部分尚未脱离人的整体时,即属人身本身;当人身之部分自然地从身体中分离,已成为与身体相脱离的外界之物时,亦可以视为法律上之"物";当该部分已植入他人身体时,即为他人人身之组成部分。

(3) 精神产品,也称精神财富与非物质财富。精神产品是人通过某种物体(如书本、砖石、纸张、胶片、磁盘)或大脑记载下来并加以流传的思维成果。精神产品不同于有体物,其价值和利益在于物中所承载的信息、知识、技术、标识(符号)和其他精神文化。同时它又不同于人的主观精神活动本身,是精神活动的物化、固定化。精神产品属于非物质财富,西方学者称之为"无体(形)物",我国法学界常称为"智力成果"或"无体财产"。

(4) 行为。行为是指义务人实施的能够满足权利人利益要求的行为过程和行为结果,包括主体的积极的作为和消极的不作为。行为可表现为两个方面:第一,物化结果,即义务人的行为(劳动)凝结于一定的物体产生一定的物化产品或营建物(房屋、道路、桥梁等);第二,行为过程,即义务人的行为没有转化为物化实体,而仅表现为一定的行为过程,直至终了最后产生权利人所期望的效果或结果。如在运输合同中,承运人的运送行为,即是运输合同法律关系的客体。权利人在义务人完成一定行为后,得到了某种精神或物质享受,增长了知识和能力。

在研究法律关系客体问题时还必须注意,实际的法律关系有多种多样,而且有多种多样的法律关系就有多种多样的客体,即使在同一法律关系中也有可能存在两个或两个以上的客体。例如,买卖法律关系的客体不仅包括"货物",而且也包括"货款"。在分析多向(复合)法律关系客体时,我们应当把这一法律关系分解成若干个单向法律关系,然后再逐一寻找它们的客体。多向(复合)法律关系之内的诸单向关系有主次之分,因此其客体也有主次之分。其中,主要客体决定着次要客体,次要客体补充说明主要客体,它们在多向(复合)法律关系中都是不可缺少的构成要素。

需要注意的是,法律关系客体是一个历史的概念,随着社会的不断发展,其范围和形式、类型也在不断变化。总体来看,由于权利和义务类型的不断丰富,法律关系客体的范围和种类有不断扩大和增多的趋势。

（五）法律关系的内容

法律关系的内容即是法律权利与法律义务。法律权利与法律义务在现代法律和法学理论中具有重要的地位。现代的法律是以法律权利和义务为调整机制的行为规范，法律权利和义务不仅体现了现代法律的特征、法律精神和价值，而且还是整个法律运行过程关注的重心所在。

1. 法律权利

法律权利是指法律规定的法律关系主体自主决定以追求某种利益为目的而行为的许可和保障。它具有以下特征：

（1）法律权利以法律规定为前提并得到国家确认、认可和保护。首先，法律权利是以国家的法律确认为前提的，没有相应的法律规定就没有相应的法律权利。其次，法律权利的产生、变更、实现和消灭，必须要有法律依据，并按照一定的法律程序进行。最后，当人们的法律权利受到侵犯时，法律将采取强制手段排出妨碍、补偿损失、制裁违法行为，从而保障法律权利的实现。

（2）法律权利是权利主体按照自己的愿望决定是否实施的行为。对法律规定可为的行为，权利主体有按照自己意愿决定为与不为。正是由于权利主体有为与不为的选择自由，所以法律权利体现了主体的自主性。

（3）权利与利益密切联系。任何法律权利的行使都与一定的利益密切关联。利益是权利的基础和根本内容，又是权利的目标指向。人们享有的权利都以追求和维护某种利益为目的。因此，权利就是为了保护和实现一定的利益而采取的法律手段。

（4）权利与义务相关联。权利人权利的保障在于义务人的不侵犯，离开义务就无法理解权利。

2. 法律义务

法律义务是指为了保障权利主体的权利得到实现，法律规定法律关系主体必须为或不为一定行为的限制或约束。它具有以下特征：

（1）法律义务由法律设定并由国家强制执行。法律义务只限于法律的明文规定，法律关系的主体不承担法律规定之外的义务。作为法律设定的义务，国家强制义务人必须为或不为一定行为，拒绝履行义务或终止履行义务将受到国家强制力的制裁。

（2）义务的内容是必须为或不得为一定的行为。义务主体不具有权利主体的行为自由。义务首先意味着义务人必须依法或依约作出一定的行为来促进权利人权利的实现，在理论上被称为"作为义务"或"积极义务"。其次，义务意味着义务人不能妨碍权利人权利的实现，不得作出一定行为，在理论上被称为"不作为义务"或"消极义务"。义务是对义务人行为的限制。

（3）义务和权利主体的利益相关。义务是为了实现权利主体的利益而必须作为或不作为，即义务是为实现权利主体的利益而设定的一种手段。

3. 法律权利和法律义务的关系

（1）结构上的相关关系。结构上的相关关系，既包括道德上的相关关系，也包括逻辑上的相关关系。这种相关关系主要表现为：权利和义务是对立统一的，它们既是一事物中两个相互对立的因素，同时也是一对相互依存的事物的两面。其相互依存性就表现为：权利或义务都不可能孤立存在和发展，它们的存在和发展都必须以另一方的存在和发展为条件。在一般意义上，我们通常所说的"没有无义务的权利，也没有无权利的义务"，基本上就已经比较充分地说明了法律权利和义务的相关关系。

（2）功能上的互补关系。法是以权利和义务这种双向机制来指引人们行为的，权利和义务在实现法的调整功能这一点上各有所长，因此可以实现功能互补。权利表征利益，以正向利益引导人们行为；义务表征负担，以负向利益引导人们的行为。权利以其特有的利益导向和激励机制作用于人的行为，符合人们追求利益的天性，它将人们的行为引导到合理的方式与正当的目标上来。义务在本质上是利益负担和责任后果，如果不按法律义务的要求行为，则会承担更大的负担和不利后果，所以义务以其特有的约束机制和强制机制使人们从有利于自身的利益出发来选择行为。此外，权利以其特有的利益导向和激励机制而更有助于实现自由；义务以其强制某些积极行为发生、防范某些消极行为出现的特有约束机制而更有助于建立秩序。

（3）数量上的等值关系。权利和义务在数量上等值主要是指一个社会的权利总量和义务总量是相等的，尤其是指权利和义务所指向的正利益和负利益是相等的。法律是通过权利和义务来分配利益的，权利和义务逻辑上的相关关系决定了权利所能要求的东西与义务所能提供的东西在数量上必然是等值的。

（4）价值意义上的主次关系。关于权利和义务哪个为主要或主导方面，即是权利本位（重心），还是义务本位（重心）的问题。在不同历史时期，法律的价值取向是不同的，古代法律是义务本位，现代法律是或应当是权利本位。权利本位，具有以下法律特征：第一，社会成员皆为法律上平等的权利主体，没有人因为性别、种族、肤色、语言、信仰等特殊情况而被剥夺权利主体的资格，在基本权利的分配上被歧视，或在基本义务的分配上被任意加重。第二，在权利和义务的关系上，权利是目的，义务是手段，法律设定义务的目的在于保障权利的实现；权利是义务存在的依据和意义。第三，在法律没有明确禁止或强制的情况下，可以作出权利推定，即推定为公民有权利（自由）去作为或不作为。第四,权利主体在行使其权利的过程中,只受法律所规定的限制。也就是说,法律的力量仅限于禁止每一个人损害别人的权利,而不能禁止他行使自己的权利。

(六)法律关系的产生、变更和消灭

法律关系处在不断的生成、变更和消灭的运动过程。它的形成、变更和消灭,需要具备一定的条件。其中最主要的条件有二:一是法律规范;二是法律事实。法律规范是法律关系形成、变更和消灭的法律依据,没有一定的法律规范就不会有相应的法律关系。但法律规范的规定只是主体权利和义务关系的一般模式,还不是现实的法律关系本身。法律关系的形成、变更和消灭还必须具备直接的前提条件,这就是法律事实。它是法律规范与法律关系联系的中介。

1. 法律事实的含义

所谓法律事实,就是法律规范所规定的,能够引起法律关系产生、变更和消灭的客观情况。也就是说,法律事实首先是一种客观存在的外在现象,而不是人们的一种心理现象或心理活动。其次,法律事实是由法律规定的、具有法律意义的事实,能够引起法律关系的产生、变更或消灭。在此意义上,与人类生活无直接关系的纯粹的客观现象(如宇宙天体的运行)就不是法律事实。

法律事实在产生法律关系的条件中占有突出的地位。只有法律规范并不能在主体之间产生法律关系,因为法律规范只是规定在某些事实存在的情况下权利主体之间的关系,而在这些事实没有发生的情况下,法所规定的权利主体之间的关系只是一种可能性,并不是现实的关系,法律关系不可能产生。只有权利主体也不能产生法律关系,因为权利主体的存在只表明主体具有享受权利和承担义务的资格,具有以自己的行为参加到法律关系中的能力,并不意味着主体实际享有权利和承担义务。例如,在我国凡是女性年满20周岁,男性年满22周岁的公民都可以成为婚姻法律关系的主体,但是只有男女双方到指定的主管机关登记这一法律事实发生时,才可能产生婚姻法律关系。

2. 法律事实的分类

(1)以是否以人们的意志为转移为标准可分为法律事件和法律行为。

法律事件是法律规范规定的、不以当事人的意志力为转移而引起法律关系形成、变更或消灭的客观事实。法律事件又分为社会事件和自然事件两种。前者如社会革命、战争等,后者如人的生老病死、自然灾害等,这两种事件对于特定的法律关系主体而言,都是不可避免的,是不以其意志为转移的。

但由于这些事件的出现,法律关系主体之间的权利与义务关系就有可能产生,也有可能发生变更,甚至完全归于消灭。例如,由于人的出生便产生了父母与子女之间的抚养关系和监护关系;而人的死亡却又导致抚养关系、夫妻关系或赡养关系的消灭和继承关系的产生;等等。

法律行为是指以法律关系主体意志为转移,能够引起法律后果,即引起法律关系形成、变更和消灭的人们有意识的活动。它是引起法律关系形成、变更和消灭的最普遍的法律事实。行为按其与法律规范的要求是否一致可以分为合法行为和不合法行为。合法行为能够引起法律关系的形成、变更和消灭,如依法登记结婚的行为,导致婚姻关系的成立。同样,不合法行为也能够引起法律关系的形成、变更和消灭,如犯罪行为产生刑事法律关系,也可能引起某些民事法律关系(如损害赔偿、婚姻、继承等)的产生或变更。

(2)以产生法律后果是否要求某些现象的存在为标准分为肯定的法律事实和否定的法律事实。

肯定的法律事实表明法律后果的产生要求有一定的现象出现,如果不存在该现象,则不可能产生该法律后果。例如,服兵役要求达到一定年龄,患有精神病的人具有行为能力要求提供有关证明,担任某一公职需要有主管机关的任命书等,都属于此类。

否定的法律事实表明法律后果产生要求不存在一定现象,如果存在一定现象,则不可能产生这一法律后果。例如,婚姻登记需要双方不存在重婚现象并且不存在某种亲属关系,被任命为政府官员需要没有被剥夺过政治权利,作为某一案件的审判人员、检察人员、侦查人员不得是该案件的当事人或当事人的亲属等,都属于此类。

(3)以作用时间的长短为标准分为一次性作用的法律事实和连续性作用的法律事实。

一次性作用的法律事实仅发挥一次作用,就可形成某种法律关系。绝大多数法律事实即行为和事件都是一次性作用的,即法律规范仅仅在该具体情况下将它与法律后果相联系。

连续性作用的法律事实,又称状态,是长时间地、连续地或定期地存在的并产生法律后果的情况,如国籍、婚姻、外交关系等。

(4)以产生法律后果所需要法律事实的数量为标准分为单一的法律事实和事实构成。

单一的法律事实说明法律后果的产生要求有单一的法律现象出现,如出生是建立父母与子女之间的法律关系的单一法律事实。

有些法律关系必须具备两个或两个以上的法律事实,在这些法律事实之间形成了一个法律事实的系统即事实构成。例如,房屋的买卖,除了双方当事人签订买卖协议外,还须向房管部门办理过户登记手续方有效力,相互之间的物权变动关系才能成立。

在研究法律事实问题时,我们除了必须注意两个或两个以上的法律事实可能引起同一个法律关系的产生、变更或消灭外,还必须注意同一个法律事实也可以引起多种法律关系的产生、变更和消灭。例如,工伤致死,不仅可以导致劳动关系、婚姻关系的消灭,而且也导致劳动保险合同关系、继承关系的产生。

▶十、法律责任

法律责任是指由于实施了违法行为或出现了法律规定的事由而使责任主体依法应当承担的不利的法律后果。

(一) 法律责任的特点

要准确理解法律责任的概念,应特别注意分析法律责任与一般社会、道义责任的区别。

第一,认定和追究法律责任的最终依据是法律。承担法律责任的具体原因可能各有不同,但最终只能依据法律。因为一旦法律责任不能顺利承担或履行,就需要司法机关裁断。司法机关只能依据法律做出最终裁决。这里提到的法律既可以是正式意义上的法律渊源,也可以是非正式意义上的法律渊源。

第二,责任主体承担的是不利的法律后果。责任主体的行为侵害了国家、社会或他人的合法利益,为维护、恢复、救济被侵犯破坏的合法权益,国家必须运用强制手段迫使责任主体承担不利的法律后果,即权利被限制、剥夺或义务被增加。

第三,追究法律责任是由特定的国家机关依照法定程序进行。对责任主体法律责任的追究,是通过法定的国家机关依照法定职权进行的,任何其他社会组织和个人都不能因合法权益受到侵害而自行追究责任主体的法律责任。同时,国家机关认定和追究法律责任不是随意的,必须严格按照法定程序的要求进行。

第四,承担法律责任具有国家强制性,即法律责任的承担由国家强制力保证。当然,正如国家强制力有时是作为威慑力隐藏于法律实施的幕后一样,在法律责任的承担上,国家强制力只是在必要时即在责任人不能主动承担其法律责任时才会使用。

（二）法律责任产生的原因

法律责任产生的原因有三种，其中，违法行为是主要原因：

第一，违法行为，指具有法定责任能力的个人或组织违反法律规定，不履行法定义务，侵犯他人权利，对社会造成危害的行为。

第二，违约行为，指合同当事人违反合同约定，没有履行事先在合同中约定的义务的行为。一般而言，违约行为从属于违法行为。民事违法行为包括民事违约与民事侵权两类。

第三，法律的特别规定，指形式上责任主体并没有从事任何违法行为，也没有任何违约行为，而是由于法律的特别规定而要承担一定的法律责任。如民法中的无过错责任或严格责任，从表面上看，责任人并没有侵犯任何人的权利，也没有违反任何契约义务，仅仅出现了法所规定的法律事实，就要承担某种赔偿责任。需要特别强调的是，承担此种形式的责任，必须以法律的明确规定为依据。

（三）法律责任的构成

法律责任的构成是指认定法律责任时所必须考虑的条件。由于法律责任会给责任主体带来法定的不利后果，表明了社会对责任主体的道德非难和法律处罚，因此必须科学地、合理地确定法律责任的构成。

1. 责任主体

责任主体是指因违法、违约或法律规定的事由而承担不利后果的人，包括自然人、法人和其他组织。责任主体是法律责任构成的必备条件。违约、违法是行为，而行为是由人的意志支配的，因此，实施违法或违约行为必须有行为人。但是，并非任何人都可以成为责任主体，法律对责任主体进行了明确规定。就自然人而言，只有达到法定年龄，具有辨认、控制自己行为的能力，并能对自己的行为承担法律责任的人才是责任主体。对法人和其他社会组织而言，如果其违反了法律，实施了违法行为，也要承担法律责任，其承担法律责任的能力，自成立时开始。

2. 责任行为

责任行为是指责任主体实施了法律规定应当承担法律责任的行为，如违法行为、违约行为或出现了法律规定的特殊事由，是法律责任的核心构成要素。责任行为的表现形式多种多样，主要指两类行为：第一，作为形式，是指行为人以积极的行为实施了法律所禁止或合同所不允许的行为；第二，不作为形式，是指行为人消极的不去做出法律所要求的行为，即行为人在能够履行自己应尽的义务的情况下不履行义务，若不为法律规定应为的行为或不为合同约定的行为，也要承担法律责任。

3. 主观过错

主观过错是指行为人实施违法行为、违约行为及其造成的危害后果的主观心理状态。主观过错的大小,对认定行为人是否有责及承担何种法律责任有直接的联系。主观过错包括故意和过失。故意,是指行为主体明知自己的行为会导致某种危害社会的结果,却积极追求或放任这种结果产生的主观心理状态。过失,是指行为主体应当预见自己的行为可能导致某种危害社会的结果,因为疏忽大意而没有预见或者已经预见而轻信能够避免的主观心理状态。主观要件对不同法律部门中责任的确立至关重要。例如,在刑法部门,作为犯罪的主观要件,是犯罪构成的必要条件之一,也是区分罪与非罪、此罪与彼罪、轻罪与重罪、一罪与数罪的依据之一。在民法部门,主观过错是构成一般民事侵权行为的要件。

4. 损害结果

损害结果是指违法行为或违约行为侵犯他人或社会的权利和利益所造成的损失和伤害,包括实际损害、丧失所得利益及预期可得利益。损害结果可以是人身的损害、财产的损害、精神的损害,也可以是其他方面的损害。其特点包括:损害结果的侵害性,即损害结果表明法律所保护的合法权益受到了侵害;损害结果的确定性,即它是违法行为或违约行为已经实际造成的侵害事实,而不是推测的、臆想的、虚构的、尚未发生的情况。

5. 因果关系

因果关系是指违法或违约行为与损害结果之间的必然联系。因果关系是一种引起与被引起的关系,即一种现象的出现是由于先前存在的一种现象而引起的,则这两种现象就有因果关系。因果关系是归责的基础和前提,是认定法律责任的基本依据。法律上的因果关系是一种特殊的因果关系,它并不意味着行为与结果只要有表面的、外部的、偶然的联系,就可以形成法律上的因果关系。只有当违法行为和损害事实之间确实存在内在的、必然的、客观性的联系,才能构成法律上的因果关系。

(四)法律责任的种类

法律责任的种类是法律责任的各种表现形式,是根据不同的标准对法律责任作的分类。按照承担责任主体的不同,可分为自然人责任、法人责任和国家责任;按照责任承担的内容不同,可分为财产责任和非财产责任;按照责任的承担程度,可分为有限责任和无限责任;按照责任实现形式的不同,可分为直接责任、连带责任和替代责任。在法律实践中,最基本的分类是根据不同部门法所确定的责任种类不同,将法律责任的类型划分为民事责任、行政责任、刑事责任和违宪责任。

1. 民事责任

民事责任是指行为主体由于违反民事法律、违约或者因法律规定的其他事由而承担的不利后果。民事责任的特点有：(1) 民事责任是一种救济责任。基于民事行为的经常性、广泛性的特点，民事责任的目的主要是矫正人们的民事行为、救济民事权利、补偿民事损失。(2) 民事责任主要是一种财产责任。财产责任是以支付财产的方式实现法律责任的，如赔偿损失、支付违约金等。此外，还有其他责任方式，如行为责任(停止侵害、排除妨碍、消除危险、恢复原状等)、精神责任(训诫、具结悔过)等。(3) 民事责任主要是一方当事人对另一方当事人的责任。在法律的框架内，当事人可以自行协商确定民事责任的承担方式、类型等。在法律允许的条件下，多数民事责任可以由当事人协商解决。

2. 行政责任

行政责任是指行为主体因违反行政法律规范或因行政法律规范规定的事由而应承担的不利后果。行政责任既包括行政机关及其工作人员、授权或委托的社会组织及其工作人员在行政管理中因违法失职、滥用职权或行政不当而产生的行政责任，也包括公民、社会组织等行政相对人违反行政法律规范而产生的行政责任。行政责任的承担方式具有多样性，包括行为责任、精神责任、财产责任和人身责任等。

3. 刑事责任

刑事责任是指行为主体因违反刑事法律而应承担的不利后果。其特点有：(1) 行为主体的行为具有严重的社会危害性，即已构成犯罪；(2) 刑事责任是行为主体向国家承担的一种法律责任，其责任大小与社会危害性相适应；(3) 刑事责任是一种最严厉的法律责任；(4) 刑事责任基本上是一种个人责任，一般来说只有行为主体本人来承担，不得任意扩大刑事责任的承担范围；(5) 刑事责任的承担以主体的主观过错为必要条件。我国刑法规定，实施故意犯罪，应负刑事责任；实施过失犯罪，只有法律规定的才负刑事责任；对于意外事件，行为主体不承担刑事责任。

4. 违宪责任

违宪责任是指行为主体因违反宪法而应承担的不利后果。违宪通常是指有关国家机关制定的某种法律、法规和规章，以及国家机关、社会组织或公民的某种活动与宪法的规定相抵触。现代宪法一般都有"合宪性"的规定，即明确规定宪法具有最高的法律地位和法律效力，因而任何一种违宪的法律、法规、规章和活动都是无效的，都必须承担违宪责任。在我国，监督宪法实施的权力属于全国人民代表大会及其常务委员会。

(五)法律责任的归结和免除

1. 法律责任的归结

法律责任的归结,简称归责,是指国家机关或其他社会组织依照法定程序,对行为人的法律责任进行判断和确认的活动。归责要严格按照法定程序进行,不能随心所欲、主观任性,需要遵守以下原则:

(1)责任法定原则

责任法定原则是指法律责任的归结活动必须依法进行。

第一,归责主体法定。归责主体必须是享有归责权力或依授权获得归责权力的主体。在我国,一般民事责任和刑事责任的归责主体是人民法院;行政责任的归责主体是国家行政机关和人民法院;违宪责任的归责主体是全国人民代表大会及其常务委员会。

第二,责任内容法定。责任主体应承担的法律责任的种类、性质、责任范围、期限、承担方式等,必须以预先生效的法律规范为依据。反对责任擅断,非法责罚,强调"罪刑法定主义""法无明文规定不为罪""法无明文规定不处罚",不允许法律类推,强调"法不溯及既往"。

第三,程序法定。归责主体在整个归责活动中必须严格遵守法定的时限、步骤和方式。

(2)责任自负原则

责任自负原则是指有关国家机关在确定或追究法律责任时,只能针对责任主体进行,不能让没有违法或违约行为的人承担法律责任。在现代社会,每个人在法律上都具有独立的地位,在归责问题上要求遵循责任自负原则。该原则意味着法律责任是针对实施了违法行为的主体设置的,贯彻该原则是社会主义民主与公正性的体现。当然,在某些特殊情况下,为了保护社会利益的需要,会产生责任转移的问题,如监护人对被监护人、担保人对被担保人承担替代责任。

(3)因果联系原则

因果联系原则是指在认定某一主体的法律责任时,必须确认行为主体的行为与客观损害结果、主观心理活动有内在联系。不仅要确认主体的行为引起了损害结果,而且要确认这一违法或违约行为与其损害结果之间具有内在的、直接的、必然的联系。这种因果联系表现为存在的客观性、因果的顺序性、作用的单向性、内容的决定性。同时,在认定法律责任时,还要区分因果联系是独立的还是偶然的,是直接的还是间接的,有时存在一因多果或一果多因的现象,这些都会影响到法律责任的归结和追究方式。

（4）责任相当原则

责任相当原则是指法律责任的性质、种类和轻重必须与违法行为的性质和危害程度相适应。该原则是法律公正精神在归责问题上的具体体现。其具体要求是：法律责任的性质与违法行为或违约行为的性质相适应；法律责任的种类和轻重与违法行为或违约行为的具体情节相适应；法律责任的轻重与种类与行为人的主观恶性相适应。

2. 法律责任的免除

法律责任的免除，也称免责，是指行为主体具备了承担法律责任的条件，但由于出现了法定事由，致使其法律责任被部分或全部免除。免责与"无责任"或"不负责任"是有区别的，后者是指虽然行为人事实上或形式上违反了法律，但因其不具备法律上应负责任的条件，故不承担法律责任，如未达到法定责任年龄、精神失常、正当防卫、紧急避险等。免责包括以下类型：

（1）时效免责

时效免责是指法律责任的存续经过了法律确定的一定期限而不再承担强制性法律责任。我国民法规定了诉讼时效制度，刑法确定了犯罪追诉时效制度，按照这些制度的规定，权利主体没能行使权利，经过一定期限，责任主体便被免除了责任。时效免责表面上看起来不公正，但实际上该制度对于保障当事人合法权益、督促法律关系主体及时行使权利、明确权利义务关系、提高司法效率、稳定社会秩序、促进经济发展都有重要意义。

（2）不诉免责

不诉免责是指如果受害人或有关当事人不向法院起诉，主动要求追究行为人的法律责任，行为人的法律责任实际上就被免除，即所谓"告诉才处理""不告不理"。在我国，不仅大多数民事违法行为是受害当事人或有关当事人告诉才处理，而且有些行政违法和轻微的刑事违法也是不告不理。这是因为法律将追究这类案件的权利赋予了受害人或有关当事人，由他们自行行使选择权。

（3）补救免责

补救免责是指对于那些实施违法行为，造成一定损害，但在国家机关归责之前采取补救措施的人，免除其部分或全部责任。这种免责的理由是违法者在归责之前已经超前履行了第二义务，如未造成损害的犯罪中止。

（4）自首、立功免责

自首、立功免责是指对那些违法之后自首或有立功表现的人，免除其部分或全部法律责任。这种免责体现了对行为主体重在教育改造的方针，使其有将功补过、重新回归社会的机会，同时也是对行为主体悔改行为的肯定。

(5) 协议免责或意定免责

协议免责或意定免责是指基于双方当事人在法律允许的范围内协商同意的免责。这种免责一般不适用于犯罪行为和行政违法行为(公法领域的违法行为),仅适用于民事违法行为(私法领域)。

(6) 自助免责

自助免责是指对自助行为所引起的法律责任的减轻或免除。所谓自助行为,是指权利人为了保护自己的权利,在情事紧迫而又不能及时请求国家机关予以救助的情况下,对他人的财产或自由施加扣押、拘束或其他相应措施,而为法律或社会公共道德所认可的行为。自助行为可以免除部分或全部法律责任。

(7) 因履行不能而免责

因履行不能而免责是指在责任主体没有能力履行部分责任或全部责任的情况下,有关的国家机关或权利主体可以出于人道主义考虑免除或部分免除责任主体的法律责任。权利是以权利相对人即义务人的实际履行能力为限度的。例如,在民事损害赔偿案件中,人民法院在确定赔偿责任的范围和数额时,应当考虑到责任主体的财产状况、收入能力、借贷能力等,适当减轻或者免除责任,而不应使责任主体及其家庭因赔偿损失而处于无家可归、不能生计的状态。在责任主体无履行能力的情况下,即使人民法院把责任归结于他并试图强制执行,也会因其不能履行而落空。

(六)法律责任的承担

法律责任的承担是指责任主体被依法归责后,承受的具体的不利法律后果,具体形式包括制裁、补偿、强制等三种。

1. 法律制裁

法律制裁是指法定归责主体依法对责任主体实施的强制性惩罚措施,是法律责任承担的重要保证手段。制裁是最严厉的法律责任承担方式,主要是针对责任主体的人身、财产甚至生命进行限制、剥夺,给责任主体施加精神痛苦。这样一方面使责任主体受到压力、损失和道德非难,使其对未来行为选择进行调整,遏制违法行为的再次发生;另一方面可以起到报复、预防、矫正的作用,平衡社会关系,实现社会的有序发展,维护社会正义。

法律责任和法律制裁有密切的联系,法律责任是法律制裁的前提和依据,法律制裁是法律责任承担的重要方式和结果。但法律责任和法律制裁又有明显的区别,法律责任不等于法律制裁,有法律责任不一定承受法律制裁。如果责任主体主动承担了法律责任,特定的国家机关就无须对其实施制裁。大多数民事责任都可由责任主体主动承担,只有在其拒绝承担责任时,特定的国家机关才会对其实施法律制裁。

在我国,根据违法行为的性质以及承担法律责任和实施制裁方式的不同,法律制裁可以分为以下四种:

(1) 民事制裁

民事制裁是由人民法院所确定并实施的,对民事责任主体给予的强制性惩罚措施。它主要包括赔偿损失、支付违约金、消除影响、恢复名誉、赔礼道歉等。以上不同形式,可以分别适用,也可以合并适用。法院在审理民事案件时,除适用上述形式外,还可以予以训诫、责令具结悔改、收缴进行非法活动的财物和非法所得,并可以依法处以罚款和拘留。民事责任主要是一种财产责任,所以民事制裁也是以财产关系为核心的一种制裁。

(2) 刑事制裁

刑事制裁是司法机关对犯罪人根据其刑事责任所确定并实施的强制惩罚措施,是一种最严厉的法律制裁。它以刑罚为主要组成部分,分主刑和附加刑,包括自由刑、生命刑、资格刑和财产刑,还包括一些非刑罚处理方法。

(3) 行政制裁

行政制裁是指国家行政机关对行政违法者依其行政责任所实施的强制性惩罚措施。与行政违法和行政责任种类相对应,行政制裁可以分为行政处分和行政处罚。行政处分是由国家行政机关或特定的社会组织依照行政隶属关系,对于违反行政法律规范的国家公务员或所属工作人员所实施的惩罚措施,主要有警告、记过、记大过、降级、降职、撤职、留用察看和开除等形式。行政处罚是由特定的国家机关或法定授权组织对违反行政法律规范的公民或组织所实施的惩罚措施,主要有警告、罚款、吊销证照、没收财物、行政拘留等形式。

(4) 违宪制裁

违宪制裁是根据宪法的特殊规定对违宪行为所实施的一种强制性惩罚措施。它与上述三种法律制裁有所区别。承担违宪责任的主体主要是国家机关及其领导人员。在我国,监督宪法实施的全国人民代表大会及其常委会是行使违宪制裁权的机关。制裁形式主要有:撤销同宪法相抵触的法律、行政法规、地方性法规;罢免国家机关的领导成员和人大代表等。

2. 补偿

补偿是指通过国家强制责任主体赔付损失、救济受害人、恢复受侵害的权利的一种责任承担方式。其目的在于制止对法律关系的侵害以及通过对被侵害的权利进行救济,使被侵害的社会关系恢复原态。补偿侧重强调事实,较少渗入道德评判。在我国,补偿主要包括民事补偿或国家赔偿两类。

(1) 民事补偿

民事补偿是指依照民事法律规定，要求责任主体承担的弥补、赔偿等责任方式，具体包括停止侵害、排除妨碍、消除危险、返还财产、恢复原状、修理、重作、更换、赔偿损失、消除影响、恢复名誉等，承担民事责任的主要方式为民事补偿。

(2) 国家赔偿

国家赔偿是指国家机关及其工作人员违法行使职权，损害公民、法人或其他社会组织的合法权益而应承担相应的不利后果，包括行政赔偿和司法赔偿两类。行政赔偿是国家因行政主体及其工作人员违法行使职权造成相对人受损害，而给予受害人赔偿的一种责任方式，主要为因违法行政行为侵犯人身权的赔偿、因违法行政行为侵犯财产权的赔偿。司法赔偿是国家因司法机关及其工作人员违法行使职权造成当事人受损害而给予赔偿的一种责任方式。国家赔偿的设置，一方面可以更有力地救济受损害主体，另一方面可以约束国家权力，促使其依法运行。

3. 强制

强制是指责任主体不履行义务时，国家通过强制力迫使责任主体履行义务的责任方式。强制的功能在于保障义务的履行，从而实现权利，使法律关系正常运作。强制的方式包括对人身的强制和对财产的强制。对人身的强制有强制拘传、强制传唤、强制戒毒、强制治疗、强制检疫等方式。对财产的强制有强制划拨、强制扣缴、强制拆除、强制拍卖、强制变卖等方式。强制是承担行政责任的主要方式。强制主要为直接强制，也有代执行、执行罚等间接强制。

第二节　完善法的运行环节，推进依法治国的基本方略

法的运行是指法从创制、实施到实现的整个过程，这个过程包括法律制定（立法）、法律遵守（守法）、法律执行（执法）、法律适用（司法）和法律监督等各个环节。法的运行过程能否顺利通畅直接关系到我国依法治国的基本方略能否有效实现。党的十九大报告指出："全面依法治国是国家治理的一场深刻革命，必须坚持厉行法治，推进科学立法、严格执法、公正司法、全民守法。""推进科学立法、民主立法、依法立法，以良法促进发展、保障善治。建设法治政府，推进依法行政，严格规范公正文明执法。深化司法体制综合配套改革，全面落实司法责任制，努力让人民群众在每一个司法案件中感受到公平正义。"

一、立法

(一)立法的概念

"立法"(Legislation),又称法律制定。西方国家的学者对立法概念的理解有所不同,古代中国的立法与现代意义上的立法含义也有所不同。当今中国法学界一般是从狭义和广义两个层面理解和使用"立法"这一概念。狭义的立法,是指国家最高权力机关在其权限范围内,按照法定程序制定、修改、废止基本法律和其他法律的活动。广义的立法是指有关国家机关在其权限范围内,按照法定程序制定、修改、废止规范性文件的活动。如无特别说明,本章是从广义角度理解、使用"立法"这一概念的。

(二)立法的特征

立法作为一种国家活动,具有以下特征:

1. 立法是由特定主体进行的活动

立法是以国家的名义进行的活动,是一种国家行为,它是由国家机关进行的,但并非所有的国家机关都有立法权。哪个或哪些国家机关有权立法,在不同历史时期、不同国情之下是不同的。在现代各国,议会或代表机关都可以称为有立法权的主体;在君主独掌立法权的专制制度下,专制君主是有权立法的主体。

2. 立法是依据一定职权进行的活动

有权立法的主体不能随便立法,而要依据一定的职权,在自己的权限内立法。(1)就自己享有的特定级别或层次的立法权立法。例如,只享有地方立法权的主体,便不能行使国家立法权。(2)就自己享有的特定种类的立法权立法。例如,只享有政府立法权的主体,便不能行使议会或代表机关的立法权。(3)就自己有权采取的特定立法的形式立法。例如,只能制定行政法规的主体,便不能制定基本法律。(4)就自己所行使的立法权的完整性、独立性立法。例如,只能行使某种法提案权的主体,便不能行使审议权、表决权和公布权;只能在特定主体授权下才能制定某种法,便不能未经授权就制定该种法。(5)就自己所能调整和应调整的事项立法。例如,只能就一般事项立法的主体,便不能就重大事项立法;只能就某些事项立法的主体,便不能就其他事项立法;应就一些事项立法的主体,便不能不就这些事项立法。

3. 立法是依据一定程序进行的活动

有立法权的主体必须按照法定程序进行立法。立法程序的内容在不同时代、不同国情下往往有较大差别。现代立法一般经过立法准备、由法案到法和立法完善诸阶段。在特殊情况下可以有特殊程序。

4. 立法是运用一定技术进行的活动

立法是一门科学,必须运用一定的立法技术来进行。立法技术是指一定的立法主体在立法的过程中所采取的如何使所立之法臻于完善的技术规则,或者说是制定和变动规范性文件活动中的操作技巧和方法。任何国家或立法主体要使所立之法能有效地发挥作用,不能不重视立法技术,即应重视如何使所立之法成为理想的法。

5. 立法是制定、认可和变动法的活动

立法的主要特征更在于它是直接产生法和变动法的活动,主要通过三种方式来实现其目的:(1)制定法,通常指有权的国家机关所进行的直接立法活动,如全国人民代表大会及其常委会制定法律、同外国缔结条约,国务院制定行政法规,有关地方立法机关制定地方性法规。(2)认可法,指有权的国家机关所进行的旨在赋予某些习惯、判例、法理、国际条约或其他规范以法的效力的活动。(3)修改、补充和废止法,指有权的国家机关变更现行的国内法、国际法、成文法和不成文法的活动。

(三)立法的基本原则

立法的基本原则是指一国在立法活动中起指导作用的思想和具有基础性或本源意义的稳定的法律原理和准则,它集中体现了一国立法的基本性质、内容和价值取向,是在长期的立法实践中概括总结出来的,是一国法律原则的重要组成部分。

2000年3月,第九届全国人民代表大会第三次会议通过了《中华人民共和国立法法》(以下简称《立法法》),并于2015年进行了修正。《立法法》在总则中明确规定了我国立法的基本原则,即合宪性原则、法治原则、民主原则、科学原则。

1. 合宪性原则

《立法法》第3条规定:"立法应当遵循宪法的基本原则,以经济建设为中心,坚持社会主义道路、坚持人民民主专政、坚持中国共产党的领导、坚持马克思列宁主义毛泽东思想邓小平理论,坚持改革开放。"

立法应当以宪法为根据或不得同宪法相抵触,可以称其为立法的合宪性原则。宪法是具有最高法律效力等级的法律,是综合性地规定诸如国家性质、社会经济和政治制度、国家政权的总任务、公民基本权利和义务、国家机构这些涉及根本性、全局性的关系或事项的根本大法。其他法律、法规都是直接或间接地以宪法作为立法依据或基础,或是不得同宪法或宪法的基本原则相抵触。离开甚至背离宪法的原则或精神,立法乃至整个法律制度和法律秩序就必然会混乱。因此,各国立法都非常强调正确处理立法与宪法的关系,强调立法应当以宪法为根据或不得同宪法相抵触。《立法法》以合宪性作为首要基本原则,遵循"一个中心,两个基本点"的要求。

第一,立法应当以经济建设中心为大局,应当积极制定经济方面的法律、法规,积极建设市场经济法律体系。改革开放四十多年来,立法实践已经充分注意这一点,制定了相当数量的经济法律、法规,市场经济法律体系的宏观框架亦已大体形成。

第二,立法应当坚持四项基本原则。社会主义和人民民主专政是国家的根本制度,立法的社会主义方向和人民民主专政性质不能改变,立法应当维护和发展社会主义和人民民主专政的各项事业。中国共产党的领导,是中国特色社会主义各项事业取得胜利的根本保证,因而立法需要坚持党的领导。立法坚持党的领导,主要应当坚持以党的路线、方针和政策指导立法,而不是代替立法机关和其他立法主体的立法。

第三,立法应当与改革开放相得益彰。近些年来,一方面,随着改革开放的深入发展,我国各方面的社会生活发生了重大而深刻的变化,产生了大量的新的社会关系需要立法调整,由此推动了立法获得明显进展。另一方面,立法也应当积极确认、保护和巩固改革开放取得的成果,为改革开放所需要的安定的社会环境和社会秩序提供保障。

2. 法治原则

《立法法》第 4 条规定:"立法应当依照法定的权限和程序,从国家整体利益出发,维护社会主义法制的统一和尊严。"这就是立法的法治原则。

国家机关应当在宪法和法律规定的范围内行使职权,国家机关的立法活动也不能例外。立法的法治原则包括:

第一,立法应当遵循法定的权限。依照宪法和法律的有关规定,我国立法体制既是统一的,又是分层次的,由国家立法权、行政法规制定权、地方性法规制定权、自治条例和单行条例制定权和规章制定权等构成。我国宪法和有关法律对立法主体的立法权限作了原则性规定。《立法法》以宪法为依据,对立法权限的划分作了进一步明确、具体的规定。同时,为保障各立法机关在其权限内进行立法活动,《立法法》还设立了相应的监督机制,包括法规、规章的备案审查制度,上级立法机关对下级机关的立法监督制度。另外,还设置了专属立法权制度,规定了特定事项必须由全国人民代表大会及其常委会制定法律。

第二,立法应当遵循法定的程序。国家机关的立法活动,不仅必须依照法定的权限,还必须严格遵守法定的程序。在《立法法》制定之前,我国已有一些法律对中央立法和地方立法程序作了相应的规定。《立法法》在上述法律规定的基础上,对全国人民代表大会及其常委会的立法程序、国务院制定行政法规的立法程序、地方人民代表大会及其常委会制定地方性法规的立法程序、行政规章的立法程序、自治条例和单行条例的立法程序,作出了进一步明确、具体的规定。严格按照立法程序立法,不仅是坚持立法的民主原则、保障立法体现人民意志、保障人民群众以多种途径参与立法活动的需要,同时也是立法行为合法性的必然要求。

第三,立法应从国家整体利益出发,维护社会主义法制的统一和尊严。立法要充分考虑和维护人民的根本利益和长远利益,拒绝只强调本部门、本地方利益的狭隘的部门保护主义和地方保护主义。中国是统一的单一制国家,从传统的历史渊源、现有的政治体制改革、经济体制改革和法治国家建设的角度看,立法都应当坚持法制统一原则。立法坚持法制统一原则,就要保持法律体系内部的和谐一致,不同层次或不同层级的法律、法规、规章之间应当保持在遵循宪法原则和精神的前提下的和谐一致,下位法不得同上位法相抵触;各种部门法之间,也应当保持和谐,尽可能地相互配合、补充以达到相得益彰;在整个法律体系中,要尽可能地防止出现矛盾,对已存在的矛盾,应当采取积极有效的对策予以消除。

3. 民主原则

《立法法》第5条规定:"立法应当体现人民的意志,发扬社会主义民主,坚持立法公开,保障人民通过多种途径参与立法活动。"这就是立法的民主原则。

在现代国家和现代社会,立法应当坚持民主原则,是各国立法的共同之处。在中国,立法应当遵循民主原则,其主要理由在于:首先,这是实现人民主权所必需的条件。中国是人民主权国家,人民是国家的主人、民主的主体,国家活动的根本任务之一就是确认和保障人民的民主权利特别是当家作主管理国家的权利。在立法中遵循民主原则,用立法的形式充分反映和保障人民的民主权利,让人民群众成为立法的真实的主人,正是实现人民当家作主管理国家的民主权利的重要体现。其次,这也是反映人民意志和客观规律所必需的条件。要使所立之法反映人民的意志和利益,就要使人民成为立法的主人;要使所立之法正确反映客观规律,就要注意总结实践经验,因为法要符合客观规律,需要通过社会实践的中介来实现,而人民群众正是实践的主体,让最有社会实践经验的人民群众成为立法的主人参与立法,便能有效地反映客观规律。如果只由少数人闭门造法,这种法即使"很完备",也难以体现人民的意志和客观规律。最后,坚持立法的民主原则,也是对立法实行有效的监督和制约、防止滥用立法职权和个人独断或不尽立法职守所必需的条件。可见,中国立法应当遵循民主原则,是现代立法的普遍规律和中国国情的双重要求。

在我国,遵循立法的民主原则,也需要把民主原则的普遍性同中国国情相结合:

第一,需要从国情出发,健全较为完备的民主立法制度。在立法权限划分和立法权行使方面,既要注意保障全部立法权归于人民,又要注意在社会主义初级阶段限于人民的政治觉悟、文化水平、管理国家的能力和国家的经济实力、交通条件等多方面因素,尚不能由人民直接行使立法权,只能将立法权委托给人民代表或有关主体代为行使。

第二,要根据国情,在观念和制度的结合上坚持立法的民主原则。中国是封建专制遗毒极深的国家,过去没有民主传统,缺乏公民权利意识。因而在立法中遵循民主原则,应当注意以立法的形式反对封建特权和专制,不允许任何个人、组织和国家机关侵犯人民的合法权益,特别要注意用立法肯定和保障人民当家作主的权利。

第三,在立法过程和立法程序方面,应当注意使立法面向社会公众,使公众能有效参与和监督立法。立法所反映的意志和利益应当客观,把各方面的矛盾、问题、意见都摆出来,多方征求意见,集思广益,在高度民主的基础上尽可能把正确的意见集中起来,使立法真正代表最广大人民的最大利益。

第四,要注意民主与集中相结合。在立法的本质、内容和目的上,所立之法要反映经过集中的共同意志,即立法不是反映人民的所有意志,而是反映经过选择的有必要提升为国家意志的人民共同意志。在立法权方面,要由全国人大及其常委会行使国家立法权,其他法不得同宪法和法律相抵触。在立法过程中,既要保障群众能有效地参与立法,也要加强专门机关的现代化建设,充分发挥专门机关、专家和其他有关人员的作用。

4. 科学原则

《立法法》第 6 条规定:"立法应当从实际出发,适应经济社会发展和全面深化改革的要求,科学合理地规定公民、法人和其他组织的权利与义务、国家机关的权力与责任。"这就是立法的科学原则。

现代立法应当是一项科学活动。立法遵循科学原则,有助于提升立法质量和产生良法,有益于尊重立法规律、克服立法中的主观随意性和盲目性,也有利于在立法中避免或减少错误和失误,降低成本,提高立法效益。所以,现代国家一般都重视遵循立法的科学原则。我国立法遵循科学原则,需要注意以下几点:

第一,努力实现立法观念的科学化。要把立法当科学看待,以科学的立法观念影响立法,消除似是而非贻误立法的所谓新潮观念和过时观念。构造立法蓝图,作出立法决策,采取立法措施,应当自觉运用科学理论来指导。对立法实践中出现的问题和经验教训,应当给予科学解答和理论总结。

第二,力争从立法制度上解决问题。要建立科学的立法权限划分、立法主体设置和立法运行体制。整个立法制度应当合乎社会和立法发展规律,合乎国情和民情。立法主体应当由专业的高素质的立法者和立法工作人员组成。

第三,重点解决立法方法、策略和其他立法技术问题。从方法上说,立法要坚持从实际出发和注重理论指导相结合,客观条件和主观条件相结合,原则性和灵活性相结合,稳定性、连续性和适时变动性相结合,总结借鉴和科学预见相结合,中国特色和国际大势相结合。从策略上说,要正确处理立法的超前、滞后和同步的关系;要按照客观规律的要求来确定立法指标;要尽可能选择最佳的立法形式、内容和最佳的法案起草者;要顾及全局并做到全面、系统,同时还要分清轻重缓急,合理安排各个项目的先后顺序。从其他要求上说,要注意各种法之间纵向、横向关系的协调一致,法的内部结构的协调一致;要注意立法的可行性,所立之法要能为人接受,宽严适度,易于遵守。

(四)立法体制

1. 含义

立法体制是指按照宪法和法律的规定,国家机关立法权限划分的组织制度。具体是指一个国家按照宪法和法律规定的国家机关及其人员制定、修改和废除规范性法律文件的权限划分制度。立法体制主要包括以下内容:

(1)立法权限的体系和制度

具体包括立法权的归属、性质、种类、构成、范围、限制、各种立法权之间的关系,立法权在国家权力体系中的地位和作用,立法权和其他国家权力的关系等方面的体系和制度。

(2)立法权的运行体系和制度

除了包括通常所说的立法程序的内容外,还包括行使立法权的国家机关在提案前和公布后的所有立法活动中必须遵循的法定步骤,以及立法主体或参与立法工作的其他主体在立法活动中应遵循的步骤。

(3)立法权的载体体系和制度

主要包括行使立法权的立法主体或机构的建制、组织原则、活动形式等方面的体系和制度。

2. 当今世界主要的立法体制

立法体制是多样化的。一国采用何种立法体制,主要取决于国情因素。当今世界主要有单一的、复合的、制衡的立法体制。

（1）单一的立法体制

单一的立法体制是指立法权由一个政权机关行使的立法体制。具体包括：

单一的一级立法体制，指立法权仅由中央一级的一个政权机关行使。实行这种体制的国家较多，其中有的国家由一个专门的立法议会行使；有的国家由一个以立法为主同时兼有其他职能的机关行使；有的国家由一个兼有立法和行政两方面职能甚至握有一切大权的机关行使；有的国家由一个由君主或总统、总督、议员联合组成的议会行使。

单一的两级立法体制，主要指中央和地方两级立法权各由一个而不是由两个或几个机关行使。实行这种体制的国家也有不同特点，从中央一级立法权看，有的由最高国家权力机关行使；有的由作为立法机关的议会行使；有的由议会行使，总统也可以行使。

（2）复合的立法体制

复合的立法体制是指立法权由两个或两个以上的政权机关共同行使的立法体制。实行这种立法体制的国家较少，一般存在于单一制国家。在这些国家，根据立法权归属的具体机关不同，又有两种分类：有的国家的立法权由议会和总统（不是议会成员）共同行使，如冰岛、芬兰；有的国家的立法权由君主和议会共同行使，如比利时、丹麦。但是，这些国家的君主同英国、牙买加的君主不同，不是以议会成员身份行使立法权，而是作为政权机构中与议会并列的一个主体在行使立法权。

（3）制衡的立法体制

制衡的立法体制是指建立在立法、行政、司法三权既相互独立又相互制约的原则基础上的立法体制。实行这种体制的国家，立法职能原则上属于议会，但行政机关首脑如作为元首的总统，有权对议会的立法活动施以重大影响，甚至直接参与行使立法权。如总统有权批准或颁布法律，有权要求将法律草案提交公民投票，有权要求议会对某项法律重新审议，甚至有权否决议会立法或解散议会。在制衡的立法体制中，总统对立法的作用远远大于其他立法体制中总统对立法的作用。在许多实行制衡的立法体制的国家，司法机关也对立法起制衡作用，这些国家的宪法法院或高级法院有权宣布议会立法违宪使之无效。单一制国家如法国等，联邦制国家如美国等，都实行制衡的立法体制。

3. 我国现行立法体制

我国现行的立法体制，基本上属于集权为主结合分权的模式，并具有自己的鲜明特色，即"一元、两级、多层次"的结构体系。

（1）"一元"，指依据《宪法》的规定，我国是实行单一制的国家，全国范围内只存在一个统一的、一体化的立法体系。最重要的国家立法权属于中央，中央立法在整个立法体制中处于领导地位。国家立法权只能由全国人民代表大会及其常务委员会行使，其他国家机关和地方都没有这个权力，行政法规、地方性法规均不得与宪法、法律相抵触。

（2）"两级"，指依据《宪法》和《立法法》的规定，我国立法体制分为中央立法和地方立法两个立法等级。符合条件的地方国家机关可根据本行政区域的具体情况和实际需要，在不同宪法、法律、行政法规相抵触的前提下，开展地方立法。

（3）"多层次"，指根据《宪法》和《立法法》的相关规定，中央立法和地方立法还可以分成若干层次和类别。全国人民代表大会及其常务委员会统一领导立法工作，国务院拥有相当大的立法权限，地方国家机关也行使一定的立法权限。不过，自治法规和特别行政区的法律既是地方法规性文件，又在立法依据、权限范围和表现形式等方面不同于地方性法规和地方政府规章。

（五）立法程序

立法程序是指有权的国家机关在制定、认可、补充和废止法的活动中所必须遵循的法定步骤和方法。

1. 提出法案

由有立法提案权的机关、组织和人员，依据法定程序向有立法权的机关提出关于制定、认可、变动规范性法律文件的提议的专门活动。

提案者应当是有权提案的主体。现今各国具有立法提案权的主体主要是：议会和议员；国家元首；政府和政府首脑；成员国或下一级政权；司法机关；政党和有关社会团体；一定数量的选民；法定其他机关。其中，经常行使提案权、所提法案在议会获得讨论机会更多且更容易通过的，是政府和政府首脑以及集国家元首和政府首脑于一身的总统。在我国，全国人大主席团、常委会及其各专门委员会，全国人大的一个代表团或30名以上的代表，国务院，中央军委，最高人民法院，最高人民检察院，均可以向全国人大提出属于全国人大职权范围内的法案。全国人大常委会委员长会议、常委会组成人员10人以上，国务院，中央军委，最高人民法院，最高人民检察院，全国人大各专门委员会，可以向全国人大常委会提出属于全国人大常委会职权范围内的法案。

提案应依据法定程序。提案者应就本身职权或业务范围内的事项提案；应提出属于接受法案的主体职权范围内的法案；应向自己能够提案的机关提出法案；要符合法定人数才能提案；应采取一定形式如书面形式，通过一定方式如通过一定机关并在规定的时间提出。

2. 审议法案

审议法案是指在由法案到法的阶段,由有权主体对法案运用审议权,决定其是否应列入议事日程、是否需要修改以及对其加以修改的专门活动。

各国对法案均有不同的审议程序。法案提出后,由于一次会议审议的法案有限,有些法案所提事项进行立法的条件还未成熟,有必要先决定是否列入议程。法案列入议程,有的经委员会审议和提出报告,便进入审议程序。与会者在大会上就法案作辩论发言,是大会审议法案的主要形式和环节。在我国,全国人民代表大会及其常委会审议法案的程序,通常是由相关领导机构提出审议,再由有关会议审议,最后提交到大会审议。

3. 表决和通过法案

表决法案是指有权的机关和人员对法案表示最终的、具有决定意义的态度。通过法案是指法案经过表决获得法定多数的赞成或同意所形成的一种立法结果。通过法案的基本原则,一般是少数服从多数。普通法案通常由法定会议人数中的普通多数通过。特殊法案如宪法案,由特殊多数通过。

在许多国家,法案经大会审议通过后,还要经过诸如另一院复议、公民公决、国家元首批准、合宪性审查通过后才能成为法。在中国,全国人大审议的普通法案由全体代表的过半数通过;宪法的修改由全体代表的三分之二以上通过;全国人大常委会审议法案,由常委会全体组成人员的过半数通过。

4. 公布法

公布法,亦称法的颁布,是指由有权机关或人员在特定时间内,采用特定方式将法公之于众。

法案经表决通过或经有关方面复议或批准后,应在一定时间内公布。公布法的权力多数由国家元首行使。在中国,国家主席行使公布法律权。各国法的公布方式大体一致,即在立法机关的刊物上或在指定的其他刊物上公布。在中国,宪法和法律没有规定公布法的时间和方法,实际做法是:多数法于通过的当日公布,有的于通过后间隔几天公布;有的于公布之日起施行;更多法是在公布后间隔一定时间才施行。根据《立法法》的规定,法律一经签署公布后,均及时在《全国人民代表大会常务委员会公报》和在全国范围内发行的报纸上刊登。在常务委员会公报上刊登的法律文本为标准文本。

我国《立法法》等法律文件明确规定了全国人大及其常委会制定法律的立法程序、国务院制定行政法规的立法程序、地方各级人大及其常委会制定地方性法规的立法程序、自治地方的人大制定自治条例和单行条例的立法程序以及有权行政机关制定行政规章的立法程序等。

二、守法

(一) 守法的概念

守法,即法的遵守,是指一切国家机关和武装力量、各政党和各社会团体、各企事业组织及全体公民都必须在法律允许的范围内活动,依法享有法定权利,履行法定义务。任何组织和任何个人都没有超越法律的特权,在法律面前一律平等。法律的遵守是法治的必然要求,也是法律得以实施的重要方式。

(二) 守法的构成要素

在我国,守法主要由以下几方面的要素组成:

1. 守法的主体

守法的主体是指法的遵守者。不同性质的社会,法的遵守者的法律地位有很大不同,权利和义务的指向也有极大的差异。在人类的早期社会里,老百姓仅仅是义务的承担者,而统治阶级的成员,尤其是其中的上层分子,往往可以不受法律义务的约束而主要享受权利。中国封建社会所奉行的是君主立法,官吏执法,百姓则被法所统治。到了资本主义社会,所有的组织和个人才成为权利和义务的合一主体。如今我国的国家性质决定了法的遵守者的广泛性、普遍性和平等性,不允许任何组织和个人凌驾于法律之上。《宪法》第5条第3款和第4款规定:"一切国家机关和武装力量,各政党和各社会团体、各企事业组织都必须遵守宪法和法律。""任何组织和个人都不得有超越宪法和法律的特权。"《宪法》第53条也规定:"中华人民共和国公民必须遵守宪法和法律……"根据宪法和法律的规定,我国守法的主体包括一切国家机关、社会组织,中华人民共和国公民以及在中国领域的外国组织、外国人和无国籍人。

2. 守法的范围

守法的范围是指守法主体应当遵守的法律规范的种类,即由一定的国家机关制定或认可的,一切具有法的效力的文件。具体包括:规范性文件,如宪法,法律、行政法规、地方性法规、自治条例,特别行政区的法律、部委规章、地方政府规章等;有关组织和个人必须执行的非规范性文件,如人民法院的判决书、裁定书、调解协议、仲裁机构的仲裁裁决等。其中,宪法居于核心地位。

3. 守法的内容

守法的内容包括依法行使权利和依法履行义务。依法行使权利,指人们通过一定的行为,或者是要求他人实施或抑制一定的行为来保证自己的合法权利得以实现。依法行使权利就是遵守法律或法律规范中的授权性规范。需要注意的是,行为人所行使的权利必须是合法权利;行使权利必须采用合法、正当的方式和手段;不得滥用权利,不能在行使自己的权利时损害他人的权利;不能只行使权利而不履行法的义务。依法履行义务,指行为主体按照法定义务的要求作出或不作出一定的行为。履行法定义务可以分为作为与不作为两种形式。遵守法的禁止性规范,采取的是不作为的形式;遵守法的其他义务性规范,则需采取作为的形式。

4. 守法的层次

守法的层次是指守法主体行为的合法程度。可分为三个层次:第一层次是不违反法律。人们对于法律的认识处于模糊状态,是一种消极心理,以不违反法律为底线。第二层次是依法办事。法律获得人们的自觉遵守,认为遵守法律不仅是义务,更是对权利的保护,虽然尚未实现法的自我内化,但可以正确认识到法的作用。第三层次是法律信仰的树立。这是守法的最高层次,人们信仰法律,积极主动守法。法已完全实现自我内化,人们对法的态度是完全肯定的,守法主体严格履行法定义务,充分行使法定权利,从而真正实现法律对社会调整的目的。

(三) 守法的条件

人们守法的状态,往往受到多种因素的影响和制约。一般而言,对守法具有重大影响的条件主要有主观条件和客观条件。

1. 守法的主观条件

守法的主观条件是指守法主体的主观心理状态和法律意识水平。通常人们的政治意识、法律意识、道德意识、文化教育程度等都对其守法行为产生潜移默化的影响和支配。

政治意识是指人们关于政治现象的思想、观点和心理的总和,是一种重要的社会意识。作为一种社会意识,政治意识处于社会意识诸形式的核心地位,它往往渗透到其他社会意识中,成为其中起指导作用的部分。每个阶级、每个人都有自己所特有的政治意识,人们政治意识的高低、先进或落后、发达或不发达,都会强烈地影响到人们对法的遵守。

法律观念是人们对法所持的态度和信念,是一种法律意识形态,它较之政治意识对人们的守法有着更为直接的影响。法律观念的形成,既可来自人们内心对法的认同,也可来自外部的传导灌输。法律观念的地域性很强,传统思想往往通过"文化沉淀"的途径影响人们。

道德观念是人们关于善与恶、公正与偏私、诚实与虚伪、荣誉与耻辱、正义与非正义等的观念。不同的道德观念会形成不同的善恶、是非、荣辱标准,对符合或违反法律的行为会给予不同的评价,从而使人们实施不同的行为。因此,道德观念对人们的守法行为也有着重大的影响。

文化教育程度也在一定程度上影响着人们守法的状态。知识常常同文明相伴,而文明是守法的强化剂。人们文化水平的高低、知识的多寡、受教育的程度,直接影响到人们能否有效地学习法、准确地理解法和充分地掌握法,影响到人们能否对法建立正确的态度和信念,影响到人们能否正确行使法律权利和履行法律义务。

2. 守法的客观条件

守法的客观条件是守法主体所处的客观社会环境,如法制状况、政治状况、经济状况、民族传统、国际形势、科学技术的发展等,它们都会对守法行为产生不同程度的影响。

法制状况包括立法、执法、司法和法律监督等状况,这些都与守法有着密切的联系。就立法而言,守法的一个前提条件就是法自身必须具有优良品质。就执法和司法而言,国家行政机关和司法机关适用法的活动也影响着人们的守法。国家行政机关及其工作人员依法行政,严格执法;国家司法机关及其工作人员以事实为依据,以法律为准绳,公正司法,树立起良好的执法、司法和守法形象,必能带动和促进其他社会组织和公民的守法。

政治状况主要包括一个国家的社会制度、政治制度、各社会力量对比、社会秩序等方面的状况。不同的社会制度具有不同性质的法,对人们的守法会产生不同的影响。在社会主义国家,法反映的是广大人民的意志和利益,在正常的情况下,大多数人都会自觉地守法。国家的政治制度对守法也会产生一定的影响。在民主国家,公民具有平等的基本法律地位,政府与公民的关系表现为双向的互控关系,政府的职能活动以保障人的权利为根本方向。因此,行使权利在人们的守法活动中所占的比重较大。此外,在一个国家中,如果各种社会力量相对平衡,政局比较稳定,社会秩序较好,国泰民安,法就会有较高的权威,人们也就会更加自觉地去遵守法。

经济状况主要包括一个国家的经济制度、经济体制和经济发展水平等,这些因素也在不同程度上影响着法的遵守。就经济体制来说,市场经济是法治经济,在实行市场经济的国家中,国家和政府都十分强调将市场经济纳入法治的轨道,用法律的手段对市场经济进行调整,这就为守法营造了一个良好的法治环境,促使人们运用法律手段来维护公平竞争,维护自己的合法权益。人们能否依法行使权利和履行义务,并不只是取决于人们主观上的愿望和选择,社会能否为他们提供必要的物质条件也是相当重要的,而这与社会经济的发展水平是密切相关的。

三、执法

（一）执法的概念

执法有广义和狭义两种理解。广义的执法是指一切执行法律、适用法律的活动，包括国家行政机关、司法机关和经法定授权、委托的组织及其公职人员，依照法定职权和程序，贯彻实施法律的活动。狭义的执法仅指国家行政机关和经法定授权、委托的组织及其公职人员在行使行政管理权的过程中，依照法定职权和程序，贯彻实施法律的活动。本书所指的执法，是狭义上的执法。

执法是法的实施的重要组成部分和基本实现方式。国家制定法律，就是要让公民在社会生活中遵守和执行。高度重视执法，是现代社会实现法治国家的必然要求。我国《宪法》规定，中华人民共和国国务院，即中央人民政府，是最高国家权力机关的执行机关，是最高国家行政机关。地方各级人民政府是地方各级国家权力机关的执行机关，是地方各级国家行政机关。国家权力机关制定的法律和其他规范性法律文件主要是通过国家行政机关的日常职务活动来贯彻执行的。国家行政机关的职权范围十分广泛，涉及国家管理和社会生活的各个领域，因此执法内容和范围也极为广泛。执法是法的实现的最主要途径。

（二）执法的特征

1. 执法主体的特定性

在我国，行政执法权的主体是特定的，只有国家行政机关、法定授权组织、受行政机关委托的组织及其工作人员才能成为执法的主体，其他任何组织或个人都不能构成执法主体。

2. 执法内容的广泛性

执法是以国家名义对社会实行全方位的组织和管理的行为，其涉及政治、经济、外交、国防、财政、文化、教育、卫生、科学、交通、治安等各个领域，内容十分广泛。特别在现代社会，社会事务愈加复杂，行政管理的范围更为广泛，执法的范围也日益扩大，执法对社会的影响也日渐深刻。

3. 执法活动的单方意志性

行政机关代表国家行使管理职能，在行政法律关系中居于主导地位，只要是在法律规定和授权范围内，即可自行决定和直接实施执法行为，不需要行政相对人的同意。但需要注意的是，部分行政行为如行政调解、行政指导、行政协议等执法行为不具有单方性。

4. 执法行为的主动性

执法是行政机关的法定职责,因此,行政机关在执法中,一般都采取积极主动的行动去履行职责,保证法律的贯彻实施。依申请的行政行为如行政许可、行政给付、行政复议等,虽然在程序启动上是被动的,但在决定实质内容上,行政机关仍然是主动的。执法行为的主动性还表现为当行政活动具有自由裁量权时,行政机关可以充分发挥其主观能动性,积极灵活地执法,实现立法的目的。

5. 执法权行使的优益性

行政机关在行使执法权时,依法享有法定的行政优益权,即执行权具有优先行使和实现的效力。行政优益权是国家为确保行政主体有效地行使职权,以法律、法规等形式赋予行政主体享有各种职务上或物质上优益条件的资格,它包括行政优先权和行政受益权。

(三)执法的基本原则

执法的基本原则是行政主体在执法活动中应遵循的最基本的准则,其贯穿于整个行政执法的始终。根据2004年国务院制定的《全面推进依法行政实施纲要》,行政执法应遵循以下几项原则:

1. 合法行政原则

合法行政原则是指行政主体的一切行政行为都必须符合法律的规定,行政主体的法律能力和行政职权应当来自法律的明确授权。合法行政是行政执法的首要原则,其他原则可以理解为这一原则的延伸。我国合法行政原则在结构上包括对现行法律的遵守和依照法律授权活动两个方面。

(1)行政主体必须遵守现行有效的法律。这一方面的基本要求是:行政主体实施行政管理,应当依照法律、法规、规章的规定进行,禁止行政主体违反现行有效的立法性规定。第一,行政主体的任何规定和决定都不得与法律相抵触,行政主体的规定和决定违法,就不能取得法律效力。第二,行政主体有积极执行和实施现行有效法律规定的行政义务。行政主体不积极履行法定作为义务,将构成不作为违法。

(2)行政主体应当依照法律授权活动。这一方面的基本要求是:没有法律、法规、规章的规定,行政主体不得作出影响公民、法人和其他组织合法权益或者增加公民、法人和其他组织义务的决定。在行政主体与公民、法人和其他组织关系上,行政主体实施行政行为必须有立法性规定的明确授权;没有立法性规定的授权,行政主体不得采取任何影响公民、法人和其他组织权利义务的行政措施。

2. 合理行政原则

合理行政原则是指行政主体行使权力应当符合行政立法的精神和目的，做到客观、适度、符合理性。行政决定应当具有理性，属于实质行政法治的范畴，尤其适用于自由裁量性行政活动。最低限度的理性，是指行政决定应当具有一个有正常理智的普通人所能达到的合理与适当，并且能够符合科学公理和社会公德。更为规范的行政理性表现为以下三个子原则：第一，公平公正原则。行政主体要平等对待行政管理相对人，不偏私、不歧视。第二，考虑相关因素原则。行政主体作出行政决定和进行行政裁量，只能考虑符合立法授权目的的各种因素，不得考虑不相关因素。第三，比例原则。行政主体采取的措施和手段应当必要、适当。行政主体实施行政管理可以采用多种方式实现行政目的的，应当避免采用损害当事人合法权益的方式。

3. 程序正当原则

程序正当原则是当代执法的主要原则之一。它包括以下三个子原则：第一，行政公开原则。除涉及国家秘密、依法受到保护的商业秘密和个人隐私外，行政主体实施行政管理行为应当公开，以实现公民的知情权。第二，公众参与原则。行政主体作出重要规定或者决定，应当听取公民、法人和其他组织的意见。特别是在作出对公民、法人和其他组织不利的决定时，应当听取他们的陈述和申辩。第三，回避原则。行政机关工作人员履行职责，与行政管理相对人存在利害关系时，应当回避。

4. 高效便民原则

高效便民原则包括两个子原则：第一，行政效率原则。其基本内容是：积极履行法定职责，禁止不作为或者不完全作为；遵守法定时限，禁止超越法定时限或者不合理延迟，延迟是行政不公和行政侵权的表现。第二，便利当事人原则。在行政活动中，行政主体不应增加行政相对人的程序负担，应方便行政相对人到行政机关办理相关事宜。

5. 诚实守信原则

诚实守信原则是指行政主体不得擅自改变已经生效的行政行为，确需改变的，对由此给行政相对人造成的损失应当给予补偿。诚实守信原则包括两个子原则：第一，行政信息真实原则。行政机关公布的信息应当真实、准确、可信，不能提供虚假信息和材料。第二，信赖利益保护原则。行政允诺应予兑现，非因法定事由并经法定程序，行政主体不得撤销、变更已经生效的行政决定；确需改变的，行政主体可以依法变更或者撤回，为此给公民、法人或者其他组织造成损失的，行政主体应当依法给予补偿。

6. 权责统一原则

权责统一原则包括两个子原则：第一，行政效能原则。行政主体依法履行经济、社会和文化事务管理职责，要由法律、法规赋予其相应的执法手段，保证政令有效。第二，行政责任原则。行政主体违法或者不当行使职权，应当依法承担法律责任。这一原则的基本要求是行政权力和法律责任的统一，即执法有保障、有权必有责、用权受监督、违法受追究、侵权须赔偿。

▶ **四、司法**

（一）司法的概念

司法，又称法的适用，通常是指国家司法机关根据法定职权和法定程序，具体运用法律处理案件的专门活动。由于这种活动是以国家的名义来行使司法权，因此称为"司法"。

（二）司法的特征

1. 专属性

司法是由特定的国家机关及其公职人员，按照法定职权实施法的专门活动。在我国，人民法院和人民检察院是代表国家行使司法权的专门机关，其他任何机关、社会组织和个人都不得从事该项工作。

2. 程序性

司法是司法机关按照法定程序进行的活动。程序性是司法最重要、最显著的特点之一。法定程序是保证司法机关正确、合法、及时地适用法的前提，是实现司法公正的重要保证。

3. 专业性

司法是司法机关运用法律处理案件的专门活动，它需要专业的判断，这就要求司法人员必须具有精深的法律专业知识和丰富的经验，因此，司法具有很强的专业性。

4. 权威性

司法是司法机关以国家强制力为后盾，以国家的名义运用法律处理案件的活动，因此，它作出的裁决具有很强的权威性。司法机关依法作出的具有法律效力的裁决，任何组织和个人都必须执行，不得擅自更改和违抗。

（三）司法的基本原则

司法的基本原则是指在司法活动中必须遵循的基本准则，主要包括以下几项原则：

1. 司法法治原则

司法法治原则是指在司法过程中，要严格依法司法。在我国，这条原则具体体现为"以事实为根据,以法律为准绳"。该原则的基本含义是:第一,以事实为根据,就是指司法机关审理一切案件,都只能以与案件有关的客观事实作为根据,而不能以主观臆想作依据,应当认真查清事实真相,使法律适用能够做到"有的放矢"。第二,以法律为准绳,要严格依照法律规定办事,切实做到有法必依、执法必严、违法必究。司法机关开展工作要符合法律所规定的标准或要件,遵照法律规定的权限划分并严格按照司法程序办理案件;同时,在法律适用中坚持法制统一性的要求,根据我国的法律渊源体系适用法律。为了贯彻这项原则,在司法工作中应当坚持实事求是、一切从实际出发的思想路线,重证据,重调查研究,不轻信口供;坚持维护社会主义法律的权威和尊严,不仅严格依照实体法的规定,而且严格执行程序法的各项规定;正确处理依法办事与坚持党的政策的指导的关系。

2. 司法平等原则

公民在法律面前一律平等,既是我国公民的一项基本权利,也是我国法的适用的一条基本原则。在法的适用领域,"公民在法律面前一律平等"的基本含义是:第一,在我国,法律对于全体公民,不分民族、种族、性别、职业、社会出身、宗教信仰、财产状况等,都是统一适用的,所有公民依法享有同等的权利并承担同等的义务。第二,任何权利受到侵犯的公民一律平等地受到法律保护,不能歧视任何公民。第三,在民事诉讼和行政诉讼中,要保证诉讼当事人享有平等的诉讼权利,不能偏袒任何一方当事人;在刑事诉讼中,要切实保障诉讼参加人依法享有的诉讼权利。第四,对任何公民的违法犯罪行为,都必须同样地追究法律责任,依法给予相应的法律制裁,不允许有不受法律约束或凌驾于法律之上的特殊公民,任何超出法律之外的特殊待遇都是违法的。

3. 司法公正原则

司法公正是社会正义的重要组成部分,它既包括实质公正,也包括形式公正,其中尤以程序公正为重点。司法公正的重要意义在于:第一,公正司法是法的精神的内在要求。第二,公正对司法的重要意义也是由司法活动的性质决定。人们之所以委托司法机关裁决纠纷并信任其决断,就是因为其秉持公正。公正与裁判,既是一种里表关系,又是一种唇齿相依关系。第三,司法机关公正司法,是其自身存在的合法性基础。司法机关如果不能秉持公正,也就失去了自身存在的社会基础。虽然社会生活的所有方面都应当公正,但是公正对司法有着特殊的意义,公正是司法的生命。

4. 司法权独立行使原则

我国《宪法》《人民法院组织法》《人民检察院组织法》《刑事诉讼法》《民事

诉讼法》《行政诉讼法》都对司法机关依法独立行使职权作出了明确的规定。这项原则的基本含义是：第一，司法权的专属性，即国家的司法权只能由国家各级审判机关和检察机关统一行使，其他任何机关、团体和个人都无权行使此项权利。第二，行使职权的独立性，即人民法院、人民检察院依照法律独立行使自己的职权，不受行政机关、社会团体和个人的非法干涉。第三，行使职权的合法性，即司法机关审理案件必须严格依照法律规定，正确适用法律，不得滥用职权，枉法裁判。

▶五、法律监督

（一）法律监督的概念

在我国，法律监督有广义和狭义两种含义。狭义的法律监督专指由特定国家机关依照法定权限和程序对法的实施的合法性所进行的监察和督促，如检察机关的监督和监察委员会的监督。广义的法律监督指由所有国家机关、社会组织和公民依法对国家的政治、经济、文化、社会等方面的各种法制活动进行的监察和督促。本书从广义上使用"法律监督"一词。

（二）当代中国法律监督体系

法律监督体系是指由国家机关、社会组织和公民依法对各种法律活动进行监督而形成的有机联系的整体。根据监督主体的不同，可以将当代中国的法律监督体系分为两大类：

1. 国家监督

宪法和有关法律明确规定了国家监督的权限和范围。这类监督是依照一定的法律程序，以国家的名义进行的具有国家强制性和法律效力的监督，是我国法律监督体系的核心。具体包括以下内容：

（1）权力机关的监督

权力机关的监督是指各级人民代表大会及其常务委员会为全面保证国家法律的有关实施，通过法定程序，对由它产生的国家机关实施的法律监督。其中，全国人民代表大会及其常委会在整个法的监督体系中居于主导地位。具体包括：第一，立法监督。在中央，全国人民代表大会及其常委会通过立法程序对某项法律、法规进行审查，确定其是否符合宪法，对违反宪法的法律、法规予以撤销，从而实现监督。在地方，县级以上各级人民代表大会及其常委会监督地方性法规和地方其他决议、决定的实施。地方各级人民代表大会及其常委会有权撤销下一级人民代表大会及其常委会的不适当的决议，撤销本级人民政府作出的不适当的决定和命令。第二，工作监督，指人民代表大会及其常务委员会通过对政府、审判机关、检察机关、监察委员会即"一府两院一委"依法进行质询和询问,对特定问题进行视察和调查,并听取和审议"一府两院一委"的工作报告,然后提出意见和建议,或者通过决议和决定,行使撤销和罢免权,从而实现监督。

(2) 司法机关的监督

司法机关的监督是指我国司法机关实施的法律监督,具体包括:第一,检察机关的监督。人民检察院是国家专门的法律监督机关。《宪法》第134条规定:"中华人民共和国人民检察院是国家的法律监督机关。"检察机关的法律监督体系体现在法纪监督、经济监督、侦查监督、审判监督和监所监督五个方面。第二,审判机关的监督。在我国,人民法院是专门行使国家审判权的机关。它虽然不是国家的专门法律监督机关,但在整个法律监督体系中具有重要的地位,人民法院的监督主要表现在人民法院系统内的监督、人民法院对检察机关的监督和人民法院对行政机关的监督。

(3) 行政机关的监督

行政机关的监督是指上级行政机关对下级行政机关、行政机关对企事业单位和公民执行和遵守法律规范的情况所进行的监督。具体包括:第一,一般行政监督,指行政隶属关系中上级行政机关对下级行政机关所进行的监督。第二,专门行政监督,指行政系统内部设立的专门机关所实施的法律监督。专门行政监督与一般行政监督的区别是,专门行政监督是由专门对行政机关及其公职人员进行法纪检查的职能机关作出的。例如,审计监督,指由国家审计机关根据有关经济资料和法律、法规审核和稽查被审计单位的财务收支活动、经济效益和财政纪律遵守情况,以加强经济管理的专门监督检查活动。

(4) 监察委员会的监督

根据《中华人民共和国监察法》第3条的规定,各级监察委员会是行使国家监察职能的专责机关,依法对所有行使公权力的公职人员(以下简称公职人员)进行监察,调查职务违法和职务犯罪,开展廉政建设和反腐败工作,维护宪法和法律的尊严。其主要职责包括:第一,对公职人员开展廉政教育,对其依法履职、秉公用权、廉洁从政从业以及道德操守情况进行监督检查。第二,对涉嫌贪污贿赂、滥用职权、玩忽职守、权力寻租、利益输送、徇私舞弊以及浪费国家资财等职务违法和职务犯罪进行调查。第三,对违法的公职人员依法作出政务处分决定;对履行职责不力、失职失责的领导人员进行问责;对涉嫌职务犯罪的,将调查结果移送人民检察院依法审查、提起公诉;向监察对象所在单位提出监察建议。

2. 社会监督

社会监督即非国家机关的监督,或称社会力量的监督,是指各政党、各社会组织和人民群众以多种形式、多种手段和多种途径广泛地、积极主动地参与法律实施的一种监督方式。具体包括:

(1) 社会组织的监督

在我国,社会组织的监督包括中国共产党的监督、中国人民政治协商会议(简称人民政协)的监督以及民主党派、其他社会团体的监督等。

第一,中国共产党的监督。中国共产党是执政党,在国家生活中处于领导地位,在监督宪法和法律的实施,维护国家法制统一,监督党和国家方针政策的贯彻,保证政令畅通,监督各级干部特别是领导干部,防止滥用权力等方面,具有极为重要的作用。

第二,人民政协的监督。人民政协是中国共产党领导的多党合作和政治协商的重要机构,是我国政治生活中发扬社会主义民主的重要形式。长期以来,人民政协在政治协商和民主监督方面发挥着重要作用。全国政协会议与全国人大会议同时召开,共商国是。政协委员以视察、调查研究等方式进行的法律监督,在实践中发挥了积极、有效的作用。

第三,民主党派的监督。我国各民主党派是一部分社会主义劳动者和一部分拥护社会主义爱国者的政治联盟。作为参政党,各民主党派可以通过多种形式、多种途径积极地开展法律监督的工作,是法律监督的一支重要的社会力量。

第四,社会团体的监督。这主要是指由工会、共青团、妇女联合会以及城市居民委员会、农村村民委员会、消费者保护协会等社会组织所进行的法律监督。工会、共青团、妇女联合会是中国共产党联系广大人民群众的桥梁和纽带,在管理国家和社会事务中发挥着民主参与和民主监督的重要作用。城市居民委员会、农村村民委员会是群众性自治组织。消费者保护协会等社团是在市场经济条件下发展起来的人民群众参与社会监督、进行自我保护的组织。这类监督作为一种集体监督,可以在某些特定的领域发挥重要的监督作用。

(2) 新闻舆论的监督

新闻舆论的监督主要是指借助传媒手段进行监督,是最能体现社会监督的广泛性、公开性和民主性的监督,能够十分有效地影响国家机关及其工作人员的行为,起到其他监督形式无法替代的作用。它既是宪法规定的公民享有言论、出版自由在法律监督领域的具体应用,也是人民群众的监督在新闻、出版领域中的体现。在现代社会,新闻工作者以自己的职业敏感,运用报纸、广播、电视、互联网等大众传播媒介,对社会生活进行全面而深入的报道,在社会生活中扮演着重要的角色。新闻舆论监督因其反应速度快、传播范围广泛,而具有相当大的道义影响和震撼力。同时,新闻舆论监督,可以在法律监督方面起到防微杜渐、防患于未然的作用。

(3) 人民群众的直接监督

人民群众直接进行的法律监督是当代中国法律监督体系的基础和力量源泉。公民有权通过各种方式和途径监督国家机关运用公权力的行为。这种监督的主体是公民个人,客体是所有国家机关及其工作人员、政党、社会团体、社会组织、大众传媒。监督内容包括:国家立法机关行使国家立法权和其他职权的行为,国家司法机关行使司法权的行为,国家行政机关行使国家行政权的行为,各政党依法参与国家的政治生活和社会生活的行为,各社会团体、社会组织参与国家的政治生活和社会生活的行为,以及普通公民的法律活动。公民对于任何国家机关和工作人员,有提出批评和建议的权利;对于任何国家机关和工作人员的违法失职行为,有向有关国家机关提出申诉、控告或者检举的权利。任何破坏或阻止人民群众行使监督权的行为,都是违法行为,应当受到法律的追究。

【知识链接】

1. 《中华人民共和国立法法》。
2. 2004年国务院《全面推进依法行政实施纲要》。
3. 2011年国务院新闻办公室《中国社会主义法律体系白皮书》。
4. 应松年、宋功德:《依法行政的理论与实践》,国家行政学院出版社2011年版。
5. 陈光中主编:《中国司法制度的基础理论问题研究》,经济科学出版社2011年版。
6. 苏力:《法治及其本土资源》(第三版),北京大学出版社2015年版。
7. 〔英〕哈特:《法律的概念》(第二版),许家馨、李冠宜译,法律出版社2011年版。
8. 〔美〕博登海默:《博登海默法理学》,潘汉典译,法律出版社2015年版。
9. 陈蕊:《浅谈立法和司法实践中法律原则的作用》,载《学理论》2010年第21期。
10. 法言:《符合中国国情和实际的立法体制——话说中国特色社会主义法律体系的形成》(六),载《中国人大》2011年第2期。

【思考题】

1. 根据马克思主义法学的观点,法的本质和基本特征是什么?
2. 法有哪些规范作用和社会作用?
3. 阐述中国法的正式渊源和法的效力范围。
4. 阐述法的构成要素及其法律规则的逻辑结构。
5. 中国社会主义法律体系的特点和基本框架是什么?
6. 阐述法律关系客体的概念及其种类。
7. 什么是法律权利与法律义务?如何理解两者的关系?
8. 法律责任的归责原则及其免除条件有哪些?
9. 阐述我国法的运行环节及其基本原则。
10. 阐述我国法律监督体系的构成。

第二章 忠于宪法法律,实现长治久安

2018年宪法修正案诞生记

2018年1月26日中国共产党中央委员会向全国人民代表大会常务委员会提出关于修改《中华人民共和国宪法》部分内容的建议。随后召开的第十二届全国人民代表大会常务委员会第三十二次会议讨论通过了中国共产党中央委员会的建议,决定按照《中华人民共和国宪法》第64条的规定,提出"中华人民共和国宪法修正案(草案)",提请第十三届全国人民代表大会第一次会议审议。

2018年3月11日,出席第十三届全国人民代表大会第一次会议的全国人民代表大会代表共2964名,以无记名投票方式,表决"中华人民共和国宪法修正案(草案)"。其中,赞成票2958票,反对票2票,弃权票3票。《中华人民共和国宪法修正案》由全国人民代表大会以绝对多数代表赞成获得通过。

问:1. 这次会议通过的《宪法修正案》,是对1982年《中华人民共和国宪法》的第几次修改?
2. 我国有权提出修改宪法的主体有哪些?
3. 这次修改的主要内容有哪些?

第一节 弘扬宪法精神,维护宪法权威

▶ 一、宪法的概念

在人类历史上,"宪法"一词的出现和使用,可以追溯到远古时代。近代意义的宪法概念源自西方,经日本传到我国。

(一)宪法词源的演变

在西方,"宪法"一词的含义是"组织、结构"。古罗马帝国用"宪法"一词表示皇帝的各种建制和皇帝所颁布的"诏令""谕旨"之类的文件,区别于市民会议通过的法律文件。古希腊哲学家亚里士多德著有《一百五十八国宪法》,较早地阐述宪法问题并对"宪法"下定义,认为"政体(宪法)为城邦一切政治组织的依据。其中尤其着重于政治所由此决定的'最高治权'组织"。在欧洲中世纪,"宪法"或用来表示封建领主的意志及各种特权,或用以说明个别城

市或团体的法律地位,如英王亨利二世时期制定的《克拉伦敦宪法》,就是用以规定英王与教士关系的法律。英国资产阶级革命确立了资本主义民主制度,并以法律形式将其固定化,称其为"constitution",用以特指这种前所未有的制度及规定该种新制度的法律。日本明治维新后,"constitution"传入日本,称为"律例""根本律法""朝纲"等,后由官方统一为"宪法",用以表述规定以代议制为基础和主要内容的民主制度的法律。

在我国,"宪法"一词古已有之,但与近现代所称"宪法"的含义迥然不同。我国古代典籍中"宪""宪章"或"宪法"多用以泛指典章制度,如"赏善罚奸,国之宪法也","正月之朔,百吏在朝,君乃出令布宪于国。宪法既布,有不行宪者,谓之不从令,罪死不赦";或用以特指法令的公布,如"悬法示人曰宪,从害省,从心,从目,观于法象,使人晓然知不善之害,接于目,怵于心,凛乎不可犯也","有一体之治,故能出号令,明宪法矣"。清朝末年,近代意义的"宪法"一词由日本传入我国,用以表述规定以代议制为基础和主要内容的民主制度的法律,如清末郑观应所著《盛世危言》一书中所言"立宪法""开议院"。

（二）原始意义上的宪法

原始意义的宪法是指国家组织法。这种意义上的宪法,仅仅是作为一种调整国家组织的法而存在,与国家同时产生,也将同时消亡,这种宪法存在于一切国家之中。

（三）立宪主义意义上的宪法

立宪主义意义上的宪法是指在一个国家存在的通过限制国家权力来保障人权的法。世界上绝大多数国家的宪法均属于此种宪法。这种宪法既包括一国法律体系中居于最高法律地位、具有最高法律效力的宪法,也包括虽制定成文宪法,但成文宪法在该国法律体系中并不居于最高法律地位、不具有最高法律效力的宪法。

（四）部门法意义上的宪法

部门法意义上的宪法是所有调整国家与公民之间、调整国家机关之间关系的法律规范的总和。这种宪法既包括一国之中居于最高法律地位、具有最高法律效力的宪法,也包括具有一般法律效力的宪法性法律。

（五）根本法意义上的宪法

根本法意义上的宪法是指不仅制定成文宪法,而且成文宪法在一国法律体系中居于最高法律地位、具有最高法律效力。近代以来,世界上绝大多数国家的宪法均属于这种宪法。

总之,"宪法"一词在西方国家和我国均古已有之,是旧词新用。宪法最初作为组织法的概念,经过历史演变,成为今天具有"最高法""根本法"意义的概念,既有词源学上的关联,同时也离不开世界各国的实践,特别是早期资本主义国家如英、美等国的实践。近代以来,人们提及"宪法"也是在不同意义上使用的,但有一点是世界各国的共识,那就是近现代"宪法"特指国家根本法。

▶ 二、近代宪法的产生

近代意义上的宪法产生于资本主义社会,是社会发展的必然产物,其产生依赖于特定的条件。

(一)经济条件

欧洲中世纪,随着商品经济的发展,封建主义的生产方式逐渐被资本主义的生产方式所取代。这种生产方式要求人们成为地位平等具有独立人格的、自由的权利主体,要求建立自由平等的竞争机制,反对等级,反对特权,限制权力,保障公民权利。换言之,资本主义生产关系的产生与发展必然产生自由、平等、权利等观念,资本主义生产关系的确立是资产阶级宪法产生的经济基础。

(二)政治条件

在奴隶制社会和封建专制社会,与经济高度集中、不平等相适应的就是各国普遍实行的君主专制及等级特权制,即政治上的不平等,法律公开规定并保护这种不平等。在这种情况下,平等、自由、民主根本无法实现。资产阶级掌握国家政权,实现了对社会的统治,进一步巩固发展了资本主义民主制度,为宪法的产生提供了实际可能性,这是近代宪法产生的政治基础。

(三)思想条件

奴隶制社会和封建制社会的突出特点是政治上的不平等,民主、自由、平等与人权等根本无从谈起。资本主义生产关系及资本主义民主制度的确立,为民主、自由、平等与人权等思想的产生奠定了基础。17—18世纪的资产阶级学者,如英国的洛克、法国的孟德斯鸠和卢梭等人提出"天赋人权""人民主权""三权分立"和"法治"等学说,反映了新兴资产阶级的利益和要求,为宪法的产生奠定了思想基础。这些思想观念随着资产阶级革命的胜利而深入人心、广为传播,反映了人们对民主、自由、平等的渴望,激发了权利意识和民主意识,在资产阶级夺取政权后,成为资产阶级制定和实施宪法的理论基础。

(四)法律条件

宪法作为法的一个独立部门和法律的制定依据,其产生还依赖于法自身的发展与完善。法律部门划分的出现、法律部门的增多以及法律体系的完善是宪法产生的法律条件。在资本主义社会,社会关系复杂,立法活动频繁,法律规范大量增加,法律部门日益增多,法律体系发展到一个新高度,亟须凌驾于其他法律部门之上的特殊法律部门以统一法制,此时,宪法的产生就成为一种必然。

三、宪法的法律地位

近代意义的宪法产生于资产阶级革命胜利之后,不仅仅是法的表现形式之一,而且相对于一国法律体系中的其他法律而言,宪法是根本法,在一国法律体系中居于最高地位,被称为"法律的法律"。

(一)宪法规定国家最根本性的内容

宪法的内容涉及一国政治、经济、文化、社会、外交等各个方面的重大原则性问题,涉及国家的根本制度和基本问题,为国家生活、社会生活的总体运行提供规范和约束;普通法律的内容只涉及国家生活或社会生活某一方面的重要问题。

(二)宪法的制定和修改程序更为严格

1. 在法律制定方面,宪法与普通法律存在区别

两者主要的区别为:一是宪法的制定一般要求成立专门机构即制宪机关,而普通法律是由国家立法机关制定的。二是宪法草案的通过程序较普通法律更为严格,一般要求最高立法机关的议员或代表的特定多数通过,而普通法律的通过只要求立法机关或代表机关过半数通过即可。

2. 在法律修改方面,宪法的修改程序较普通法律更为严格

两者在修改程序上的区别为:一是只有宪法规定的有限的特定主体方可提出修改宪法的有效议案,而有权向立法机关提出法律草案的主体均有权提议修改法律。二是修改宪法,大多数国家要求决议机关以绝对多数票或特定方式通过,而普通法律的修改则要求立法机关的过半数通过即可。三是有些国家明确规定,某些宪法内容不得修改或宪法通过后特定时间内不得修改,而普通法律在符合宪法规定及法定修改程序的前提下是没有修改限制的。

(三)宪法具有最高的法律效力

掌握国家政权的阶级赋予宪法以最高的法律效力,这主要表现为宪法是普通法律的制定基础和依据,宪法与普通法律是"母法"与"子法"的关系。国家立法机关在制定其他法律时,必须依据宪法,以宪法为立法基础,普通法律的规定不得与宪法的规定相抵触,否则无效;宪法是一切国家机关、武装力量、各政党、各人民团体、各企事业单位组织和个人的根本活动准则。我国

《宪法》规定,全国各族人民、一切国家机关和武装力量、各政党和各社会团体、各企业事业组织,都必须以宪法为根本的活动准则。在我国,中国共产党领导人民制定宪法和法律,宪法和法律是党的意志与人民意志的统一。中国共产党必须在宪法和法律范围内活动,党章严于国法,国法高于党纪,不能将党的政策凌驾于宪法和法律之上。中国共产党的权威与宪法权威是统一的,并不矛盾。

▶ 四、宪法的本质

宪法作为一种特殊的社会现象,其产生、存在和变更是由什么因素决定的,这就是宪法的本质所要解决的问题。宪法规定的是一国国家生活和社会生活中最根本的问题,故宪法是一国之中各种政治力量对比关系全面、集中的体现。

(一)在政治力量对比中,阶级力量对比居首要地位

1. 宪法是阶级斗争的产物

宪法是由在阶级斗争中取得胜利进而掌握国家政权的阶级制定的,是对阶级斗争的总结。

2. 宪法规定了社会各阶级在国家中的地位及其相互关系

宪法是由掌握国家政权的阶级制定的,制宪时首要任务就是将统治关系法律化,明确社会各阶级在国家中的地位及其相互关系,并以法律的形式加以确认,使统治地位合法化,以便得到法律的保障。

3. 宪法随着阶级力量对比关系的变化而变化

这就意味着,当阶级力量对比关系发生根本性变化从而导致政权更迭时,宪法的本质必将随之变化,发生宪法类型的更替。当阶级力量对比关系的总体框架相同而具体的对比关系存在量的差异时,宪法的具体内容也不同。具体反映为:在性质相同的不同国家,同类型宪法的具体内容不同;在同一国家,阶级力量对比关系尚未发生质的变化而仅仅发生量的变化时,宪法虽未发生本质变化但内容需作相应调整。

(二)在政治力量对比中,还存在同一阶级内部不同阶层、派别和集团之间的力量对比

政治力量对比除阶级力量对比外,还包括与阶级力量对比关系直接联系的同一阶级内的各个阶层、各个派别、不同利益者之间的力量对比关系,以及与阶级力量对比关系既有若干联系又有重大区别的各种社会集团之间力量对比关系。宪法在具体内容的规定上,必然考虑到这些政治力量对比关系的变化,考虑到不同政治力量的利益。

五、宪法的分类

对宪法进行分类,有利于正确认识理解宪法的本质,有利于对不同类型宪法或同一类型宪法进行比较研究。

(一)宪法的形式分类

宪法的形式分类也称为宪法的传统分类,是近代资产阶级学者依据宪法的某些外部特征对宪法进行的分类。具体而言,主要有以下几种分类:

1. 根据宪法在法律形式上是否具有统一的法典形式划分为成文宪法与不成文宪法

成文宪法是指以统一的宪法典的形式表现出来的宪法。成文宪法规范明确、条文系统、便于执行和监督,但修改较困难,适应性较差。不成文宪法是指没有统一的法典形式而由带有宪法性质的各种政治文件、法律文件、宪法惯例和宪法判例组成的宪法。不成文宪法弹性较大、适应性强,但存在不系统、相互矛盾之处。

2. 根据宪法的效力和修改程序是否与普通法律相同划分为刚性宪法与柔性宪法

刚性宪法是指在效力上高于普通法律,在修改程序上比普通法律严格的宪法。刚性宪法有利于保证宪法的权威性和稳定性,有利于宪法的实施与保障。目前世界上绝大多数国家的宪法都是刚性宪法。柔性宪法是指无论在效力上还是修改程序上都与普通法律相同的宪法。一般来讲,不成文宪法都是柔性宪法,但成文宪法并不一定都是刚性宪法。

3. 根据宪法制定机关的不同划分为钦定宪法、协定宪法与民定宪法

钦定宪法是由君主自上而下制定并颁布实施的宪法。协定宪法是指由君主与人民或民选议会进行协商共同制定的宪法。民定宪法是由民选议会、制宪会议或公民投票表决制定的宪法。目前世界绝大多数国家宪法均属于民定宪法。

(二)宪法的实质分类

马克思主义承认宪法形式分类的意义,同时也充分认识到这种分类的局限性。马克思主义从宪法实质上对宪法进行了分类,就是从宪法的阶级本质和经济基础出发将宪法划分为资本主义类型宪法和社会主义类型宪法,这种分类有利于揭示不同性质宪法的根本区别及阶级本质,并发现宪法的发展、变化规律。

资本主义宪法是建立在生产资料私有制基础之上、体现占社会人口极少数的资产阶级的意志和利益的宪法。社会主义宪法是建立在生产资料社会

主义公有制基础之上,体现占社会人口绝大多数的无产阶级和其他人民群众利益和意志的宪法。

▶ 六、宪法结构

（一）宪法结构体系

宪法结构指宪法内容的组织与排列形式。宪法结构主要是针对成文宪法而言的。纵观世界各国宪法,宪法典一般由序言、正文和附则组成。其中,序言主要用以阐述制宪宗旨、制宪目的、制宪经过、宪法指导思想、宪法基本原则及其他不适合以条文形式规定的国家基本政策等。正文是宪法的主要内容,也是宪法的重心,主要包括总纲、公民的基本权利和义务、国家机构等。附则是宪法对于特定事项需要特殊规定而作出的附加条款。

我国《宪法》由序言和正文组成,其中,正文包括总纲、公民基本权利和义务、国家机构和国家标志四部分。

（二）宪法规范

宪法规范是调整宪法关系并具有最高法律效力的法律规范的总和。宪法规范具有法律规范的一般属性,也自有不同于一般法律规范之处：

1. 根本性和最高性

宪法规定的是国家的根本制度,规定社会制度和国家制度的基本原则,涉及国家和社会生活的各个方面,但宪法在规定上述内容时,并非也不可能事无巨细均加以规定,而是主要涉及最根本性的问题。

与宪法规范的根本性相联系的是宪法规范的最高性,宪法规范在国家生活中居于最高法律地位,具有最高权威性,一切组织或个人必须以宪法规范为根本活动准则。宪法规范地位高于一般法律规范,一般法律规范与宪法规范相抵触则失去法律效力。

2. 广泛性

宪法规范的广泛性,不仅表现为宪法规范内容的广泛性,亦表现为宪法规范调整的社会关系的主体的广泛性,既包括各民族、各阶级、各政党和社会团体、一切国家机关和武装力量、企事业单位和全体公民,也包括本国境内的外国公民和经济组织。

3. 原则性

宪法规范的原则性是由其根本性这一特点决定的,与其他法律规范的具体化形成鲜明的对照。宪法规范面对其调整的广泛的社会关系,只能作出原则性的规定,既不可能也没有必要作出具体而详尽的规定。

4. 适应性和稳定性

宪法规范与其他法律规范一样,必须与社会实际相适应。宪法规范的根本性与原则性,决定了宪法具有较强的适应性。与宪法规范的高度适应性相联系的是宪法规范具有相对稳定性,宪法实施后通常在较长时间内不作变动或不作较大变动。

(三) 宪法渊源

宪法渊源就是宪法的表现形式。世界各国根据本国实际情况采取不同的宪法表现形式。宪法渊源主要为宪法典、宪法性法律、宪法惯例、宪法判例、宪法解释与国际条约。

我国是成文宪法国家,宪法的渊源主要是宪法典、宪法性法律、宪法惯例、宪法解释和国际条约。

▶七、宪法的指导思想及基本原则

(一) 宪法的指导思想

宪法的指导思想是制定或修改宪法时确定宪法发展方向和基本原则的理论基础,是宪法的核心和灵魂。

我国宪法的指导思想随着社会实践的发展而不断随之发展。1982年全面修改《宪法》时,总的指导思想是四项基本原则。1993年修宪突出了坚持有中国特色社会主义的理论和党的基本路线。1999年修宪将邓小平理论载入宪法,标志着我国宪法指导思想的又一次发展。2004年修宪将"三个代表"重要思想载入宪法,确立其指导思想地位。2018年,我国对《宪法》再次进行修改,将科学发展观、习近平新时代中国特色社会主义思想载入宪法,确立其宪法地位,是我国宪法指导思想的又一次与时俱进。新时代中国特色社会主义思想是马克思主义中国化的最新成果,是中国特色社会主义理论体系的重要组成部分,我国现行《宪法》正是以中国特色社会主义理论体系为理论基础而不断丰富和发展的。

(二) 宪法的基本原则

宪法的基本原则是宪法在调整社会关系时所采取的基本立场和准则,就是通过宪法规范所体现的宪法内容的基本精神、基本准则或根本界限。宪法的基本原则反映一国当时的政治指导思想、社会经济条件以及历史文化传统。我国社会主义宪法的基本原则包括以下内容:

1. 一切国家权力属于人民原则

《宪法》第2条明确规定:"中华人民共和国一切权力属于人民。人民行使国家权力的机关是全国人民代表大会和地方各级人民代表大会。人民依照法律规定,通过各种形式和途径,管理国家事务,管理经济和文化事业,管理社会事务。"这些规定都是一切国家权力属于人民基本原则的充分体现。一切国家权力属于人民原则是我国宪法基本原则的出发点,体现了国家权力的合法性,是人民当家作主的保证。

2. 社会主义法治原则

法治是国家治理的法律化、制度化,是严格按照宪法和法律进行国家治理的一种治国理论、制度体系和运行状态,核心内容是"法律至上""法律面前一律平等""反对法律之外的特权"等。社会主义国家政权的建立,使法治原则发展到一个新阶段。我国《宪法》规定的"国家维护社会主义法制的统一和尊严,一切法律、行政法规和地方性法规都不得同宪法相抵触""法律面前人人平等"等均是法治原则的具体体现。1999年修宪后法治原则成为我国宪法的基本原则之一。此后,宪法和法律在我国不仅得到了前所未有的尊重,而且已经成为我们党和国家施政的出发点和基本手段。2018年,我国对《宪法》进行了第五次修改,明确提出建设社会主义法治国家。社会主义法治,就是用法治的方式为党和国家各项事业的发展提供根本性、全局性、长期性的制度保证,其根本要求是树立和维护宪法权威,严格遵守和执行宪法,保证宪法的全面贯彻实施。

中国共产党第十八届四中全会通过的《中共中央关于全面推进依法治国若干重大问题的决定》,明确提出全面推进依法治国的总目标是建设中国特色社会主义法治体系,建设社会主义法治国家。中国共产党第十九次全国代表大会通过的《决胜全面建成小康社会 夺取新时代中国特色社会主义伟大胜利》(下文简称十九大报告)旗帜鲜明地指出,全面依法治国是中国特色社会主义的本质要求和重要保障。全面依法治国必须把党的领导贯彻落实到依法治国全过程和各方面,坚定不移走中国特色社会主义法治道路,完善以宪法为核心的中国特色社会主义法律体系,建设中国特色社会主义法治体系,建设社会主义法治国家,发展中国特色社会主义法治理论,坚持依法治国、依法执政、依法行政共同推进,坚持法治国家、法治政府、法治社会一体建设,坚持依法治国和以德治国相结合,依法治国和依规治党有机统一,深化司法体制改革,提高全民族法治素养和道德素质。

3. 基本人权原则

《宪法》第33条明确规定"国家尊重和保障人权",第二章专章规定"公民的基本权利和义务",实现了"人权"与"公民的基本权利"在内涵上的有机统一,完善了公民基本权利的原则规定。"人权保障"入宪,必将促进国家更加充分、全面地尊重和保障人权,并为之提供强有力的宪法保障。

4. 民主集中制原则

《宪法》明确规定,全国人民代表大会和地方各级人民代表大会都由民主选举产生,对人民负责,受人民监督,国家行政机关、监察机关、审判机关、检察机关都由人民代表大会产生,对它负责、受它监督。民主集中制原则在理论上确认国家权力的不可分割性,在实践中以人民的代表机关为统一行使国家权力的机关。民主集中制原则不仅肯定行使国家权力的各国家机关之间的分工,而且肯定国家机关之间的监督制约机制。

▶ 八、宪法制定

宪法制定是指宪法制定主体按照一定程序并通过立宪机关创制宪法的活动。宪法制定者是人民,任何国家机关和个人都无权制定宪法,也不得享有宪法制定权。

宪法制定程序严于普通法律,一般主要包括:(1)设立制宪机关。宪法的制定一般会成立专门的制宪机关,这是接受制宪主体委托具体制定宪法的机关。(2)提出宪法草案。宪法草案必须遵循一定的指导思想或原则,以确保宪法草案内容的合理性。(3)通过宪法草案。为确保宪法的权威性及稳定性,大多数国家宪法的通过程序规定严格,一般采用绝对多数票制,即制宪会议或代表机关以全体成员的 2/3 以上或 3/4 以上的绝对多数票通过,有的国家还以全民公决的方式通过宪法。(4)宪法公布。宪法草案经法定程序通过后,由国家元首或制宪会议公布宪法。

1949 年中华人民共和国成立,意味着中国人民成为制宪权主体,有权独立自主行使制宪权。1953 年 1 月,成立了以毛泽东为主席、朱德等 33 人为成员的中华人民共和国宪法起草委员会,负责宪法的起草工作。在毛泽东同志的亲自主持下,宪法起草小组广泛参阅了中外宪法文件特别是苏联等国的宪法文件,1954 年 6 月基本形成了宪法草稿,经过反复讨论、修改,最终提交全国人民代表大会进行审议。1954 年 9 月 20 日,第一届全国人民代表大会第一次会议经过认真讨论后,以无记名投票的方式全票通过了《中华人民共和国宪法》,我国历史上第一部社会主义宪法就此诞生,这也是新中国成立后迄今为止唯一的一次制宪活动。

▶ 九、宪法修改

宪法修改是宪法修改机关认为宪法的部分内容不适应社会实际,而根据宪法规定的特定修改程序删除、增加、变更宪法部分内容的活动。修宪权是一种派生权力,通常由宪法设定其主体及程序。

宪法修改程序严于普通法律,世界各国宪法所规定的修改程序极不一致,通常包括以下几个阶段:

1. 提议

世界各国宪法对有权提出修改宪法动议的主体均作严格规定。从各国宪法的规定看,宪法修正案的提议权或归于代表机关,或归于行政机关,也有的国家将宪法修正案的提议权交给了混合主体。

2. 先决投票

一些国家规定在提议之后、送交决议机关决议之前,需就宪法修正案进行先决投票。在不实行先决投票程序的国家,提议机关在提出修改宪法的提议时,一般会同时提出宪法修正案的草案,使宪法修改的内容明确化。

3. 公告

一些国家规定,在提议成立之后、决议机关决议之前,需将宪法修正案予以公告。有些国家虽未规定宪法修正案的公告程序,但在修宪程序中,通常将宪法修正案予以公告,以利于社会成员参与宪法修正案的讨论。

4. 决议

就世界各国宪法的规定来讲,宪法修正案的表决机关主要有立法机关、行政机关、特设机关及混合机关这四类。宪法修正案通常要求决议机关以高于其他普通议案的出席人数及同意人数方可通过,一般采取绝对多数制,一些国家还有特殊规定。

5. 公布

宪法修正案的公布按各国通例一般由国家元首、代表机关或行政机关以法定形式公布。此外,在宪法修改问题上,世界各国宪法往往有限制性规定,主要表现为对宪法修改内容与宪法修改时间的限制。

因宪法的特殊法律地位,我国也规定了不同于一般法律的特殊修改程序。具体程序为:(1) 宪法修正草案的提出。我国《宪法》规定,宪法的修改,由全国人民代表大会常务委员会或者由 1/5 以上全国人民代表大会代表提议。但是根据历年来修改宪法的习惯看,我国是由中国共产党中央委员会向全国人民代表大会常务委员会提出修改宪法的建议,再由全国人民代表大会常务委员会讨论后,根据中国共产党中央委员会提出的修宪建议稿,依据宪法规定向全国人民代表大会代表提出修宪草案,并提请全国人民代表大会审议。(2) 宪法修正草案的审定和表决。审定是有权机关审查修宪提案的内容,并对是否修改做出决定。如果否决修宪提案,则宪法修改程序不能继续进行。我国《宪法》对此程序没有明确规定,不过从历次修宪的惯例看,是由全国人民代表大会会议审议宪法修正案的,再由全国人民代表大会代表以全体代表的 2/3 多数通过。(3) 宪法修正案的公布。我国《宪法》未明确规定宪法修正案的公布机关,实践中,宪法修正案均是由全国人民代表大会发布公告公布施行的。

十、宪法解释

宪法解释是宪法解释机关根据宪法的基本精神和基本原则,对宪法条文规定的含义界限及相互关系所作的具有法律效力的说明。世界各国根据本国的政治体制、法律传统及政治理念,确立了不同的宪法解释体制,即最高权力机关或立法机关解释宪法制、普通法院解释宪法制、宪法法院或宪法委员会解释宪法制。

我国《宪法》第 67 条规定全国人民代表大会常务委员会有权"解释宪法"与"监督宪法的实施"。第 62 条规定全国人民代表大会行使"应当由最高权力机关行使的其他职权",解释宪法的权力就属于"应当由最高权力机关行使的其他职权"之一;同时第 62 条规定全国人民代表大会有权"改变或者撤销全国人民代表大会常务委员会不适当的决定",其中当然包括改变或撤销全国人民代表大会常务委员会对宪法进行的不适当的解释。根据世界各国惯例,全国人民代表大会享有宪法监督权,必然同时拥有宪法解释权。由此可知,在我国,解释宪法的权力主要由全国人民代表大会常务委员会行使。全国人民代表大会在必要时也可以解释宪法,并对全国人民代表大会常务委员会作出的宪法解释进行监督。

十一、违宪审查

宪法是国家的根本法,能否在国家生活中得到贯彻实施,直接关系到一国的法治状况和法律运行环节的完善与否。违宪审查随着宪法的产生与实施而出现,对保证宪法的贯彻实施具有重要作用。近现代的违宪审查制度源于 1803 年美国的"马伯里诉麦迪逊案"[①]。所谓违宪审查就是由特定国家机关依据特定的程序和方式对宪法行为是否符合宪法进行审查并做出处理的制度。现代国家纷纷建立了适合本国的违宪审查机制,主要有最高代表机关

---

① 美国第二任总统约翰·亚当斯在其任期(1797—1801 年)的最后一天(1801 年 3 月 3 日)午夜,突击任命了 42 位治安法官,但在疏忽、忙乱之中有 17 份委任令未能在国务卿约翰·马歇尔(同时兼任首席大法官)卸任之前及时发送出去。继任的总统托马斯·杰斐逊于是让国务卿詹姆斯·麦迪逊扣发了这 17 份委任状,威廉·马伯里就是未得到委任状的 17 人之一。马伯里等 3 人在久等委任状不到并得知是被麦迪逊扣发之后,遂向美国联邦最高法院提起诉讼。审理该案的法官正是约翰·马歇尔,他在判决中认定《1789 年司法条例》第 13 条因违宪而无效,从而开创了普通法院实施违宪审查的先例。

审查制、司法审查制、宪法法院审查制与宪法委员会审查制。

我国《宪法》沿袭 1954 年《宪法》及 1978 年《宪法》的规定,使用"宪法监督"这一概念,采取最高代表机关监督宪法制。现行宪法在原有规定的基础上,总结我国实践经验,借鉴他国经验,形成了现行的极富特色的最高代表机关审查制。

根据我国《宪法》及相关法律的规定,我国宪法监督的基本内容为:

(1)宪法序言确认了宪法的最高地位和最高效力,是我国建立并完善宪法监督制度的依据。2018 年《宪法修正案》规定,国家工作人员就职时应依照法律规定公开进行宪法宣誓,再次彰显宪法的最高地位、最高效力。

(2)《宪法》第 5 条规定了宪法监督的目标,即"中华人民共和国实行依法治国,建设社会主义法治国家";"国家维护社会主义法制的统一和尊严"。

(3)《宪法》第 5 条同时还规定了宪法监督的对象,即"一切法律、行政法规和地方性法规都不得同宪法相抵触。一切国家机关和武装力量、各政党和各社会团体、各企业事业组织都必须遵守宪法和法律。一切违反宪法和法律的行为,必须予以追究。任何组织或者个人都不得有超越宪法和法律的特权"。

(4)《宪法》规定了宪法监督的主体。在 1954 年《宪法》、1978 年《宪法》规定"全国人民代表大会监督宪法实施"的基础上,现行《宪法》第 67 条明确增加规定全国人民代表大会常务委员会也有权监督宪法的实施。同时,《立法法》规定我国宪法监督机关主要是全国人民代表大会常务委员会。

(5)《宪法》规定了协助全国人民代表大会及其常委会进行宪法监督的机构。即由各专门委员会协助全国人民代表大会及其常委会行使宪法监督权,这种监督通过对相关法律文件的审议进行,既可进行事前审查,也可进行事后审查,属于预防性的原则审查。

需要特别注意的是,2018 年《宪法修正案》将专门委员会中的"法律委员会"改为"宪法和法律委员会",这意味着该委员会在继续承担统一审议法律草案工作的基础上,增加了推动宪法实施、开展宪法解释、推进合宪性审查、加强宪法监督、配合宪法宣传等工作职责。所谓"合宪性审查",就是对宪法以下的法律文件是否符合宪法精神进行审查,是宪法监督的一种方式。这种审查是从审查主体的立场出发的,倾向于体现审查主体所应秉持的合宪性推定原则的主体立场。合宪性审查其实就是违宪审查的别称。

(6)全国人民代表大会及其常委会组织关于特定问题的调查委员会。根据《宪法》的规定,全国人民代表大会及其常委会认为必要时,可以组织关于特定问题调查委员会,理所当然包括对违宪问题进行调查与处理的调查委员会。

(7)通过批准规范性法律文件进行监督。《宪法》规定,自治区的自治条例和单行条例,报全国人民代表大会常务委员会批准后生效。自治州、自治县的自治条例和单行条例,报省或者自治区的人民代表大会常务委员会批准后生效,并报全国人民代表大会常务委员会备案。2018年《宪法修正案》规定"设区的市"的人民代表大会及其常务委员会,在不同宪法、法律、行政法规和本省、自治区的地方性法规相抵触的前提下,可以依照法律规定制定地方性法规,报本省、自治区人民代表大会常务委员会批准后施行。

(8)全国人民代表大会及其常委会通过对提交备案的规范性法律文件的审查进行监督。《宪法》第100条第1款规定,省、直辖市的人民代表大会和它们的常务委员会在不同宪法、法律、行政法规相抵触的前提下,可以制定地方性法规,报全国人大常委会备案。《立法法》第98条也明确规定了行政法规、规章及授权立法制定的法规的备案制度,同时也规定了根据授权制定的法规和经济特区法规的备案制度。2004年全国人大常委会在法制工作委员会下设"法规备案审查室",负责对行政法规、地方性法规、自治条例、单行条例和司法解释开展审查研究,纠正其中存在的违宪违法问题。2005年全国人大常委会制定的《司法解释备案审查工作程序》也明确将司法解释纳入备案审查范围之内。此外,2005年全国人大常委会修改的《行政法规、地方性法规、自治条例和单行条例、经济特区法规备案审查工作程序》也较为详细地规定了对规范性法律文件进行监督审查的制度。

第二节 坚持党的领导,坚持社会主义制度

一、国家性质

(一)国家性质概述

国家性质是宪法的最基本内容之一,也是马克思主义国家学说的重要概念之一。国家性质是指社会各阶级在国家中的地位和相互关系。国家性质反映出一国政治、经济和文化方面的基本特征,反映着该国社会制度的根本属性。世界各国宪法采取不同形式确认国家性质,主要有明示式、掩盖式及混合式三种确认形式。世界上首次真正确认国家性质的宪法是1918年《俄罗斯社会主义联邦苏维埃共和国宪法(根本法)》(以下简称《苏俄宪法》),这也是第一部社会主义性质的宪法。

(二)我国的国家性质是人民民主专政

1. 人民民主专政实质上是无产阶级专政

我国《宪法》第1条规定:"中华人民共和国是工人阶级领导的,以工农联

盟为基础的人民民主专政的社会主义国家",并在序言中明确指出人民民主专政实质上是无产阶级专政。

2. 人民民主专政的主要内容

在我国,人民民主专政是马克思列宁主义的无产阶级专政学说与中国革命具体实践相结合的产物。人民民主专政与无产阶级专政在领导阶级、阶级基础、理论基础及国家职能上并无差别,人民民主专政实质上就是无产阶级专政。

在我国,一切权力属于人民,只有人民才是国家和社会的主人。人民依照法律,通过各种途径和形式,管理国家事务,管理经济文化事业,管理社会事务。

工人阶级是人民民主专政的领导力量。工人阶级是领导阶级,并不意味着可以自发地成为革命的领导力量,这种领导是通过工人阶级的先锋队——中国共产党实现的,这是我国人民民主专政的根本标志,也是中国特色社会主义最本质的特征。

人民民主专政以工农联盟为基础,存在着广泛的阶级基础。这种联盟在不同时期的内容也不同。现阶段,工农联盟主要包括工人、农民、知识分子。我国《宪法》序言明确指出社会主义建设事业必须依靠工人、农民和知识分子。

人民民主专政是新型的民主与专政的结合,是对最广大人民实行民主和对极少数敌人实行专政。民主与专政互为条件、互相依存,对人民实行民主是对敌人实行专政的基础,对敌人实行专政是对人民实行民主的保障。

在人民民主专政的国家中,存在广泛的爱国统一战线。爱国统一战线是我国人民民主专政的显著特点之一,是以中国人民政治协商会议为组织形式。建立和完善广泛的统一战线是建立、巩固和发展人民民主专政制度的重要保障。现阶段,爱国统一战线包括:(1) 全体社会主义劳动者。这主要指工人、农民和知识分子,他们是社会主义建设事业的依靠力量,是推动生产力发展和社会全面进步的根本力量。(2) 社会主义事业的建设者,包括全体社会主义劳动者和在社会变更中出现的新社会阶层。(3) 拥护社会主义事业的爱国者。(4) 拥护祖国统一的爱国者。(5) 致力于中华民族伟大复兴的爱国者。现阶段的爱国统一战线是在实现中华民族伟大复兴下进一步团结和凝聚起来的,主要任务是高举爱国旗帜,团结一切力量,调动一切积极因素,为社会主义现代化建设服务,为实现祖国的统一大业服务,为保卫世界和平服务。

(三) 我国与人民民主专政政权相适应的政党制度

政党和政党制度是国家政治生活中的重要组成部分,世界上大多数国家的宪法大多直接或间接地对政党制度进行规范或确认。因各国历史条件及具体情况的不同,各国政党制度也不尽相同,主要有一党制、两党制、多党制与多党合作制。

中国共产党领导的多党合作和政治协商制度是我国的一项基本政治制度,是具有中国特色的社会主义政党制度。中国共产党领导的多党合作,是指在党与党的具体关系上,各民主党派愿意接受共产党的政治领导,承认共产党的执政地位,在宪法和法律的范围内,共产党和民主党派是亲密友党,各政党在政治上平等,组织上独立,行动上自由,并互相监督。这一制度的显著特征包括:共产党领导,多党派合作;共产党执政,多党派参政。在我国国家政权中,中国共产党处于领导和执政地位,是执政党,各民主党派是参政党,参加国家政权。中国共产党对国家的领导主要是政治、思想和组织方面的领导。各民主党派参加国家政权,参与国家大政方针和国家领导人选的协商,参与国家事务的管理,参与国家方针、政策、法律、法规的制定与执行。

政治协商是中国共产党领导的多党合作和政治协商制度的重要组成部分,是实行科学、民主决策的重要环节,是中国共产党提高执政能力的重要途径。"长期共存,互相监督,肝胆相照,荣辱与共",我国《宪法》明确指出中国共产党领导的多党合作和政治协商制度将长期存在和发展。多党合作和政治协商可以通过多种形式进行,如中国共产党与各民主党派、无党派人士的政治协商;民主党派成员和无党派人士担任各级政府、政府部门和司法机关的领导职务;民主党派成员和无党派人士在中国人民政治协商会议中发挥重要作用;民主党派成员和无党派人士通过多渠道、多形式对执政党的工作实行民主监督等。

(四)中国人民政治协商会议

中国人民政治协商会议,简称人民政协,是在革命和建设过程中产生和发展而来的。人民政协不同于一般的社会组织或人民团体,是我国爱国统一战线的组织,是中国共产党领导的多党合作和政治协商的重要机构。党的十九大报告进一步指出,人民政协是具有中国特色的制度安排,是社会主义协商民主的重要渠道和专门协商机构。人民政协的主要职能就是政治协商、民主监督和参政议政。政治协商是对国家和地方的大政方针以及政治、经济、文化和社会生活中的重要问题在决策之前进行协商,就决策执行过程中的重要问题进行协商。民主监督是通过对宪法和法律、法规的实施,重大方针、政策的贯彻执行,国家机关及其工作人员的工作提出建议和批评进行监督。参政议政就是组织参加人民政协的各党派、各团体和各族各界人士对政治、经济、文化和社会生活中的重要问题以及人民群众普遍关心的问题,开展调查研究,反映社情民意,进行协商讨论。

（五）我国国家政权的经济基础

经济基础是指在一定历史发展阶段的国家中占主导地位的生产关系的总和，主要包括生产资料所有制形式、人们在生产过程中所形成的关系与分配制度。其中生产资料所有制形式在根本上决定着国家的本质。

我国《宪法》规定：国家实行社会主义市场经济体制；坚持公有制为主体、多种所有制经济共同发展的经济制度；坚持按劳分配为主体、多种分配方式并存的分配制度。其中，社会主义公有制主要包括国有经济和集体经济及混合所有制经济中的国有成分和集体成分，是我国经济制度的基础；非公有制经济包括劳动者个体经济、私营经济、外商投资企业（中外合资经营企业、中外合作经营企业和外资独资企业），是社会主义市场经济的重要组成部分。

（六）物质文明、政治文明、精神文明、社会文明、生态文明建设

2018年《宪法修正案》提出我国现阶段的根本任务是"推动物质文明、政治文明、精神文明、社会文明、生态文明协调发展，把我国建设成为富强民主文明和谐美丽的社会主义现代化强国，实现中华民族伟大复兴"。这一任务的实现，取决于物质文明、政治文明、精神文明、社会文明和生态文明建设的协调发展。其中，生态文明是人类遵循人、自然、社会和谐发展这一客观规律而取得的物质与精神成果的总和；社会文明是人类社会的开化状态和进步程度，是人类改造客观世界和主观世界所获得的积极成果的总和。"五位一体"中的物质文明、政治文明、精神文明、社会文明、生态文明协调发展，相互影响，相互制约，形成一个完整而全面的体系，体现了党对新时代中国特色社会主义的认识，"五位一体"完善了我国特色社会主义事业的总体布局。

二、政权组织形式

（一）政权组织形式概述

政权组织形式是掌握政权的阶级依照一定的原则建立起来的行使国家权力、实现国家统治和管理职能的组织与活动体制。政权组织形式具体包括最高国家权力的组织形式、按照何种方式和程序组织政权、权力机构的构成及各权力机构之间的相互关系。政权组织形式是国家最重要的外在表现形态，是国家政权机关组织和活动的有机体制。

马克思主义国家学说主张国家性质与政权组织形式都是国家制度的重要组成部分，二者密不可分。国家性质是政权组织形式存在和发展的基础，决定着政权组织形式的存在形态，政权组织形式是国家性质的体现和反映，对国家性质有能动作用，即政权组织形式必须与国家性质相适应，并服务于国家性质。

资本主义国家政权组织形式主要有君主立宪制国家的政权组织形式与共和制国家的政权组织形式。社会主义国家均毫无例外地根据马克思主义的国家学说,建立了自己的共和制政权组织形式。社会主义国家的共和制因"国"而异,但实质上并无根本区别,其共同点为:都是以一切权力属于人民为基础;均实行民主集中制,国家行政机关、军事机关、检察机关、审判机关等其他国家机关均由国家权力机关产生,对其负责,受其监督;共产党是执政党,坚持党在国家政权组织体制中的领导地位,保证社会主义国家政权发展的正确方向。

(二)我国的政权组织形式是人民代表大会制度

我国《宪法》第2条规定:"中华人民共和国的一切权力属于人民。人民行使国家权力的机关是全国人民代表大会和地方各级人民代表大会。人民依照法律规定,通过各种途径和形式,管理国家事务,管理经济和文化事业,管理社会事务。"这表明我国的政权组织形式是人民代表大会制。在我国历史上,各个阶级、各种社会势力围绕中国建立什么样的政治制度,也曾进行过探索和激烈的斗争,无一例外均以失败告终。中国共产党成立后,在领导中国人民的革命斗争中,坚持以马克思主义国家学说为指导,借鉴巴黎公社委员会制和苏联工农兵苏维埃制的基本模式,逐步创造、形成了中国特色的政权组织形式——人民代表大会制度。

人民代表大会制度是我国人民在共产党的领导下,在国家一切权力属于人民的基础上,按照民主集中制原则,依照法定程序,通过民主选举组成各级人民代表大会,再以各级人民代表大会为基础组织对其负责、受其监督的各级其他国家机关,组成统一、协调的国家政权体系,共同行使国家权力,实现人民当家作主权利的一种特定政治制度。

人民代表大会制度具有极其丰富的内涵,具体表现为以下方面:

(1)国家的一切权力属于人民是人民代表大会制度的起点。国家权力统一不可分割,人民作为整体是国家权力的所有者。

(2)选民选举代表是人民代表大会制度的前提。一切权力属于人民,但人民并不能单独或者直接行使国家权力,代表也不是个人独立地行使国家权力,而是代表全体人民行使国家权力。在我国,人民行使国家权力的机关是全国人民代表大会和地方各级人民代表大会。由选民通过民主选举程序选举产生人大代表,人大代表代表人民,组成各级人民代表大会集体行使国家权力。

(3)民主集中制是我国人民代表大会制度的基本原则。我国的民主集中制,不同于西方国家的议会制。民主集中制是既有民主又有集中,在民主基础上实行集中,在集中领导下将民主与集中有机结合的一种原则。民主集制在强调民主分工的基础上,赋予民意代表机关集中、统一的全权地位。民主集中制既反对极端民主,也反对专制,强调了人民在国家权力行使过程中的地位和作用。

(4) 以人民代表大会为基础建立全部国家机构是人民代表大会制度的核心。全国人民代表大会是国家的权力机关,是全权性的国家机关,但国家职能的全部实现仍需依赖人民代表机关以外的其他国家机关。其他国家机关由人民代表大会产生,对其负责,受其监督。我国国家权力在本质上不可分割,其具体内容可以分为人大直接行使的权力与宪法授权其他国家机关行使的职权,人大直接行使的权力就是国家生活中具有决定性意义的权力。我国人民代表大会在国家机构体系中居于核心地位,体现了人民权力的统一不可分割性,充分、集中实现人民的意愿。

(5) 对人民负责,受人民监督是人民代表大会制度的关键。为确保人民代表大会始终代表人民的意志和利益,我国现行《宪法》规定,各级人大常委会向本级人民代表大会负责,人民代表向人民负责,这是人民代表大会制度的关键所在。

(三) 人民代表大会制度是我国的根本政治制度

人民代表大会制度是我国政治制度的核心,是我国的根本政治制度。

1. 人民代表大会制度最能体现我国人民民主专政的国家性质

人民代表大会制度能够准确、直接反映我国人民民主专政的国家性质。在我国,一切权力属于人民,以工人阶级为领导,工农联盟为基础,以社会主义建设者、爱国者为团结对象,全面、直接体现了社会各阶级、各阶层在国家中的不同地位,是人民当家作主的组织保障。

2. 人民代表大会制度最能体现我国政治生活的全貌

人民代表大会制度的产生不以任何制度为依据,一经确立,就成为其他制度赖以建立的基础;人民代表大会一经成立,就成为人民行使权力的机关。人民代表大会可以建立立法制度,进而通过立法活动建立司法制度、财政制度、税收制度、选举制度等其他制度。我国国家管理范畴内的一切制度不是人民代表大会建立的,就是人民代表大会批准或授权建立的。其他具体制度仅反映我国政治生活的一个侧面,人民代表大会制度则全面反映我国政治生活的全貌,是我国政治力量的源泉。

3. 人民代表大会制度是人民当家作主的重要途径和最高实现形式

在我国,一切国家权力属于人民,人民行使民主权利,实现当家作主的途径和方式是多种多样的,但最基本的途径就是人民代表大会制度。我国人民通过直接或间接选举方式选举代表组成各级国家权力机关,按照法律规定的程序,在宪法规定的权力范围内制定法律、决定国家重大事项、进行人事任免以及监督其他国家机关的活动,行使管理国家和社会的一切权力。我国这种广泛性和权威性的民主方式,是人民当家作主的重要途径和最高实现形式。

三、选举制度

选举制度是一国民主政治生活的基础与重要组成部分,直接反映了国家政治体制的性质与要求。选举法是选举制度的法律化形式,在我国是关于选举全国人民代表大会和地方各级人民代表大会的原则、组织、程序和方式方法的法律规范的总和。

（一）我国选举制度的基本原则

根据《宪法》和《选举法》的规定,我国选举制度具有以下基本原则:

1. 选举权的普遍性原则

选举权的普遍性是指一个国家内享有选举权的公民的广泛程度。我国公民的选举权除国籍限制、年龄限制及是否被剥夺政治权利外再无其他限制,其广泛程度是任何资本主义国家的普选制所无法比拟的。我国《选举法》规定,精神病患者是选举权的主体,当其不能行使选举权利时,经选举委员会确认,不列入选民名单。全国人民代表大会和地方各级人民代表大会应当有适当数量的基层代表、妇女代表以及有适当名额的归侨代表,并逐步提高妇女代表的比例。旅居国外的中国公民在县级以下人民代表大会代表选举期间在国内的,可以参加原籍地或者出国前居住地的选举。

2. 平等性原则

选举权的平等性是法律面前人人平等原则在选举过程中的具体体现,反映了社会主义民主的本质。该原则是指每一选民在一次选举中只能行使一个投票权,不能同时参加两个或两个以上地方的选举;每一选民所投的票的价值与效力是一样的,不允许任何选民有特权,禁止对选民投票行为的非法限制与歧视。基于我国多民族国家的实际与实施民族区域自治制度的需要,对少数民族选举权予以特殊照顾。

3. 直接选举与间接选举并用原则

直接选举是指由选民直接投票选举国家代表机关的代表和国家公职人员。间接选举是指由下一级国家代表机关,或者由选民投票选出的代表(或选举人)选举上级国家代表机关的代表和国家公职人员。我国《选举法》规定,全国人民代表大会的代表,省、自治区、直辖市、设区的市、自治州的人民代表大会的代表,由下一级人民代表大会选举。不设区的市、市辖区、县、自治县、乡、民族乡、镇的人民代表大会的代表,由选民直接选举。

4. 无记名投票原则

无记名投票是指选举人在选举时只需在正式代表候选人姓名下表明同意或不同意,也可以另选其他人或者弃权,而无须署名。无记名原则为民主选举提供了自由表示意愿的重要保障条件,使选民在不受外力影响下完全按照自己的意愿挑选其所信赖的人进入国家机关,代表人民行使国家权力。

(二)我国选举制度的民主程序

我国《选举法》规定了选举制度的民主程序,具体程序如下:

1. 选区划分

不设区的市、市辖区、县、自治县、乡、民族乡、镇的人民代表大会的代表名额分配到选区,按选区进行选举。划分选区时,可以按居住状况或按生产单位、事业单位、工作单位划分,按照每一选区选 1 至 3 名代表确定选区的大小。本行政区域内各选区每一代表所代表的人口数应当大体相等。

2. 选举机构

选举机构是按照一定原则组织起来的具体负责选举事务的管理工作的组织。全国人民代表大会常务委员会主持全国人民代表大会代表的选举。省、自治区、直辖市、设区的市、自治州的人民代表大会常务委员会主持本级人民代表大会代表的选举,指导本行政区域内县级以下人民代表大会代表的选举工作。不设区的市、市辖区、县、自治县设立选举委员会,在本级人大常委会的领导下主持本级人民代表大会代表的选举,选举委员会的组成人员由本级人民代表大会常务委员会任命。乡、民族乡、镇设立选举委员会,受不设区的市、市辖区、县、自治县的人民代表大会常务委员会的领导并任命选举委员会的组成人员。如选举委员会的组成人员为代表候选人的,应当辞去选举委员会的职务。

选举委员会应当及时公布选举信息,选举委员会的职责由《选举法》具体规定。

3. 选民登记

选民登记是主持选举工作的机构对享有选举权的公民,从法律上确认其资格。选民登记是直接选举的基础工作,通过选民登记来确认一个公民是否具有选举资格,能否行使选举权利。我国采取一次登记长期有效的方式。每次选举前主要是对上次登记以来的变更情况进行重新确认;精神病患者不能行使选举权利的,经选举委员会确认,不列入选民名单。实行凭选民证参加投票选举的,应当发给选民证。选民名单应在选举日 20 日以前公布,对名单有意见可向选举委员会提出申诉,选举委员会应在 3 日内作出处理决定。对选举委员会处理决定不服的,可在选举日 5 日前向法院起诉,人民法院应在选举日以前判决,人民法院的判决即是最后的决定。

4. 代表候选人的提名

代表候选人提名制度是整个选举过程中保证选举制度民主性的重要环节。我国《选举法》对代表候选人提名过程的各个环节的具体规定如下：

第一，候选人的提名。我国人大代表的候选人按选区或选举单位提名产生。各政党、各人民团体，可以联合或者单独推荐代表候选人；选民或者代表10人以上联名也可以推荐代表候选人，推荐的代表候选人的人数，不得超过本选区或者选举单位应选代表的名额。推荐者应向选举委员会或者大会主席团介绍代表候选人的情况。接受推荐的代表候选人应当向选举委员会或者大会主席团如实提供个人身份、简历等基本情况。如果提供不实基本情况的，选举委员会或者大会主席团应当向选民或者代表通报。

第二，实行差额选举。差额选举是民主选举制度的重要保障。我国《选举法》规定代表候选人在提名过程中实行差额选举，代表候选人的人数应多于应选代表的名额。具体规定为：全国和地方各级人民代表大会代表候选人的名额应多于应选代表的名额。实行直接选举的，代表候选人的名额应多于应选代表名额1/3至1倍；实行间接选举的，代表候选人的人数应多于应选代表名额1/5至1/2。

第三，确定候选人。在直接选举中，代表候选人由各选区选民和各政党、各人民团体提名推荐。选举委员会汇总后，将代表候选人名单及代表候选人的基本情况在选举日的15日以前公布，并交各该选区的选民小组讨论、协商，确定正式代表候选人名单。如果所提代表候选人的人数超过法律规定的最高差额比例，由选举委员会交各该选区的选民小组讨论、协商，根据较多数选民的意见，确定正式代表候选人名单；如果不能形成较为一致意见的，进行预选，根据预选时得票多少的顺序，确定正式代表候选人名单。正式代表候选人名单及代表候选人的基本情况应当在选举日的7日以前公布。在间接选举中，县级以上的地方各级人民代表大会主席团将依法提出的代表候选人名单及基本情况印发全体代表，由全体代表酝酿、讨论，提名、酝酿时间不得少于2天。如果所提代表候选人的人数符合法律规定的差额比例，直接进行投票选举。如果人数超过法律规定的最高差额比例，进行预选，根据预选时得票多少的顺序，根据法律确定的具体差额比例，确定正式代表候选人名单，进行投票选举。《选举法》规定县级以上的地方各级人民代表大会在选举上一级人民代表大会代表时，代表候选人不限于各该级人民代表大会的代表。

第四，介绍候选人。推荐代表候选人的政党、人民团体和选民、代表可以在选民小组或者代表小组会议上介绍所推荐的代表候选人的情况。选举委员会根据选民的要求，应当组织代表候选人与选民见面，由代表候选人介绍本人的情况,回答选民的问题,但选举日必须停止代表候选人的介绍。此外,我国《选举法》规定公民参加各级人民代表大会代表的选举,不得直接或者间接接受境外机构、组织、个人提供的与选举有关的任何形式的资助。

5. 选举投票

选民行使选举权的集中体现就是选举投票,这也是选举过程的重要环节。全国人民代表大会和地方各级人民代表大会代表的选举,应当严格依照法定程序进行,并接受监督。任何组织或者个人都不得以任何方式干预选民或者代表自由行使选举权。全国和地方各级人民代表大会代表的选举,一律采用无记名投票的方法。选举时应当设有秘密写票处。选民如果是文盲或者因残疾不能写选票的,可以委托他信任的人代写;如果在选举期间外出,经选举委员会同意,可以书面委托其他选民代为投票。每一选民接受的委托不得超过3人,并应当按照委托人的意愿代为投票。《选举法》规定,在直接选举中,选民根据选举委员会的规定,凭身份证或者选民证领取选票。选举委员会设立投票站进行选举,选民居住比较集中的,可以召开选举大会,进行选举;因患有疾病等原因行动不便或者居住分散并且交通不便的,选举委员会可以在流动票箱投票。在间接选举中,由各该级人民代表大会主席团主持。

6. 确认选举结果

选举投票结束后,进入选举结果确认阶段,需要认定选举是否有效。《选举法》规定,应由选民或代表推选的监票、计票人员(代表候选人的近亲属不得担任监票人、计票人)和选举委员会或者人民代表大会主席团的人员将投票人数和票数加以核对,作出记录,并由监票人签字。每次选举所投的票数,多于投票人数的无效,等于或者少于投票人数的有效。每一选票所选的人数,多于规定应选代表人数的作废,等于或者少于规定应选代表人数的有效。在直接选举中,只有选区全体选民的过半数参加投票,选举方有效;代表候选人获得参加投票的选民过半数的选票时,始得当选。在间接选举中,代表候选人获得全体代表的过半数的选票才能当选。如果获得过半数选票的代表候选人的人数超过应选代表名额时,以得票多的当选;如果票数相等不能确定当选人,应就票数相等的候选人再次投票,以得票多的当选;如果票数少于应选代表的名额时,不足的名额另行选举。选举委员会或者人民代表大会主席团根据法律规定确定选举结果是否有效,予以宣布,并公布当选代表名单。《选举法》规定,代表资格审查委员会应就当选代表是否符合宪法、法律规定的代表的基本条件、选举是否符合法律规定的程序、是否存在破坏选举和其他当选无效的违法行为进行审查,提出有效的意见,并向县级以上的人民代表大会常务委员会或者乡、民族乡、镇的人民代表大会主席团报告,由其根据代表资格审查委员会提出的报告,确认代表资格或者确定代表的当选无效,在每届人民代表大会第一次会议前公布代表名单。

7. 代表辞职

人大代表可以提出辞职。《选举法》规定,全国人民代表大会代表,省、自治区、直辖市、设区的市、自治州的人民代表大会代表,可以向选举他的人民代表大会的常务委员会书面提出辞职,接受辞职的决议,须报送上一级人民代表大会常务委员会备案、公告。县级的人民代表大会代表可以向本级人民代表大会常务委员会书面提出辞职,乡级的人民代表大会代表可以向本级人民代表大会书面提出辞职。接受县级、乡级的人民代表大会代表辞职的,应当予以公告。

8. 对代表的罢免和补选

罢免是对代表实行监督的手段,目的是督促代表认真履行职责,同时严格要求自己。《选举法》规定,被提出罢免的代表有权进行申辩。对于县级的人民代表大会代表,原选区选民50人以上联名,对于乡级的人民代表大会代表,原选区选民30人以上联名,可以向县级的人民代表大会常务委员会书面提出罢免要求。县级以上的地方各级人民代表大会举行会议的时候,主席团或者1/10以上代表联名,可以提出对由该级人民代表大会选出的上一级人民代表大会代表的罢免案。在人民代表大会闭会期间,县级以上的地方各级人民代表大会常务委员会主任会议或者常务委员会1/5以上组成人员联名,可以向常务委员会提出对由该级人民代表大会选出的上一级人民代表大会代表的罢免案。罢免代表采用无记名投票方式。罢免县级和乡级的人大代表,须经原选区过半数的选民通过。罢免由县级以上的地方各级人民代表大会选出的代表,须经各该级人民代表大会过半数的代表通过;在代表大会闭会期间,须经常务委员会组成人员的过半数通过。罢免的决议,须报送上一级人民代表大会常务委员会备案、公告。

此外,我国《选举法》规定了补选制度。代表在任期内因故出缺,由原选区或者选举单位进行补选。地方各级人民代表大会代表在任期内调离或者迁出本行政区域的,其代表资格自行终止,缺额另行补选。县级以上地方各级人大闭会期间,可以由本级人大常委会补选上一级的人大代表。进行补选时,差额选举、等额选举均可。补选的具体办法,由省、自治区、直辖市的人民代表大会常务委员会规定。对补选产生的代表,代表资格审查委员仍需依法进行审查。

四、国家结构形式

（一）国家结构形式概述

国家结构形式指特定国家的掌握政权的阶级根据什么原则、采取何种形式来处理国家内部的组成，以及调整国家整体与组成部分之间的关系。

国家结构形式的实质在于解决中央与地方或组成单位之间的权限划分问题，国家依其确定行政区域，设立行政单位，实施有效管理，实现国家的目的。国家结构形式直接取决于国家性质并反映国家性质，并受其他因素如历史、民族、经济等因素的影响。现代国家大多采取单一制或联邦制的国家结构形式。

（二）我国的国家结构形式

1. 我国是统一的多民族国家

我国采取单一制的国家结构形式。我国历史上长期实行单一制的国家结构形式，各民族之间大杂居、小聚居的分布状况及平等团结互助和谐的民族关系，我国经济发展和现代化建设的需要及确保国家主权完整和国家安全的需要，决定了采取单一制国家结构形式是我国的必然选择。

2. 我国的行政区域划分

行政区域划分是一个国家的领土结构，是指国家按照经济发展和行政管理的需要，把全国领土划分为大小不同、层级不同的部分，并设立相应的地方国家机关，以便进行管理。我国采取如下行政区域划分：(1) 一般行政区域单位：省、自治区、直辖市、较大的市、县（市）、市辖区、乡、民族乡、镇。(2) 民族自治地方：自治区、自治州、自治县。(3) 特别行政区。我国《宪法》规定，国家在必要时得设立特别行政区，在特别行政区内实行的制度按照具体情况由全国人民代表大会以法律规定。经济特区和开放港口城市是国家在一定区域内的一定范围内，在对外经济活动中实行特殊经济政策的地方，并不属于行政区域划分。在我国，各行政区域不是政治实体，不具有任何主权特征。

行政区划的设立、撤销、更名必须按照法律规定。在我国，全国人民代表大会批准省、自治区、直辖市的建制，决定特别行政区的设立及制度。国务院批准省、自治区、直辖市的区域划分，批准自治州、县、自治县、市的建制和区域划分。

（三）民族区域自治制度

民族区域自治制度是在中华人民共和国范围内，在国家统一领导下，以少数民族聚居区为基础，建立相应的自治地方，设立自治机关，行使自治权，实行民族区域自治的民族实现自己当家作主、管理本民族内部地方性事务的制度。

民族区域自治制度是我国长期坚持的解决民族问题的重要政策,是解决民族问题的适当途径与形式,具有极其丰富的内涵。

(1) 民族自治机关是中央统一领导下的一级地方国家机关,受上级国家机关的领导。

(2) 民族区域自治地方的民族自治机关是自治区、自治州、自治县的人民代表大会和人民政府,不包括自治地方的审判机关、检察机关及监察机关。民族自治机关在组成方面有着鲜明的民族特色和要求,即自治机关的人民代表大会及其常委会应由实行区域自治的民族的公民担任主任或副主任,行政机关应由实行区域自治的民族的公民担任自治区、自治州、自治县行政机关的首长。

(3) 民族自治机关具有双重属性,既行使地方国家机关权力,又行使自治权。

(4) 各民族一律平等,禁止歧视、压迫任何民族。各民族均有使用本民族的语言文字的自由,有保持或改革本民族的风俗习惯的自由。

(5) 民族自治机关有权管理安排和管理本地方的财政、经济,安排和管理各项建设事业,发展本地区的文化建设,国家应予大力支持和帮助。

(6) 自治机关有权依法组织维持本地方社会治安的公安部队。

(四) 特别行政区

特别行政区是在我国版图内,根据我国宪法和法律的规定专门设立的具有特殊法律地位,实行特别的社会、经济制度,直辖于中央人民政府的行政区域。"一个国家,两种制度"是设立特别行政区的基本指导方针。我国依据《宪法》第31条的规定设立特别行政区,《中华人民共和国香港特别行政区基本法》(以下简称《香港特别行政区基本法》)及《中华人民共和国澳门特别行政区基本法》(以下简称《澳门特别行政区基本法》)的颁布、施行,标志着"一国两制"思想的具体化、法律化。

根据我国《香港特别行政区基本法》《澳门特别行政区基本法》之规定,中央人民政府对特别行政区行使如下职权:(1) 负责管理与特别行政区有关的外交事务;(2) 负责管理特别行政区的防务;(3) 任命行政长官和主要官员;(4) 决定特别行政区进入紧急状态;(5) 全国人民代表大会常务委员会解释特别行政区基本法,如第十二届全国人民代表大会常务委员会就《香港特别行政区基本法》第104条进行的解释;(6) 全国人民代表大会制定、修改特别行政区基本法。

全国人民代表大会依据上述法律授权特别行政区实行高度自治,这种高度自治具体表现为：

（1）原有的社会、经济制度和生活方式50年不变，不实行社会主义制度和政策；原有的法律，包括普通法、衡平法、条例、附属立法和习惯法除同基本法相抵触或经特别行政区立法机关做出修改外，予以保留。

（2）享有行政管理权、立法权、独立的司法权及终审权。

（3）行政机关和立法机关由当地人组成；财政独立，收入全部用于自身需要，不上缴中央；预算决算须报中央备案，中央人民政府不在特别行政区征税。

（4）特别行政区是自由港和关税区，资金进出自由，不实行外汇管理制度；港元和澳元继续流通，可自由兑换；货币的发行权属于特别行政区政府；自行制定金融货币政策、对外经济贸易政策，继续开放外汇、黄金、证券市场和期货市场，外来投资受法律保护。

（5）可以以地区的名义同世界各国、各地区以及有关的国际组织在经济、贸易、金融、航运、通讯、旅游、文化、体育等领域保持和发展关系，签订和履行有关协议，可根据需要在外国设立官方或者半官方的经济和贸易机构，报中央人民政府备案。

（6）自行负责管理社会治安。国防由中央负责，特别行政区不负担驻军经费和开支，驻军不干预特别行政区的内部事务。

（7）除悬挂国旗、国徽外，可使用特别行政区的区旗、区徽。

特别行政区的建立是我国单一制国家结构形式的一大特色，是马克思主义国家学说在我国具体情况下的创造性运用。事实证明，"一国两制"是解决历史遗留的香港、澳门问题的最佳方案，也是香港、澳门回归后保持长期繁荣稳定的最佳制度。

（五）国家象征

国家象征是一个主权国家的代表与标志，主要是指国旗、国歌、国徽与首都。我国现行《宪法》明确规定，中华人民共和国国旗是五星红旗；我国国徽呈圆形，内容为国旗、天安门、齿轮及谷穗；北京是中华人民共和国首都。2004年《宪法修正案》中明确规定，中华人民共和国国歌是《义勇军进行曲》。

第三节 树立正确权利观，切实尊重保障人权

▶一、我国公民享有广泛的基本权利

基本权利，又称为"宪法权利""宪法所保障的权利"，是指宪法规定的公民最主要的、必不可少的和最低限度的权利。基本权利在权利体系中处于核

心和基础地位,是普通法律规定公民权利的基础和依据。

世界各国一般都以宪法规范的形式对公民的基本权利予以确认和表述,并加以保障和实施,保障方式主要有绝对保障方式与相对保障方式两种。我国宪法在具体的法律制度层面上以及实际中所形成的基本权利的保障方式倾向于相对保障方式。

在2004年之前,我国宪法一直使用"基本权利"这一概念。2004年《宪法修正案》将"尊重和保障人权"正式载入《宪法》,这也是我国宪法第一次引入"人权"这一概念,在法律层面上的人权保障机制得到进一步完善。所谓人权,就是在一定的社会历史条件下,每个人按其本质和尊严享有或应该享有的基本权利。换言之,就是人人基于生存和发展所必需的自由、平等等权利。2004年"人权"入宪,实际包括了我国《宪法》中没有规定的公民应该享有的而又为我国加入的国际人权公约所规定的基本权利。我国《宪法》在具体规范中公开限制少数敌对分子的部分人权,通过人权的阶级性谋求实现人权的普遍性。

我国《宪法》规定我国公民享有广泛的基本权利,具体包括以下基本权利:

(一) 平等权

我国《宪法》第33条第2款规定:"中华人民共和国公民在法律面前一律平等。"这是关于平等权的一般性规定,此外还有其他一些具体性规定,共同构成了我国宪法关于平等权的完整规范体系。在我国宪法规定的基本权利体系中,平等权置于基本权利体系中的首要位置,表明平等权在宪法上主要是作为一种基本权利而存在,是一种原则性的、概括性的基本权利,它可以通过民族平等、男女平等来体现,还可以通过政治平等权、社会经济平等权以及其他具体的基本权利来体现。

1. 形式平等与实质平等

平等有形式平等与实质平等之分。形式平等又称之为"机会的平等"或"机会均等",是近代宪法所确立的平等原理,主张任何人都具有人格尊严,在自由人格的形成这一点上必须享有平等的权利。该原理完全忽略了人们在导致生活中的各种差异,只保障一种形式上的平等,即所谓"机会均等",这将不可避免现实中不平等状况的出现,具有一定历史局限性。这种"公平的自由竞争"反而促使社会中强者与弱者、富裕与贫穷之间的两极分化。现代宪法通过确立实质平等对形式平等原理进行修正和补足,即依据各个人的不同属性分别采取不同的方式,对作为各个人的人格发展所必需的前提条件提供实质意义上的平等保障。从权利主体上看,男女平等和民族平等的实现,就是实质平等原理所期待的客观结果。从权利的内容上看,实质平等原理主要适用于对社会经济权利的保障,其目的在于使经济强者与经济弱者之间恢复法律所期待的那种对等关系。为此,实质平等又称为"条件的平等"。

2. 法律适用上的平等与法律内容上的平等

法律适用上的平等主张平等权仅限定于法律适用上的平等,而不包含法律内容上的平等。法律内容上的平等主张平等权不仅限定于公民在法律适用上的平等,还应包含公民在法律内容上也享有平等的权利,立法者不能制定违反平等原理或原则的法律。在我国,大多数学者赞同法律适用平等说,就在于法律具有阶级性,在我国人民与敌对势力和敌对分子在立法上是不能"讲平等"的。适用法律平等就是指国家司法机关和行政机关在适用法律的时候,不得区分适用对象,必须根据法律规定进行判断,平等地将法律规范适用于所有人,即在适用法律上一视同仁。适用法律平等要求国家权力对公民的合法权利应平等地给予保护,对公民的违法行为应平等地追究其法律责任,不得因人而异进行区别对待。

3. 平等与"合理的差别"

如前所述,平等既包含形式平等,又包含实质平等。形式平等旨在于反对不合理的差别,实质平等则必然承认合理差别的存在。这二者相辅相成,互为一体,即平等不可能是绝对的,差别必然存在,平等权禁止的是"不合理"的差别。不合理的差别指没有合理依据的差别,主要包括根据民族、种族、性别、职业、家庭出身、宗教信仰、教育程度、财产状况等所采取的法律上的差别或歧视方式。合理的差别则是根据实质上的平等原则,在合理程度上所采取的具有合理依据的差别。这种合理的差别主要包括:(1)由于年龄上的差异所采取的责任、权利等方面上的合理差别。(2)依据人的生理差异所采取的合理差别。(3)依据民族的差异所采取的合理差别。(4)依据经济上的能力以及所得的差异所采取的纳税负担上的轻重的差别。(5)对从事特定职业的权利主体的特殊义务的加重和特定权利的限制。

需要注意的是,合理的差别除需要合理依据外,还必须限定在合理的程度之内。一般来讲,没有合理依据的差别就属于不合理的差别,而超过合理程度的合理的差别,也有可能构成平等权的原则所不能容许的不平等形态。

(二) 政治权利

政治权利主要包括选举权、被选举权以及政治表现的自由,其中政治表现的自由还可作为非政治表现的自由而存在。

1. 选举权和被选举权

根据《宪法》第34条的规定,我国公民行使选举权与被选举权的条件具体为:(1)中国公民;(2)年满18周岁;(3)未被依法剥夺政治权利。

我国《宪法》规定全国人大代表接受原选举单位的监督。原选举单位有权依照法律规定的程序罢免本单位选出的代表。地方各级人大代表的选举单位和选民有权依法定程序罢免由其选举的代表。罢免权是选举人或选举母体对代表实行监督最为严厉的手段之一，是选举权的一种延伸或展开形态。

2. 言论、出版、集会、结社、游行、示威的自由

言论、出版、集会、结社、游行、示威的自由在宪法学上均可称之为"表现的自由"，指人们通过一定的方式将自己内心的精神作用公之于外部的精神活动的自由。"一定的方式"具有多样性，其中典型方式就是言论、出版、集会、结社、游行和示威。

言论自由指公民享有的以语言或者其他方式表达自己对国家事务、经济建设和文化事业、社会事务的见解和意愿，自由发表自己从事科学研究、文学艺术创作和其他文化活动的成果的自由。言论自由不仅是人民表达思想、观点与见解，开展社会交往的一种方式，也是参与管理国家事务的重要手段。没有言论自由，宪法赋予公民的其他各项政治权利就是一纸空文。从各国立宪例和国际人权公约关于言论自由保障的原则与限制的条件来看，只有法律才是限制言论自由的唯一标准。任何言论自由只要没有违反国家的法律，就不应受到外来的限制和干涉。言论就其内容而言，有政治言论、商业言论、学术言论、艺术言论、宗教言论之分，因而言论自由必然存在着多种类型的限制，其中主要有：(1) 行使言论自由不得侵犯他人的名誉权；(2) 行使言论自由不得侵犯他人的隐私权；(3) 一定程度、方式上的猥亵性、淫秽性的言论必然受到限制或禁止；(4) 行使言论自由不能唆使或煽动他人实施违法或犯罪行为；(5) 行使言论自由与保守国家秘密之间也可能存在冲突。

出版自由指公民享有通过出版物，包括报纸、期刊、图书、音像制品、电子出版物等，自由表达对国家事务、经济建设和文化事业、社会事务的见解和意愿，自由发表自己从事科学研究、文学艺术创作和其他文化活动的成果的自由。出版自由属于广义上的言论自由范畴，是言论自由的自然延伸。换句话说，就是将口头言论以某种形式予以固定化。出版自由对个人而言，是表达、交流其思想、观点和见解的手段，同时也是参与管理国家事务，促进社会精神文明和科学文化事业发展的重要方式。我国除《宪法》明文规定出版自由外，通过制定《中华人民共和国著作权法》，对出版自由的法律保障进行具体规定。在尚未制定新闻出版法的情况下，为了便于对出版业进行管理和公民行使出版自由权利，国家通过制定《出版管理条例》，就出版物的内容、形式及出版单位等作了具体规定。这既是国家对新闻出版管理的法律依据，也是依法保障出版自由的法律措施。

结社自由是指公民享有为了某一共同目的，依照法律规定的程序结成某种社会团体的自由。结社自由有营利性结社与非营利性结社之分，宪法中的结社自由主要是指非营利性的结社自由，根本意义就在于保护人们组成非营利社会团体，以保护宪法赋予的言论、出版、集会、游行、示威的自由。结社自由的保障主要包括以下两方面的内容：一是个人是否结成团体、是否加入团体以及是否退出团体，应完全出于其个人意愿；二是对于团体通过内部意见交流形成的团体的共同意志，并为实现其意志而公之于该团体外部的活动，国家或公权力不应予以肆意干涉，也应完全出于其共同意愿。我国目前关于结社的规范主要是国务院颁布的《社会团体登记管理条例》（以下简称《条例》）。根据该《条例》，对社会团体的成立实行审批登记制，对社会团体的活动实行社会团体登记机关与社会团体业务主管单位的双重监督管理制度。必须明确的是，该《条例》不适用于营利性的社会组织，也不适用于某些特殊团体。这些特殊团体包括：参加中国人民政治协商会议的人民团体；由国务院机构编制管理机关核定并经国务院批准免于登记的团体；机关、团体、企业事业单位内部经本单位批准成立、在本单位内部活动的团体。此外，该《条例》明确规定，申请成立社会团体必须提交业务主管单位的批准文件，故该《条例》实际上也不适用于规范新的政治团体的成立。

集会自由是指公民享有聚集于露天公共场所，发表意见、表达意愿的自由。游行自由是指公民在公共道路、露天公共场所列队行进、表达共同意愿的活动的自由，其形式是在公共场所列队行进，以表示其态度、意见和要求等意愿。示威自由是指公民在露天公共场所或者公共道路上以集会、游行、静坐等方式，表达要求、抗议或者支持、声援等共同意愿的活动的自由，其目的是为了表示抗议或愤怒等强烈愿望，聚集一起显示决心和力量。由此可知，集会、游行、示威自由是言论自由的延伸，是公开传达思想、意愿、主张、要求或个人见解的自由；这三者的共同之处就在于均是自由表达意愿，但实质上都是公民运用一种比较激烈的方式，以个人权利来对抗国家权力，不同之处仅仅是表达的程度、方式和方法上的不同。集会、游行、示威自由因实施方式的特殊必然会对社会公共秩序与安全造成极大的影响，世界各国均采取法律手段予以规范，以平衡社会公共利益与个人自由之间的关系。各国对于集会游行示威规范手段不一，主要有登记制与许可制。根据《中华人民共和国集会游行示威法》《中华人民共和国集会游行示威法实施条例》的规定，我国目前实行许可制，主管机关是公安机关，对于依法举行的集会、游行、示威活动，主管机关应当派出人民警察进行现场管理，出现法律规定的特定情形，人民警察有权采取解散、强行驱散、强行带离现场或者立即予以拘留等方式保障集会、游行、示威的顺利进行。此外,我国对集会、游行、示威的时间、场所、参加方式等方面也进行了相应规定。

(三)宗教信仰自由

宗教信仰自由是公民享有的确信某一超自然力量的存在并以一定方式对其表示崇拜的自由,是公民的一种精神自由。宗教信仰自由具体就是指公民有按照自己的意愿信仰宗教的自由,也有不信仰宗教的自由;公民有信仰这种宗教的自由,也有信仰那种宗教的自由;在同一个宗教中,公民有信仰这个教派的自由,也有信仰那个教派的自由;公民有过去不信教而现在信教的自由,也有过去信教而现在不信教的自由,有按照宗教信仰参加或不参加宗教仪式的自由。

我国《宪法》关于宗教信仰自由采取了不同于对其他基本权利的规定方式,即《宪法》本身就宗教信仰自由的界限进行较明确、详尽的规定。具体内容为:(1)禁止强制公民信仰宗教或不信仰宗教,禁止歧视信仰宗教的公民或不信仰宗教的公民;(2)任何人不得利用宗教进行破坏社会秩序、损害公民健康、妨害国家教育制度的活动;(3)宗教团体和宗教事务不受外国势力的支配;(4)国家保护正常的宗教活动。此外,我国通过《宗教活动场所管理条例》《宗教活动场所登记办法》以及《境内外国人宗教活动管理规定》等行政法规对宗教事务,尤其是对宗教活动场所实行相应的管理制度。我国刑法、选举法、民法以及义务教育法等均对保障宗教信仰自由进行了具体规定。

在保障公民行使宗教信仰自由的同时需要注意以下几点:一是正确处理宗教和政治、教育的关系;二是正确区分宗教和封建迷信活动;三是正确区分宗教和邪教。

(四)人身自由

人身自由是一项传统的基本人权,指无正当理由公民身体的活动不受拘束的权利,又称为"身体的自由"。人身自由是人们从事一切活动和生活的前提条件,也是基本权利中最为重要的权利之一。

1. 人身自由不受侵犯

人身自由不受侵犯是指公民不受任何非法搜查、拘禁、逮捕的权利,即人身不受非法限制或剥夺的权利,这是人身自由的核心内容。《宪法》第37条第3款规定,禁止非法拘禁和以其他方法非法剥夺或者限制公民的人身自由,禁止非法搜查公民的身体。其中,非法拘禁,包括以拘留、禁闭、捆绑、隔离审查、关押等方式,包括无权拘禁他人的团体、组织和有权实施拘禁的国家机关违反法律规定的条件与程序,非法剥夺或限制他人的人身自由。以其他方法非法剥夺或者限制公民的人身自由,包括以非法拘禁以外的其他各种违法方法来剥夺或者限制他人的人身自由。非法搜查身体，包括无权搜查的组织或团体擅自进行搜查以及有权进行搜查的人不依照法定条件与程序，滥用职权进行搜查。

人身自由不受侵犯，属于法律特别保留的事项，只有法律才可以设定限制公民人身自由的强制措施或者制裁措施。我国《立法法》规定，对于犯罪和刑罚，以及对公民政治权利的剥夺、限制人身自由的强制措施和处罚，只能由法律予以规定。

国家权力可以通过司法权对特定公民的人身自由进行必要的限制或剥夺，但必须符合法定程序方可进行，这是基于人身自由不受侵犯的权利所带来的必然结果。换言之，当面对国家司法权时，人身自由这一基本权利的重要内容则转化为依法限制人身自由的程序保障的权利。

我国依法对违法犯罪嫌疑人的人身自由进行限制或剥夺时，有严格规定，主要包括以下几种情况：(1) 限制公民的人身自由，只能由公安机关依法定条件与程序实施。《中华人民共和国刑事诉讼法》（以下简称《刑诉法》）规定，公安机关拘留犯罪嫌疑人时，必须出示拘留证。公安机关对于被拘留的人，应当在拘留后的 24 小时以内进行讯问。在发现不应当拘留的时候，必须立即释放，发给释放证明。对需要逮捕而证据还不充足的，可以取保候审或者监视居住。(2) 逮捕犯罪嫌疑人，只能由人民检察院批准或者决定，或者由人民法院决定，并由公安机关依照法定程序实施。《刑诉法》明确规定了拘留、逮捕的法定程序。(3) 拘留、逮捕犯罪嫌疑人，执行机关有告知本人及其亲属的法律义务。

2. 人格尊严不受侵犯

人格尊严指公民作为一个人所应当享有的最起码的社会地位，并应受到社会和他人的最起码的尊重。人格尊严与人身密切联系，是公民对自己和他人人格价值的认识和尊重。诚如马克思所言，尊严最能使人高尚起来，使他的活动和他的一切努力具有高尚的品德。保护人格尊严就是保护了人最起码的权利。

根据我国《宪法》及相关法律的规定，人格权的基本内容为：(1) 姓名权。公民有权决定、使用和依照法律规定改变自己的姓名，禁止他人干涉、盗用、假冒。(2) 肖像权。公民享有肖像权，未经本人同意，不得以营利为目的使用公民的肖像。(3) 名誉权。名誉权是公民要求社会和他人对自己的社会价值给予公正评价的权利。(4) 荣誉权。公民因对社会有所贡献而得到的荣誉称号、奖章、奖品、奖金等，任何人不得非法剥夺。(5) 隐私权。隐私是与公共利益、群体利益无关的，公民不愿他人知道或不愿他人干涉的个人生活秘密、个人生活自由。我国宪法规定的住宅不受侵犯、通信自由和通信秘密受法律保护等均属于隐私权的范畴。

3. 住宅不受侵犯

住宅不受侵犯的权利指公民居住、生活、休息的场所不受非法侵入或搜查的权利。我国《宪法》第39条规定:"中华人民共和国公民的住宅不受侵犯。禁止非法搜查或者非法侵入公民的住宅。"住宅,不仅限于一般意义上的私人房屋,同时也包括寄宿宿舍、旅馆等其他各种私生活在物理空间上延展的场所,其成立也不需具备独立的建筑结构或持续性的使用等时空上的要件。非法侵入或搜查,不仅指直接非法侵入住宅的物理空间内部的行为,实际上还包括在住宅外部通过一定的器具非法监听或窥视住宅内部的私生活或家庭生活情景等行为。

与大多数权利一样,住宅不受侵犯的权利也具有一定的内在界限。这种内在界限在我国主要表现为:(1)在犯罪嫌疑人被监视居住期间,不得离开指定的居所。(2)公安机关依法律规定的条件与程序依法进行搜查。(3)其他国家机关及其工作人员依法执行公务或者法律规定的紧急情况。国家机关工作人员执行公务或紧急情况下依照法律规定可以直接进入或者利用住宅设施。

4. 通信自由和通信秘密受法律保护

传统意义上的通信自由是指人们通过书信、电话、电信等手段,根据自己的意志进行通信而不受国家或公共权力干涉的自由。随着科学技术的进步,现代通信手段日益广泛、普及,"网上通信"成为通信自由不可忽略的新类型之一。通信自由与表现自由的不同之处在于,通信自由往往以预期的特定人为传达对象而进行的。通信自由在逻辑上蕴含着通信秘密这一权利,对通信秘密的保障,主要包括对积极获取行为的禁止与对泄露行为的禁止。其中,前者是指国家或公权力不得非法将公民通信的内容、通信行为本身作为调整对象;后者是指邮政工作人员不得泄露在履行职务中可能获知的公民的个人通信资料。

《宪法》第40条对国家机关限制公民的通信自由和通信秘密的特殊情形作了较严格的规定,主要包括:(1)公民的通信,他人不得扣押、隐匿、毁弃;(2)公民的通信、通话的内容,他人不得开拆或窃听;(3)除因国家安全或者调查刑事犯罪的需要,由公安机关或者检察机关依照法律规定的程序对通信进行检查外,任何组织或者个人不得以任何理由侵犯公民的通信自由和通信秘密。但在事实上,通信自由和通信秘密所受的限制更为广泛。

（五）监督权与取得国家补偿、赔偿权

1. 监督权

监督权是指公民享有对国家机关及其工作人员的工作进行监督的权利。监督权是人民主权原则的体现，包括批评权、建议权、控告权和检举权。

批评权是指公民对国家机关及其工作人员在工作中的缺点和错误提出批评的权利。建议权是指公民对国家机关及其工作人员的工作提出建议性意见的权利。控告权是指公民对国家机关及其工作人员的违法失职行为，向其所在机关或者上级国家机关进行揭发和控告、请求有权机关进行纠正的权利。检举权是指公民对国家机关及其工作人员的违法失职行为，向有关国家机关进行揭发并请求处理的权利。批评、建议、控告、检举的方式基本相同，均是通过各种形式的言论、新闻传播媒介和人民群众来信来访、社会协商对话的方式来实现的。批评主要针对的是国家机关及其工作人员工作中存在的问题；建议主要针对的是国家机关的工作、国家做出的某些政策、决定等事项；控告和检举则适用于请求处理国家机关及其工作人员实施的违法失职行为。控告与检举的不同之处主要在于，控告一般是针对权利主体自己的权利受到侵害而行使的一种权利；检举则是针对国家机关或工作人员的任何的违法失职行为行使的一种权利。

我国《宪法》规定公民在行使上述权利时，不得捏造或者歪曲事实进行诬告陷害。这一规定直接明确地揭示了提起申诉、控告检举权利的内在界限。对于公民的申诉、控告和检举，有关国家机关必须查清事实，负责处理，任何人不得压制和打击报复。

2. 取得国家补偿、赔偿权

我国公民或其他权利主体由于国家机关或国家机关工作人员在行使国家权力或公共权力时基于违法行为而导致自己的权利受到损害，可以向国家请求赔偿；基于合法行为而导致自己的权利受到损害，可以向国家请求补偿，我国国家赔偿包括刑事赔偿与行政赔偿。

（六）社会经济权

社会经济权利是指宪法所保障的有关经济活动或经济利益的权利，是公民实现其他权利的保障。我国社会经济权利主要包括财产权、劳动权、休息权、社会保障权与获得物质帮助权。

1. 财产权

在近代宪法理论中，财产权与平等权、自由权共同构成了三大自然权利。其中，财产权主要针对国家权力，强调国家不得任意侵犯个人的财产权。20世纪以来，宪法上的财产权，由最初对抗国家的自然权利，发展为需要国家积极进行干预并可受法律、集体、社会公共利益限制的权利。

我国《宪法》第13条对"公民的私有财产权"进行了明确规定。2004年《宪法修正案》第22条对该条进行了全面、系统的修改。具体内容为：(1)将"公民的合法财产的所有权"改为"公民的合法的私有财产权"；(2)将"国家保护公民的合法的收入、储蓄、房屋和其他合法财产的所有权"改为"公民的合法的私有财产权不受侵犯"；(3)增加了对私有财产的征收和征用制度。2004年《宪法修正案》明确规定，国家在必要时可以对公民的私有财产实行征收或征用，但只能基于"公共利益的需要"。(4)增加了补偿条款。基于征收或征用必将导致个人利益因公共利益而受到影响或侵害，2004年《宪法修正案》规定对私有财产进行征收或征用时，应当给予补偿。此外，2004年《宪法修正案》规定国家依照法律规定保护公民的继承权。

2004年《宪法修正案》通过不可侵犯条款、制约条款和征用补偿条款的规定，对我国公民的私有财产权进行了较为完善的规定，体现了财产权保护体系和保护结构的完整性。

2. 劳动权

劳动权又称劳动保障权，是指公民获得劳动的机会和适当的劳动条件的权利。在社会主义市场经济条件下，行使劳动权不仅是人们赖以生存的基础，同时也是行使其他权利的前提条件。

我国《宪法》第42条第1款规定："中华人民共和国公民有劳动的权利和义务。"在我国，公民享有劳动权，意味着国家必须积极地提供和保障劳动的机会和条件，但劳动权并不是一项具有具体意义的权利，任何公民均不能直接依据《宪法》第42条向国家提出提供就业机会的请求。作为一种义务的劳动义务，则要求具有劳动能力的人均必须通过自己的劳动来维持个人生活（当然包括其家庭生活），并不是国家强制人们从事劳动的依据，仅具有一定道德意义上的指导性质的内涵。

我国《宪法》第42条第2款规定："国家通过各种途径，创造劳动就业条件，加强劳动保护，改善劳动条件，并在发展生产的基础上，提高劳动报酬和福利待遇。"这一规定相对完整地概括了劳动权保障的主要内容，体现出对劳动权作为一种社会权利予以保障所具有的纲领性的特性。我国劳动权的保障主要体现为：(1)国家必须通过积极的措施，大力保障劳动的自由，提供劳动的机会，尤其是就业的机会；(2)国家必须制定和实施有关劳动保护的法律，其中必须规定有关劳动报酬、劳动时间、休息以及其他劳动条件的基本标准。为此，我国制定了《中华人民共和国劳动法》来具体保障公民行使劳动权。

需要注意的是，行使劳动权必须具备劳动能力，其中包括各种职业的特定要求,权利主体只能在满足这些要件的情形下才能行使劳动权。劳动权的实现必然受到一个国家或社会的劳动组织化程度、经济发展水平以及人口结构状况等多方面的社会经济条件的制约。

3. 休息权

休息权是指劳动者所享有的休息和休养的权利。休息权与劳动权具有内在的关联性,同时与劳动者的精神、文化活动的自由也密不可分,休息权也可以通过对精神、文化活动自由的行使来实现。我国关于休息权的保障具体表现为:(1)国家或公共权力不能通过立法或行政行为侵犯该权利;(2)作为一种社会权利,休息权更主要偏向于表现为一种积极的权利,为此要求国家或公权力必须通过立法或行政措施,确立并实施劳动者的工作时间制度和休假制度,同时保证为劳动者提供休息和休假所必需的设施。

作为一项社会经济权利,休息权的保障形态和实现程度必然受到特定的社会经济条件的制约。

4. 社会保障权

社会保障权是指因社会危险处于保护状态的个人,为了维持人的有尊严的生活而向国家要求给付的请求权。社会保障权由生育保障权、残疾保障权、伤残保障权、死亡保障权、退休保障权等具体权利构成。社会保障权具有经济权利和社会权利二重性,权利主体既包括全体公民,也包括特定主体。社会保障权的实现依赖于国家的积极行为,是公民行使其他权利的基础。

中国特色社会主义进入新时代,基于我国社会主要矛盾已发生改变这一客观事实,在党的十八大报告提出必须以保障和改善民生为重点全面推进城乡社会保障体系建设的基础之上,党的十九大报告进一步提出:提高保障和改善民生水平,保障和改善民生要抓住人民最关心、最直接、最现实的利益问题;按照兜底线、织密网、建机制的要求,全面建成覆盖全民、城乡统筹、权责清晰、保障适度、可持续的多层次社会保障体系。

5. 物质帮助权

物质帮助权是指公民因失去劳动能力或暂时失去劳动能力不能获得必要的生活资料时,有从国家和社会获得生活保障,享受社会福利的一种权利。《宪法》第45条第1款明确规定,我国公民在年老、疾病或者丧失劳动能力的情况下,有从国家和社会获得物质帮助的权利。国家要发展公民享受这些权利所必需的社会保险、社会救济和医疗卫生事业。我国物质帮助权的权利主体是特定公民而非社会的全体公民,内容则是特定主体从国家和社会获得"物质帮助",这种物质帮助形式也是多种多样的,如救济金、抚恤金、医疗费、补助费、保险金等。

(七）文化教育权

1. 受教育权

我国《宪法》第46条第1款规定："中华人民共和国公民有受教育的权利和义务。"教育是公民个人人格形成与发展的一个必不可少的手段，是培育作为民主政治具体承担者的重要途径。在我国，受教育权主要包括：（1）学习的权利。一般来讲，任何公民都是受教育权利的主体，然而在权利实现的现实中，受教育权利的主体大多为适龄儿童和青少年。受教育权就是指适龄儿童和青少年享有通过学习，使智力和品德等方面得到发展的权利，这是受教育权的核心内容。（2）义务教育的无偿化。实行一定的无偿化的义务教育制度，是世界各国的普遍做法。为切实保障公民的受教育权，我国目前实行九年义务教育制。（3）接受教育的平等。任何享有受教育权利的权利主体不得在教育问题上受到不平等对待。

需要明确的是，受教育权的平等保护是一项原则，这一权利的实现与经济发展状况密切联系，国家努力创造各种条件，缩小差距，使受教育权得以真正完全实现。

2. 科学文化研究自由

我国《宪法》第47条规定："中华人民共和国公民有进行科学研究、文学艺术创作和其他文化活动的自由。国家对于从事教育、科学、文学、艺术和其他文化事业的公民的有益于人民的创造性工作，给以鼓励和帮助。"科学文化研究自由是指公民享有按照自己的意愿进行科学文化研究的学术自由，主要包括：科学研究的自由、文艺创作的自由与其他文化活动的自由。

（八）特定人的权利

特定人的权利是指在宪法基本权利中，由特定的主体享有的受到特别保护的权利。根据我国《宪法》的规定，特定的主体包括妇女、老年人、未成年人、残疾人、华侨、归侨和侨眷、军人家属、烈士家属、刑事诉讼中的被告人等，依法对这些人的权利给予特殊的保障。

1. 妇女的权益

我国《宪法》第48条规定："中华人民共和国妇女在政治的、经济的、文化的、社会的和家庭的生活等各方面享有同男子平等的权利。国家保护妇女的权利和利益，实行男女同工同酬，培养和选拔妇女干部。"妇女作为我国公民，在享有宪法规定的基本权利的同时还要特别强调：（1）男女平等，妇女享有独立的人格权，其生命、健康、尊严受到保护，禁止歧视妇女，禁止虐待女婴；（2）妇女有权参与国家事务，国家应当重视培养和选拔妇女干部；（3）特别注意根据女性学生的特点，在教育、管理、设施上采取特别措施，保障女性学生健康成长;(4)妇女与男子具有同等的就业权和同工同酬权,还特别享有特殊劳动保护权和生育权,对处于结婚、怀孕、生育和哺乳期的妇女不得歧视;(5)保护妇女的婚姻自主权、家庭财产权和子女监护权。为此,我国制定了《中华人民共和国妇女权益保障法》,对妇女享有的合法权益进行具体规定。

2. 老年人和未成年人的权利

老年人、未成年人在家庭和社会生活中一般居于弱势地位,其合法权益易受到侵犯。我国《宪法》对老年人、未成年人予以特别保护,规定禁止虐待老人、妇女和儿童;国家培养青年、少年、儿童在品德、智力、体质等方面全面发展;父母有抚养和教育未成年人的义务;我国公民在年老、疾病或丧失劳动能力时,有从国家和社会获得物质帮助的权利。

3. 残疾人的权利

我国《宪法》规定国家和社会帮助和安排盲、聋、哑和其他有残疾的公民的劳动、生活和教育。《中华人民共和国残疾人保障法》对此进行了具体规定。

4. 华侨、归侨、侨眷的正当或合法权益

我国《宪法》第 50 条规定:"中华人民共和国保护华侨的正当的权利和利益,保护归侨和侨眷的合法的权利和利益。"

除上述规定外,我国《宪法》规定中华人民共和国保护在中国境内的外国人的合法权利和利益,在中国境内的外国人必须遵守中华人民共和国的法律。外国人也可以在一定的范围内享有我国宪法规定的公民的基本权利,但有别于我国公民所享有的宪法基本权利,即外国人不完全享有政治权利,这也是国际惯例。

《宪法》规定中华人民共和国对于因为政治原因要求避难的外国人,可以给予受庇护的权利。庇护权又称政治避难权,是指国家对于因政治原因而被外国追诉或受迫害而来避难的外国人,准其入境和居留,并给予保护的权利。

二、我国公民应履行的基本义务

在现实生活中,人们往往承担多样性的义务,其中公民在宪法上的义务就是基本义务。换言之,公民的基本义务就是宪法规定的公民应当对国家和社会承担的法律责任。近现代以来,人权保障体系的价值目标在于确定国家对全体公民行使统治权的界限,以保障公民的基本权利。为保证统治权的顺利行使,特别是为实现对各种可能互相发生冲突的公民的基本权利的调整以及增进社会公共利益,国家就不得不对全体公民要求履行一定的基本义务。

公民的基本义务是具体立法的宪法依据,通常具有一种伦理的、宣言的效力,是公民宪法地位的高度概括,只有通过各种形式的部门法才能使其具体化、现实化。

根据我国《宪法》的规定,我国公民的基本义务具体为:

(一)维护国家统一和民族团结的义务

《宪法》第52条规定:"中华人民共和国公民有维护国家统一和全国各民族团结的义务。"国家统一是公民享有基本权利的重要条件。我国是统一的单一制国家,任何公民都肩负维护国家统一的义务,不得从事分裂国家的活动;我国是统一的多民族国家,维护国家统一的重要内容和标志就是维护民族团结。

(二)遵守宪法和法律的义务

《宪法》第53条规定:"中华人民共和国公民必须遵守宪法和法律,保守国家秘密,爱护公共财产,遵守劳动纪律,遵守公共秩序,尊重社会公德";2018年《宪法修正案》进一步提出"国家倡导社会主义核心价值观,提倡爱祖国、爱人民、爱劳动、爱科学、爱社会主义的公德"。所谓社会公德,就是在社会公共生活中应当遵循的基本道德,主要包括社会主义核心价值观及爱祖国、爱人民、爱劳动、爱科学、爱社会主义。社会主义核心价值观的基本内容是富强、民主、文明、和谐,自由、平等、公正、法治,爱国、敬业、诚信、友善。其中,富强、民主、文明、和谐是国家层面的价值目标;自由、平等、公正、法治是社会层面的价值取向;爱国、敬业、诚信、友善是公民个人层面的价值准则。

(三)维护国家安全、荣誉和利益的义务

《宪法》第54条规定:"中华人民共和国公民有维护祖国的安全、荣誉和利益的义务,不得有危害祖国的安全、荣誉和利益的行为。"国家安全是国家政权稳定、公民依法行使权利和自由的基本保障。每一个公民都必须树立国家安全高于一切的观念,同一切损害国家荣誉和利益、危害国家安全的行为作斗争。

(四)依法服兵役的义务

《宪法》第55条规定:"保卫祖国、抵抗侵略是中华人民共和国的每一个公民的神圣职责。依照法律服兵役和参加民兵组织是中华人民共和国公民的光荣义务。"我国实行义务兵与志愿兵相结合、民兵与预备役相结合的兵役制度。参加人民解放军、中国人民武警部队和参加民兵组织,肩负保卫祖国、保卫我国新时代中国特色社会主义事业的伟大使命,直接关系到国家安危,关系到中华民族的伟大复兴,这是我国公民必须履行的基本义务。

(五)依法纳税的义务

《宪法》第56条规定:"中华人民共和国公民有依照法律纳税的义务。"纳税义务的主体除公民外,法人、其他组织及外国人都有义务按照我国的法律规定纳税。

除了以上基本义务外,我国《宪法》还规定了公民的其他基本义务。这些基本义务是:公民有受教育的义务和劳动的义务、父母有抚养和教育未成年子女的义务及子女有赡养和扶助父母的义务等。

第四节　明确法定职权,坚持依法行使职权

国家机构是为实现国家职能而建立起来的行使国家职能的国家机关的总称。我国国家机构组织活动的基本原则是民主集中制。

▶一、全国人民代表大会及其常务委员会

（一）全国人民代表大会

1. 性质与地位

我国《宪法》规定,全国人民代表大会是最高国家权力机关。全国人民代表大会作为全国人民的代表,代表全国人民统一行使国家的最高权力,在整个国家机构体系中居于最高地位。

2. 组成与任期

全国人民代表大会由省、自治区、直辖市和军队选出的代表组成。各少数民族都应当有适当名额的代表。全国人民代表大会代表的选举由全国人大常委会主持。

全国人民代表大会每届任期5年。全国人民代表大会任期届满2个月以前,全国人民代表大会常务委员会必须完成下届全国人民代表大会代表的选举。如遇不能如期进行选举的非常情况,经全国人民代表大会常务委员会全体组成人员的2/3以上的多数通过,可以推迟选举,延长本届全国人民代表大会的任期,但非常情况结束后的1年内必须完成下届全国人民代表大会代表的选举。

3. 职权

《宪法》第62条和第63条规定,全国人民代表大会行使如下职权:

（1）修改宪法、监督宪法实施的权力。全国人民代表大会有权修改宪法。为维护宪法权威,保障宪法实施,全国人民代表大会行使监督宪法实施的权力。

（2）制定和修改基本法律的权力。全国人民代表大会行使国家立法权,有权制定和修改刑事、民事、国家机构和其他的基本法律。

（3）对中央国家机关组成人员的选举、决定人选和罢免的权力。全国人

民代表大会在人事方面行使下列权力：选举并有权罢免全国人大常委会组成人员；选举并有权罢免中华人民共和国国家主席、副主席；根据中华人民共和国主席的提名，决定国务院总理人选；根据国务院总理的提名，决定国务院副总理、国务委员、各部部长、各委员会主任、审计长和秘书长的人选，并有权罢免上述人员；选举中央军事委员会主席；根据中央军事委员会主席的提名，决定中央军事委员会其他组成人员的人选，并有权罢免上述人员；选举并有权罢免国家监察委员会主任；选举并有权罢免最高人民法院院长；选举并有权罢免最高人民检察院检察长。

(4) 决定国家重大事项的权力。全国人民代表大会有决定国家重大事项的权力。重大事项主要包括：审查和批准国民经济和社会发展计划和计划执行情况的报告；审查和批准国家的预算和预算执行情况的报告；批准省、自治区和直辖市的建置，决定特别行政区的设立及其制度，决定战争和和平的问题。

(5) 对其他中央国家机关的监督权。这种监督主要通过全国人民代表大会与其他国家机关的关系来体现，即全国人民代表大会常务委员会对全国人民代表大会负责并报告工作，全国人大有权改变或撤销全国人大常委会的不适当的决定；国务院对全国人民代表大会负责并报告工作；中央军事委员会、国家监察委员会、最高人民法院、最高人民检察院对全国人民代表大会负责。此外，全国人民代表大会可以通过质询、询问进行监督，还可以组织特定问题的调查委员会，并根据调查委员会的报告，作出相应的决议，这也不失为一种监督。

(6) 应当由最高国家权力机关行使的其他职权。我国现行《宪法》概括地规定全国人民代表大会的这一职权，赋予宪法一定的灵活性，利于宪法保持生机与活力。

4. 会议制度与工作程序

全国人民代表大会每年举行一次，于每年第一季度举行，由全国人民代表大会常务委员会召集。如全国人大常委会认为必要或经1/5以上的全国人民代表大会代表提议，可以临时召集全国人民代表大会会议。

全国人民代表大会的工作程序主要有：议案提出及审议程序、选举程序、决定人选程序、罢免程序及质询和询问程序。

(二) 全国人民代表大会各委员会

全国人民代表大会下设民族委员会、宪法和法律委员会、财政经济委员会、教育科学文化卫生委员会、外事委员会、华侨委员会和其他需要设立的专门委员会。此外，全国人民代表大会认为有必要时可以成立关于特定问题的调查委员会。

全国人民代表大会各委员会是全国人民代表大会的常设工作机构,受全国人民代表大会领导,向全国人民代表大会负责并报告工作。在全国人民代表大会闭会期间,受全国人民代表大会常务委员会的领导。全国人民代表大会各委员会不具有最后决定问题的国家权力,全国人民代表大会各委员会的主要职责是在全国人民代表大会及其常委会的领导下,研究、审议和拟定有关议案。其中,民族委员会还可以对加强民族团结问题进行调查研究,提出建议;审议自治区报请全国人民代表大会常务委员会批准的自治区的自治条例和单行条例,向全国人民代表大会常务委员会提出报告。宪法和法律委员会统一审议向全国人民代表大会或者全国人民代表大会常务委员会提出的法律草案;其他专门委员会就有关法律草案向宪法和法律委员会提出意见。

(三) 全国人民代表大会代表

1. 性质与地位

全国人民代表大会代表是依照法律规定选举产生的最高国家权力机关的组成人员,代表全国人民的利益和意志,依据宪法和法律规定的程序,按照民主集中制原则,集体行使最高国家权力。

2. 组成和任期

依照《宪法》的规定,全国人民代表大会代表由各省、自治区、直辖市应选的全国人大代表选举产生。全国人大代表每届任期为5年,始于每届全国人民代表大会举行第一次会议,止于下届全国人民代表大会举行第一次会议;补选代表的任期从补选产生之日到本届人民代表大会任期届满为止。

3. 全国人民代表大会代表的权利和义务

根据《宪法》第72条至第77条及其他法律的规定,全国人民代表大会代表享有与执行职务相应的权利,同时履行相应的义务。

(1) 权利:出席本级人民代表大会会议,参加审议各项议案、报告和其他议题,发表意见;依法联名提出议案、质询案、罢免案;提出对各方面工作的建议、批评和意见;参加本级人民代表大会的各项选举;参加本级人民代表大会的各项表决;获得依法执行代表职务所需的信息和各项保障以及法律规定的其他权利。

(2) 义务:模范地遵守宪法和法律,保守国家秘密,在自己参加的生产、工作和社会活动中,协助宪法和法律的实施;按时出席本级人民代表大会会议,认真审议各项议案、报告和其他议题,发表意见,做好会议期间的各项工作;积极参加统一组织的视察、专题调研、执法检查等履职活动;加强履职学习和调查研究,不断提高执行代表职务的能力;与原选区选民或者原选举单位和人民群众保持密切联系,听取和反映他们的意见和要求,努力为人民服务;自觉遵守社会公德,廉洁自律,公道正派,勤勉尽责及以法律规定的其他义务。

此外,我国《宪法》就如何保障人大代表履行法定职责也进行了明文规定。

(四)全国人民代表大会常务委员会

1. 性质与地位

全国人民代表大会常务委员会是全国人民代表大会的常设机构,是在全国人民代表大会闭会期间经常行使最高国家权力的机关,受全国人民代表大会监督,对全国人民代表大会负责并报告工作。

2. 组成与任期

全国人民代表大会常务委员会由委员长、副委员长若干人、秘书长和委员若干人组成。全国人民代表大会常务委员会的组成人员,由全国人民代表大会从代表中选出。全国人民代表大会常务委员会的组成人员不得担任国家行政机关、监察机关、审判机关和检察机关的职务。

全国人民代表大会常务委员会的每届任期与全国人大每届任期相同,行使职权到下届全国人大第一次会议产生新的常委会为止。全国人民代表大会常务委员会的委员长和副委员长连续任职不得超过两届,全国人民代表大会常务委员会其他组成人员的任期不受限制。全国人民代表大会常务委员会还设立办公厅、代表资格审查委员会、香港特别行政区基本法委员会、澳门特别行政区基本法委员会、预算工作委员会等机构。

3. 职权

现行《宪法》第67条规定全国人民代表大会常务委员会行使如下职权:

(1) 解释宪法和监督宪法的实施。全国人民代表大会常务委员会有权解释宪法,有权监督宪法实施。

(2) 立法权。全国人民代表大会常务委员会有权制定、修改除应当由全国人民代表大会制定的基本法律以外的其他法律;在全国人民代表大会闭会期间,有权对全国人民代表大会制定的法律进行部分修改和补充,但不得与该法的基本原则相抵触。

(3) 法律解释权。法律有以下情况之一的,由全国人民代表大会常务委员会解释:法律本身需要进一步明确具体含义的;法律制定后出现新情况,需要明确适用法律依据的。全国人民代表大会常务委员会解释的法律不限于本身所制定的法律,也包括由全国人民代表大会制定的法律。

(4) 监督权。《宪法》规定全国人民代表大会常务委员会监督国务院、中央军事委员会、国家监察委员会、最高人民法院和最高人民检察院的工作。这种监督主要包括:听取专项工作汇报、审查和批准预决算报告、听取审议国民经济和社会发展计划、听取审议审计工作报告、开展执法检查、进行个案监督、质询、组织特定问题调查委员会等。

此外,全国人民代表大会常务委员会有权撤销国务院制定的同宪法、法律相抵触的行政法规、决定和命令,撤销省、自治区、直辖市国家权力机关制定的同宪法、法律和行政法规相抵触的地方性法规和决议。

(5)重大国家事项决定权。这种重大事项决定权主要表现为:在全国人民代表大会闭会期间,审查和批准国民经济和社会发展计划、国家预算在执行过程中必须作出的部分调整方案;决定同外国缔结的条约、重要协定的批准和废除;规定军人和外交人员的衔级制度和其他专门衔级制度;规定和决定授予国家的勋章和荣誉称号;决定特赦;全国人民代表大会闭会期间,如果遇到国家遭受武装侵犯或者必须履行国际间共同防止侵略的条约的情况,决定战争状态的宣布;决定全国总动员或者局部动员;决定全国或者个别省、自治区、直辖市进入紧急状态。

(6)人事任免权。在全国人民代表大会闭会期间,全国人民代表大会常务委员会行使对国家机关工作人员任免权。全国人民代表大会常务委员会行使的人事任免权包括:根据国务院总理的提名,决定部长、委员会主任、审计长、秘书长的人选;根据中央军事委员会主席提名,决定中央军事委员会其他组成人员的人选;根据国家监察委员会主任的提请,任免国家监察委员会副主任、委员;根据最高人民法院院长的提请,任免最高人民法院副院长、审判员、审判委员会委员和军事法院院长;根据最高人民检察院检察长的提请,任免最高人民检察院副检察长、检察员、检察委员会委员和军事检察院检察长,并且批准省、自治区、直辖市的人民检察院检察长的任免;决定驻外全权代表的任免。

(7)全国人民代表大会授予的其他职权。除上述职权外,全国人民代表大会常务委员会还行使全国人民代表大会授予的其他职权,如主持全国人大代表的选举,召集全国人民代表大会会议等。

4. 会议制度及工作程序

全国人民代表大会常务委员会委员长主持常务委员会的工作,副委员长、秘书长协助委员长工作。委员长、副委员长、秘书长组成委员长会议,处理常务委员会的重要日常工作。常务委员会的会议,一般每2个月举行一次;有特殊需要的时候,可以临时召集会议。

全国人民代表大会常务委员会的工作程序主要包括:议案提出及审议程序,听取和审议专项工作报告的程序,审查和批准决算程序,听取和审议国民经济和社会发展计划、预算的执行情况报告,听取和审议审计工作报告程序、法律法规实施情况的检查程序、决定人选程序、罢免程序及质询和询问程序。

▶ 二、国家主席

国家元首是一国的国家象征,是一国实质或形式上对内对外的最高代表。国家元首对外代表国家,在国际交往中享有礼仪上的特殊待遇。国家元首的职权由各国宪法规定,一般为公布法律权、发布命令权、任免权、召集议会权、外交权、统帅武装部队权、赦免权、荣典权等。国家元首对外代表国家,在国际交往中享有礼仪上的特殊待遇。根据国家元首所行使的不同权力,国家元首有实权元首与虚权元首之分;根据国家元首组织构成的不同,国家元首又可分为个人元首和集体元首。

(一)性质与地位

中华人民共和国国家主席是中华人民共和国的国家元首,也是国家机构之一,处于最高国家权力机关全国人民代表大会的从属地位。我国实行集体元首制,即国家主席是国家最高代表,与全国人民代表大会常务委员会联合行使我国国家元首的职权。

(二)产生、任期与补缺

我国《宪法》规定国家主席、副主席由全国人民代表大会选举。有选举权和被选举权的年满45周岁的中华人民共和国公民均可被选为中华人民共和国主席、副主席。国家副主席协助主席工作,副主席受主席的委托,可以代行主席的部分职权。国家主席、副主席每届任期同全国人民代表大会每届任期相同。

我国《宪法》规定国家主席缺位的时候,由副主席继任主席的职位。副主席缺位的时候,由全国人民代表大会补选。国家主席、副主席都缺位的时候,由全国人民代表大会补选;在补选以前,由全国人民代表大会常务委员会委员长暂时代理国家主席职位。

(三)职权

我国《宪法》第80条、第81条规定国家主席主要有以下职权:

1. 公布法律,发布命令

法律在全国人民代表大会或全国人民代表大会常务委员会正式通过后,由国家主席予以颁布、施行。国家主席根据全国人民代表大会或者全国人民代表大会常务委员会的决定,发布特赦令、宣布进入紧急状态、宣布战争状态、发布动员令等。

2. 任免权

国家主席向全国人民代表大会提名国务院总理的人选;根据全国人民代

表大会决定的人选任免国务院总理、副总理、国务委员、各部部长、各委员会主任、审计长、秘书长;在全国人民代表大会闭会期间,根据国务院总理的提名和全国人民代表大会常务委员会决定的人选,任免部长、委员会主任、审计长与秘书长。

3. 外事权

国家主席代表国家进行国事活动,接受外国使节,即主持递交国书仪式。根据全国人民代表大会常务委员会的决定,派遣和召回驻外全权代表,宣布批准或废除条约和重要协定。

4. 授予荣誉权

国家主席根据全国人民代表大会及其常务委员会的决定,授予国家勋章和荣誉称号。

我国《宪法》并未单独规定国家副主席的权力,国家副主席的职责主要是协助国家主席工作,可以受国家主席的委托,代替国家主席出访,接受外国使节等。副主席受委托行使国家元首职权时,具有与国家主席同等的法律地位,所处理的国务活动具有与国家主席同等的法律效力。

▶ 三、国务院

(一)性质与地位

国务院是中央人民政府,是最高国家权力机关的执行机关,是最高国家行政机关。

(二)组成、任期及领导体制

国务院由总理、副总理若干人、国务委员若干人、各部部长、各委员会主任、审计长和秘书长组成。

国务院每届任期与全国人民代表大会每届任期相同。总理、副总理、国务委员连续任职不得超过两届。

国务院实行总理负责制。总理负责制就是指总理对其主管的工作负全部责任,与负全部责任相对应的是总理对其主管的工作有完全决定权。

(三)行政机构

新中国成立以来,国务院行政机构设置经过数次调整和改革,变动很大。目前,国务院设置以下行政机构:(1)国务院办公厅。这是国务院设立的协助国务院领导处理国务院日常工作的行政机构。(2)国务院组成部门。这是依法分别履行国务院基本的行政管理职能的行政机构,包括各部、各委员会、中国人民银行与审计署。目前国务院的组成部门共 26 个,如自然资源部、退役军人事务部等。(3)国务院直属特设机构,即国有资产管理委员会。这是国务院根据授权代表国务院对国家出资企业履行出资人职责的国有资产监督管理机构。(4)国务院直属机构。这是主管国务院某项专门业务、具有独立的行政管理职能的行政机构,如国家广播电视总局、国家国际发展合作署等。(5)国务院办事机构。这是协助国务院总理办理专门事项、不具有独立的行政管理职能的行政机构,如国务院研究室、国务院港澳事务办公室。(6)国务院直属事业单位。国务院直属事业单位(如新华通讯社、中国科学院等)不是国家行政机关,但是经国务院授权其中一些单位行使一定的行政职能,如中国银行保险监督管理委员会与中国证券监督管理委员会。(7)国务院部委管理的国家局。这是由国务院组成部门管理的、主管特定业务的、行使行政管理职能的行政机构,如国家信访局(由国务院办公厅管理)、国家能源局(由国家发展和改革委员会管理)等。

国务院组成部门的设立、撤销和合并,由国务院机构编制管理机关提出方案,经国务院常务委员会会议讨论通过后,由国务院总理提请全国人民代表大会决定;在全国人大闭会期间,则提请全国人大常委会决定。国务院直属机构、办事机构及直属事业单位的设立、撤销和合并由国务院机构编制管理机关提出方案,报国务院决定。

(四)职权

根据我国《宪法》第 89 条的规定,国务院职权大致可归纳为以下几个方面:

(1)行政法规或行政措施制定权。国务院有权根据宪法和法律,规定行政措施,制定行政法规,发布决定和命令。

(2)提出议案权。即向全国人民代表大会或全国人民代表大会常务委员会提出议案。

(3)全国性行政工作的组织领导权。国务院有权规定各部和各委员会的职责和任务,统一领导各部和各委员会的工作,并且领导不属于各部和各委员会的全国性行政工作;统一领导全国各级国家行政机关的工作,规定中央和省、自治区、直辖市的国家行政机关的职权的具体划分;编制和执行国民经济和社会发展计划和国家预算;批准省、自治区、直辖市的区域划分,批准自治州、县、自治县、市的建置和区域划分;决定省、自治区、直辖市的范围内部分地区的戒严;审定行政机构的编制,依照法律规定任免、培训、考核和奖惩行政人员。

(4)各行业、各部门的行政工作的领导和管理权。即领导和管理经济、城乡建设、生态文明建设、教育、科学、文化、卫生、体育、计划生育、民政、公安、司法行政、对外事务、国防建设事业和民族事务等工作。

（5）保护正当、合法权益。即保护华侨的正当权利和利益，保护归侨和侨眷的合法权利和利益，保障少数民族的平等权利和民族自治地方的自治权利。

（6）对其他行政机关的监督权。国务院有权改变或撤销各部和各委员会发布的不适当的命令、指示和规章；改变或撤销地方各级国家行政机关的不适当的决定和命令。

（7）全国人民代表大会及其常务委员会授予的其他职权。如《立法法》规定，国务院可以行使授权立法权，其立法权限不得涉及有关犯罪和刑罚、对公民政治权利的剥夺和限制人身自由的强制措施和处罚、司法制度等事项。此外，各部和各委员会根据法律和国务院的行政法规、决定、命令，可在部门权限范围内，发布命令、指示和规章。

▶ 四、中央军事委员会

中央军事委员会是国家最高军事领导机关，有权领导和指挥武装力量。全国武装力量，由中国人民解放军现役部队和预备役部队、中国人民武装警察部队、民兵组成。根据《中共中央关于调整中国人民武装警察部队领导指挥体制的决定》的规定，武警部队归中央军委建制，不再列国务院序列；武警部队建设，按照中央军委规定的建制关系组织领导。自2018年1月1日零时起，武警部队由党中央、中央军委集中统一领导，实行中央军委领导指挥体制。

《宪法》规定中央军事委员会由主席、副主席若干人、委员若干人组成。中央军事委员会每届任期同全国人民代表大会每届任期相同，同为5年。中央军事委员会主席由全国人民代表大会选举产生；中央军事委员会其他人员的人选，根据中央军事委员会主席的提名，由全国人民代表大会决定；全国人民代表大会闭会期间，根据中央军事委员会主席的提名，由全国人民代表大会常务委员会决定。全国人民代表大会有权罢免中央军事委员会主席和中央军事委员会其他组成人员。这表明中央军事委员会同其他国家机关一样，在国家机构体系中处于从属最高国家权力机关的地位。

中央军事委员会实行主席负责制。中央军事委员会在组织形式上是一个集体组成的国家机关，但其领导体制实行首长负责制。

中央军事委员会的职责为：中央军事委员会作为武装力量的最高国家领导机关，其职能是领导全国武装力量完成宪法赋予人民军队和其他武装力量巩固国防、抵抗侵略、保卫祖国、保卫人民的和平劳动、参加国家建设事业和努力为人民服务的神圣使命。

五、地方各级人民代表大会及地方各级人民政府

（一）地方各级人民代表大会

地方各级人民代表大会是指省、自治区、直辖市、自治州、市、县、市辖区、乡、民族乡、镇设立的人民代表大会。地方各级人民代表大会代表名额和产生办法由《选举法》规定。2004年《宪法修正案》规定地方各级国家权力机关的任期一律为5年。地方各级人民代表大会同全国人民代表大会一起构成我国的国家权力机关体系。

我国《宪法》及《中华人民共和国地方各级人民代表大会和地方各级人民政府组织法》（以下简称《地方组织法》）规定了地方各级人民代表大会的职权。其中，县级以上的地方各级人民代表大会行使下列职权：

（1）在本行政区域内，保证宪法、法律、行政法规和上级人民代表大会及其常务委员会决议的遵守和执行，保证国家计划和国家预算的执行；

（2）审查和批准本行政区域内的国民经济和社会发展计划、预算以及它们执行情况的报告；

（3）讨论、决定本行政区域内的政治、经济、教育、科学、文化、卫生、环境和资源保护、民政、民族等工作的重大事项；

（4）选举本级人民代表大会常务委员会的组成人员；

（5）选举省长、副省长，自治区主席、副主席，市长、副市长，州长、副州长，县长、副县长，区长、副区长；

（6）选举本级人民法院院长和人民检察院检察长；选出的人民检察院检察长，须报经上一级人民检察院检察长提请该级人民代表大会常务委员会批准；

（7）选举上一级人民代表大会代表；

（8）听取和审查本级人民代表大会常务委员会的工作报告；

（9）听取和审查本级人民政府和人民法院、人民检察院的工作报告；

（10）改变或者撤销本级人民代表大会常务委员会的不适当的决议；

（11）撤销本级人民政府的不适当的决定和命令；

（12）保护社会主义的全民所有的财产和劳动群众集体所有的财产，保护公民私人所有的合法财产，维护社会秩序，保障公民的人身权利、民主权利和其他权利；

（13）保护各种经济组织的合法权益；

（14）保障少数民族的权利；

（15）保障宪法和法律赋予妇女的男女平等、同工同酬和婚姻自由等各项

权利。

（二）地方人民代表大会常务委员会

我国现行《宪法》规定，县级以上地方各级人民代表大会设立人大常委会，是本级人民代表大会的常设机关，从属于本级人大，向其负责并报告工作，是地方国家权力机关的重要组成部分。

省、自治区、直辖区、自治州、设区的市的人民代表大会常务委员会由主任一人、副主任若干人、秘书长一人、委员若干人组成，其组成人员均由本级国家权力机关从其代表中选举产生。各级人民代表大会常务委员会的组成人员不能担任国家行政机关、监察机关、审判机关及检察机关的职务。地方各级人民代表大会常务委员会的任期与同级人大每届任期相同，均为5年，行使职权到下届本级人民代表大会选出新的常委会为止。

我国《宪法》及《地方组织法》规定县级以上的地方各级人民代表大会常务委员会的职权：

(1) 在本行政区域内，保证宪法、法律、行政法规和上级人民代表大会及其常务委员会决议的遵守和执行；

(2) 领导或者主持本级人民代表大会代表的选举；

(3) 召集本级人民代表大会会议；

(4) 讨论、决定本行政区域内的政治、经济、教育、科学、文化、卫生、环境和资源保护、民政、民族等工作的重大事项；

(5) 根据本级人民政府的建议，决定对本行政区域内的国民经济和社会发展计划、预算的部分变更；

(6) 监督本级人民政府、人民法院和人民检察院的工作，联系本级人民代表大会代表，受理人民群众对上述机关和国家工作人员的申诉和意见；

(7) 撤销下一级人民代表大会及其常务委员会的不适当的决议；

(8) 撤销本级人民政府的不适当的决定和命令；

(9) 在本级人民代表大会闭会期间，决定副省长、自治区副主席、副市长、副州长、副县长、副区长的个别任免；在省长、自治区主席、市长、州长、县长、区长和人民法院院长、人民检察院检察长因故不能担任职务的时候，从本级人民政府、人民法院、人民检察院副职领导人员中决定代理的人选；决定代理检察长，须报上一级人民检察院和人民代表大会常务委员会备案；

(10) 根据省长、自治区主席、市长、州长、县长、区长的提名，决定本级人民政府秘书长、厅长、局长、委员会主任、科长的任免，报上一级人民政府备案；

(11) 按照人民法院组织法和人民检察院组织法的规定，任免人民法院副院长、庭长、副庭长、审判委员会委员、审判员，任免人民检察院副检察长、检察委员会委员、检察员,批准任免下一级人民检察院检察长;省、自治区、直辖市的人民代表大会常务委员会根据主任会议的提名,决定在省、自治区内按地区设立的和在直辖市内设立的中级人民法院院长的任免,根据省、自治区、直辖市的人民检察院检察长的提名,决定人民检察院分院检察长的任免;

(12) 在本级人民代表大会闭会期间,决定撤销个别副省长、自治区副主席、副市长、副州长、副县长、副区长的职务;决定撤销由它任命的本级人民政府其他组成人员和人民法院副院长、庭长、副庭长、审判委员会委员、审判员,人民检察院副检察长、检察委员会委员、检察员,中级人民法院院长,人民检察院分院检察长的职务;

(13) 在本级人民代表大会闭会期间,补选上一级人民代表大会出缺的代表和罢免个别代表;

(14) 决定授予地方的荣誉称号。

(三) 地方各级人民政府

地方各级人民政府是地方各级人民代表大会的执行机关,是地方各级国家行政机关,具体指省、自治区、直辖市、自治州、自治县、市辖区、乡、民族乡、镇的人民政府。

地方各级人民政府对上一级国家行政机关负责并报告工作,接受国务院的统一领导。地方各级人民政府的任期与本级人大任期相同,均为5年。我国地方各级人民政府实行行政首长负责制。

我国《宪法》对地方各级人民政府的设置未作具体规定,只提及"各工作部门"。根据《地方组织法》的规定,地方各级人民政府根据工作需要和精干的原则,设立必要的工作部门。这类工作部门在省一级一般分为组成部门与直属机构两类;省级以下工作部门不再区分组成部门与直属机构;在乡、民族乡、镇、人民政府一般设综合办事机构,不设工作部门。宪法规定县级以上的地方各级人民政府设立审计机关,依照法律的规定独立行使审计监督权,对本级人民政府及上一级审计机关负责。这是唯一由宪法和法律规定的县级以上的地方各级人民政府须设立的工作部门。

我国《宪法》及《地方组织法》明确规定了各级地方人民政府的职权。其中,县级以上的地方各级人民政府行使下列职权:

(1) 执行本级人民代表大会及其常务委员会的决议,以及上级国家行政机关的决定和命令,规定行政措施,发布决定和命令;

(2) 领导所属各工作部门和下级人民政府的工作;

(3) 改变或者撤销所属各工作部门的不适当的命令、指示和下级人民政府的不适当的决定、命令;

（4）依照法律的规定任免、培训、考核和奖惩国家行政机关工作人员；

（5）执行国民经济和社会发展计划、预算，管理本行政区域内的经济、教育、科学、文化、卫生、体育事业、环境和资源保护、城乡建设事业和财政、民政、公安、民族事务、司法行政、计划生育等行政工作；

（6）保护社会主义的全民所有的财产和劳动群众集体所有的财产，保护公民私人所有的合法财产，维护社会秩序，保障公民的人身权利、民主权利和其他权利；

（7）保护各种经济组织的合法权益；

（8）保障少数民族的权利和尊重少数民族的风俗习惯，帮助本行政区域内各少数民族聚居的地方依照宪法和法律实行区域自治，帮助各少数民族发展政治、经济和文化的建设事业；

（9）保障宪法和法律赋予妇女的男女平等、同工同酬和婚姻自由等各项权利；

（10）办理上级国家行政机关交办的其他事项。

根据法律规定，省、自治区、直辖市人民政府在必要时经国务院批准，可以设立若干行政公署，作为其派出机关；县、自治县人民政府经省、自治区、直辖市人民政府的批准，可以设立若干区公所，作为其派出机关；市辖区、不设区的市的人民政府经上级人民政府批准，可以设立若干街道办事处，作为其派出机关。

▶ 六、民族自治地方的自治机关

如前文所述，我国是统一的多民族国家，我国在民族自治地方设立民族自治机关，就是民族自治地方的人民代表大会及其常委会和人民政府。民族自治机关既行使地方一级国家机关职权，又行使自治权。民族自治机关与其他国家机关一样，实行民主集中制。民族自治地方的人民政府实行自治区主席、自治州州长、自治县县长负责制。

我国现行《宪法》及《中华人民共和国民族区域自治法》规定民族自治机关的自治权主要包括：

（1）制定自治条例与单行条例。

（2）对上级国家财政机关的决议、决定、命令和指示的变通执行或停止。

（3）自主管理地方财政。民族区域自治地方实行国家统一的财政体制，即民族自治地方的财政是一级财政，是国家财政的组成部分。民族自治地方的自治机关有管理地方财政的自治权。

（4）自主安排和管理本地方的经济建设事业。

(5) 自主地管理本地区教育、文化、科学技术、卫生、体育、计划生育和环境保护事业。

(6) 组织维持本地方社会治安的公安部队。

(7) 使用当地通用的一种或几种语言文字的自主权。

(8) 培养干部、专业人才和技术工人的自主权。

七、基层群众性自治组织

基层群众性自治制度是我国政治制度体系中的重要组成部分。基层群众性组织是依照法律规定，实现城乡居民自我管理、自我教育、自我服务的基本形式。基层群众性自治组织主要包括居民委员会与村民委员会，二者均不属于地方国家机构。基层群众性自治制度中，民主选举是群众自治的基础，民主决策是群众自治的关键，民主管理是群众自治的根本，民主监督是群众自治的保证。

（一）村民委员会

1. 村民委员会与基层政权的关系

我国《宪法》及《中华人民共和国村民委员会组织法》（以下简称《村民委员会组织法》）规定，一方面，乡、民族乡、镇的人民政府对村民委员会的工作给予指导、支持和帮助，但不得干预依法属于村民自治范围内的事项；另一方面，村民委员会协助乡、民族乡、镇的人民政府开展工作。

2. 村民委员会的主要任务

村民委员会由主任、副主任和委员共3至7人组成。在村民委员会成员中，应当有妇女成员，多民族村民居住的村应当有人数较少的民族的成员。村民委员会主任、副主任和委员，由村民直接选举产生，任何组织或者个人不得指定、委派或者撤换村民委员会成员。村民委员会的选举，由村民选举委员会主持。村民委员会的具体实施办法由省、自治区、直辖市的人民代表大会常务委员会规定。

村民委员会的主要任务是：村民委员会支持和组织村民依法发展各种形式的合作经济和其他经济，承担本村生产的服务和协调工作，促进农村生产建设和经济发展；依照法律规定，依法管理本村属于村农民集体所有的土地和其他财产，引导村民合理利用自然资源，保护和改善生态环境；尊重并支持集体经济组织依法独立进行经济活动的自主权，维护以家庭承包经营为基础、统分结合的双层经营体制，保障集体经济组织和村民、承包经营户、联户或者合伙的合法财产权和其他合法权益；应当宣传宪法、法律、法规和国家的政策，教育和推动村民履行法律规定的义务、爱护公共财产，维护村民的合法权益,发展文化教育,普及科技知识,促进男女平等,做好计划生育工作,促进村与村之间的团结、互助,开展多种形式的社会主义精神文明建设活动;应当支持服务性、公益性、互助性社会组织依法开展活动,推动农村社区建设。多民族村民居住的村,村民委员会应当教育和引导各民族村民增进团结、互相尊重、互相帮助。

村民委员会实行村务公开制度,一般事项至少每季度公布一次;集体财务往来较多的,财务收支情况应当每月公布一次;涉及村民利益的重大事项应当随时公布。

3. 村民会议

村民会议由本村18周岁以上的村民组成。村民委员会向村民会议负责并报告工作。村民会议每年审议村民委员会的工作报告,并评议村民委员会成员的工作。

涉及村民利益的事项,经村民会议讨论决定方可办理,这些事项主要包括:本村享受误工补贴的人员及补贴标准;从村集体经济所得收益的使用;本村公益事业的兴办和筹资筹劳方案及建设承包方案;土地承包经营方案;村集体经济项目的立项、承包方案;宅基地的使用方案;征地补偿费的使用、分配方案;以借贷、租赁或者其他方式处分村集体财产;村民会议认为应当由村民会议讨论决定的涉及村民利益的其他事项。

村民会议可以制定和修改村民自治章程、村规民约,并报乡、民族乡、镇的人民政府备案。村民自治章程、村规民约以及村民会议或者村民代表会议的决定不得与宪法、法律、法规和国家的政策相抵触,不得有侵犯村民的人身权利、民主权利和合法财产权利的内容。

(二)居民委员会

1. 居民委员会与基层政权的关系

我国《宪法》及《中华人民共和国城市居民委员会组织法》(以下简称《城市居民委员会组织法》)规定,一方面,不设区的市、市辖区人民政府或者它的派出机关对居民委员会的工作给予指导、支持和帮助;另一方面,居民委员会协助不设区的市、市辖区人民政府或者它的派出机关开展工作。

2. 居民委员会的主要任务

居民委员会的设立、撤销、规模调整,由不设区的市、市辖区的人民政府决定。居民委员会由主任、副主任和委员共5至9人组成。在多民族居住地区,居民委员会中应当有人数较少的民族的成员。居民委员会根据需要设人民调解、治安保卫、公共卫生等委员会。居民委员会成员可以兼任下属的委员会的成员。居民较少的居民委员会可以不设下属的委员会,由居民委员会的成员分工负责有关工作。居民委员会主任、副主任和委员,由本居住地区全体有选举权的居民或者由每户派代表选举产生;根据居民意见,也可以由每个居民小组选举代表2至3人选举产生。

居民委员会的主要任务是:宣传宪法、法律、法规和国家的政策,维护居民的合法权益,教育居民履行依法应尽的义务,爱护公共财产,开展多种形式的社会主义精神文明建设活动;办理本居住地区居民的公共事务和公益事业;调解民间纠纷;协助维护社会治安;协助人民政府或者它的派出机关做好与居民利益有关的公共卫生、计划生育、优抚救济、青少年教育等项工作;向人民政府或者它的派出机关反映居民的意见、要求和提出建议。居民委员会应当开展便民利民的社区服务活动,可以兴办有关的服务事业。居民委员会管理本居民委员会的财产,任何部门和单位不得侵犯居民委员会的财产所有权。此外,多民族居住地区的居民委员会,应当教育居民互相帮助,互相尊重,加强民族团结。

3. 居民会议

居民委员会向居民会议负责并报告工作。居民会议可以由全体18周岁以上居民或每户派代表参加,也可以由每个居民小组选举代表2至3人参加。居民会议由居民委员会召集和主持。涉及全体居民利益的重要问题,居民委员会必须提请居民会议讨论决定。居民会议有权撤换和补选居民委员会成员。

居民会议讨论制定居民公约,报不设区的市、市辖区的人民政府或者它的派出机构备案,由居民委员会监督执行。居民应当遵守居民会议的决议和居民公约,公约的内容不得与宪法、法律、法规和国家的政策相抵触。

▶ 八、监察委员会

(一)性质

2018年《宪法修正案》及《中华人民共和国监察法》(以下简称《监察法》)规定,各级监察委员会是行使国家监察职能的专责机关,依照本法对所有行使公权力的公职人员进行监察,调查职务违法和职务犯罪,开展廉政建设和反腐败工作,维护宪法和法律的尊严。

(二)机构设置

2018年《宪法修正案》规定我国设立国家监察委员会,在省、自治区、直辖市、自治州、县、自治县、市、市辖区设立监察委员会。

(三)组成、任期

国家监察委员会由主任、副主任若干人、委员若干人组成,主任由全国人民代表大会选举,副主任、委员由国家监察委员会主任提请全国人民代表大会常务委员会任免。国家监察委员会主任每届任期同全国人民代表大会每届任期相同,连续任职不得超过两届。国家监察委员会负责全国监察工作。

地方各级监察委员会由主任、副主任若干人、委员若干人组成,主任由本级人民代表大会选举,副主任、委员由监察委员会主任提请本级人民代表大会常务委员会任免。地方各级监察委员会主任每届任期同本级人民代表大会每届任期相同。地方各级监察委员会负责本行政区域内的监察工作。

国家监察委员会对全国人民代表大会及其常务委员会负责,并接受其监督。地方各级监察委员会对本级人民代表大会及其常务委员会和上一级监察委员会负责,并接受其监督,即国家监察委员会领导地方各级监察委员会的工作,上级监察委员会领导下级监察委员会的工作。

(四)监察范围

《监察法》第15条规定监察机关对下列公职人员和有关人员进行监察:

(1) 中国共产党机关、人民代表大会及其常务委员会机关、人民政府、监察委员会、人民法院、人民检察院、中国人民政治协商会议各级委员会机关、民主党派机关和工商业联合会机关的公务员,以及参照《中华人民共和国公务员法》管理的人员;

(2) 法律、法规授权或者受国家机关依法委托管理公共事务的组织中从事公务的人员;

(3) 国有企业管理人员;

(4) 公办的教育、科研、文化、医疗卫生、体育等单位中从事管理的人员;

(5) 基层群众性自治组织中从事管理的人员;

(6) 其他依法履行公职的人员。

我国《监察法》规定,上级监察机关可以办理下一级监察机关管辖范围内的监察事项,必要时也可以办理所辖各级监察机关管辖范围内的监察事项。监察机关之间对监察事项的管辖有争议的,由其共同的上级监察机关确定。上级监察机关可以将其所管辖的监察事项指定下级监察机关管辖,也可以将下级监察机关有管辖权的监察事项指定给其他监察机关管辖。监察机关认为所管辖的监察事项重大、复杂,需要由上级监察机关管辖的,可以报请上级监察机关管辖。

(五)监察职责

监察委员会的职权由法律规定。我国《监察法》规定监察委员会依照《监察法》和有关法律规定履行监督、调查、处置职责。其中,监督是指对公职人员开展廉政教育,对其依法履职、秉公用权、廉洁从政从业以及道德操守情况进行监督检查。调查是指对涉嫌贪污贿赂、滥用职权、玩忽职守、权力寻租、利益输送、徇私舞弊以及浪费国家资财等职务违法和职务犯罪进行调查。处置是指对违法的公职人员依法作出政务处分决定；对履行职责不力、失职失责的领导人员进行问责；对涉嫌职务犯罪的，将调查结果移送人民检察院依法审查、提起公诉；向监察对象所在单位提出监察建议。

监察委员会依照法律规定独立行使监察权，不受行政机关、社会团体和个人的干涉。监察机关办理职务违法和职务犯罪案件，应当与审判机关、检察机关、执法部门互相配合，互相制约。

九、人民法院与人民检察院

我国《宪法》规定司法权统一由各级人民法院和人民检察院行使。在处理刑事案件时，公安机关也参与司法活动。

（一）人民法院

人民法院是国家的审判机关，行使审判权，是我国国家机构体系的重要组成部分。人民法院依法独立行使审判权，不受行政机关、社会团体和个人的干涉。根据我国《宪法》及其他法律的规定，审判权由地方各级人民法院、军事法院等专门人民法院及最高人民法院行使。

最高人民法院是我国最高审判机关，下设刑事审判庭、民事审判庭、经济审判庭、行政审判庭和其他需要设立的机构。2015年1月28日，最高人民法院成立第一巡回法庭，受理湖南、广东、广西、海南四省区域内应当由最高人民法院审理的一审、二审、申请再审的民商事案件、行政诉讼案件、刑事申诉案件，以及涉港澳台民商事案件和司法协助案件等。迄今为止，最高人民法院共设立六个巡回法庭。巡回法庭是最高人民法院的常设审判机构，主要审理跨行政区域重大行政和民商事案件，巡回法庭与各高级人民法院之间仍然是上下级审级关系。最高人民法院巡回法庭是推动国家审判机关重心下移，防止司法干预，提升司法公信力的重要举措，被社会誉为"家门口的最高人民法院"。专门人民法院是设在特定部门或对特定案件设立的审判机关，既不是按行政区划设立，也不受理一般的刑事、民事、经济和行政案件，而是仅限于受理与设立部门有关的专业性强或机密性重大的专门案件。

专门人民法院是我国审判机关的组成部分，与各级人民法院共同行使审判权。专门人民法院包括军事法院、铁路运输法院、水上运输法院、森林法院、海事法院及其他专门法院。2014年8月31日，第十二届全国人民代表大会常务委员会第十次会议通过了《关于在北京、上海、广州设立知识产权法院的决定》，知识产权法院管辖有关专利、植物新品种、集成电路布图设计、技术秘密等专业技术性较强的第一审知识产权民事和行政案件。不服国务院行政部门裁定或者决定而提起的第一审知识产权授权确权行政案件,由北京知识产权法院管辖。知识产权法院所在市的基层人民法院一审著作权、商标等知识产权民事和行政判决、裁定的上诉案件,由知识产权法院审理。2018年4月27日,第十三届全国人民代表大会常务委员会第二次会议决定设立我国首个金融法院——上海金融法院,专门管辖上海金融法院设立之前由上海市的中级人民法院管辖的金融民商事案件和涉金融行政案件。上海金融法院管辖案件的具体范围由最高人民法院确定,其审判工作受最高人民法院和上海市高级人民法院监督,依法接受人民检察院法律监督。

我国《宪法》及其他法律规定,最高人民法院监督地方各级人民法院和专门人民法院的审判工作,上级人民法院监督下级人民法院的审判工作。各级人民法院设立审判委员会,其任务是总结审判经验,讨论重大的或者疑难的案件和其他有关审判工作的问题;审判委员会实行民主集中制。

人民法院在依法行使审判权的过程中必须遵循下列要求:依法独立审判;适用法律一律平等;使用本民族语言文字进行诉讼;公开审判,即人民法院审判案件,除涉及国家机密、个人隐私和未成年人犯罪案件外,一律公开进行;被告人有权获得辩护;合议制;审判监督制度;回避制度;两审制。

(二)人民检察院

人民检察院是国家的法律监督机关,是我国国家机构体系的重要组成部分。人民检察院依法独立行使检察权,不受行政机关、社会团体和个人的干涉。

我国《宪法》及其他法律规定,我国设立最高人民检察院、地方各级人民检察院和军事检察院等专门人民检察院。目前,专门人民检察院只有军事检察院和铁路运输检察院。省一级人民检察院和县一级人民检察院可根据工作需要,提请本级人民代表大会及其常委会批准,可以在矿区、农垦区、林区等区域设置人民检察院,作为派出机构。最高人民检察院根据需要,设立若干检察厅和其他业务机构。

人民检察院依法行使下列职权:对于叛国案、分裂国家案以及严重破坏国家的政策、法律、政令统一实施的重大犯罪案件,行使检察权;对于公安机关、国家安全机关等侦查机关侦查的案件进行审查,决定是否逮捕、起诉或者不起诉。并对侦查机关的立案、侦查活动是否合法实行监督;对于刑事案件提起公诉,支持公诉,对于人民法院的刑事判决、裁定是否正确和审判活动是否合法实行监督;对于监狱、看守所等执行机关执行刑罚的活动是否合法实行监督;对于人民法院的民事审判活动实行法律监督,对人民法院已经发生效力的判决、裁定,发现违反法律、法规规定的,依法提出抗诉;对于行政诉讼实行法律监督,对人民法院已经发生效力的判决、裁定发现违反法律、法规规定的,依法提出抗诉。

人民检察院实行双重领导体制。最高人民检察院是我国最高法律监督机关,领导地方各级人民检察院和专门人民检察院的工作,上级人民检察院领导下级人民检察院的工作。最高人民检察院对全国人民代表大会及其常委会负责。地方各级人民检察院对本级人民代表大会和上级人民检察院负责。各级人民检察院设立检察委员会。检察委员会实行民主集中制,在检察长的领导下,讨论决定重大案件和其他重大问题。如果检察长在重大问题上不同意多数人的决定,可以报请本级人民代表大会常务委员会决定。

人民检察院在行使法律监督职权中必须遵循下列要求:依法独立行使检察权的原则;对于任何公民,适用法律一律平等原则;实事求是、依靠人民群众、不轻信口供原则;使用本民族语言文字进行诉讼的原则。

2019年4月23日,第十三届全国人民代表大会常务委员会第十次会议表决通过了新修订的《中华人民共和国法官法》(以下简称《法官法》)与《中华人民共和国检察官法》(以下简称《检察官法》),自2019年10月1日起施行。这两部新修订的法律对法官、检察官的权利义务、遴选、任免、管理、考核奖励以及职业保障等作了较为全面的修改完善,充分吸收了司法体制改革的经验和成果,在赋予法官与检察官司法权力加强保障的同时,强化了监督和制约。例如,《法官法》与《检察官法》均明确规定法官、检察官实行员额制管理并实行单独职务序列。《法官法》规定最高人民法院和省、自治区、直辖市高级人民法院设立法官惩戒委员会等。《检察官法》明确规定了检察官的法定职责,即依法进行法律监督工作;对法律规定由人民检察院直接受理的刑事案件进行侦查;代表国家进行公诉;对刑事案件进行审查逮捕、审查起诉,代表国家进行公诉;对法律规定由人民检察院直接受理的犯罪案件进行侦查;开展公益诉讼工作及法律规定的其他职责。此外,《检察官法》规定检察官对职权范围内就案件作出的决定负责;最高人民检察院和省、自治区、直辖市设立检察官惩戒委员会。《法官法》与《检察官法》充分吸收了司法体制改革的经验和成果,在赋予法官与检察官司法权力和加强保障的同时,强化了监督和制约。

(三)公、检、法三机关在刑事诉讼中的关系

我国《宪法》第140条规定:"人民法院、人民检察院和公安机关办理刑事案件,应当分工负责,互相配合,互相制约,以保证准确有效地执行法律。"在办理刑事案件时,公、检、法三机关根据法律规定的职权,依照法定程序,各司其职、各尽其责,既不越权代办和干涉,也不互相推诿和不履行职责;在分工

负责的基础上,公、检、法三机关通力合作,互相支持,密切配合,依法办理刑事案件;依照法律的规定,互相监督,防止错案的发生,保证准确有效地执行法律。分工负责体现的是公、检、法三机关不同的宪法地位,互相配合体现的是公、检、法三机关的工作模式,互相制约则是核心价值的体现。分工负责、互相配合、互相制约是公、检、法三机关在办理刑事案件时所应遵循的基本行为准则,对调整司法机关之间的基本关系具有指导意义。

此外需特别注意的是,2018年《宪法修正案》规定监察机关办理职务违法和职务犯罪案件,应当与审判机关、检察机关、执法部门互相配合,互相制约。

十、特别行政区政权

特别行政区政权是以爱国者为主体的政权,是统一的社会主义国家内的特殊的地方政权。我国特别行政区实行"港人治港""澳人治澳",实行行政长官制。

（一）行政长官

行政长官具有双重法律地位,既是特别行政区的首长,代表特别行政区,又是特别行政区行政机关的首长。行政长官依照基本法的规定对中央人民政府和特别行政区负责。

香港、澳门特别行政区行政长官通过选举或者协商产生,由中央人民政府任命。行政长官的任期为5年,可连选连任一次。两个特别行政区行政长官的任职条件为:年满40周岁、必须是在香港或者澳门通常居住年满20周年并在外国无居留权(澳门行政长官的任职不受该规定限制)的特别行政区永久性居民中的中国公民。

根据香港和澳门特别行政区基本法的规定,香港特区行政长官与澳门特区行政长官拥有广泛的职权,其职权大致相同,主要包括:领导特别行政区政府;负责执行基本法和依照基本法适用特别行政区的其他法律;签署立法会通过的法案,公布法律;签署立法会通过的财政预算案,将财政预算、决算报中央人民政府备案;决定政府政策和发布行政命令;提名并报请中央人民政府任命司局级官员并可建议中央人民政府免除上述官员职务;任免行政会议的成员或委员;依照法定程序任免各级法院法官;依照法定程序任免公职人员;执行中央人民政府就基本法规定的有关事务发布的指令;代表特别行政区政府处理中央授权的对外事务、其他事务;批准向立法会提出有关财政收入或支出的动议;根据安全或重大公共利益的考虑,决定政府官员或其他负责政府公务的人员是否向立法会或其属下的委员会作证和提供证据;赦免或减轻刑事犯罪的刑罚;处理请愿、申述事项。

除上述职权外,澳门特别行政区行政长官还行使下列职权:制定行政法规并颁布执行;委任部分立法会议员;依照法定程序任免检察官;依照法定程序提名并报请中央人民政府任免检察长,建议中央人民政府免除检察长的职务;依法颁授澳门特别行政区奖章和荣誉称号。

此外,两个特别行政区都设立行政会议(行政会)协助行政长官决策,并设立廉政公署和审计署,独立工作,对行政长官负责。

(二)行政机关

特别行政区政府是特别行政区的行政机关,其首长是特别行政区长官。

香港特别行政区设政务司、财政司、律政司和各局、处、署;澳门特别行政区设司、局、厅、处。特别行政区的主要官员由行政长官提名报请中央人民政府任命。根据基本法的规定,主要官员必须由在香港或者在澳门通常居住年满15年并在外国无居留权(《澳门特别行政区基本法》未作此项禁止规定)的特别行政区的永久性居民中的中国公民担任。《澳门特别行政区基本法》规定,主要官员就职时应向特别行政区终审法院申报财产,记录在案。

特别行政区政府行使下列职权:制定并执行政策;管理各项行政事务;办理基本法规定的中央人民政府授权的对外事务;编制并提出财政预算、决算;拟提出法案、议案、附属法规;委派官员列席立法会并代表政府发言。

特别行政区政府必须遵守法律,对特别行政区负责;执行立法会通过并已生效的法律;定期向立法会作施政报告;答复立法会议员的质询。香港特别行政区征税和公共开支必须经过立法会批准。

(三)立法机关

特别行政区立法会是特别行政区的立法机关。立法会由选举产生,产生办法依照特别行政区的实际情况和循序渐进的原则确定。香港特别行政区立法会除第一届任期为2年外,其余每届任期4年;澳门特别行政区立法会除第一届另有规定外,每届任期4年。香港特别行政区立法会由在外国无居留权的特别行政区永久性居民中的中国公民外;但非中国居民或者在外国有居留权的居民也可以当选,此类议员不得超过全体议员的20%。澳门特别行政区立法会由澳门特别行政区永久性居民组成。

香港特别行政区立法会的主要职权为:有权根据基本法的规定制定、修改和废除法律;根据特别行政区政府的提案,审核、通过财政预算;批准税收和公共开支;听取行政长官的施政报告并进行辩论;对有严重违法或者渎职行为而不辞职的行政长官进行弹劾;对政府工作提出质询,就任何有关公共利益问题进行辩论;同意终审法院和高等法院首席法官的任免;接受香港居民申述并作出处理;由立法会全体议员的1/4联合动议,指控行政长官有严重违法或渎职行为而不辞职,经立法会通过进行调查,立法会可委托其他终审法院首席法官负责组成独立的调查委员会并担任主席,调查委员会负责进行调查,并向立法会提出报告,如该调查委员会认为有足够证据构成上述指控,立法会以全体议员2/3多数通过,可提出弹劾案,报请中央人民政府决定。在行使上述各项职权时,如有需要,可传唤有关人士出席作证和提供证据。

澳门特别行政区立法机关的主要职权为:有权根据基本法的规定制定、修改、暂停实施和废除法律;审核、通过政府提出的财政预算案;批准政府提出的预算执行情况报告;根据政府提案决定税收,批准由政府承担的债务;听取行政长官的施政报告并进行辩论;就公共利益问题进行辩论;接受澳门居民申述并做出处理;立法会全体议员的1/3联合动议,指控行政长官有严重违法或渎职行为而不辞职,经立法会通过进行调查,立法会可委托终审法院院长负责组成独立的调查委员会进行调查,调查委员会认为有足够证据构成上述指控,立法会以全体议员2/3多数通过,可提出弹劾案,报请中央人民政府决定。在行使上述各项职权时,如有需要,可传唤有关人士出席作证和提供证据。立法会议员有权依照基本法规定和法定程序提出议案,有权依照法定程序对政府的工作提出质询。

(四)司法机关

香港特别行政区各级法院是香港特别行政区的司法机关,行使审判权。香港特别行政区院设立终审法院、高等法院、区域法院、裁判署法庭和其他法庭。香港特别行政区的法官,根据当地法官和法律界及其他方面知名人士组成的独立委员会推荐,由行政长官任命。终审法院和高等法院的首席法官,由在外国无居留权的香港特别行政区永久性居民中的中国居民担任。香港特别行政区的终审权属于香港特区终审法院,终审法院依照香港特别行政区《基本法》第18条规定的适用于香港特别行政区的法律审判案件,其他普通法律适用地区的判例可作参考。香港特别行政区法院独立行使审判,不受任何干涉,司法人员履行审判职责的行为不受法律追究。香港特别行政区不设检察院,由律政司主管刑事检察工作,属于行政机关。

澳门特别行政区各级法院是澳门特别行政区的司法机关,行使审判权。澳门特别行政区院设立终审法院、中级法院、初级法院和行政法院。澳门特别行政区初级法院可根据需要设立专门若干专门法庭。行政法院管辖行政诉讼和税务诉讼。澳门特别行政区各级法院的法官根据当地法官和法律界及其他方面知名人士组成的独立委员会推荐,由行政长官任命。澳门特别行政区各级法院的院长由行政长官从法官中选任,终审法院院长由澳门特别行政区永久性居民中的中国居民担任。澳门特别行政区法院终审权属于澳门特别行政区终审法院。澳门特别行政区法院独立行使审判,不受任何干涉。

澳门特别行政区检察院独立行使法律赋予的检察职能,不受干涉。澳门特别行政区检察长由澳门特别行政区永久性居民中的中国居民担任,由行政长官提名,报中央人民政府任命。检察官经检察长提名,由行政长官任命。

此外,香港特别行政区可设立非政权性的区域组织,接受香港特别行政区政府就有关地区管理和其他事务的咨询。澳门特别行政区设立非政权性的市政机构,受政府委托为居民提供文化、康乐、环境卫生等方面的服务,并就有关上述事务向澳门特别行政区政府提供咨询。

【知识链接】

1. 《决胜全面建成小康社会 夺取新时代中国特色社会主义伟大胜利》。
2. 《中华人民共和国民族区域自治法》。
3. 《中华人民共和国香港特别行政区基本法》。
4. 《中华人民共和国澳门特别行政区基本法》。
5. 《中华人民共和国集会游行示威法》。
6. 2018年《中华人民共和国宪法修正案》。
7. 《中华人民共和国全国人民代表大会和地方各级人民代表大会选举法》。
8. 《中华人民共和国监察法》。
9. 《中华人民共和国村民委员会组织法》。
10. 《中华人民共和国城市居民委员会组织法》。
11. 国务院《关于机构设置的通知》(国发〔2018〕6号)。

【思考题】

1. 如何理解宪法的本质特征?
2. 试述我国的宪法修改制度。
3. 试述我国的宪法监督制度。
4. 为什么说人民代表大会制度是我国的根本政治制度?
5. 如何理解我国建立统一的多民族国家的必然性?
6. 如何理解我国宪法规定的平等权?
7. 如何理解我国宪法规定的人身自由不受侵犯?
8. 试述全国人民代表大会的职权。
9. 试述国务院的职权。
10. 试述监察委员会的监察范围及职责。

第三章 培育核心价值观,尊重自由与平等

绑架索要工程款案

2014年3月18日,某建筑工程公司在某纺织机械厂的加工车间招标项目中中标。2014年4月26日,某纺织机械厂(发包人)与某建筑工程公司(承包人)签订《建设工程施工合同》,双方就加工车间独立基础等工程内容进行了约定。2014年5月17日,经某建筑工程公司向某纺织机械厂出具法人授权委托书,授权苗某为其方代理人,办理某建筑工程公司在该工程项目中所有业务。2014年9月3日,苗某代表的某建筑工程公司与具有建筑施工资质的某电子机械厂签订工程分包协议,实际上此工程,是由张某带领其工程队(挂靠某电子机械厂)具体施工完成。2014年12月15日,加工车间工程竣工验收并交付使用。直至2015年4月27日,在没有拿到全部工程款的情况下,张某找到苗某,要求苗某支付拖欠的工程款,苗某向张某书写欠条一张,内容为"今欠张某安装工程人工费,1.合同内拾万伍仟元整。2.变更部分陆万伍仟元整(以实际决算为准)。苗某2015.4.27"。张某拿到欠条后离开。2017年9月23日上午,张某为索要工程款将苗某围堵,拉入之前准备好的白色微型面包车,将苗某带至旅游路附近。苗某事发前驾驶的菲亚特牌小轿车亦被随车带离。在旅游路附近,双方协商,苗某写下"因欠张某人工费拾柒万元整,自愿将名下车辆(车牌号×××××)由张某暂扣,车内无任何东西,钱3日内还清赎车,如不还清以车抵押。苗某2017.9.23"的字据。随后,苗某手包中现金2600元、小轿车钥匙及遥控器、苗某身份证被张某取出,张某随手在电话本上书写收条一张交付苗某,内容为"今收到苗某付给人工费贰仟陆佰元整(2600.00)。张某2017.9.23"。随后,张某给苗某留下100元现金让其乘车离开。

1. 本案中张某行为是否构成犯罪?张某与苗某的纠纷的性质是什么?
2. 本案应当如何处理?

第一节　辨清法律关系,正确适用法律

▶ 一、民法的概念

近代"民法"一词起源于罗马法之市民法。民法作为调整平等主体之间的财产关系和人身关系的法律,在各国法律体系中都占据着重要地位。"民法"一词由日本转译而来。《中华人民共和国民法总则》(以下简称民法总则)第2条从民法的调整对象和任务的角度,给民法下了一个定义,即民法是调整平等的自然人、法人和非法人组织之间人身关系和财产关系的法律规范体系的总称。

(一)形式上的民法与实质上的民法

形式上的民法就是指民法典,这是按一定逻辑顺序编纂的民事法律规范体系;实质上的民法,是指调整人身关系和财产关系的民事法律规范的总和,包括民法典以及各种民事单行法。我国目前尚未完成民法典的制定,民法制定法主要以民法总则以及各种单行法律的形式公布。

(二)广义的民法与狭义的民法

广义的民法就是指所有的私法规范,包括调整人身关系、财产关系、亲属关系、知识产权关系以及商事关系的法律规范;狭义的民法,仅仅指调整人身关系和财产关系的法律,通常不包括亲属法、知识产权法和商事法等法律规范。

(三)民法与相邻法律部门的区别

1. 民法与经济法

经济法一词具有双重含义:一是指调整经济关系的所有经济法律规范,从这个意义上使用的经济法概念通常又称为经济立法。二是指调整特定的经济关系的法律部门,即作为独立的法律部门的经济法。在这个意义上,经济法实际上就是经济行政法,它是国家权力作用于经济生活,由国家行政机关对国民经济实行组织、管理、监督、调节的法律规范的总称。它是实现国家宏观调控政策的工具。经济法在内容上主要包括:反不正当竞争法、反垄断法、预算法、产业政策法、农业法、银行法、价格法等法律。

民法和经济法的主要区别在于:从调整对象来看,民法主要调整平等主体之间的人身财产关系;经济法主要调整经济管理关系,此种关系是按照指令和服从原则建立起来的行政隶属关系,一般不调整人身关系。从方法上看,民法主要采取平等、自愿的方法调整自然人、法人、非法人组织之间的横

向财产关系和人身关系;而经济法则主要采取指令和服从的方法,通过采取国家干预经济的原则,调整国家机关与企业、事业单位和公民之间的纵向经济关系,克服市场自身的弱点和消极作用,维护公平的竞争秩序,加强政府对经济的宏观调控。

2. 民法与行政法

行政法也是我国法律体系中的一个重要法律部门,它是国家通过各级行政机关管理国家政治、文化、教育、劳动人事、卫生等事务的法律规范的总和,行政法着重调整行政权与其他国家权力和个人权利之间发生的社会关系,是国家机关发挥组织、指挥、监督和管理职能的法律形式。行政法调整一定的行政关系,在这种关系中一方总是国家行政机关,它以自己单方面的意志成立行政法律关系,因此行政法律关系总是带有国家意志性、隶属性、强制性的特点。行政法通常采用命令、服从的调整方法来调整行政关系。而民法调整的平等主体之间的财产关系,在性质上主要是一种交易关系,是等价有偿、平等的关系。民事法律的调整方法通常具有平等性、任意性等特点;行政法具有强行性,其规范多为强行法,一般不允许当事人通过协议改变法律。在公法、私法二元分立的情况下,行政法属于典型的公法,而民法则是典型的私法,两者可谓是泾渭分明。

3. 民法与商法

商法,又称商事法。形式上的商法,专指在民法典之外的商法典以及公司、保险、破产、票据、海商等单行法;实质上的商法,指一切有关商事的法律规范。关于民法和商法的关系,历来存在着民商合一和民商分立的观点。民商合一就是指制定一部民法典,将其统一适用于各种民商事活动,不再单独制定一部商法典。民商分立是指严格区分民法与商法,在民法典之外还要制定一部单独的商法典。

民商分立的体制最早起源于法国,法国于1804年制定了民法典,在1807—1808年又制定、颁布了商法典,从而开创了民商分立的先河。在19世纪末和20世纪初,有相当多的大陆法系国家在立法时采纳了民商分立的立法体例。然而,到了20世纪初,瑞士制定了民法典,于1912年施行,在民法典中包括了公司法、商业登记法等商法的内容,从而实现了民商合一的立法体例。

关于民商分立和民商合一的优劣,大陆法系学者之间一直存在激烈的争论,但我国的民事立法实际上采取的是民商合一的体制,由民法典统一调整社会商品经济关系。近几年,随着我国市场经济的飞速发展,我国制定了一些在大陆法系被称为商法的法律,包括《公司法》《票据法》《保险法》《海商法》

和《企业破产法》等。

4. 民法与劳动法

劳动法是调整劳动关系以及与劳动关系密切联系的一些法律关系的法律。它主要调整劳动者和用人单位之间的关系。它所要解决的是劳动关系中的劳动纪律、劳动保护、劳动程序、假期、劳动报酬、劳动争议的解决等方面的法律问题。劳动法在适用中和民法有密切的关系,劳动法对劳动者和用人单位之间的关系未作专门规定的,可以参照民法的有关规定。但劳动法是一个独立的法律部门,与民法还是存在显著的区别,主要表现在以下方面:

第一,从法律关系的性质来看,劳动关系在内容上既具有平等性,又具有隶属性。平等性是指用人单位与劳动者在法律地位上是平等的,而隶属性是指在劳动过程中劳动者必须遵守劳动组织的内部劳动规则。而民事关系则是调整平等民事主体之间的关系。

第二,从法律规范的性质来看,民法的规范大多是任意性的,但是在劳动关系领域,国家为了维护社会稳定,为了对处于弱者地位的劳动者给予特殊的保护,所以劳动法更多的是强制性规范。在劳动保险、工伤赔偿、工作时间、最低工资标准等方面有强制性规定。从这个意义上说,劳动法以追求社会的实质公正为目标。在社会主义国家,劳动法还与属于行政法范畴的人事制度相联系,赋予政府劳动人事部门干预劳动关系较大的权力。

第三,从法律关系的主体来看,劳动关系的主体是用人单位和劳动者,其中的用人单位必须是组织而不是个人,而抽象意义上的民事主体可以是一切自然人、法人、非法人组织,甚至是国家。两者主体方面的另一个区别在于,民法是以抽象的"人"为规范对象,而劳动法以具体的"人"为规范对象。民法着重于形式正义,而劳动法着重于实质正义。劳动法基于劳动者处于弱势群体的地位,贯彻对弱势群体的保护的思想,强调对劳动者的保护。

5. 民法与社会法

社会法有广义和狭义之分。广义的社会法,是指为了解决社会性的问题而制定的各种有关社会法规的总称。狭义的社会法是指社会保障法。社会保障是指国家通过制定各种措施,使公民在年老、患病、失业、遭遇灾害或丧失劳动能力的情况下,能够获得一定的物质帮助,以保障公民的基本生活需要。社会保障也是一种法律制度。社会法与民法的区别主要表现在以下方面:

第一,从法律性质上说,民法是私法,以维护民事主体的私人利益为主要目标。尽管现代法已经从个人本位向社会本位演进,为了维护社会公共利益也加强了对私人关系的干预,但毕竟民法维护的主要还是私人利益。而社会法作为以维护社会公共利益为其主要目标的法律,在性质上并不是私法,它的目的在于建立较为完备的社会保障制度,维护社会全体成员的共同福利,谋求社会大众共同福利的增进。

第二,民法以私法自治为原则,表现出较强的任意法的特性。而社会法主要是强行法,它不允许当事人之间自由设立权利义务。例如,就社会保险而言,尽管有自愿险,但更多的是强制险。

第三,民法实际上具有创造财富的功能,而社会法仅仅具有满足社会成员的基本生活需要的功能。

第四,社会法以保护公民的生存权为目标,即实现社会保障的根本目的就是为了使公民获得基本的生存条件。而民法不仅是要保护生存权,而且要保护民事主体参与市民生活所应当享有的各种权利。

二、民法的调整对象

每一个独立的法律部门,都有自己特定的调整对象,解决特定的社会矛盾,从而与其他法律部门相区别。民法调整的对象就是民事法律关系。

（一）民事法律关系的概念和特征

民事法律关系,是指由民事法律规范调整所形成的,以民事权利和民事义务为核心内容的社会关系,是民法所调整的平等主体之间的财产关系和人身关系。

民事法律关系有以下特征:

1. 民事法律关系是民法调整平等主体之间的财产关系与人身关系所形成的社会关系

平等主体之间的人身关系与财产关系通过民法调整,形成民事法律关系。例如,商品交换关系是经济关系,通过民法调整就形成民事法律关系,典型的是买卖合同关系。某男与某女是恋人关系,如果他们根据《婚姻法》结婚,就形成夫妻关系。

2. 民事法律关系是基于民事法律事实而形成的社会关系

有民事法律规范和民事法律事实才会形成具体的民事法律关系。例如,基于物权法,有属于某人所有的房屋的事实,才会形成所有人与非所有人之间的所有权关系。基于合同法,有甲乙二人协商一致进行商品买卖的事实,才会形成甲乙之间的买卖合同关系。民事法律规范为确定法律事实的根据,民事法律事实为民事法律关系变动的原因。

3. 民事法律关系是以民事权利和民事义务为基本内容的社会关系

民事法律关系的基本内容是民事权利和民事义务。传统民法不严格区分义务与责任，通常民事法律关系以权利义务为内容，实际上包括了责任在内。我国民法严格区分义务与责任，基于民事责任发生的关系也是一种民事法律关系，即民事责任关系。在法理学上对这种关系称为保护性法律关系，有的称为第二性法律关系。

综上所述，民事法律规范是民事法律关系发生的根据，民事法律事实是民事法律关系发生的原因，民事法律关系是民法调整平等主体之间的人身关系和财产关系的结果。

(二) 民事法律关系的要素

民事法律关系的要素，是指构成民事法律关系的必要因素。民事法律关系包括主体、内容和客体三个要素。

1. 民事法律关系的主体

民事法律关系的主体，简称民事主体，是指参加民事法律关系，享有民事权利，承担民事义务的参与者、当事人。在我国，民事主体包括自然人、法人、非法人组织，国家在一些场合也是民事法律关系的特殊主体。民事主体参与民事法律关系还取决于能力，民法将此能力分解为民事权利能力和民事行为能力。

(1) 民事权利能力

民事权利能力，是指能够参与民事活动，享有民事权利和承担民事义务的法律资格。民事权利能力是自然人或法人享有民事权利的前提。民事权利能力仅仅是一种享有权利、承担义务的资格或可能性，是由法律直接规定的，但具有这种资格的主体要享有某项实际的权利，还必须通过一定的行为参加到某一具体的法律关系中去。

① 自然人的民事权利能力

自然人的民事权利能力，是指法律赋予自然人享有民事权利、承担民事义务的资格。具备了民事权利能力，才能作为民事主体参加民事活动，取得民事权利和承担民事义务。所以，民事权利能力是法律上的人格或主体资格。

自然人民事权利能力的普遍性和平等性。自然人的民事权利能力是自然人从事民事活动的前提条件，而从事民事活动又是自然人存在发展的基本前提，所以民事权利就是自然人的生存资格。因此，无区别地、普遍地赋予所有自然人以民事权利能力是一项不可动摇的基本原则。在我国民法上，每一个自然人都平等地拥有民事主体资格，都平等地享有法律上所规定的民事权利能力，不受民族、种族、性别、年龄、职业、职务、宗教信仰、教育程度、财产状况的限制。

自然人民事权利能力的不可转让性。民事权利能力是自然人生存和发展的必要条件,转让民事权利能力,无异于抛弃自己的生命权。因此,民事权利能力是不可转让的,当事人自愿转让、抛弃的,法律不承认其效力。

自然人的民事权利能力始于出生。关于自然人的出生时间,我国采取独立呼吸说,即每一个出生婴儿,从其第一次呼吸开始,就成为自然人,享有民事权利能力。自然人的民事权利能力终于死亡。民法上的死亡,包括自然死亡和宣告死亡。

② 法人的民事权利能力

法人的民事权利能力,是指法人能够以自己的名义参与民事法律关系,并且取得民事权利和承担民事义务的资格。认可法人具备民事权利能力,就是认可了法人在民法中成为民事主体的资格。

法人和自然人均具有民事权利能力,但是法人的民事权利能力不同于自然人的民事权利能力;专属于自然人的某些权利,法人不可能享有,如生命权、健康权、人身自由权等。

法人的民事权利能力始于成立,终于消灭。公司、企业等营利法人的成立以登记机关颁发的"法人执照"注明的时期为准;法人消灭以清算完结,注销登记之日为准。依法不需要办理法人登记的其他法人,从成立之日起,具有法人资格;依法需要办理法人登记的法人,经核准登记取得法人资格。

(2) 民事行为能力

① 自然人的民事行为能力

自然人的民事行为能力,是指自然人能够以自己独立的行为参与民事活动,取得民事权利和承担民事义务的能力。它是民事主体独立实施民事法律行为的资格。我国自然人的民事行为能力分为以下三种:

完全民事行为能力,是指自然人能以自己的行为独立享有民事权利,承担民事义务的能力。根据我国《民法总则》的规定,年满18周岁的成年人,就享有完全民事行为能力,可以独立实施法律不禁止的任何民事法律行为。对于未满18周岁,但是已满16周岁且以自己的劳动收入为主要生活来源的,视为完全民事行为能力人。

限制民事行为能力,是指只能独立实施与年龄、智力相适应的民事法律行为的能力。我国《民法总则》规定了两种限制民事行为能力人,即8周岁以上的未成年人和不能完全辨认自己行为的成年人。由于限制民事行为能力人欠缺民事行为能力,实施民事法律行为由其法定代理人代理或者经其法定代理人同意、追认,才能发生相应的法律效力。但是限制民事行为能力人可以独立实施纯获利益的民事法律行为,或者与其年龄、智力相适应的民事法律行为。

无民事行为能力,是指不能独立实施民事法律行为的能力。我国《民法总则》规定了两种无民事行为能力人,即不满8周岁的未成年人和不能辨认自己行为的成年人。无民事行为能力人不能独立实施任何性质的民事行为,均由其法定代理人代理实施民事法律行为。

由此可见,未成年人和不能辨认自己行为的人均不具有完全的民事行为能力,不能完全以自己的行为参加民事活动。因此,我国民法对无民事行为能力人、限制民事行为能力人设立监护制度,帮助其参加民事活动。

② 法人的民事行为能力

法人的民事行为能力,是法律赋予法人独立进行民事活动,享有民事权利、承担民事责任的能力。与自然人的民事行为能力相比,有以下不同:

第一,始期与终期不同。法人的民事行为能力与其民事权利能力同时产生、同时消灭,始期与终期完全一致。而自然人则随着达到法律规定的一定年龄取得限制或完全行为能力,自然人不仅因死亡而使其行为能力消灭,还可因其不能辨认其行为而丧失部分或全部的行为能力。

第二,范围不同。法人的民事行为能力属于完全民事行为能力,故其范围始终与民事权利能力的范围相一致。而无民事行为能力人或限制民事行为能力人的行为范围是不一致的。

第三,民事法律行为能力的实现不同。法人独立参与民事活动,实施民事法律行为,是由代表机构进行的。而自然人的行为能力与权利能力不一定一致,不一致的地方以法律设立监护人或代理人制度化解。

2. 民事法律关系的内容

民事法律关系的内容,是指民事法律关系的主体所享有的民事权利和承担的民事义务。主要包括民事主体所享有的权利,可以行使的权利,负担的义务以及受到的其他法律约束。其中,民事权利和民事义务是民事法律关系的核心要素。

(1) 民事权利

民事权利,是指由国家强制力予以保障的类型化的民事主体所享有的利益。从学理上,民事权利可以进行以下分类:

① 以权利体现的利益性质不同,可将民事权利分为财产权和非财产权两大类。这是民事权利最基本的分类。

财产权,是指以财产利益为内容的权利,财产权可以分为物权、债权等。财产权是具有救济价值的,包括物和某些权利,因此财产权体现的是具有救济价值的利益。由于其存在于人身之外,因此除非法律特别限制,财产权一般可以转移。

非财产权,也称人身权,是指以人身利益为内容的权利。人身权可以分为人格权与身份权。人身权体现了人格和身份利益,这是与个人尊严密切相关的利益,不能用金钱来衡量,不能转让,如健康权、肖像权等。

这里必须说明的是,财产权和人身权并非绝对分离的,有些民事权利,既有财产权内容也有人身权的内容,如知识产权、继承权等。

② 以权利作用的不同,可将民事权利分为支配权、请求权、形成权和抗辩权。

支配权,是指直接支配权利客体,具有排他性的权利。支配权可以直接支配客体,以实现其利益;支配权具有排他性和优先性;其义务主体是不特定的,如物权、人身权。

请求权,是指请求他人为一定行为或不为一定行为的权利。请求权的实现必须通过请求义务人为一定行为或不为一定行为;请求权的权利效力是平等的、不排他的,一个客体上的多个请求权彼此平等,成立在先的不具有优先效力,如债权。

形成权,是指依据权利人单方意思表示就能使某种民事法律关系产生、变更或消灭的权利。形成权的行使根据权利人单方意思表示即可,无须双方协商;形成权的存在以当事人之间存在某种法律关系(如代理关系、监护关系等)为前提,如撤销权、追认权等。

抗辩权,是指对抗对方的请求权或否认对方权利主张的权利。抗辩权是针对请求权实施的,其效力在于阻止请求权的效力,如不安抗辩权、先履行抗辩权等。

③ 根据民事权利所涉及的范围不同,可将民事权利分为绝对权与相对权。

绝对权,也称对世权,是指无须通过义务人实施一定的行为即可实现,并可以对抗不特定人的权利。绝对权的义务人是不特定的任何人,义务人承担着消极的不作为的义务。也就是说,绝对权的实现一般无须他人的积极行为,只要权利人自己的行为即可实现,如物权、人身权。

相对权,也称对人权,是指必须通过义务人实施一定的行为才能实现,只能对抗特定人的权利。相对权的义务人是特定的,义务主体的义务主要表现为作为义务。也就是说,相对权的实现一般必须依赖于义务主体积极的活动,如债权。

④ 从权利之间相互关系和地位的不同,可将存在相互关联关系的几个民事权利划分为主权利和从权利。

主权利,是指在并存的两个权利中,能够独立存在,具有独立价值的权利。

从权利,是指必须以主权利的存在为存在前提的权利。例如,在抵押权与其所担保的债权关系上,债权为主权利,抵押权为从权利。

⑤ 根据权利成立条件是否完全具备,可以将民事权利分为既得权与期待权。

既得权,是指已完全具备成立条件,权利主体已经实际获得的权利,如所有权等。

期待权,是指成立条件尚未完全具备,但将来有实现可能性的权利。这种权利在目前虽然尚未被权利主体实际取得,但其将来可以或有可能取得。如继承开始前的继承权等。

(2) 民事义务

民事义务,是指义务人为满足权利人的要求而为一定行为或不为一定的行为的法律负担。民事义务依不同标准可划分为以下几类:

① 以义务产生的原因不同,可以分为法定义务和约定义务。

法定义务,是指直接由民法规范规定的义务,如对物权的不作为义务、对父母的赡养义务等。

约定义务,是指按照当事人意思确定的义务,约定义务不能违反法律规定,如合同义务等。

② 以民事义务人行为的方式不同,可以分为作为义务和不作为义务。

作为义务,又称积极义务,是指义务人应当作出一定积极行为的义务,如给付货物等。

不作为义务,又称消极义务,是指义务人应为消极行为或者容忍他人的行为,如不伤害他人的健康权的义务。

③ 在合同中,还可以分为基本义务和附随义务。

基本义务,是指直接决定民事主体间交易类型的民事义务。如买卖合同中交付标的物的义务等。

附随义务,是指根据诚实信用原则,基于合同的性质、目的、交易习惯产生的民事义务,如照顾义务、通知义务、协助义务等。

3. 民事法律关系的客体

民事法律关系的客体是指民事权利和民事义务所共同指向的对象。民事法律关系的客体主要有三类:物、行为、智力成果。

(1) 物

民法上的物,是指存在于人体之外,占有一定空间,能够为人力所支配并且能满足人类某种需要,具有稀缺性的物质。民法上的物虽具有物理属性,但与物理学意义上的物不同,要求有可支配性、存在性和效用性。物在民法中具有重要意义,大多数民事法律关系与物有密切联系。有的以物为客体,如所有权等;有的虽以行为为客体,但仍以物为利益体现,如交付物的买卖合同。

(2) 行为

作为客体的行为,特指能够满足债权人利益的行为,通常称为给付。行为主要是债这类法律关系的客体,因为债权是请求权,债权人只能就自己的利益请求债务人为一定行为,如交付标的物等。

(3) 智力成果

智力成果,是指人们通过创造性智力劳动创造的,具有一定表现形式的成果。智力成果是知识产权的客体,是作品、发明、实用新型、外观设计、商标以及其他创造性劳动成果的统称。知识产权保护的不是智力成果的载体,而是载体上的信息。

第二节　贯彻民法原则,规范民事活动

民法的基本原则,是指贯穿于整个民事立法,对各项民事法律制度及全部民法规范起统率作用的立法基本精神和指导思想。民法基本原则是民法及其经济基础的本质和特征的集中体现,是高度抽象的、最基本的民事行为规范和价值判断准则。

▶一、平等原则

平等原则,是指民事主体的法律地位是平等的,其合法权益应当受到法律平等保护。

(一) 平等原则的内容

1. 民事权利能力平等

《民法总则》第14条规定,自然人的民事权利能力一律平等。民事权利能力平等,即民事主体资格平等。自然人自出生之日起就具有民事权利能力,享有平等的民事主体资格。法人自有效成立时起,即具有民事权利能力,享有民事主体资格。法人的业务性质不同,具体业务范围不同,但法人的民事主体资格是平等的。自然人、法人和非法人组织的民事主体资格一律平等。

2. 民事主体地位平等

在民事法律关系中,没有领导和被领导的关系,即使在行政上有隶属关系的上级组织与下级组织,在民事法律关系中,其法律地位也是平等的。无

论自然人还是法人,不论其所有制性质为何,不论经济实力强弱,民事主体的任何一方都没有凌驾于另一方之上的特权。在一定的财产关系范围内,国家也是民事主体;国家作为民事主体,与其他民事主体也处于平等地位。

3. 民事权益平等地受法律保护

作为民事主体的自然人、法人和非法人组织的民事权益都平等地受民法保护,任何组织和个人都不得侵犯。作为调整平等主体的财产关系的民法,对财产的保护方法主要是支付违约金、返还被侵占的财产、赔偿损失等,并不因为民事主体的所有制性质不同或者经济实力不同,对它的保护程度就不同,使其承担不同的民事责任。社会上存在的分配不公、贫富悬殊等问题,是行政法、经济法和社会保障法解决的问题;民法可以在其功能范围内保护弱者,限制形式上平等但事实上的不平等。

(二)平等原则的作用

1. 集中体现了民法的调整对象和调整方法的特点以及民法的基本价值理念

因为民法的调整对象是平等主体之间的财产关系和人身关系,所以必须运用平等原则来确定民法调整社会关系的方法和特点,以及在发生民事违法行为后民事主体承担的责任方式。

2. 充分反映了市场经济的本质要求,并构建了市场经济秩序的基础

市场经济最本质的特征就体现在主体之间的平等性上。在市场经济社会,参与的各个主体作为理性人,为了实现其利益的最大化,就不可避免地存在利益的冲突,而且在单个主体利益与社会公共利益之间也会产生冲突。为此,必须明确各类市场主体的平等地位。因为市场交易天然地要求交易双方的地位是平等的,在利益上是等价的,否则就不可能产生公平的竞争,从而也不可能形成有序的市场经济秩序。

3. 体现了现代法治的基本精神,有助于建设社会主义政治文明

现代法治社会以贯彻平等原则为特征,而公民在法律面前一律平等,必然要求具体体现为民法所确认的主体的平等地位和责任自负原则,造成损害应根据损益相当的准则进行赔偿的原则,以及对公民和法人的合法权益平等保护的原则等。平等原则最本质的内涵就是人格的平等,它既是对封建等级制度的否定,也是对宗法制度下人与人的依附关系的否定。平等原则构建了市场经济的基础,在政治层面上也是最为根本的原则,正是在平等的基础上才产生了近现代社会的各项民主制度。切实遵行民法的平等原则,才能够真正消除封建残余和特权思想,建立社会主义政治文明。

4. 有利于强化对财产的平等保护,促进社会财富的增长

平等原则不仅强调对公有财产的保护,而且也要求将对个人财产所有权的保护置于相当重要的位置。对财产进行一体化保护,有利于实现"有恒产者有恒心"所体现的一种利益期待,鼓励人们创造社会财富,满足社会投资的需求,实现社会财富的增长和经济的繁荣。

二、自愿原则

自愿原则,也被称为意思自治原则,是指在民事活动中,民事主体有权根据自己的意愿,自愿从事民事活动,并按照自己的意思自主决定民事法律关系的内容及其设立、变更和终止,自觉承受相应的法律后果。

(一)自愿原则的内容

1. 赋予民事主体在法律规定的范围内广泛的行为自由

意思自治的实质就是允许当事人在法律规定的范围内,自主决定自己的事务,自由从事各种民事行为,最充分地实现自己的利益。具体包括:

(1)民事主体有权依法从事某种民事活动和不从事某种民事活动。也就是说,在民事领域中,除了法律另有规定之外,当事人是否为或不为某种行为,是否行使某种权利或不行使权利,完全应当由当事人自由安排。

(2)民事主体有权选择其行为的内容和相对人。当事人可以通过平等协商,为自己设定权利和承担义务,当客观情况发生变化以后,可以依法变更权利和义务的内容。当事人之间的协议一经合法成立,就具有法律效力,并可以改变民法的任意性规定。

(3)民事主体有权选择其行为的方式。民事主体从事法律行为,有权对口头形式、书面形式、公证等方式作出选择。但法律、法规要求采取某种特殊的形式的,必须采取该形式。

(4)民事主体有权选择补救方式。通常情况下,受害人能够选择对自己最为有利的责任方式。如果受害人的选择不适当,除非他受到了不正当的影响,否则应当由该受害人自己负担不利的后果。

2. 允许民事主体通过法律行为调整他们之间的关系

意思自治一个重要的意义就在于,允许主体在从事民事行为,尤其是从事民事法律行为时,通过其自己的意志产生、变更和消灭民事法律关系。这就是民法中的任意性调整方法。该方法的特点在于,它并不是确立具体的行为准则,而只是划定了一个界限和范围,要求民事主体在该范围之内自主行为。

3. 确立了行政机关干预民事主体的行为自由的合理界限

根据意思自治原则,法无明文禁止即为自由。因此,民事主体在法定的

范围内享有广泛的自由。也就是说,只要不违反法律、法规的强制性规定和公序良俗,国家就不得对其进行干预。意思自治原则划定了民事主体和行政机关的权限,确定了二者之间的正确关系。

(二) 自愿原则的作用

1. 自愿原则奠定了民法作为市民社会基本法的基本地位

市民社会与政治国家的分离,导致了公法与私法的分立。公法的重要特点表现在规范的强制性方面,私法的重要特点表现在规范的任意性上,私法的任意性即主要体现在意思自治原则上。

2. 自愿原则最直接地反映了市场经济的本质需要

一方面,"尽可能地赋予当事人的行为自由是市场经济和意思自治的共同要求"。正是因为私法充分体现了意思自治原则,才能赋予市场主体享有在法定范围内广泛的行为自由,并能依据自身的意志从事各种交易和创造财富。另一方面,如何优化配置有限的自然资源是市民社会存在的经济基础,而通过意思自治在市场中分配资源是市场经济的基本运作规律。

3. 自愿原则体现了民事立法的认识论基础

人类的历史已经证明人类不可能完全认识社会,不可能对社会的一切问题都作出预先的判断。因此,不能指望有万能的立法者在立法时能对社会主体的一切行为都作出圆满的安排,而只能赋予各个民事主体自主决定其事务的意志自主和自由。每个民事主体作为一个理性的人,都是自己利益的最佳判断者,法律赋予其广泛的行为自由,他们可以在法定的范围内自主地安排好自己的事务,并维持社会的和谐稳定。

▶ 三、公平原则

公平原则,是指在民事活动中,以利益均衡作为价值判断标准,在民事主体之间发生利益关系摩擦时,以权利和义务是否均衡来平衡双方的利益的原则。

(一) 公平原则的内容

1. 当事人的权利与义务的平衡

当事人之间设立的权利与义务应当是平衡的。在合同关系中,公平不是要求绝对等价,一般应当有相近的价值。当事人出于自愿形成利益不平衡的,法律上不加限制,以体现自愿原则。

民法规定的当事人之间的权利与义务体现了公平原则,当事人除另有约定外,通常都以法律规定作为处理其相互关系的依据。民法还规定,对显失公平的民事法律行为,当事人有权请求撤销。合同订立后,在发生情事变更时,应当根据公平原则予以变更或者解除合同。

民事主体在精神利益关系上,也应贯彻公平原则。例如,共同创作的作品的署名先后,应当以贡献大小为序。

2. 当事人承担民事责任的平衡

在适用过错责任原则的情况下,有过错的一方承担责任;双方都有过错的,由双方各自承担相应的责任;在赔偿损失责任中实行过失相抵,损益相抵。法律规定在一定情况下适用无过错责任原则,如从事高度危险作业,造成他人损害时,不问从事高度危险作业者有无过错,都应当承担民事责任,体现了对弱者的保护。《合同法》第119条规定,当事人一方违约后,对方应当采取适当措施防止损失的扩大;没有采取适当措施致使损失扩大的,不得就扩大的损失要求赔偿。这些规定都体现了公平原则。

(二)公平原则的作用

第一,公平原则作为一项基本原则,民事主体在从事民事活动中,应秉持公平理念,公正、公允、合理地确定各方的权利和义务;按照公平观念行使权利、履行义务;并依法承担相应的民事责任。

第二,公平原则作为一项法律适用的原则,当没有具体规定时,可以根据公平原则来变动当事人之间的权利义务。

第三,公平原则又是一项司法原则,法官的司法裁判要做到公平,当没有法律规定时,应根据公平原则作出合理的判决。

▶四、诚实信用原则

诚实信用原则,是指所有民事主体在从事任何民事活动时,包括行使民事权利、履行民事义务、承担民事责任时,都应当秉承诚实、善意,信守自己的承诺。诚实信用原则被称为民法的"帝王条款"。

(一)诚实信用原则的内容

第一,在设立或者变更民事法律关系时,不仅要求当事人诚实,不隐瞒真相,不虚构事实,还应当给对方提供必要的信息。

第二,民事法律关系建立后,当事人应当恪守诺言,履行义务,维护对方的利益,满足对方的正当期待;应当根据合同性质、目的和交易习惯,履行通知、协助、保密等义务。

第三,民事法律关系终止后,当事人应当为维护对方的利益实施一定行为或者不实施一定行为。

（二）诚实信用原则的作用

1. 确立行为规则

诚实信用原则具有规范当事人民事活动的作用。该原则确立了当事人以善意方式行使权利、履行义务的行为规则，如果当事人行使权利违背诚实信用原则的要求，即构成权利的滥用。

2. 填补法律和合同漏洞

诚实信用原则可以填补法律漏洞，也可以适用于填补合同漏洞。该原则为民法规范提供了正当性依据，当裁判机关在司法审判中遇到立法当时未预见的新情况、新问题时，可以直接依据诚实信用原则进行裁判，调整当事人之间的权利义务关系。

3. 衡平权利义务

诚实信用原则要求平衡当事人之间的各种利益冲突，而且要求平衡当事人的利益和社会利益之间的冲突。当各方当事人之间的利益发生冲突时，当事人在从事民事活动过程中，损害国家、集体和第三人利益时，就需要借助诚实信用原则加以平衡。

4. 解释法律和合同

诚实信用原则要求司法工作人员在法律和合同没有规定或规定不明确时，应依照诚信、公平的观念解释法律和合同。

▶ 五、守法和公序良俗原则

守法和公序良俗原则，是指自然人、法人和非法人组织在从事民事活动时，不得违反各种法律的强制性规定，不违背公共秩序和善良习俗。

（一）守法和公序良俗原则的内容

1. 民事主体从事民事活动不得违反法律

不得违反法律，就是要求不违反法律的强制性规定。民事主体在从事民事活动时，只要法律未明文禁止，又不违背公序良俗，就可以根据自己的利益和需要创设权利、义务内容。但是，任何人的自由并非毫无限制的，民事主体在从事民事活动时，应当遵守法律的强制性规定。

2. 民事主体从事民事活动不得违背公序良俗

不得违背公序良俗原则，就是不得违背公共秩序和善良习俗。公共秩序，是指政治、经济、文化等领域的基本秩序和根本理念，是与国家和社会整体利益相关的基础性原则。善良习俗是指基于社会主流道德观念的习俗，是全体社会成员普遍认定的、遵循的道德准则。

（二）守法和公序良俗原则的作用

1. 公序良俗原则具有填补法律漏洞的功能

这一原则赋予了法官一定的自由裁量权，从而使其能够有效地调整各种利益冲突。法官在司法审判实践中，遇到一些扰乱社会秩序、有违社会公德的行为，而又缺乏相应的禁止性规定时，可通过适用公序良俗原则进行调整，认定该行为无效。

2. 公序良俗原则弥补法律规定的不足

由于法律不能穷尽社会现象的全部，其适用范围也不能将各种民事活动都涵盖。尽管民法的许多条款体现了道德规范，但是民法并不能把所有的道德规范都摄入。违反了社会普遍接受的道德准则，不仅可能对当事人造成损害，也会给社会秩序带来妨害，此时就需要采用公序良俗原则作为调整民事活动的重要方式。

六、绿色原则

绿色原则，是指民事活动中应遵循节约资源、保护生态环境的原则。

（一）绿色原则的内容

1. 有效利用资源

在现代社会，资源的有限性也与人类不断增长的需求和市场的发展形成尖锐的矛盾，解决这种矛盾的有效办法就是有效利用资源。

2. 保护生态环境

虽然保护生态环境是《环境保护法》等法律的重要任务，但是民法的一个重要发展趋势也是保护环境、维护生态。

（二）绿色原则的作用

第一，确立国家立法规范民事活动的基本导向，即要以节约资源、保护生态环境作为从事民事活动的原则。

第二，要求民事主体本着有利于节约资源、保护生态环境的理念从事民事活动，树立可持续发展的理念。

第三，司法机关在审判民事案件、适用民事法律规定时，要加强对节约资源、保护生态环境的民事法律行为的保护。

第三节 明确物权法定,依法支配财产

▶一、物权的概念

物权,是指由权利人在法定范围内对特定的物享有的直接支配并排他的权利,包括所有权、用益物权和担保物权。

(一)物权的特征

1. 物权是权利人直接支配物的权利

直接支配物,是指物权人可以依自己的意志就标的物直接行使其权利,无须他人的意思或者义务人的行为的介入。权利人的支配可以通过民事行为来实现。

物权的权利人是特定的,义务人是不特定的,义务内容是不作为,只要不特定的人没有非法干涉权利人行使权利即是履行了义务,所以物权是一种绝对权。债权在这一点上与物权有显著不同,债权的实现必须依赖于债务人的行为,债权人不能直接支配标的物。

物权人直接支配标的物,是物权的基本内容,任何种类的物权都以权利人对于物的直接支配为特征。但是,支配范围的大小依物权的种类而定。另外,物权人对于物的支配不一定都是有形的。对物的使用价值的支配往往是有形的,如土地承包经营权人对其承包经营的耕地的占有、使用和收益;对物的交换价值的支配往往就是无形的。

2. 物权是权利人直接享受物的利益的权利

物权作为财产权,是一种具有物质内容的、直接体现为财产利益的权利。物的利益,以权利人对于标的物的直接支配与享受为特点。这里所提到的利益可以分为三种:一是物的归属;二是物的利用;三是就物的价值而设立的债务的担保。

随着现代社会信用制度日益成熟,标的物的担保利益越来越具有重要的地位。物权的内容,就因对标的物之利益的不同,而有所有权、用益物权和担保物权的区别。

3. 物权是排他性的权利

物权为权利人直接支配物的权利,故必然具有排他性。物权人有权排除他人对物上权利之行使的干涉,可以对抗一切不特定的人,所以物权是一种对世权。同一物上不许有内容不相容的物权并存。物权的排他性,说明了物权不仅是人对于物的关系,而且还具有人与人的关系。在共有关系上,只是几个共有人共同享有一个所有权,并非一物之上有几个所有权。在担保物权中,一物之上可以设定两个以上的抵押权,先设立的抵押权优先于后设立的抵押权,有先后次序的不同。因此,共有关系和两个以上抵押权的并存与物权的排他性并不矛盾。

(二)物权与债权的区别

1. 物权是支配权,而债权是请求权

物权是权利人支配特定物的权利,而债权是债权人请求债务人依照债的规定为一定行为或不为一定行为的权利。

2. 物权是绝对权和具有排他性的权利,而债权是对人权和相对权

物权是绝对权和具有排他性的权利,而债权是对人权和相对权,这种区分的意义在于,债权只能在当事人之间发生效力,一方享有的债权只能针对另一方特定的债务人产生效力,而不能针对与债权人没有任何法律关系的第三人产生效力。在债权受到侵害以后,债权人只能针对债务人主张权利,而不能针对其他第三人主张权利。但物权是对世权,权利人可以对抗一切人,任何人都负有不得妨害、侵害的义务。

3. 物权具有优先性,债权是平等性的权利

物权的优先性,包括两个方面:(1)对外的优先性,是指在同一标的物之上同时存在物权和债权时,物权优先。(2)对内的优先性,又称物权的对内效力,是指物权相互之间的效力。同一物上多项其他物权并存时,应当根据法律规定和物权设立的时间先后确立优先的效力,即物权法中的"先来后到"规则。

▶二、物权的种类

(一)所有权

所有权,是指财产所有权人在法律规定的范围内,对属于他的财产享有的占有、使用、收益、处分的权利。

1. 所有权的特征

(1)所有权是法定的财产权。所有权是所有人依法享有的权利,具体包括:所有权的取得必须合法;法律规定了所有权的客体范围;所有权的权能是由法律规定或赋予的,必须受到法律的限制;所有权人行使所有权必须遵守法律的规定,不得滥用权利。

(2)所有权的主体为所有人。所有权关系的权利主体为所有人,义务主体则为除所有人以外的义务人。任何在民法上具有民事权利能力的主体均可以取得所有权,从而成为所有权的主体。但是,对某些财产,法律规定只能

由特定主体所有。我国《物权法》从所有制性质出发,规定了国家、集体、私人三种所有权类型。

(3) 所有权是独占的支配权。法律赋予所有人具有排他的支配力,因此产生了所有权的排他性原则,即一物一权原则,同一物上只能有一个所有权,而不能出现两个或多个所有权。所有权人对物享有完全的、独占的支配权,当所有权受到不法侵害时,财产所有权人有权请求返还原物、停止侵害、排除妨害或赔偿损失。

(4) 所有权是无期限限制的权利。所有权在存续的期限上是不存在限制的。当事人不得创设有期限的所有权,如果物权存有明确的期限,那么它就转变为他物权。法律本身不能为所有权设定存续期限,不存在"暂时性"的所有权,否则就会使所有权变成他物权;只要标的物持续存在,所有权就一直存在。

(5) 所有权是完全物权,包含了四项权能。所有人对自己的不动产或者动产,依法享有占有、使用、收益和处分的权利。可见,所有人享有的四项权能组成了法定的所有权的内在结构。由于所有权包含了四项权能,因此,所有权权能是完整的。相对于其他物权来说,所有权是完全物权。

(6) 所有权的客体仅限于有体物、特定物和独立物。民事法律关系的客体十分广泛,大体包括物、行为和智力成果等,它们分别为不同民事法律关系的客体。所有权法律关系与其他民事法律关系的一个重要区别,就在于其客体仅限于财物。至于智力成果,则属于知识产权的客体。作为所有权的客体,必须是有体物,而且该物必须是特定的、独立的,如果所有权的客体不能特定,则权利人根本不可能对物形成特定的支配权。

2. 所有权的权能

所有权包括四项权能,即占有、使用、收益、处分。

(1) 占有。占有是指主体对于物基于占有的意思进行控制的事实状态。根据占有人是否有权占有某物,可分为有权占有和无权占有。

有权占有,是指所有权人自己在事实上控制自己所有的财产,直接行使占有权能。

无权占有,是指无本权的占有,是所有权人以外的人对于财产事实上的控制。这种占有可以分为合法占有和非法占有。非所有权人的合法占有,是指根据法律规定或所有权人的意思而占有他人的财物。非法占有,是指非所有权人没有法律上的依据而占有他人的财物。非法占有通常可以分为两类:善意占有与恶意占有。善意占有,是指占有人不知道或者不应当知道自己没有合法根据而从事的无权占有。恶意占有,是指占有人知道或者应当知道自己没有合法根据而从事的无权占有。区别善意占有与恶意占有的意义在于：第一，如果占有人在购买由他人无权处分的财产时主观上是善意的，其占有该财产也是善意的，便可以依物权法关于善意取得制度的规定取得对该财产的所有权。恶意占有人则不能依善意取得制度取得对财产的所有权。第二，在不当得利的返还上，善意占有人和恶意占有人都应当返还原物及其孳息，但权利人应当支付善意占有人因维护该不动产或者动产支出的必要费用。

（2）使用。使用是指民事主体按照财产的性能对其加以利用，以满足生产或生活的某种需要。在任何社会经济形态中，人们占有生产资料和劳动产品都不是目的，占有的目的是获取物的使用价值或增值价值。所以，不论是所有人还是非所有人，他们占有财产，最终是为了对财产有效地利用或从中获得经济上的利益。这种利用财产的权利，就是使用权。法律上有所有权的人有当然的使用权，但享有使用权的人，并不一定有所有权。

（3）收益。收益是指民事主体通过合法途径获取基于财产而产生的物质利益，包括孳息和利润。孳息分为法定孳息和自然孳息。法定孳息是指依法律关系取得的利益，如利息、租金等；自然孳息是指果实、动物的产物以及其他依物的用法收取的利益，如耕种土地收取的粮食等。此外，收益还包括收取物的利润，即把物投入社会生产过程、流通过程所取得的利益。

（4）处分。处分是指所有人对财产（生产资料和劳动产品）进行消费和转让，决定财产事实上和法律上的命运，也是所有权内容的核心和所有权最基本的权能。

事实上的处分是在生活中使物的物质形态发生变更或消灭。法律上的处分是指依照所有权人的意志，通过某种民事行为对财产进行处理。

在通常情况下，处分权是由财产所有人亲自行使的。但是处分权作为所有权的一项权能，也可以基于法律规定和所有人的意志而与所有权分离。处分权的分离并不一定导致所有权的丧失。

占有、使用、收益和处分，构成了完整的所有权的四项权能。财产所有人可以将这四项权能集于一身，统一行使，也有权将这四项权能中的若干权能交由他人行使，即所有权的四项权能与财产所有人相分离。在社会生活中，财产所有人正是通过这四项权能与自己的不断分离和回复的方式，来实现其生活和生产的特定目的。因此，财产所有人将其所有权中的四项权能暂时与自己相分离，并不产生丧失其所有权的后果，而是财产所有人行使其权利的有效形式。

（二）用益物权

用益物权，是指对他人所有的物，在一定范围内进行占有、使用、收益、处分的他物权，在我国民法中主要包括土地承包经营权、建设用地使用权、宅基地使用权、地役权。与财产所有权、担保物权相比较，用益物权的特征表现在以下方面：

1. 用益物权以对标的物的使用、收益为其主要内容，并以对物的占有为前提

用益物权中的"用益"，就是对物的使用、收益，以取得物的使用价值。在这一点上用益物权与担保物权不同，也由此决定了用益物权的设立以对标的物的占有为要件。也就是说，必须将标的物的占有（直接占有）移转给用益物权人，由其在实体上支配标的物；否则，用益物权的目的就无法实现。就对标的物的支配方式而言，用益物权是对标的物的有形支配，而且这种有形支配是作为对物的利用的前提而存在的。担保物权则不同，它的内容在于取得物的交换价值，因而可不必对物进行有形支配，而以无形支配为满足。当然，对于质权和留置权而言，也以对标的物的占有为必要，但这种占有是权利保持和公示的方法，它并不是对标的物利用的前提。

2. 用益物权是他物权

用益物权是在他人所有物上设定的物权，是非所有人根据法律的规定或者当事人的约定，对他人所有物享有的使用、收益的权利，因而从其法律性质上讲，用益物权属于他物权。用益物权作为他物权，其客体是他人所有之物。它是所有人为了充分发挥物的效用，将所有权与其部分权能相分离，由用益物权人享有和行使对物的一定范围的使用、收益权能的结果。因此，用益物权是由所有权派生的权利。但是，用益物权的这种派生性并不影响用益物权作为一种独立的财产权的存在。用益物权一旦产生，其权利人就在设定的范围内独立地支配其标的物，进行使用和收益。用益物权人不仅可以排除一般的人对于其行使用益物权的干涉，而且用益物权人在其权利范围内可以依据用益物权直接对抗物的所有人对其权利的非法妨害。

3. 用益物权是限制物权

基于用益物权的他物权性质，用益物权还是限制物权，它只是在一定方面支配标的物的权利，没有完全的支配权。用益物权的限制物权性质还有一层含义，即用益物权是在他人之物上设定的权利，实际上是根据所有人的意志在所有权上设定的负担，起着限制所有权的作用。因此，在权利的效力范围上，用益物权比所有权具有较优先的效力。

4. 用益物权是一种有期限物权

所有权是没有一定存续期限的物权。用益物权则有一定的期限，在其存

续期限届满时用益物权即当然归于消灭。不过,关于用益物权的存续期限,可以是一个确定的期限,也可以是一个不定期的期限,此时的用益物权在符合一定的条件时,可以随时由当事人的行为使其终止。用益物权之所以附有一定的存续期限,是因为用益物权是在他人之物上设定的权利,起着限制所有权的作用。如果允许设定永久无期限的用益物权,则所有权会处于一种有名无实的境地,有损所有权的本质。

5. 用益物权是不动产物权

用益物权的标的物只限于不动产。在这一点上,它与所有权和担保物权都不同,所有权和担保物权的标的物既包括动产,也包括不动产。不动产一般是指土地及其定着物(主要是房屋)。用益物权的标的物主要是土地,如建设用地使用权、地役权等都是以土地为其标的的。用益物权作为不动产物权,由于不动产在财产体系中的重要地位,使得用益物权成为一类重要的财产权利。而由于不动产作为权利客体本身所具有的特殊性,法律对用益物权的确认和保护,在权利的效力范围、行使方式及限制、权利的变动程度等方面的法律思想、法律技术及具体规范都是不同于动产物权的。

6. 用益物权主要是以民法为依据,但也有以特别法为依据的

民法上典型的用益物权有地上权、典权、用益权、地役权等。这些用益物权不仅地位较为重要,而且其适用范围也较为广泛。但土地法、自然资源法等特别法上也有一些用益物权形式,如海域使用权、探矿权、采矿权、狩猎权、取水权、从事养殖和捕捞的权利等。这些用益物权在主体、客体或者效力范围等方面都具有一定的特殊性。所以,在法律适用上应当首先适用特别法,只有在特别法无规定时,才适用民法。

(三) 担保物权

担保物权,是指以确保债务的清偿为目的,于债务人或者第三人所有的物或者权利之上所设定,以取得担保作用的一种限定物权。

1. 担保物权的特征

与其他担保制度相比,担保物权具有如下特征:

(1) 从属性。担保物权的从属性是指担保物权的设立、移转及消灭,均从属于债权。因为担保物权为确保债权实现而设定,在性质上是从属于主权利(即债权)的从权利。担保物权的从属性可以具体化为设立上的从属性、移转上的从属性及消灭上的从属性,亦即担保物权的设立以债权成立为前提,并随债权的移转而移转,因债权的消灭而消灭。

(2) 不可分性。担保物权的不可分性,是指担保物权人在其债权未完全受偿之前,可就担保物之全部行使其权利,担保物的价值变化及债权的变化

不影响担保物权的整体性。具体而言,担保物权的不可分性表现在:担保物部分灭失或价值减少时,其余部分或剩余价值仍担保债权的全部;担保物因共有物的分割等原因而分割时,分割后的各部分仍担保债权的全部;债权的一部分因清偿、抵销、混同等原因而消灭时,担保物权并不相应地缩减,担保物权人仍可就担保物的全部行使其权利;债权之一部分分割或转让时,担保物权不因此而分割,数债权人按其债权份额共享原来的担保物权。

(3) 物上代位性。担保物权不是以对标的物本身的利用为目的的权利,而是专以取得标的物的交换价值为目的的权利。因此,担保物转化为其他价值形态时,担保物权的效力可及于担保物的变形物或代替物。

担保物权的物上代位性是指当担保物消灭毁损而获得赔偿或补偿时,效力及于担保物的代替物(赔偿金),担保物权人可就该代替物行使其权利。由于物权是对物的权利,当该标的物绝对灭失时,该物权即随之归于消灭。因此,当担保物毁灭时,该担保物权即应随之消灭,而当担保物因灭失而获得赔偿或补偿时,该赔偿或补偿,包括尚未实现的损害赔偿请求权、保险金及因被征收而发放的补偿金等,均属该标的之代位物。

2. 担保物权的分类

(1) 法定担保物权与约定担保物权

这是根据发生原因或设立方式的不同对担保物权所作的分类。

法定担保物权,是指具备法律规定的条件或者原因而当然发生的担保物权,如留置权。法定担保物权通常是为担保一定债权而发生的,主要是就债权标的物施以劳务、技术或供给材料,以保全标的物价值或增加标的物价值的目的而设立。

约定担保物权,是指当事人根据其意思而自由约定的担保物权,如抵押权、质权等。约定担保物权通常具有媒介融资的作用,即以担保物权的设定作为获取融资的手段。因此,学者们又称之为"融资性担保物权"。

(2) 移转占有型担保物权与非移转占有型担保物权

这是根据设定担保物权时是否移转担保物的占有状态对担保物权所作的分类。

移转占有型担保物权,是指以标的物移转于债权人占有为要件而发生或存续的担保物权,例如质权、留置权,其主要适用于动产及一些财产权利,在担保物权的效力期间,担保物的所有人或者其他权利人不能行使对担保物的使用、收益权。因此,在相当程度上限制了担保物使用价值的发挥。

非移转占有型担保物权,是指仅以获得债权的优先受偿为条件,并不以移转标的物的占有为要件的担保物权,例如抵押权,其主要适用于不动产及一些特殊动产。即使设定了担保物权,担保物的所有人或者其他权利人仍然可以享有对于担保物的占有、使用、收益权,而以担保物的交换价值来担保债务的履行,这样就可以充分地发挥担保物的使用价值。

（3）动产担保物权、不动产担保物权和权利担保物权

这是根据担保标的物的物理性质对担保物权所作的分类。

动产担保物权,是指设定或发生于动产之上的担保物权,如动产抵押权、动产质权等。

不动产担保物权,是指设定或发生于不动产之上的担保物权,如不动产抵押权。

权利担保物权,是指以权利为标的而成立的担保物权。

（4）登记担保物权与非登记担保物权

这是根据担保物权的设立是否必须登记对担保物权所作的分类。

登记担保物权,是指以登记为生效要件或对抗要件的担保物权,如抵押权非经登记,或不设立,或不具有对抗效力。

非登记担保物权,是指不以登记为生效要件或对抗要件的担保物权,如动产质权、留置权等。

（5）留置性担保物权与优先受偿性担保物权

这是根据效力的不同对担保物权所作的分类。

留置性担保物权,是指债权人占有债务人主观价值较高的财物,间接给予债务人以心理上的压力,从而促使其清偿债务的担保物权,如留置权。留置性担保物权虽然更为可靠,但有损物的使用价值,因此,其适用有一定限制。

优先受偿性担保物权,是指担保物的使用价值归债务人保有,而债权人仅掌握其交换价值,将来就此而优先受偿的担保物权,如抵押权。优先受偿性担保物权能使物的使用价值与交换价值各得其所。

（6）保全型担保物权与投资型担保物权

这是根据担保物权与其所担保的债权之间有无牵连关系对担保物权所作的分类。

保全型担保物权,是指担保物与所担保的债权之间有牵连关系并以保全该债权为主要功能的担保物权,如留置权。

投资型担保物权,是指担保物与其所担保的债权之间无须有牵连关系,纯为融资或保障因其他原因而发生的债权之实现所设定的担保物权,如抵押权、质押权等。

▶ 三、物权法的基本原则

（一）平等保护原则

物权法上的平等保护原则,是指物权的主体在法律地位上是平等的,依法享有相同的权利,遵守相同的规定,其物权受到侵害以后,应当受到物权法的平等保护。平等保护原则作为物权法中的首要原则,它是物权法基本目的的集中体现。平等保护原则包括：

(1) 法律地位的平等,即所有的市场主体在物权法中都具有平等的地位。

(2) 适用规则的平等性,即除了法律有特别规定的情况外,任何物权主体在取得、设定和移转物权时,都应当遵循共同的规则。

(3) 保护的平等性,即在物权受到侵害之后,各个物权主体都应当受到平等保护。

（二）物权法定原则

物权法定原则,是指物权的种类和内容由法律规定的原则。物权法定原则主要包括两个方面的内容：

(1) 种类法定。物权的种类是指哪些权利属于物权,哪些不是物权,要由物权法和其他法律规定。也就是说,物权由法律设定,不得由法律之外的规范性文件随意规定,也不能允许当事人随意创设。

(2) 内容法定。物权的内容法定又包括两个方面：一方面,物权的内容必须由法律规定,当事人不得创设与法定物权内容不符的物权,也不得基于其合意自由决定物权的内容；另一方面,内容法定就是强调当事人不得作出与物权法关于物权内容的强行性规定不符的约定。

（三）公示、公信原则

1. 公示原则

公示,是指物权在变动时,必须将物权变动的事实通过一定的公示方法向社会公开,从而使第三人知道物权变动的情况,以避免第三人遭受损害并保护交易安全。

一方面,公示是将物权设立和变动的事实对外公开,使第三人知晓,因而在公示之后第三人能够查阅。另一方面,公示不一定是向全社会公开,而应当是向一定范围的人公开,能够使他人知道。

物权公示属于法律的强制性规则,当事人不得通过合同加以变更。公示原则的强行性主要体现在如下几个方面：

(1) 法律规定物权的设立和变动必须采用公示方法的,应当依据法律的规定。

（2）公示方法必须由法律规定。不动产的设立和变动应当办理登记；动产物权的设立和转让应当交付，当事人不能通过合同来改变法定的公示方法。

（3）公示的效力必须法定。登记究竟是物权的成立要件还是对抗要件，必须由法律规定。依法需要办理登记的，当事人不能在合同中约定不办理登记即发生移转所有权的效力。

2. 公信原则

公信，是指一旦当事人变更物权时，一旦依据法律的规定进行了公示，则即使依公示方法表现出来的物权不存在或存在瑕疵，对于信赖该物权的存在并已从事了物权交易的人，法律也仍然承认其行为与真实的物权具有相同的法律效果，以保护交易安全。

公信原则实际上是赋予公示的内容以公信力，就是法律上对此种信赖的保护效力。公示如不能产生公信力，其作用必然大为减弱。可见，公示与公信是密切联系在一起的。

▶ 四、物权的保护

物权保护，是指通过法律规定的方法和程序保障物权人在法律许可的范围内对其财产行使占有、使用、收益、处分权利的制度。

（一）物权保护的方法

按照是否经过民事诉讼程序，物权的民法保护方法可分为两种：

1. 私力救济

私力救济，也称物权的自我保护，是指所有人行使其物权受到损害时依法享有的请求权，即物权人在其物权受到侵害后，依据民法的规定，请求侵权人为一定的行为。如果侵权人依物权人的请求为了一定的行为，物权人的权利就得到了保护。

2. 公力救济

公力救济，也就是通过民事诉讼程序对物权的保护，是指物权人在其所有权受到侵害时，有权向法院提起民事诉讼，请求法院予以保护，恢复物权人被侵犯的合法权益。物权人在其物权受到侵害时，可以在向侵权人提出请求被拒后，向人民法院提出民事诉讼，也可以直接提出民事诉讼，请求法院保护其物权。

（二）民法对物权保护的特殊方法

1. 确认物权请求权

确认物权的请求权，是指利害关系人在物权归属和内容发生争议时，有权请求确认物权归属、明确权利内容。确认物权是保护物权的前提。物权的确认包括两方面的内容：

(1) 对物权归属的确认。对物权归属的确认是对所有权的确认。它是保护所有权的前提，因为返还所有物、排除妨害等请求权都以所有权的确认为前提，如果所有权的归属不清，则无法适用所有权的保护方法。对物权归属的确认也是对他物权的确认。他物权的设定虽有登记，但登记记载的内容也会发生错误，因此也有必要确认。

(2) 对物权内容的确认。对物权内容的确认是指当事人对物权的内容发生争议以后，请求人民法院对物权的内容加以确认。行使确认物权请求权必须向有关机关或人民法院提出请求。在物权的归属发生争议的情况下，可以向登记机构要求办理更正登记。更正登记虽然是对登记错误的纠正，但实际上也是对登记权利重新确认，因此更正登记本身具有重新确权的功能。当事人除了可以要求更正登记之外，也可以直接在法院提出确权之诉，请求确认物权的归属和内容。只有人民法院的确权才是最终解决争议的途径。

2. 物权请求权

物权请求权，是指权利人为恢复物权的圆满状态或者防止侵害的发生，请求义务人为一定行为或者不为一定行为的权利。物权请求权是依附于物权的独立请求权，在物权受到侵害或有可能受到侵害，可能导致物权人不能圆满支配其物权时行使，包括返还原物、消除危险、排除妨害。物权请求权是一种基于物权而产生的、保护物权的请求权，也是物权法为保护物权的特种方法。物权请求权主要包括如下几种类型：

(1) 返还原物请求权。返还原物请求权是指权利人对于无权占有或侵夺其物的人，有权请求其返还占有物。该项请求权是由所有权所派生的请求权，并且是所有权效力的直接体现，只要他人无权占有或侵夺权利人的财产，权利人都可以通过行使该项请求权而恢复其物权的圆满状态。权利人只能针对无权占有人提出返还原物的请求，而不能要求合法占有人返还原物。一方面，权利人只能请求现在占有标的物的无权占有人返还；另一方面，必须是针对无权占有人请求返还。如果向有权占有人请求返还，该占有人可依据其合法占有权，拒绝权利人的请求。当然，请求返还原物，必须以原物存在为前提，如果原物已经灭失，就只能要求赔偿损失。

(2) 排除妨害请求权。排除妨害请求权是指当物权的圆满状态受到占有以外的方式妨害，物权人对妨害人享有请求其排除妨害，使自己的权利恢复圆满状态的权利。妨害必须是以占有以外的方式形成的妨害，而且妨害应当是现实地造成了对他人的权利行使的阻碍。另外，妨害必须超越了正常的容忍限度，权利人才有权请求排除妨碍。

（3）消除危险请求权。消除危险请求权是指行为人的行为可能造成对他人的妨碍，并且构成一定的危险，权利人有权请求消除已经存在的危险。可能妨害物权或者已经妨害物权的，权利人可以请求消除危险或者排除妨害。通过行使消除危险请求权，可以预防将来发生对物权的现实危害。在法律上，妨害有两种含义：一是指所有人实际面临的现实的妨害；二是指尚未实际发生的但有可能出现的妨害，此种妨害又称为危险。对于未来的妨害的排除，适用消除危险请求权。危险发生以后，由危险的形成人承担消除危险的责任。

第四节　尊重契约精神，维护交易安全

▶一、合同的概念和特征

合同就是契约、协议、合意，是指平等主体的自然人、法人、其他组织之间意思表示一致，旨在设立、变更、终止民事权利义务关系的协议。

根据以上定义，可以将合同的法律特征归纳为以下几点：

（一）合同是一种民事法律行为

民事法律行为作为一种最重要的法律事实，是民事主体实施的，能够引起民事权利和民事义务的产生、变更或终止的合法行为。民事法律行为，以意思表示为成立要件，没有意思表示，就没有民事法律行为。合同以意思表示为要件，它以发生一定的民事法律后果为目的，故作为一种重要的民事法律事实，合同是民事法律行为，并非事实行为。此外，合同在本质上属于合法行为，只有在合同当事人所作出的意思表示符合法律要求的情况下，合同才具有法律约束力；如果当事人作出违法的意思表示，即使当事人达成合意，也不能产生法律约束力。

（二）合同是两方以上的当事人意思表示一致的民事法律行为

合同是一种双方或多方法律行为，合同的成立必须要有两个以上的当事人，而且各方当事人相互作出的意思表示必须是一致的。也就是说，两个以上的当事人达成了一致的协议。这是合同区别于单方民事法律行为的标志。

（三）合同是平等主体的自然人、法人、其他组织之间的协议

合同是一种协议，合同的主体是自然人、法人和其他组织。作为一种合意的结果，合同的主体必须具有平等的法律地位，这一特征将其与非平等主体之间的协议区别开来，如行政合同。

(四)合同是以设立、变更、终止民事权利义务关系为目的的民事法律行为

合同以设立、变更、终止民事权利义务关系为目的和宗旨。民事法律行为是以达到行为人预期的民事法律后果为目的的行为。对合同而言,这种预期的民事法律后果就是设立、变更、终止民事权利义务关系。无论当事人订立合同旨在达到何种目的,只要当事人达成的协议依法成立并生效,就会对当事人产生效果,当事人可以基于合同约定享有权利,同时也应当按照约定履行义务。

▶二、合同的相对性

合同的相对性,也称"债的相对性",是指合同主要在特定当事人之间发生,合同当事人一方只能基于合同向与其有合同关系的另一方提出请求或提起诉讼,而不能向与其无合同关系的第三人提出合同上的请求,也不能擅自为第三人设定合同上的义务。

(一)合同主体的相对性

合同主体的相对性,是指合同关系只能发生在特定的主体之间,只有合同当事人一方能够向合同的另一方当事人基于合同提出请求或提起诉讼。由于合同关系仅发生在特定的当事人之间,因而只有成立合同关系,当事人彼此之间才能相互提出请求,与合同关系当事人没有发生合同上的权利义务关系的第三人,不能依据合同向合同当事人提出合同上的请求。合同一方当事人只能向另一方当事人提出合同上的请求和诉讼。

(二)合同内容的相对性

合同内容的相对性,是指除法律另有规定或者合同另有约定外,只有合同当事人才能享有合同权利,并承担合同义务,合同当事人以外的任何第三人都不能主张合同上的权利。

(1)合同规定由当事人享有的权利,原则上不能由第三人享有;合同规定由当事人承担的义务,一般也不能对第三人产生约束力。

(2)合同当事人无权为他人设定合同上的义务。一般来说,权利会为主体带来一定利益,而义务则会为义务人带来一定负担,或使其蒙受不利。如果合同当事人为第三人设定权利,法律可以推定此种设定是符合第三人意愿的。但如果为第三人设定义务,则只有经第三人同意后,才能对第三人发生效力,否则第三人并不受该条款的约束。

(3)权利与义务主要对合同当事人产生约束力,但法律未禁止因债务人财产的不当减少而给债权人的债权带来损害时,允许债权人对债务人和第三人的某种行为行使撤销权及代位权,以保护其债权。这两种权利的行使,都

涉及合同关系以外的第三人,并对第三人产生法律上的约束力。因此,合同的保全也可以看作是合同相对性原则的例外。

(4)在双务合同中,合同内容的相对性,还表现在一方的权利就是另一方的义务,权利义务是相互对应的,权利人的权利要依赖于义务人履行义务的行为才能实现。

(三)合同责任的相对性

合同责任的相对性,是指合同责任只能在特定的当事人之间,即合同关系的当事人之间发生,合同关系以外的人不负违约责任,合同当事人也不对其承担违约责任。违约当事人应对自己造成的违约后果承担违约责任,而不能将责任推卸给他人。在因第三人的行为导致债务不能履行的情况下,债务人仍应向债权人承担违约责任,债务人在承担违约责任以后,有权向第三人追偿。债务人也只能向债权人承担违约责任,而不能向第三人承担责任,因为只有债权人和债务人才是合同的当事人。

三、合同的订立

合同的订立是指两个以上当事人互为意思表示、达成合意的过程。合同订立的一般程序包括要约和承诺。

(一)要约

1. 要约的概念

要约,是指一方当事人以缔结合同为目的,向对方当事人提出合同条件,希望对方当事人接受的意思表示。要约又称发盘、出盘、发价、出价、报价,是订立合同的必经阶段。

2. 要约的构成要件

(1)要约必须是特定人所为的意思表示。要约是要约人(发出要约之人)向相对人(受要约人或称受约人)所作出的含有合同条件的意思表示,旨在得到受要约人的承诺并成立合同,只有要约人是特定的人,受要约人才能对之承诺。因此,要约人必须是特定人。所谓特定人,是指能为外界客观确定的人。

(2)要约必须向相对人发出。要约必须经过相对人的承诺才能成立合同。因此,要约必须是要约人向相对人发出的意思表示。相对人一般为特定的人,但在特殊情况下,对不特定的人作出又无碍要约所达目的时,相对人亦可为不特定人。

(3)要约必须具有缔结合同的目的。要约必须以缔结合同为目的,凡不是以缔结合同为目的的行为,尽管表达了当事人的真实意愿,也不是要约。

是否以缔结合同为目的,是要约与要约邀请的主要区别。

(4)要约的内容必须具体确定和完整。要约的内容必须具体确定,而非含糊不清。不如此,受要约人便不能了解要约的真实含义,难以承诺。要约的内容必须完整,是指要约的内容必须具有合同的条件,至少是主要条件,因受要约人的承诺而使合同成立。这一要件也是要约与要约邀请的主要区别,因为要约邀请不具有合同的全部条件。

(5)要约必须表明要约人在得到承诺时即受其约束的意旨。要约人必须向受要约人表明,要约一经受要约人同意,合同即告成立,要约人就要受到约束。

3. 要约的效力

要约的效力,又称要约的拘束力,是指要约的生效及对要约人、受要约人的拘束力,它包含如下内容:

(1)要约生效的时间。要约到达受要约人时生效。这一规定采取受信主义。采用数据电文形式订立的合同,收件人指定特定系统接收数据电文的,该数据电文进入该特定系统的时间,视为到达时间;未指定特定系统的,该数据电文进入收件人的任何系统的首次时间,视为到达时间。

(2)要约对要约人的效力。要约对要约人的拘束力,是指要约一旦生效,要约人即受要约的约束,不得撤回、随意撤销,或者对要约进行限制、变更和扩张。这样可以保护受要约人的利益,维护正常的交易安全。法律赋予要约这样的约束力,目的在于保护受要约人的合法权益,维护交易安全。

如果要约人在要约中预先声明不受约束,虽然要约人的这一做法并不违反法律的禁止性规定,但该意思表示,一般不能构成要约,只能属于要约邀请。

(3)要约对受要约人的效力。要约对受要约人的约束力,是指受要约人在要约生效时,即取得承诺的权利,或者说取得依据承诺而订立合同的法律地位。这种承诺权表现为:要约生效后,只有受要约人才享有对要约人作出承诺的权利,如果非受要约人对要约人作出承诺,此承诺只能视为对要约人发出的新要约,而不能产生承诺的效力。承诺权是受要约人享有的权利,既然是权利,受要约人就可以选择行使承诺权,也可以选择放弃承诺权,即使要约人在要约中明确表示,受要约人不能答复即为承诺,该意思表示也不能对受要约人产生效力。

4. 要约的撤回和撤销

(1)要约的撤回,是指要约人在发出要约后,于要约生效前取消要约。要约被撤回的后果是要约不发生效力。要约的撤回须符合以下条件:撤回要约只能在要约生效前发出;撤回要约需以通知受要约人的方式作出;撤回要约的通知应当在要约到达受要约人之前,或者与要约同时到达受要约人,否则不发生要约撤回的效力。

(2) 要约的撤销,是指在要约生效后,要约人以自己的意思使要约溯及既往地不发生效力的行为。要约生效后,要约人撤销要约将会对受要约人产生影响。因此,撤销要约的通知应当在受要约人发出承诺通知之前到达受要约人。另外有下列情形之一的要约不得撤销:要约确定了承诺期限,或者以其他形式明示要约不可撤销;受要约人有理由认为要约是不可撤销的,并且已经为履行合同作了准备工作。

5. 要约的失效

要约失效,是指已经发生效力的要约丧失其法律效力,要约人和受要约人均不再受其约束。有下列情形之一的,要约失效:

(1) 要约被拒绝,即受要约人对要约人发出的要约不予承诺。要约人拒绝要约后,要约丧失拘束力。受要约人发出的拒绝通知,到达要约人时起发生拒绝的效力。如受要约人发出拒绝通知后又想撤回,根据意思自治原则,应允许撤回;但撤回的通知应当先于或于拒绝要约的通知同时到达要约人,否则不能发生撤回拒绝的效力,要约仍然失效。

(2) 要约依法被撤销,要约的效力被溯及既往地消灭,应当视为要约不生效。

(3) 承诺期限届满。受要约人只有在承诺期限内作出的承诺才有承诺的效力,否则可以视为新要约。承诺期限届满后,受要约人作出承诺的,不发生承诺的效力。承诺期限届满,受要约人未作出承诺的,实质上是受要约人以沉默的方式拒绝要约,要约失效。

(4) 受要约人对要约内容作出实质性变更。受要约人对要约的接受应当是完全同意要约的内容。如果受要约人对要约内容作出实质性变更,则此意思表示不能认定为承诺,应当视为对要约的拒绝,可视为其向要约人提出的反要约,即原受要约人,作为新的要约人,向原要约人,作为新的受要约人,发出新的要约。

(二) 承诺

1. 承诺的概念

承诺,是指受要约人完全同意要约人提出的要约,同意缔结合同的意思表示。承诺的法律效力在于一经承诺并送达要约人,合同便告成立。

2. 承诺的要件

在法律上,承诺必须具备如下条件,才能产生法律效力:

(1) 承诺必须由受要约人作出。要约和承诺是一种相对人的行为,只有受要约人享有承诺的资格,因此,承诺须由受要约人作出。受要约人为特定人时,承诺由该特定人作出;受要约人为不特定人时,承诺由不特定人中的任何人作出。受要约人以外的第三人即使知晓了要约的内容,并作出同意的意思表示,也不能作为承诺。

(2) 承诺必须向要约人作出。受要约人承诺是对要约人发出的要约所作的答复,只有向要约人作出承诺,才能导致合同成立。如果向要约人以外的其他人作出,承诺则只能视为对他人发出要约,不能产生承诺效力。

(3) 承诺必须在规定的时限内达到要约人。承诺只有到达要约人时才能生效,而到达也必须具有一定的期限限制。只有在规定的期限到达要约人,承诺才是有效的。承诺的期限通常都是在要约人发出的要约中规定的。如果要约规定了承诺期限,则应当在规定的承诺期限内到达,在没有规定期限时,如果要约是以对话方式作出的,承诺人应当及时作出承诺;如果要约是以非对话方式作出的,承诺应当在合理的期限内作出并到达要约人。合理期限的长短,应当根据具体情况来确定。未能在合理期限内作出承诺并到达要约人的,不能成为有效承诺。如果要约已经失效,承诺人也不能作出承诺。对失效的要约作出承诺,视为向要约人发出要约,不能产生承诺效力。

(4) 承诺的内容必须与要约的内容一致。承诺是受要约人愿意按照要约的全部内容,与要约人订立合同的意思表示。所以要取得成立合同的法律效果,承诺就必须在内容上与要约的内容一致。如果受要约人在承诺中,对要约的内容加以限制、扩张或者改变,并不能构成承诺,而视为对要约的拒绝,构成反要约。

随着市场交易的深入发展,如果要求承诺与要约内容绝对一致,确实不利于很多合同的成立,不利于鼓励交易。因此,我国《合同法》规定承诺的内容必须与要约的内容一致,并不是要求承诺的内容对要约的内容不得进行丝毫的更改,而是指不得对要约的实质性内容作出改变。实质性内容,实际上是未来合同的重要条款;这些条款是未来的合同应当具备的,如果缺少这些条款,则未来的合同便不能成立或者存在着重大缺陷。按照《合同法》第30条的规定,有关合同的标的数量、质量、价款或者报酬、履行期限、履行地点和方式、违约责任和解决争议的方法等条款属于实质性内容。

(5) 承诺的方式符合要约的要求。受要约人必须将承诺的内容通知要约人,但受要约人因采取何种方式通知,应根据要约的要求确定,如果要约规定承诺必须以一定的方式作出,否则承诺无效,那么承诺人作出承诺时,必须符合要约人规定的承诺方式。在此情况下,承诺的方式就成为承诺生效的特殊要件。如果要约没有特别规定承诺的方式,则不能将承诺的方式作为承诺生效的特殊要件。

承诺原则上应采取通知的方式，如果根据交易习惯或者要约的内容并不禁止以行为承诺的，则受要约人可通过一定的行为作出承诺。以行为作出承诺的，绝不同于单纯的沉默或不行动。沉默或不行动都是指受要约人没有作出任何意思表示，也不能确定其具有承诺的意思，因此在没有法律特别规定的情况下，沉默不能认定为承诺。

3. 承诺的生效

承诺的效力包括以下几方面的问题：

(1) 承诺的时间。我国现行立法采纳了到达主义，即承诺到达要约人时承诺生效。承诺不需要通知的，根据交易习惯或者要约的要求作出承诺的行为时承诺生效。承诺的通知到达要约人支配的范围内即为到达，如要约人的信箱、营业场所等，至于要约人是否实际阅读和了解承诺，则不影响承诺的效力。承诺通知一旦到达要约人，合同即宣告成立。如果承诺不需要通知，则根据交易习惯或者要约的要求，一旦受要约人做出承诺的行为，即可使承诺生效。

(2) 承诺迟延。承诺迟延，是指受要约人未在承诺期限内发出承诺。承诺的期限通常是由要约规定的，如果要约中未规定承诺时间，则受要约人应在合理期间内作出承诺。超过承诺期限作出承诺，该承诺不发生效力。对于迟延的承诺，要约人可承认其有效，但要约人应及时通知受要约人。如果受要约人不愿意承认其为承诺，该迟到的承诺为新要约，要约人将处于承诺人的地位。

(3) 承诺撤回。承诺撤回，是指受要约人在发出承诺通知以后，在承诺正式生效之前撤回其承诺。撤回承诺的通知应当在承诺通知到达要约人之前或者与承诺同时到达要约人，撤回才有效。如果承诺通知已经生效，合同已经成立，则受要约人不能再撤回承诺。

▶ 四、合同的效力

合同发生效力的过程分为成立和生效两个阶段。合同成立，是指缔约当事人就合同主要条款达成合意。合同生效，是指已成立的合同所产生的法律后果，体现在合同对当事人各方的约束力上。合同成立后，其合同效力包含四种状态：合同有效，合同无效，合同效力待定，合同效力可变更和可撤销。

(一) 合同生效

合同生效，是指已经成立的合同，具备了法律所规定的生效要件时，在当事人之间产生法律效果的一种状态。合同生效需要具备的法定要件可分为一般要件和特殊要件。

1. 合同生效的一般要件

合同生效的一般要件，是指合同发生效力普遍应具备的要件。

（1）行为人具有相应的民事行为能力

当事人订立合同，应当具有相应的民事权利能力和民事行为能力，这对于保护当事人的利益，维护社会经济秩序，是十分必要的。自然人订立合同，应当具有相应的民事行为能力。法人应当在其核准登记的生产经营和业务范围内活动。但如果法人从事越权行为时，相对人不知道或不应当知道法人的行为越权，如果因超越经营范围而宣告合同无效，将直接使第三人蒙受损失，而这种损失也无法向法人要求补偿，这对相对人是极不公平的，而且也不利于维护交易秩序。因此，当法人超越经营范围订立合同，人民法院不因此认定合同无效，但违反国家限制经营、特许经营以及法律、行政法规禁止经营规定的则应当认定合同无效。

（2）意思表示真实

意思表示，是指行为人将其设立、变更、终止民事权利义务的内在意思表示于外部。所谓意思表示真实，是指表意人的表示行为应当客观反映其真意。意思表示真实要求表示行为应当与效果意思相一致。由于合同在本质上乃是当事人之间的一种合意，此种合意符合法律规定，可以产生法律约束力。而当事人的意思表示是否能产生此种约束力，取决于当事人的意思表示是否真实。因此，意思表示真实是合同生效的重要构成要件。

（3）合同内容不违反法律和社会公共利益

合同不得违反法律、行政法规的强制性规定，不得损害社会公共利益。这些规定必须由当事人遵守，不得通过协议加以改变。合同法中包括了大量任意性规范，这些规范主要是用来指导当事人订立合同的，并不要求当事人必须遵守，当事人可以通过实施合同行为，改变这些规范的内容。一般来说，在法律条文中，任意性规范通常以"可以"来表示。而强行性规范，通常以"应当""不得"等来表示，要求当事人必须严格遵守，不得以协议加以改变。合同合法主要指合同内容合法，即合同的各项条款都必须符合法律、法规的强行性规定。

合同不仅应当符合法律规定，而且在内容上不得违反社会公共利益，即不得违背公序良俗。对于表面上虽未违反法律禁止性规定，但实质上损害公共利益，破坏了社会公共秩序的合同行为，也应当认定为违反了公序良俗而无效。

2. 合同生效的特殊要件

合同生效的特殊要件,是指合同生效除满足一般有效要件外,还需要具备的法律特别规定或当事人特殊约定的要件。

(1) 应当办理批准、登记手续才能生效的合同

法律、行政法规规定应当办理批准、登记等手续才能生效的合同,有义务办理申请批准或者申请登记等手续的一方当事人,未按照法律规定或者合同约定办理申请批准,或者未申请登记的,属于违背诚实信用原则的行为。

(2) 实践合同

实践合同,又称要物合同,是指除双方当事人的意思表示一致外,尚须交付标的物或完成其他给付才能成立的合同。在实践合同中,交付标的物为合同生效要件。

(3) 当事人约定应当具备特殊生效要件的合同

当事人约定应当具备特殊生效要件的合同包括合同的附条件以及合同的附期限。当事人对合同的效力可以约定附条件。附生效条件的合同,条件成就时生效。附解除条件的合同,自条件成立时失效。当事人对合同的效力可以约定附期限。附生效期限的合同,自期限届至时生效,附终止期限的合同,自期限届满时失效。

(二) 无效合同

无效合同,是指合同虽然已经成立,但因违反法律、行政法规的强制性规定,或其内容损坏了社会公共利益而被认定为不具有法律约束力的合同。

1. 无效合同的法律特征

(1) 无效合同是已经成立的合同

已成立的合同是合同产生法律约束力的前提,未成立的合同则谈不上判定其效力的问题。无效合同与未生效合同不同,尽管二者的前提都是合同成立,但合同未生效只是一种暂时状态,而不是对合同的最终法律判断。因此,当合同未生效时,可以通过效力补正使合同生效;合同无效,则是因为合同违法而当然无效,自始无效,不能补正。

(2) 无效合同是不产生法律约束力的合同

当事人无法通过无效合同产生其所期待的法律后果。但是无效合同仍会产生一定的法律后果,当合同被确认无效后,同样会产生债的关系,如赔偿损失、返还财产的责任,这些债的关系不因合同无效而消灭。

(3) 无效合同是自始无效的合同

合同之所以被确认为无效,是因为违反了合法性要求和保护社会公共利益的要求,是对当事人意思自治的限制。合同一旦被确认为无效,将产生溯

及力,使合同从订立时就不具有法律约束力。已经履行的无效合同,应当采取返还财产、恢复原状等措施,使当事人的财产恢复到合同订立前的状态。

(4) 无效合同是当然无效的合同

无效合同是当然不能发生效力的合同。对于无效合同,任何人都可以主张其无效,即使当事人不主张,法院在处理合同纠纷时,也应依职权主动审查,在合同符合法定无效的要件时,宣告合同无效。但是合同无效并不一定是全部无效,如果无效的原因仅存在于合同的一部分,而该部分无效又不影响其余部分时,其余部分仍然有效。

2. 无效合同的类型

(1) 一方以欺诈、胁迫的手段订立的损害国家利益合同

欺诈,是指一方当事人故意告知对方虚假情况,或者故意隐瞒真实情况,诱使对方当事人作出错误意思表示的行为。因欺诈而订立的合同,是在受欺诈人因欺诈行为而作出错误意思表示的基础上产生的。欺诈行为的构成要件包括:欺诈的一方具有欺诈的主观故意,这是欺诈与误解的主要区别;欺诈行为人客观上实施了欺诈行为,即欺诈人故意陈述虚假事实,或者故意隐瞒事实真相,使对方陷入错误认识;欺诈行为与合同的成立有因果关系,即受欺诈方订立合同是由于欺诈方的欺诈行为使其陷入了错误的认识;欺诈行为损害了国家利益,这是导致此类合同绝对无效的要件。

胁迫,是指一方当事人以将来要发生的损害,或者以直接施加损害相威胁,而使对方当事人产生恐惧,并与之订立合同的行为。胁迫行为的构成要件包括:行为人实施胁迫行为必须是故意实施的,过失不构成胁迫;行为人有实施威胁的事实,包括以恐吓为手段,以将要发生的损害相威胁;行为人实施威胁的行为与双方订立合同两者之间具有因果关系;损害国家利益。

(2) 恶意串通,损害国家、集体或者第三人利益的合同。

恶意串通,是指合同当事人在明知或者应当知晓某种行为,将会对国家集体或者第三人的利益造成损害的情况下,故意订立的合同。恶意串通的构成要件包括:当事人在主观上具有恶意,即当事人都有谋取非法利益的意愿,从而对于有损害国家、集体、第三人利益的后果,积极追求或者放任其发生;当事人之间互相串通,即当事人之间为实现共同的非法目的,通过相互串联沟通,使当事人之间在行为的动机、目的以及结果上达成一致;合同履行的结果损害国家、集体或者第三人的利益。

恶意串通,损害国家集体利益的合同,属绝对无效合同;而恶意串通,损害第三人利益的合同,属于相对无效的合同,只能由受害人或第三人主张合同无效。

（3）以合法形式掩盖非法目的的合同

以合法形式掩盖非法目的，是指当事人实施的行为在形式上是合法的，但在内容和目的上非法。该合同就其外表来看是合法的，但当事人主观上具有规避法律的故意，合同行为只是一种表象，被掩盖的是另一种非法行为，当事人主观上追求的实质是一种非法目的，其实施的外表行为只是达到非法目的的手段。

（4）损害社会公共利益的合同

损害社会公共利益的合同，是指当事人为追求自己的利益而订立的，危害社会公共利益的合同。社会公共利益体现了全体社会成员的最高利益，违反社会公共利益或公序良俗的合同无效，成为各国立法普遍确认的原则。公序良俗是民法的一项重要基本原则，合同违反了公序良俗，应当被宣告无效。然而，通常道德规范涉及的范围非常广泛，并不是任何违反公共道德的行为都导致合同无效，只有那些内容严重违反公共道德的合同，才会被宣告无效。

（5）违反法律、行政法规的强制性规定的合同

这类合同是无效合同中最典型的一种。合同内容违反法律和行政法规的强制性规定，合同不具有法律约束力。对于法律任意性的规定，当事人可以通过协议而加以改变。即使是强制性规范，也并非所有违反规范性文件的强制性规定的合同均无效，只有在合同当事人违反法律和行政法规的强制性规范时，才限制当事人的意思自治，确认合同无效。

3. 合同被确认无效的后果

合同被确认无效后，将溯及既往，自合同成立之日起就是无效的，合同关系将不复存在，原合同对当事人不具有任何约束力。合同被确认无效后，将产生返还财产和赔偿损失的后果。

（1）返还财产

返还财产，是指在合同被确认无效后，一方当事人对其已交付对方的财产享有返还请求权，而已经接受对方交付财产的一方，负有将财产返还对方的义务。返还财产旨在使财产关系恢复到合同订立前的状态，无论接受财产的一方有无过错，均应返还，有原物的返还原物，有孳息的返还孳息。原物不能返还或者没有必要返还时，应当折价赔偿。

（2）赔偿损失

合同被确认无效后，有过错的一方给对方当事人造成损害的，应当承担赔偿损失的责任。这种赔偿责任必须符合以下条件：当事人因合同无效而实际遭受损失；赔偿义务人有过错；损害与过错之间有因果关系。

（三）可撤销的合同

可撤销的合同，又称为可变更、可撤销的合同，是指当事人在订立合同时，因意思表示不真实，法律允许撤销权人通过行使撤销权而使已经生效的合同归于无效或变更合同内容。

1. 可撤销合同的特点

（1）可撤销合同已经成立，但是缺乏法定的有效要件。

可撤销合同虽然已经成立，但是缺乏有效要件。主要体现在当事人的意思表示存在瑕疵，即当事人的意思表示不自由或不真实，如重大误解、显示公平或者因欺诈、胁迫或乘人之危等。由于因当事人意思表示不真实而订立的合同，只涉及当事人的利益，在不涉及合同合法性以及社会公共利益的情况下，为了鼓励交易，体现意思自治原则，法律并不直接否认其效力，而是赋予当事人变更权或撤销权。

（2）可撤销合同在撤销之前为有效合同。

可撤销合同自成立之日起就发生效力，只是因为存在可以撤销的事由，经撤销后才自始无效，撤销权人在规定时间内不行使撤销权，或者仅仅对合同的部分条款作出变更，合同仍然有效。

（3）可撤销合同的变更和撤销，应通过权利人主动行使相应权利而实现。

可撤销合同的缺陷是当事人的意思表示不真实，因此当事人可以自愿选择是否承受其行为的后果。根据意思自治的原则，法院没有必要对其进行主动干涉。如果当事人不主动撤销，法院不得主动撤销合同；当事人请求变更的，法院和仲裁机构只能变更合同，不得撤销合同。

2. 可撤销合同的类型

（1）因重大误解而订立的合同

重大误解，是指一方因自己的过错对合同的内容等发生误解，而订立了合同。合同当事人对决定合同所设定的权利和义务的重要事项在认识上存在着明确缺陷，进而严重影响到该当事人所期待的合同权利义务，甚至不能实现缔约目的。

重大误解应当满足以下条件：必须是表意人（即作出意思表示的当事人）因为误解作出了意思表示；必须是表意人对合同的内容发生了重大误解；该误解是由误解方自己的过错造成的，而不是因为受到对方的欺骗或不正当影响造成的；误解直接影响到当事人所应享受的权利和承担的义务，有可能对误解人造成较大损失。

（2）显失公平的合同

显失公平的合同，是指一方在订立合同时，因情况紧迫或缺乏经验而订立的明显对自己有重大不利的合同。

构成显失公平应当满足以下条件：订立合同时，双方当事人存在明显不公平的客观情况；一方获得的利益超过法律所允许的限度；一方利用了优势或利用对方没有经验或轻率；未履行订约过程应尽的告知义务。

(3) 乘人之危的合同

乘人之危的合同，是指一方当事人故意利用他人的危难处境或紧迫需要，迫使对方接受对其明显不公平的条件所订立的合同。

乘人之危的合同应当符合以下条件：乘人之危者主观上是故意的，即行为人故意利用他人的危难处境，迫使对方接受不公平条件订立合同；对方当事人处于危难的境地，这种危难的境地，是受害人自己的原因造成的，与乘人之危者无关，行为人只是明知对方处于此种情形而趁机利用；一方当事人利用对方的危难处境向对方提出了苛刻条件；对方当事人迫于自己的危难或者紧迫处境，而接受对方提出的苛刻条件并订立的合同。

(4) 因欺诈、胁迫而订立的合同

我国《合同法》将因欺诈、胁迫而订立的合同的效力分为绝对无效和相对无效两种。一方以欺诈、胁迫的手段订立合同，损害国家利益的合同绝对无效；一方以欺诈、胁迫的手段订立合同未损害国家利益的，属于可撤销合同，即相对无效，只有另一方当事人主张撤销并被认可的合同才无效。

3. 撤销权的行使

撤销权通常由因意思表示不真实而受损害的一方当事人享有。撤销权的行使，旨在使合同不发生效力而行使变更权，并不是撤销合同，只是变更合同的部分条款。如果当事人仅仅提出了变更合同而没有要求撤销合同，该合同仍然是有效的，法院或仲裁机构不得撤销该合同；如果当事人要求变更合同，也要求撤销合同，从鼓励交易的目的出发，法院也应当首先考虑变更合同。只有在难以变更合同，或者变更合同对当事人双方均有失公平的情况下，才应撤销合同。

撤销权于下列情形消灭：当事人知道或应当知道撤销事由之日起1年内没有行使撤销权；有重大误解的当事人知道或者应当知道撤销事由之日起1年内没有行使撤销权；当事人受胁迫，自胁迫行为终止之日起，1年内没有行使撤销权；当事人知道撤销事由后明确表示或者以自己的行为放弃撤销权；无论当事人是否知道，自民事法律行为发生之日起5年内没有行使撤销权。

(四) 效力待定的合同

效力待定的合同，是指合同已经成立，是否发生效力尚不能确定，有待于其他行为或事实使之确定的合同。

1. 效力待定合同的特征

(1) 合同已经成立

效力待定的合同是已经成立的合同,即当事人已经就合同的主要条款达成一致,而且合同的内容不违反法律或行政法规的强制性规定。

(2) 合同效力未定

效力待定的合同成立以后,因为其主体资格方面存在着瑕疵,合同是否发生效力尚未确定,因此合同既存在着发生效力的可能,也存在着不发生效力的可能。

(3) 合同的效力取决于其他行为或事实

确定效力待定合同的效力的法律事实有两类:一类是权利人的行为,另一类是相关的事实。其中,权利人的行为包括两种:一种是权利人行使追认权,即权利人事后承认限制行为能力人、无权代理人或者无处分权人所订立合同的效力;另一种是权利人行使撤销权,给予限制行为能力人、无权代理人或者无处分权人订立合同的另一方当事人,依法行使撤销合同的权利,但前提是必须在追认权人承认合同的效力之前以通知的方式行使,而且撤销权人必须为善意,即在订立合同时,对对方的行为能力、代理权、处分权等事实不知情。

2. 效力待定合同的类型

(1) 限制民事行为能力人依法不能独立订立的合同

限制民事行为能力人依法不能独立实施的行为,可以在征得其法定代理人的同意后实施。所谓同意,包括事先允许和事后追认。由于同意的行为是一种辅助的法律行为,因此,法定代理人不同意实施的行为,必须向限制民事行为能力人及其相对人明确作出意思表示。这种意思表示可以采用口头的形式,也可以采取书面或其他的形式。限制民事行为能力人不能独立实施的民事法律行为,在实施后也可以由法定代理人进行追认,即为事后追认,而使该法律行为有效。限制民事行为能力人依法不能独立实施的而未经其法定代理人同意的民事行为,只能由其法定代理人代理进行。

(2) 表见代理以外的欠缺代理权而代理签订的合同

这类合同尽管因代理人欠缺代理权而存在瑕疵,但此种瑕疵是可以因本人的追认使无权代理行为有效。追认,是指本人对无权代理行为在事后予以承认的一种单方意思表示。一旦作出追认,在性质上视为补授代理权,具有与有权代理一样的法律效果。

在无权代理的情况下,本人享有否认权。否认权,是指拒绝承认无效代理行为效力的权利。本人否认的意思表示必须向相对人明确表示或者在相对人催告以后不作表示。

在无权代理的情况下,相对人享有催告权和撤销权。催告权,是指相对人有权催促本人在1个月内明确答复是否追认无权代理行为。撤销权,是指相对人在本人未承认无权代理行为之前,可撤销其与无权代理人订立的合同。

(3) 无权处分人订立的合同

无权处分人订立的合同,是指无处分权人处分他人财产,并与相对人订立转让财产的合同。

无权处分发生效力,必须要经过权利人追认或行为人事后取得处分权。但是为保护善意第三人的利益,即使无权处分人订立的合同未经权利人追认或者无处分权人订立合同后没有取得处分权的,该合同也应视为有效合同。

▶ 五、违约责任

违约责任,即违反合同的民事责任,是指合同当事人不履行合同义务,或履行合同义务不符合约定时,依照法律规定或合同约定应承担的责任。违约责任的产生以合同有效存在为前提。合同依法成立后,在当事人之间产生法律约束力,当事人应当按照合同约定全面、适当地履行合同义务。当事人违反合同约定的,需以继续履行、采取补救措施或者赔偿损失等方式承担违约责任。

(一) 违约责任的特征

1. 违约责任是一种民事责任

民事责任,是指民事主体在民事活动中,因实施违法行为而依法应当承担的法律后果,或基于法律规定而应当承担的法律责任。民事责任包括违约责任和侵权责任两种。违约责任作为一种民事责任,在目的、构成要件、责任形式等方面均区别于其他法律责任。

2. 违约责任是以合同义务为前提或基础的民事责任

当事人承担违约责任,以合同义务的存在为前提或基础;违约责任是违反生效合同约定义务的后果。当事人是否有合同义务,是确定其是否应承担违约责任的一个基本标准。只有当事人负有合同义务而又未履行合同义务时,才会产生违约责任。

3. 违约责任是违反合同义务的义务人向合同权利人承担的民事责任

合同关系具有相对性、特定性,合同义务是特定合同义务人向合同权利人负担的义务,即违约责任是合同当事人之间的民事责任,合同当事人以外的第三人对当事人之间的合同不承担违约责任。

4. 违约责任可以由当事人约定

违约责任既具有强制性,又具有任意性。违约责任的强制性,是指在发生违约时,权利人可以请求国家司法机关强制义务人承担违约责任;违约责任的任意性,是指合同双方当事人可以对违约责任进行约定。合同当事人既可以约定承担违约责任的情形,也可以约定限制或者免除违约责任的情形;既可以约定承担违约责任的范围,也可以约定承担责任的方式;既可以约定违约赔偿损失的数额,也可以约定违约赔偿损失的计算方法。不过,当事人的约定不能违反法律和行政法规的强制性规定。

5. 违约责任具有一定的补偿性

违约责任是一种补偿性的财产责任,其目的是为了补偿因违约行为造成的损害后果。合同中规定的权利义务一般都具有经济内容,违反合同给权利人造成的损害,一般也都是经济利益的损失,所以违约责任是财产性救济措施,需要由义务人给予一定的财产来承担违约责任。

(二) 违约责任的构成要件

违约责任的构成要件,是指违约当事人应具备何种条件才应承担违约责任。违约责任的构成要件包括:

1. 违约行为

违约行为,是指合同当事人不履行或不适当履行合同义务的客观事实。违约责任的发生以合同关系存在为前提。违约行为是构成违约责任的首要条件,无违约行为即无违约责任。违约行为包括以下几种情况:(1) 不履行,是指合同当事人根本没有履行合同义务,包括拒绝履行和根本违约;(2) 不适当履行,是指当事人虽有履行合同义务的行为,但是履行的内容不符合法律规定或者合同约定,包括瑕疵履行、部分履行、履行方法不当、履行地点不当、迟延履行、提前履行等。

违约行为的形态可以分为预期违约和实际违约。预期违约,是指在合同履行期限到来之前,一方当事人明确表示或以自己的行为表示不履行合同义务。实际违约,是指当事人一方在合同履行期限到来后,不履行合同义务或者履行合同义务不符合约定。

2. 损害事实

损害事实,是指当事人违约给对方造成了财产上的损害和其他不利的后果。从权利角度考虑,只要有违约行为,合同债权人的权利就无法实现或不能全部实现,其损失即已发生。

3. 因果关系

违约行为和损害结果之间存在着因果关系,违约当事人承担的赔偿责任,只限于因其违约而给对方造成的损失。对合同对方当事人的其他损失,违约人自然没有赔偿的义务。违约行为造成的损害包括直接损害和间接损害,对这两种损害违约人都应赔偿。

4. 不存在法定和约定的免责事由

根据严格责任原则,非违约方只需证明违约方的行为不符合合同约定,就可以要求其承担责任,而不需要证明其主观方面具有过错。违约方要想免除承担违约责任,就必须证明存在法定或约定的抗辩事由。

法定抗辩事由主要是不可抗力和债权人过错。不可抗力是指不能预见,不能避免,并不能克服的客观现象,既包括自然现象,如地震、海啸等,也包括社会现象,如暴动、政变等。债权人过错是指债务人不履行合同,或不适当履行合同是由于债权人的原因造成的。债权人因其本身的过错给对方的履行造成障碍,因而应由债权人承担不履行的后果。

约定抗辩事由是指当事人在合同中约定的免责条款,但此类约定不得违反法律或行政法规的强制性规定。

(三)违约责任的形式

违约责任的形式,是指当事人一方不履行合同义务或者履行合同义务不符合约定,而应承担责任的具体方式。

1. 继续履行

继续履行,也称强制继续履行,是指合同一方当事人不履行合同义务或者履行合同义务不符合合同约定时,根据对方当事人请求继续履行合同规定的义务的违约责任形式。

(1) 继续履行的特征

第一,继续履行是一种独立的违约责任形式,不同于一般意义上的合同履行。具体表现在:继续履行以违约为前提,体现了法的强制;继续履行不依附于其他责任形式。

第二,继续履行的内容表现为按合同约定的标的履行义务,这一点与一般履行并无不同。

第三,继续履行以守约方的请求为条件,法院不得径行判决。

(2) 继续履行的适用

第一,金钱债务:无条件适用继续履行。金钱债务只存在延迟履行,不存在履行不能,所以,应当无条件适用继续履行的责任方式。

第二,非金钱债务:有条件适用继续履行。对于非金钱债务,一般可以适用继续履行的责任方式,但存在以下三种情形的不适用继续履行:法律上或事实上不能履行;债务的标的不适用继续履行或者履行费用过高;权利人在合理期限内未要求履行。

2. 采取补救措施

采取补救措施,是指矫正合同中的不适当履行,使履行缺陷得以消除的具体措施。

(1) 采取补救措施的类型

第一,依据《合同法》第111条,主张修理、更换、重作、退货、减少价款或者报酬。

第二,依据《消费者权益保护法》第52条,主张修理、重作、更换、退货、补足商品数量、退还货款和服务费用或者赔偿损失。

第三,根据《产品质量法》第40条,主张修理、更换、退货、赔偿损失。

(3) 采取补救措施的适用,

采取补救措施的适用,是以合同对质量不合格的违约责任没有约定,或者约定不明确,而依《合同法》第61条仍不能确定违约责任为前提的。换言之,对于不适当履行的违约责任,当事人有约定的,依其约定;没有约定,或者约定不明确的,应按照《合同法》第61条的规定确定违约责任;不能按照《合同法》第61条的规定确定违约责任的,才适用这些补救措施。

3. 赔偿损失

赔偿损失,是指违约方以支付金钱的方式,弥补受害方因违约行为所减少的财产或者所丧失的利益的责任形式。

(1) 赔偿损失的特点

第一,赔偿损失是最重要的违约责任形式。赔偿损失具有根本救济功能,任何其他的责任形式都可以转化为损害赔偿。

第二,赔偿损失主要以金钱形式进行。金钱为一般等价物,任何损失一般都可以转化为金钱。因此,赔偿损失主要指金钱赔偿,但在特殊情况下,也可以以其他物替代金钱作为赔偿。

第三,赔偿损失是由违约方赔偿守约方因违约而遭受的损失。赔偿损失是对违约行为所造成的损失的赔偿,与违约行为无关的损失,不在赔偿之列;赔偿损失是对守约方所遭受损失的一种补偿,而不是对违约行为的惩罚。

第四,赔偿损失责任具有一定的任意性。合同当事人可以对赔偿损失责任进行约定。在不违反法律、行政法规的强制性规定的情况下,通过双方合意,可以约定损失的赔偿方式,可以约定具体的损失赔偿金额,也可以约定损害赔偿的计算方法。

第五,赔偿损失的范围包括违约方因违约行为给对方造成的现有财产的减少、灭失、损坏和费用的支出,以及守约方预期可得利益。

（2）赔偿损失的确定方式

赔偿损失的确定方式有两种：法定损害赔偿和约定损害赔偿。

法定损害赔偿，是指由法律规定的，由违约方对守约方因其违约行为而对守约方造成损害承担的赔偿责任。法定损害赔偿应遵循完全赔偿原则、合理预见规则和减轻损失规则。完全赔偿原则，是指违约方对于守约方因违约所造成的全部损失而承担的赔偿责任，包括直接损失和间接损失。合理预见规则，是指违约损害赔偿的范围，以违约方在订立合同时预见到或应当预见到的损失为限，包括实际财产损失和可得利益损失。减轻损失规则，是指一方违约后，另一方应当及时采取措施防止损失的扩大，否则不得就扩大的损失要求赔偿。

约定损害赔偿，是指当事人在订立合同时，预先约定在一方违约时应当向对方支付一定数额的赔偿金或约定损害赔偿额的计算方法。

4. 违约金

违约金，是指当事人一方违反合同时应当向对方支付的一定数量的金钱或财物。

（1）违约金的特征

违约金具有以下法律特征：违约金是在合同中预先约定的；违约金是一方违约时向对方支付的一定数额的金钱；违约金是对承担赔偿责任的一种约定。

（2）违约金的增加和减少

违约金是对损害赔偿额的预先约定，既可能高于实际损失，也可能低于实际损失，畸高和畸低均会导致不公平的结果。因此，当约定违约金"低于造成的损失"或"过分高于造成的损失"时，经当事人请求，法院或仲裁机构可以"予以增加"或"予以适当减少"违约金。不论是违约金的增加还是减少，均应当以实际损失额为限。

5. 定金

定金，是指合同当事人为了确保合同的履行，根据双方约定，由一方按合同标的额的一定比例预先给付对方的金钱或其他替代物。当事人可以依据《担保法》约定一方向对方给付定金作为债权的担保。债务人履行债务后，定金应当抵作价款或者收回。给付定金的一方不履行约定的债务的，无权要求返还定金；收受定金的一方不履行约定的债务的，应当双倍返还定金。据此，在当事人约定了定金担保的情况下，若一方违约，定金罚则即成为一种违约责任形式。

第五节 履行法定义务,保护民事权利

▶ 一、侵权责任

侵权责任,是指行为人因其侵权行为而依法承担的民事法律责任。侵权责任具有如下特征:

(一)侵权责任是因违反法律规定的义务而应承担的法律后果

民事责任都是对民事义务违反的结果。从性质上来说,民事义务可以分为两种:一种是法律规定的义务,另一种是当事人自行约定的义务。一般情况下,违反前一种义务会构成侵权责任,违反后一种义务会构成违约责任。侵权行为可能涉及几种不同的法定义务,在构成要件上,不同法定义务的违反对应着不同的构成要件。

(二)侵权责任以侵权行为的存在为前提

一方面,有侵权行为一般就会产生侵权责任,除非出现免责事由。另一方面,有侵权责任,一定有侵权行为。

(三)侵权责任的方式具有法定性

一方面,与违约责任的约定性不同,侵权责任的方式以及具体内容,法律都有明确规定。另一方面,侵权责任又是一种民事责任,所以,当事人可以在法律规定的侵权责任的基础上,对责任的内容、方式等加以协商。例如,在损害发生后,当事人可以协商赔偿费用的支付方式。协商不一致的,赔偿费用应当一次性支付;一次性支付确有困难的,可以分期支付,但应当提供相应的担保。

(四)侵权责任形式具有多样性

侵权责任主要体现为财产责任,但不限于财产责任。由于侵权行为大都给他人造成一定的财产损害,行为人需要以自己的财产对行为后果负责。同时,金钱损害赔偿可以作为替代方式弥补侵权行为给受害人造成的非财产损失,因此侵权责任的形式主要是财产责任。但是,金钱损害赔偿又具有一定的局限性,为了充分保护民事主体的合法权益,《民法总则》除规定赔偿损失、返还财产等财产责任外,还规定了停止侵害、恢复名誉、消除影响、赔礼道歉等非财产责任形式。以上承担侵权责任的方式,既可以单独适用,也可以合并适用。

(五)侵权责任具有优先性

因同一违法行为应当承担侵权责任、行政责任和刑事责任,侵权人的财产不足以支付的,先承担侵权责任。

▶二、侵权责任归责原则

侵权责任归责原则,是指归责的一般规则,是据以确定行为人承担民事责任的根据和标准,也是贯穿于侵权责任法的灵魂,是侵权责任法理论的核心。

(一)过错责任原则

过错责任原则,又称过失责任原则,是指以行为人的过错作为归责依据的原则。

1. 过错责任原则的特点

(1)过错责任原则的性质是主观归责原则

过错责任原则要求在确定侵权人的责任时,要依行为人的主观心态来确定,而不是依行为的客观方面来确定。这样就使过错责任原则与其他客观责任区别开来,以行为人在主观上有无过错作为归责的绝对标准。

(2)过错责任原则以过错作为侵权责任的必备构成要件

构成法律责任,必须具备法律规定的一切要件。在过错责任原则适用的场合,行为人的过错是必备要件之一。如果行为人在主观上没有过错,就缺少必备的构成要件,就不能构成侵权责任,无过失即则无责任。

(3)过错责任以过错承担确定责任范围

在混合过错的情况下,考虑加害人和受害人之间的过错程度并进行比较,通过适用过错相抵规则确定加害人与受害人的责任范围;在共同过错的情况下,考虑共同侵权人的过错程度,从而确定各自与其过错相适应的民事责任。

2. 过错责任原则适用规则

(1)适用范围

过错责任原则,适用于一般侵权行为。确定的标准是:只有在法律有特别规定的情况下,才能不适用过错责任原则,即特殊侵权行为不适用过错责任原则。

(2)责任构成要件

适用不同的归责原则,责任的构成要件各不相同,适用过错责任原则确定赔偿责任,构成要件有四个,即违法行为、损害事实、违法行为与损害事实之间的因果关系和主观过错,这四个要件缺一不可。

(3)证明责任

适用过错责任原则,按照"谁主张,谁举证"的民事诉讼原则,侵权责任构成四个要件的举证责任,全部由提出损害赔偿主张的受害人负担,加害人不承担举证责任。加害人只有在自己提出积极主张对抗受害人时,才承担举证责任。

(4) 侵权责任形态

一般侵权行为责任,是为自己的行为负责的责任,不是为他人的行为负责或为自己管理的物件所致损害的责任,因而行为人只对自己行为造成的损害承担责任。因此,适用过错责任原则的一般侵权行为的责任形态是自己责任,而不是替代责任。

(二) 过错推定责任原则

过错推定责任原则,是指根据法律规定,推定行为人有过错。行为人不能证明自己没有过错的,应当承担赔偿责任的归责原则。

1. 过错推定责任的特点

(1) 过错推定是根据法律规定的一定的基础事实推定行为人具有过错。

(2) 过错推定在过错证明责任分配上,实行举证责任倒置;受害人只需证明存在一定的基础事实,无须证明行为人有过错。

(3) 行为人可以通过证明反证事实存在从而证明自己没有过错。

2. 过错推定责任原则的适用规则

(1) 适用范围

过错推定责任原则的适用范围是一部分特殊侵权行为,以下情况适用过错推定责任原则:① 在关于责任主体特殊规定中,监护人责任,用人者责任,违反安全保障义务责任,无民事行为能力人在教育机构受到侵害的责任,适用过错推定责任原则;② 在机动车交通事故责任中,机动车造成非机动车驾驶人或者行人人身损害的,适用过错推定责任原则;③ 在饲养动物损害责任中,动物园的动物造成损害的,适用过错推定责任原则;④ 在物件损害责任中,建筑物以及建筑物上的搁置物、悬挂物致人损害,建筑物倒塌损害责任,堆放物致人损害,林木致人损害,障碍通行损害责任,以及地下工作损害责任等,都适用过错推定责任原则。

(2) 责任构成要件

在适用过错推定责任原则确定侵权责任时,侵权责任构成与适用过错责任原则没有原则变化,仍需具备损害事实、违法行为、因果关系、主观过错这四个要件。

(3) 证明责任

适用过错推定责任原则的举证责任有特殊规则。受害人应当先举证证明违法行为、损害事实、因果关系三个要件。这三个要件的证明责任完成之后,法官直接推定被告有过错,不要求受害人证明侵权人在主观上存在过错,而是从损害事实的客观要件以及它与违法行为之间的因果关系中,推定侵权人主观上有过错。如果侵权人认为自己在主观上没有过错,则须自己举证证明自己没有过错。证明成立的,推翻过错推定,否定侵权人的侵权责任。侵权人证明不足或者不能证明自己没有过错的,过错推定成立,侵权人应当承担侵权责任。

（4）侵权责任形态

在适用过错推定责任原则的侵权行为中,侵权人承担的责任形态基本上是替代责任,包括对人的替代责任和对物的替代责任。

(三) 无过错责任原则

无过错责任原则,是指法律有特别规定的,不问行为人主观是否有过失,只要有侵权行为、损害后果以及二者之间存在因果关系,就应当承担侵权赔偿责任的归责原则。

1. 无过错责任原则的特点

（1）无过错责任原则不考虑侵权人的过错,使受害人的损失更容易得到补偿,使侵权人难逃侵权责任。受害人仅须证明侵权人的侵权行为与损害事实之间存在因果关系即可,而无须证明侵权人主观上存在过错。

（2）无过错责任原则不是绝对责任,侵权人可以主张免责事由。侵权人只有证明存在法定的抗辩事由才能免责或减轻责任。而且,无过错责任只是不考虑侵权人的过错,仍要考虑受害人的过错。

（3）无过错责任的适用有明确的法律规定。

2. 无过错责任原则的适用规则

（1）适用范围

无过错责任原则,适用于一部分特殊侵权责任。具体适用范围是:产品责任;高度危险责任;环境污染责任;动物侵害责任中的部分责任;工伤事故责任。应当特别注意的是,只有在"法律规定"的时候,才能适用无过错责任原则。

（2）责任构成要件

适用无过错责任原则的侵权责任的构成要件为三个,即违法行为、损害事实和因果关系。在适用无过错责任原则的情况下,只要具备以上三个要件,侵权人就应当承担赔偿责任,而不要求具备主观过错的要件。

（3）证明责任

无过错责任原则适用举证责任倒置的规则。具体证明规则是:第一,受害人应当举证证明违法行为、损害事实和因果关系三个要件,侵权人不承担举证责任。第二,在受害人完成上述证明责任之后,如果侵权人主张不构成侵权责任或者有免责事由,侵权人应当承担举证责任,实行举证责任倒置。侵权人要证明的不是自己无过错,而是受害人主观上存在故意是导致损害的原因,这也是无过错责任原则与推定过错责任原则的一个重要区别。第三,侵权人能够证明损害是由受害人故意引起的,即免除赔偿责任。第四,侵权人对上述举证责任举证不足,或者举证不能的,侵权责任即告成立,侵权人应承担侵权责任。

(4) 侵权责任形态

适用无过错责任原则的侵权行为的责任形态一般是替代责任,包括对人的替代责任和对物的替代责任。

(5) 受害人过错问题

在适用无过错责任原则的侵权行为中,受害人对损害的发生和扩大有过错的,应当分不同情况处理:第一,受害人故意造成损害的,免除侵权人的责任。第二,受害人对于损害的发生具有重大过失的,原则上实行过失相抵,减轻侵权人的责任,但是法律有特别规定的除外。第三,受害人对于损害的发生有过失的,如果法律规定可以减轻责任的,依照其规定;没有规定的,受害人的过失不构成过失相抵。第四,受害人有轻微过失的,不实行过失相抵。

(四) 公平责任原则

公平责任原则,是指侵权人和受害人对造成的损害均没有过错,而根据公平的观念,在考虑当事人的财产状况、支付能力等实际情况的基础上,责令侵权人或者受益人给受害人的损失予以补偿的原则。

公平责任原则具有以下特点:

(1) 在归责上仍然考虑过错,只是当事人均无过错,故有公平原则适用的余地。

(2) 公平责任原则以社会公平观念作为归责的基础。

(3) 公平责任原则主要用于财产责任,在责任的分担上考虑损害事实、双方的财产状况、支付能力等实际情况。

(4) 公平责任原则适用的目的在于减轻而非补足受害人的损失。

▶ 三、一般侵权行为的构成要件

侵权行为的构成要件,是指行为人承担侵权责任必须具备的条件,包括违法行为、损害事实、违法行为与损害事实之间的因果关系和行为人主观过错四个方面。

（一）违法行为

违法行为，是指行为人违反法律而实施的作为或不作为。违法行为作为侵权行为的客观构成要件，包括行为和违法两个要件。

1. 违法行为的含义

（1）行为

行为，是指人类或人类团体受其意志支配，并以其自身控制、管理物件或他人的行动，表现于客观上的作为或不作为。

法人的行为并非只是法人机关于其职务范围内所为的行为，这种界定范围过窄。法人的意志为法人机关的意志，其行为应是其自身的活动和管理物件的活动，法人的上述行为也表现为作为和不作为两种。

自然人、法人行为的基本形式是其自身的动作和活动，但其管理物件或他人的活动，亦为自然人、法人行为的特殊形式。当管理的物件或他人致人损害之时，亦构成侵权责任，为替代责任。在这些情况下，管理的物件致害或者监护的无行为能力人、限制行为能力人致害，是其管理人、监护人行为的延伸，亦为自然人和法人的行为。

（2）违法性

违法，是指行为在客观上与法律规定相悖，主要表现为违反法定义务、违反保护他人的法律和故意违反善良风俗。

违反法定义务。这主要表现为两种：一是违反绝对权的不可侵害义务。这是自然人、法人作为他人享有的绝对权力的法定义务人时，负有法定的不可侵害该权利的法律义务，侵害该绝对权，即违反法定的不可侵害义务的违法性。二是第三人违反对合同债权的不可侵害义务，也具有违反法定义务的违法性。

违反保护他人的法律。法律有时候直接规定对某种权利或者义务的特别保护，违反这种保护他人的法律，也构成违法性。例如，法律规定特别保护死者的人格利益等，任何人都负有不可侵害义务。

故意违背善良风俗致人损害。违背善良风俗的行为本为不当，当侵权人故意以这种方法侵害他人时，则构成违法。侵权人的行为既不违反法定义务，亦不违反法律的禁止规定，但故意违背道德观念和善良风俗，直接或间接侵害他人的，亦构成违法。违法性分为形式违法性和实质违法性。

前两种违法行为都是在形式上违反法律规定，因此称之为形式违法；后一种违法行为即故意违背善良风俗的行为在形式上并不违法，但在实质上违法，因而称为实质违法。

2. 违法行为的方式

违法行为依其方式可分为作为和不作为,这两种行为方式均可构成侵权行为的客观表现方式。

(1) 作为

作为的违法行为是侵权行为的主要行为方式。人身权,财产权均为绝对权,其他任何人都负有不得侵害的法定义务。即使是债权,一般人也负有不可侵害义务,行为人违反不可侵害义务而侵害之,即为作为的侵权行为。

(2) 不作为

不作为的违法行为亦构成侵权行为的行为方式。确定不作为违法行为的前提是行为人负有特定的作为义务,这种特定的作为义务不是一般的道德义务,而是法律规定的具体义务。特定的作为义务的来源有以下三种:① 来自法律的直接规定。如婚姻法规定父母有管教未成年子女的义务,母亲对于哺乳期子女有抚养义务,亲属之间负有抚养义务等。违反上述法律规定的作为义务而为之,即为不作为的违法行为。② 来自业务上或职务上的要求。如修建地下工作物应承担预防危险的义务,消防队员应承担扑救火灾的义务等,都是来自职业或者业务上的要求,都是作为的义务。违反上述职务上或业务上的作为义务,为不作为的侵权行为。③ 来自合同约定的义务。如乘坐出租车发生意外,出租车司机应当履行救助义务,否则构成不作为的违法行为。④ 来自行为人先前的行为。行为人先前的行为给他人带来某种危险,必须承担避免危险的作为义务。如一个成年人带领一个未成年人从事危险性活动,当危险出现时,成年人对未成年人负有救助义务。

(二) 损害事实

损害事实,是指一定的行为致使权利主体的人身权利、财产权利以及其他权利受到侵害,造成财产利益和非财产利益的减少或灭失的客观事实。

1. 损害事实的构成

损害事实的构成要件有两个:一是权利被侵害,二是造成利益受到损害的客观结果。一个损害事实必须完整地具备侵害客体和利益损害这两个要件,缺少其中任何一个要素都不是侵权法意义上的损害事实,都不符合侵权行为构成要件的要求。

(1) 权利被侵害

权利被侵害这一要素的确定,意义有二:一是确定侵权行为的范围,分清侵权行为的不同性质。被侵害的权利是侵权行为的侵害客体,其范围应当以能够成为侵权行为客体的民事权益的范围为限。侵权行为造成了权利主体的权利损害,该权利属于侵权行为的客体范围,即可构成侵权行为;反之,则不能构成侵权行为。二是当侵害的权利属于侵害客体范围时,再根据具体权利的种类,确定该侵权行为是侵害财产权还是侵害人身权。在侵害人身权中,是侵害身体权、名誉权,还是其他人身权。确定了被侵害的权利的性质即可具体决定适用的法律条文。

(2) 利益被损害

利益损害这一要素的确定,意义在于是否成立侵权责任,以及如何确定赔偿范围。在侵害财产权的场合中,利益的损害包括直接损失和间接损失,侵害财产权的行为没有造成财产的直接损失或者间接损失,则不构成侵权责任。在侵害人身权的场合中,利益的损害包括人格利益损害和身份利益损害。当违法行为作用于人身时,如果情节轻微,没有造成利益的损害,也不构成侵权责任。只有违法行为作用于权利主体的财产权利或者人身权利,并且造成了财产权益以及人身权益和身份权益损害的时候,才能成立侵权责任,并且依据此损害的实际范围确定赔偿责任的大小。

2. 损害事实的种类

损害事实包括两大类:一是对人身权利和利益的损害事实;二是对财产权利和利益的损害事实。

(1) 人身权利的损害事实

侵害人身权的损害事实,最终表现为人格利益损害和身份利益损害这两种不同的损害事实类型,因为这两种利益就是人身权两大权利种类的客体。

① 人格利益损害

人格利益的损害,是指损害人格权所造成的损害事实。由于人格权可以分为物质性人格权和精神性人格权两个类型,因而人格利益损害也分为两种不同的损害事实。

第一,人身损害是指侵害自然人人身权、健康权、生命权,即人格利益的损害。人身损害首先表现为自然人的身体健康损伤和生命丧失。当违法行为作用于受害人的物质性人格权时,受害人所享有的作为物质性人格权的客体和人体利益将受到损害。人格利益是人之所以为人的物质条件,维持生命、维护人体组织完整和人体器官正常机能,是享有民事权利、承担民事义务的物质基础。这些利益的损害,破坏了人体组织和器官的完整性及正常机能,甚至造成生命的丧失,因而外在形态上是有形的。人身损害其次表现为自然人为医治伤病、丧葬死者所支出的费用,这种损害也表现为有形损害。此外,人身损害还表现为精神痛苦的损害。如造成受害人死亡导致死者近亲属的精神痛苦,侵害健康和身体造成受害人的精神痛苦。

第二,精神利益损害是指侵害精神性人格权造成的人格利益损害。精神性人格权的客体均为无形的人格利益,在客观上没有实在的外在表象。如名誉权的客体是他人对自然人、法人所给予的社会评价;隐私权的客体是与公共利益、群众利益无关的私人信息、私人活动和私人空间。对于这些精神性人格权等无形的人格利益造成损害,其损害的形态就是精神损害。精神利益损害表现为三种形式:一是财产利益的损害,如为恢复受到损害的人格而支出的必要费用;二是人格精神利益遭受的损害,即人格评价的降低、隐私被泄露、自由被限制、肖像或名称被非法使用等;三是受害人的精神创伤和精神痛苦。

② 身份利益损害

身份利益损害,是指侵害身份权所造成的损害事实。身份利益损害表现为两种形式,即身份利益的表面损害和身份利益的深层损害。违法行为侵害身份权,首先表现为身份利益的表面损害,然后引起身份利益的深层损害,身份利益的深层损害是身份利益的最终损害形式。身份利益的表面损害是违法行为侵害基本身份权,并造成基本身份权的客体,即基本身份利益的损害。基本身份利益是身份权人对于特定身份关系(配偶、父母、亲属等)的支配性利益。身份利益的深层损害是违法行为在侵害基本身份权的同时,也侵害了身份利益;由于身份权具有多样性、复杂性,其客体即支身份利益也具有多样性、复杂性,从而导致身份利益的深层损害具有多样性和复杂性。例如,配偶权的深层损害是配偶之间共同生活、相互依靠、相互体贴的依赖关系和互相扶助的抚养关系的损害,亲权的深层损害是父母对子女的管理、教育、相互尊重爱戴关系的破坏,亲属权的深层损害是亲属关系的破坏和相互抚养、扶养、赡养关系的破坏。这些具体的身份利益的损害可以分为以下几类共性的损害:一是亲情关系的损害;二是财产利益的损害;三是精神痛苦和情感创伤。

(2) 财产损害事实

财产损害事实包括侵占财产、损坏财产以及其他财产利益损失。侵占财产是行为人将他人所有或合法占有的财产非法占为己有,使原所有人或合法占有人丧失所有权或者丧失占有。损坏财产则不转移占有,而是破坏所有人或占有人所有或占有之物的价值,使之价值丧失或者减少。其他财产利益损失主要是指所有权以外的其他财产性权利和利益的丧失或者破坏。

财产损害表现为财产损失,包括直接损失和间接损失:直接损失是受害人现有财产的减少,也就是侵权人的不法行为侵害了受害人的财产权利,致使受害人的财产直接受到损失;间接损失是受害人可得利益的损失,即应当得到的利益因受不法行为的侵害而没有得到。

（三）因果关系

侵权法中的因果关系,是指违法行为作为原因,损害事实作为结果,在它们之间存在的前者引起后者、后者被前者所引起的客观联系。

在我国侵权责任法理论中,应当分别遵循以下四个规则,来确定侵权行为与损害结果之间的因果关系。

1. 直接原因规则

侵权行为与损害结果之间具有直接因果关系的,无须再使用其他因果关系理论判断,直接确认其具有因果关系。最常见的直接因果关系是一因一果的因果关系类型,因为这种因果关系很容易判断。对于虽然有其他条件介入,如果侵权行为与损害结果之间的自然联系没有因外来事件中断,且这些介入条件并不影响侵权行为作为直接原因的,则应当认定其与损害结果之间具有因果关系。

2. 相当因果关系规则

在侵权行为与损害结果之间有其他介入的条件,使因果关系判断较为困难,无法确定直接原因的,应当适用相当因果关系规则判断。确认侵权行为是损害结果发生的适当条件的,认定行为与结果之间具有相当因果关系,否则没有因果关系。相当因果关系学说,关键在于掌握违法行为是发生损害结果的适当条件。适当条件是发生该种损害结果不可或缺的条件,它不仅是在特定情况下偶然引起的损害,而且是一般发生同种结果的有利条件。对于如何判断相当因果关系,史尚宽先生曾经总结了一个公式,即"以行为时存在而可为条件之通常情事或特别情事中,于行为时吾人知识经验一般可得而知及为行为人所知情事为基础,而且其情事对于其结果为不可缺之条件,一般的有发生同种结果之可能者,其条件与其结果为有相当因果关系"。简言之,确定侵权行为与损害结果之间有无因果关系,要以行为时的一般社会经验和知识水平作为判断标准。

3. 推定因果关系规则

在特定的侵权场合,适用推定因果关系规则,其基本要点是保护弱者。在受害人处于弱势,没有办法完全证明因果关系要件时,只要受害人举证证明到一定程度,就推定侵权行为与损害结果之间存在因果关系。然后,由侵权人举证证明自己的行为与损害结果的发生之间没有因果关系。应当注意的是,适用推定因果关系,一定要有相关的法律规定。例如,环境污染侵权纠纷,高科技领域发生的侵权纠纷等。为此,适用这一规则,应当特别慎重。

因果关系推定的适用方法如下:第一,分清违法行为与损害事实的时间顺序;第二,区分违法行为与损害事实之间是否存在客观的、合乎规律的联系;第三,由于这种因果关系是推定的,因而还应当在损害事实与违法行为之间排除其他可能性。实行因果关系推定,意味着受害人在因果关系的要件上不必举证证明到高度盖然性的程度,只需证明侵权人的行为具有较大的可能性。

4. 法律原因规则

在特别情况下,如果确认因果关系确有困难的,可以适用英美侵权法的"事实原因—法律原因"规则。具体而言,首先要确定侵权行为是否构成损害的事实原因,即产生一个结果的多个前提事实总和中的一个原因。其次,确定侵权行为是否为损害的法律因素,即一种自然的因介入因素中断的原因,这个原因不会发生损害结果。侵权行为对于损害结果而言,既是事实原因,又是法律原因的,即可确认该侵权行为与损害结果之间有因果关系。事实原因是跟随结果发生的同时存在的各个事实。确定事实原因,通常有四种规则:一是传统规则,二是实质要件规则,三是复合原因规则,四是其他规则。法律上的原因叫作近因,是侵权人对受害人承担责任的最接近的原因,是一种自然的、连续的、没有被介入因素中断的原因;没有这种原因,就不会发生原告受害的结果。

(四)主观过错

主观过错,是指行为人通过其实施侵权行为所表现出来的在法律和道德上应受非难的故意和过失的主观心理状态。

1. 故意

故意是指行为人预见自己行为的结果,仍然希望它发生或者听任它发生的主观心理状态。

2. 过失

过失是指行为人因疏忽大意或过于自信,而使自己未履行应有的注意义务的主观心理状态。过失分为疏忽和懈怠,行为人对自己行为的结果应当预见或者能够预见而没有预见为疏忽;行为人对自己行为的结果虽然预见了却轻信可以避免为懈怠。疏忽和懈怠都是行为人对应付注意义务的违反。通常注意义务有以下三种:

(1)普通人的注意。普通人的注意标准是指在通常情况下,只需要轻微的注意即可预见的情形。这种注意义务是按照一般人在通常情况下能够注意到的事实作为标准。如果在通常情况下,一般人也难以注意到,那么行为人尽管没有避免损害,但也尽到了注意义务,因而不能认为行为人有过失。相反,对于一般人能够在一般情况下注意到却没有注意的情形,仍然认为有过失。

（2）应与处理自己事务为同一注意。这包括法律上、经济上、身份上一切属于自己利益范围内的事务。与处理自己事务为同一注意，应与行为人平日处理自己事务所要求的注意为标准。判断这种注意义务，应与行为人在主观上是否尽到的注意义务为标准，即主观标准。行为人在主观上已经尽到了注意义务，应认定其为无过失；反之，则应认定其有过失。

（3）善良管理人的注意。这是指具有相当知识经验的人，以对于一定事物所要求的注意作为标准，客观地加以认定。行为人有无尽此注意的知识和经验，以及他向来对事物所要求的注意程度均不过问。善良管理人的注意是依行为人的职业情况所要求的注意程度，比普通人的注意和处理自己事务为同一注意更高，判断这种注意的标准是客观标准。

▶ 四、共同侵权行为

共同侵权行为，是指数人基于主观的或者客观的关联，共同实施侵权行为，造成他人人身、财产损害，应当承担连带责任的侵权行为。共同侵权行为包括共同加害行为、共同危险行为和无意思联络的数人侵权行为。

（一）共同加害行为

共同侵权行为，是指数人共同实施的不法侵害他人权益，并造成一定损害的行为。

1. 共同加害行为的特征

（1）加害主体的复数性

共同加害行为的主体必须是两人或者两人以上，行为人可以是自然人，也可以是法人。

（2）共同实施侵权行为

这里的"共同"表现在：数个行为人在主观上存在致人损害的共同故意，具有一定的意思联络；数个行为人共同从事某种行为，基于共同的疏忽大意造成他人损害；存在故意、过失相结合的情况。

（3）侵权行为与损害结果之间具有因果关系

共同侵权的行为具有共同性，各行为之间相互联系而形成一个致害原因，每一个共同侵权行为人的行为均对结果的产生发挥一定的作用。反之，如果某一行为人的侵权行为与损害结果之间没有关联，则会被排除在外，不与其他行为人构成共同侵权。

2. 教唆侵权行为和帮助侵权行为

教唆侵权行为和帮助侵权行为是共同加害行为的特殊表现形态。

教唆侵权行为，是指对他人进行开导、说服，或者通过刺激、利诱、怂恿等方法使他人从事侵权行为。

帮助侵权行为,是指给予他人帮助,如提供工具或者指导方法,以便使他人易于实施侵权行为。

教唆、帮助侵权行为需要具备三项构成要件:(1)教唆人、帮助人实施了教唆、帮助行为;(2)教唆人、帮助人具有教唆、帮助的主观意图;(3)被教唆人、被帮助人实施了相应的侵权行为,即要求教唆行为、帮助行为与被教唆人、被帮助人实施的侵权行为之间具有内在的联系。

教唆、帮助他人实施侵权行为的,应当与行为人承担连带责任。教唆、帮助无民事行为能力人、限制民事行为能力人实施侵权行为的,应当承担侵权责任;该无民事行为能力人、限制民事行为能力人的监护人未尽到监护责任的,应当承担相应的责任。

(二) 共同危险行为

共同危险行为,是指多数人实施危及他人人身、财产安全的行为,造成损害后果,但难以确定实际侵害人的情形。

1. 共同危险行为的特征

(1) 行为主体是复数

与共同加害行为一样,共同危险行为的行为主体也须为多数,即两人以上实施了危及他人人身或财产权益的行为。

(2) 行为人中一人或数人的行为造成损害后果

虽然实施危及他人人身、财产安全的行为是数人作出的,但是真正导致受害人损害结果发生的只是其中一人或数人的行为。

(3) 不能确定具体加害人

行为人实施的危险行为在时间上、空间上存在偶然性,事实上只有一部分行为人的行为造成了损害结果的发生,但是无法准确判断哪个行为人的行为是引发损害结果发生的具体加害行为。

(4) 危险行为人承担连带责任

为了保护受害人的利益,法律上规定由所有实施危险行为的人承担连带责任。

2. 共同危险行为的免责事由

共同危险行为不得通过证明其不是加害人或其行为与损害结果之间不存在因果关系主张免责。换言之,在共同危险行为中,只要不能确定具体加害人,其他行为人就应当承担连带责任;如果受害人能够指认,或者法院能够查明具体的加害人,受害人就只能诉求具体的加害人承担相应的侵权责任,而不再适用共同危险制度。

（三）无意思联络的数人侵权行为

无意思联络的数人侵权行为，是指二人以上主观上并无意思联络，客观上分别实施侵权行为造成同一损害结果的行为。无意思联络的数人侵权行为分为两种：一是二人以上分别实施侵权行为造成同一损害，每个人的侵权行为都足以造成全部损失，行为人承担连带责任。二是二人以上分别实施侵权行为造成同一损害，每个人的侵权行为不足以造成全部损失的，若能够确定行为人的责任大小，则各自承担相应的责任；若难以确定责任大小的，则平均承担赔偿责任。

▶ 五、侵权责任方式

侵权责任方式，是指行为人对其侵权责任应当承担的法律后果，它是落实侵权责任的具体形式。

我国《侵权责任法》第15条规定，承担侵权责任的方式主要有：停止侵害、排除妨碍、消除危险、返还财产、恢复原状、赔偿损失、赔礼道歉、消除影响、恢复名誉。以上承担侵权责任的方式，可以单独适用，也可以合并适用。

（一）停止侵害

停止侵害，是指受害人针对行为人正在继续实施的侵权行为，有权请求人民法院责令行为人承担停止侵害的责任方式。

1. 停止侵害责任的构成要件

（1）有正在进行的侵害民事权益的行为

停止侵害责任适用于正在进行和继续进行的侵害行为，而不论继续时间的长短。停止侵害责任的核心是侵害的"停止"，对尚未发生和已经终止的侵害行为不适用停止侵害责任。停止侵害的主要目的是制止侵害行为，防止扩大侵害后果，它可以适用于各种侵权行为。

（2）侵害了他人的民事权益

民事权益受到侵害可分为两类：一类是在侵害的同时就造成了民事权利的损害，另一类是没有造成损害，但是侵害了法律保护的其他利益。

2. 停止侵害责任的承担

在有些情况下，侵权人不是简单地停止侵害行为，还需要采取进一步的措施。

（二）排除妨碍

排除妨碍，是指行为人实施的行为使受害人无法行使或者不能正常行使人身、财产权益的，受害人可以要求行为人排除妨碍权益实施的障碍。

1. 排除妨碍责任的构成要件

(1) 存在妨碍他人民事权益的状态

排除妨碍的主要构成要件是存在妨碍他人行使民事权利或者享有民事权益的状态。妨碍状态多种多样,如堆放物品影响通行,违章建筑妨碍相邻一方通风、采光等。妨碍状态也有自然原因形成的,如树根无序生长侵入相邻一方的土地。

(2) 妨碍状态具有不正当性

妨碍状态具有不正当性,是指没有法律根据,没有合同约定,缺乏合理性。有些妨碍造成他人财产损失,有些妨碍是给他人造成不便。认定妨碍状态主要是判断妨碍是否超过了合理的限度,轻微的妨碍是社会生活中在所难免的,行为人不承担排除妨碍责任。

2. 行为妨碍人与状态妨碍人

通过行为造成妨碍状态的人是行为妨碍人。妨碍状态的出现虽然与某人的行为无关,但是有责任排除这种妨碍的人是状态妨碍人。如甲把散发臭味的垃圾倒在其使用的土地上,这些垃圾也给乙使用土地造成了无法忍受的状态。在这种情况下,甲是状态妨碍人,他有责任清除这些垃圾。

(三) 消除危险

消除危险,是指行为人的行为对他人人身、财产权益造成现实危险的,他人有权要求行为人采取有效措施消除这种现实威胁。

1. 消除危险责任的构成要件

第一,存在危及他人人身、财产安全的危险。

第二,危险的存在是由某人的行为或者其管理的物造成的。

2. 消除危险责任的承担

危险需要及时消除,以免人身或者财产遭受损害;但又要慎重,因为消除危险往往花费较多,判断和处理错误会给另一方造成不应有的损失。预防造成人身或者财产损害,是侵权行为法的组成部分,是必须先于损害赔偿制度的那一部分,预防损害比赔偿的效果要更好。从制止损害和预防损害的角度讲,停止侵害、排除妨碍和消除危险是预防措施。同时,这三种措施针对的都是对他人民事权益造成不利的情况,这种不利都是对他人民事权益的侵害,需要侵权责任法调整;其后果不是承担损害赔偿责任,而是承担停止侵害、排除妨碍或者消除危险责任。将停止侵害、排除妨碍和消除危险作为侵权责任方式,既有利于充分保护民事权益,又不会因此而限制人们的自由。

(四) 返还财产

返还财产,是指受害人对行为人无权占有的财产,有权要求行为人予以返还。

1. 返还原物责任的构成要件

（1）违反民事义务无权占有物权人的物

这一要件有三层意思：① 物权人的物包括所有权人的物和他物权人享有他物权的物。② 占有人占有物权人的物没有合同或者法律根据，是无权占有。③ 无权占有人违反了民事义务。

将侵占他人的物和以其他不合法方式占有他人的物的行为作为返还原物责任的同一个构成要件，是因为返还原物责任是物权的保护方法，不问占有人有无过错，而且返还原物责任仅仅是返还原物，不直接涉及赔偿责任。

（2）有原物存在

只有原物存在才能适用返还原物责任。

2. 返还原物责任的物权效力

返还原物请求权变革为侵权责任，并未影响其物权的效力。物权的排他效力是由物权的支配权性质所决定的，物权优于债权的效力是物权的支配权性质及物权变动的公示公信原则所决定的，将返还原物请求权变革为返还原物责任，与物权的排他效力和优先效力无关。物权的追及效力是指物权的标的物不论辗转到何人手中，物权人均得追及至物的所在，除了根据不动产登记、善意取得等依法取得标的物的物权外，原物权人均得请求无权占有人返还原物。返还原物责任请求权与物权请求权相比较，只是规范的角度不同，返还原物请求权是从权利人方面展开的，返还原物责任请求权则是从责任人方面展开的。根据物权的追及效力，物权人有权请求被追及人返还原物；根据侵权责任，被侵权人有权请求侵权人返还原物。无论当事人拒绝前一种请求还是后一种请求，权利人都可能通过诉讼程序强制侵权人返还原物。由此可见，作为物权请求权的返还原物的效力和作为侵权责任请求权的返还原物的效力并没有实质差别。

（五）恢复原状

恢复原状，是指法院判令行为人通过修理等手段使受到损害的财产恢复到损坏前状态的一种责任方式。损坏他人的动产或者不动产的，被侵权人有权请求侵权人恢复原状。采用恢复原状责任需要符合以下条件：

1. 动产或者不动产受到损坏

动产或者不动产的损坏，是指其外在形态被破坏、变形或者内在质量降低，影响原有的使用功能，降低了原有的价值。

2. 恢复原状有可能

恢复原状有可能，是指可以将被损坏的物恢复到受侵害前的状态，无法修复的不适用恢复原状责任。

3. 恢复原状有必要

恢复原状有必要,是指受害人认为恢复原状是有必要的且具有经济上的合理性,这主要是从成本角度考虑的。如果恢复原状花费过大,远远超过了被损坏的物的价值,一般不适用恢复原状责任。

(六)赔偿损失

赔偿损失,是指行为人向受害人支付一定数额的金钱以弥补受害人损失的责任方式。赔偿损失是运用最为广泛的责任方式,包括人身损害赔偿、财产损害赔偿和精神损害赔偿。

1. 财产损害赔偿

财产损害赔偿,是指当事人一方因侵害财产权造成对方财产利益损失,在无法返还原物、恢复原状或者采用其他方式弥补另一方受损利益时,所产生的以财产赔偿为内容的责任形式。

(1)财产损害赔偿的范围

财产损害赔偿最基本、最主要的目的为补偿受害人的损失。基于损害赔偿的补偿性,赔偿的范围应对全部财产损害进行赔偿。具体而言,财产损害的赔偿范围应以财产的实际损失为依据,而不考虑实际损失以外的其他因素。全部赔偿包括直接损失和间接损失。直接损失和间接损失都是客观的、实际的损失,是有切实根据的可得利益的损失,并不是主观臆想的。为此,应合理地适用全部赔偿原则,实事求是。赔偿权利人基于发生损害的同一原因受到利益时,应从损害额内扣除相应利益,而由赔偿义务人就差额部分予以赔偿。

(2)财产损害赔偿数额的确定

① 直接损失的确定

直接损失是客观的、直观的、容易计算的。直接损失就是财产自身价值量的减少或者灭失。因此,计算直接损失的赔偿范围,应明确原物的价值;原物价值的计算,必须根据原物的原有价格、使用期限、折旧状况等因素综合判断。在原物全部毁损的情况下,直接损失就等于原物价值本身;在原物部分毁损的情况下,直接损失就等于原物价值与残存价值之间的差额。

② 间接损失的确定

间接损失,实际上是受害人的财产增值利益的损失,损失的不是物的自身价值,而是受害人利用该财产在经营中应创造出的新价值。间接损失的确定通常有三种方法:第一种方法是收益平均法,即计算出受害人在受害前一定时间内,单位时间的平均收益值,以此来确定单位时间增值效益。第二种方法是同类比照法,即确定条件相同或基本相同的同类生产、经营者,以其为对象,计算其在同等条件下的平均收益值。第三种方法是综合法。在实践当中,"单位时间增值效益"的计算会受到很多因素的影响。因此,在很多情况下,无法单独地采用收益平均法或者同类比照法来计算单位时间的增值效益,而是综合使用以上两种方法。

2. 人身损害赔偿

人身损害赔偿,是指自然人的生命、健康、身体遭受侵害,造成伤残、死亡的后果以及其他损害,要求赔偿义务人以财产赔偿的方法进行救济和保护的侵权法律制度。该制度主要保护生命权、健康权和身体权等人格权。

侵犯他人造成人身损害的,赔偿范围包括医疗费、误工费、护理费、交通费、住宿费、住院伙食补助费、必要的营养费;致他人伤残的,还应赔偿残疾赔偿金、残疾辅助器具费、被扶养人生活费,以及因康复护理、继续治疗实际发生的必要的康复费、护理费、后续治疗费;致他人死亡的,还应当赔偿丧葬费、被扶养人生活费、死亡补偿费以及受害人亲属办理丧葬事宜支出的交通费、住宿费和误工损失等其他合理费用。

侵害他人人身权益造成财产损失的赔偿,按照受害人因此受到的实际损失计算。受害人的损失难以确定,侵权人因此获得利益的,按照其获得的利益赔偿。受害人的损失和侵权人因此获得的利益均难以确定,且受害人和侵权人就赔偿数额未能协商达成一致的,由人民法院根据实际情况确定赔偿数额。

3. 精神损害赔偿

精神损害赔偿,是指因人格权益、身份权益受到损害导致严重的精神损害而获得的金钱赔偿。

精神损害赔偿适用于侵害自然人的人格权益、身份权益且造成严重精神损害的行为。具体包括:非法侵害自然人的生命权、健康权、身体权、姓名权、肖像权、名誉权、荣誉权、人格尊严权、人身自由权;违反社会公共利益、社会公德侵害他人隐私或者其人格利益;非法使被监护人脱离监护,导致亲子关系或者近亲属间的亲属关系遭受严重损害。侵害法人或者其他组织人格权利的,不产生精神损害赔偿责任。

精神损害的赔偿数额的确定,应考虑以下因素:侵权人的过错程度,法律另有规定的除外;侵害的手段、场合、行为方式等具体情节;侵权行为所造成的后果;侵权人的获利情况;侵权人承担责任的经济能力;受诉法院所在地平均生活水平。但是法律、行政法规对残疾赔偿金、死亡赔偿金等有明确规定的,适用法律、行政法规的规定。

（七）赔礼道歉

赔礼道歉，是指行为人通过口头、书面或者其他方式向受害人进行道歉，以取得谅解的一种责任方式，主要适用于故意侵害人格权益的行为。

赔礼道歉的功能主要不是制裁，而是教育和预防，重在尊重人格。对于抚慰被侵权人的精神伤害，增强侵权人的道德意识，化解矛盾，具有其他责任方式不可替代的作用。

赔礼道歉的强制方式有特殊性，主要是在报刊等媒体上刊登经法院认可的致歉声明或者判决书，其费用由侵权人承担，这种方式实质上是国家审判机关对侵权人的谴责。赔礼道歉责任的承担可以分为自动承担、请求承担和强制承担三种方式，不一定必须通过诉讼程序强制承担。

（八）消除影响、恢复名誉

消除影响、恢复名誉，是指人民法院根据受害人的请求，责令行为人在一定范围内，采取适当方式消除对受害人名誉的不利影响，以使其名誉得到恢复的一种责任方式。主要适用于侵害名誉权的情形。

我国《侵权责任法》把消除影响和恢复名誉放在同一项中规定，因为二者关系密切，在侵犯名誉权时，消除影响可以作为恢复名誉的方法。当然消除影响和恢复名誉所针对的侵权行为也不完全一致，两者也不必然同时适用。

（九）侵权责任方式的开放性

《侵权责任法》规定了八种主要的侵权责任方式。"主要"意味着还有其他责任方式，即侵权责任方式具有开放性。侵权责任方式的开放性体现在法律可以有特别规定。侵权责任方式的开放性还体现在审判实践中可以开创性地适用民事责任方式。

现代社会是高科技社会、高风险社会，是注重人格尊严的社会，伴随而来的是民事权益种类的增多，侵权行为的方式多样，因此侵权责任方式也应当有所发展。侵权责任方式既要贯彻法定原则，又要灵活适用；既要充分保护民事权益，又不会限制人们的自由。

【知识连接】

1.《中华人民共和国民法总则》。

2.《中华人民共和国民法通则》。

3.《中华人民共和国合同法》。

4. 最高人民法院《关于适用〈中华人民共和国合同法〉若干问题的解释（一）》。

5. 最高人民法院《关于适用〈中华人民共和国合同法〉若干问题的解释

（二）》。

6. 最高人民法院《关于审理买卖合同纠纷案件适用法律问题的解释》。
7. 《中华人民共和国侵权责任法》。
8. 最高人民法院《关于确定民事侵权精神损害赔偿责任若干问题的解释》。
9. 最高人民法院《关于审理人身损害赔偿案件适用法律若干问题的解释》。
10. 最高人民法院《关于审理道路交通事故损害赔偿案件适用法律若干问题的解释》。

【思考题】

1. 如何构建我国的民法体系？
2. 试述民事权利的自我保护。
3. 试述我国诸项民法基本原则之间的关系。
4. 试述民法基本原则的意义。
5. 登记对抗要件和登记要件模式的区别是什么？
6. 非基于法律行为的物权变动的效力如何？
7. 如何理解合同法上的义务群？
8. 合同关系与其他民事法律关系的区别？
9. 试述共同侵权行为的构成要件，及其与共同危险行为、无意思联络的数人侵权行为之间的联系和区别。
10. 试述侵权损害赔偿责任与违约赔偿责任的竞合。

第四章 熟悉诉讼制度,提升化解民事纠纷的能力

> **恋人分手之财产纠纷案**
>
> 董某与曹某于2005年6月底相识、恋爱。2005年8月初,两人开始在一起同居生活。同居期间,两人于2006年9月27日以双方共同的名义在某小区按揭购买商品房一套,并共同支付了首付款33614元,余款90000元由董某于2007年3月7日在某银行办理了住房公积金贷款,并以该房屋进行抵押。2007年8月,董某与曹某因感情不和分手。2007年10月6日晚,两人因财产归属问题发生纠纷并报警,在公安机关的调解下,董某与曹某自愿达成了调解协议。
>
> 1. 董某与曹某之间的纠纷是否属于民事纠纷?
> 2. 对于董某与曹某之间的纠纷,公安机关是否有权进行调解?
> 3. 在公安机关的调解下,董某与曹某之间达成的调解协议是否对双方具有约束力?如果一方拒不履行调解协议,另一方应当如何处理?

第一节 厘清民事纠纷范围,合理选择纠纷解决途径

▶一、民事纠纷的处理机制

(一)民事纠纷的概念和特征

在现代法治社会中,各类平等主体在生产、生活的诸多领域形成了纷繁复杂的社会关系。为了维护这些社会关系的秩序和稳定,进而保持社会的安定,国家通过制定民法等民事实体法来平衡平等主体在社会关系中彼此的利益,从而使社会呈现出有序的状态。但是,由于人们在观念和利益等方面存在不一致,在民事领域也存在着各种社会冲突,从而导致了各种民事纠纷的发生。

民事纠纷,是指民事主体违反民事权利义务规范,侵犯了他人民事权利或与他人发生民事争议,由此产生的以民事权利义务为内容的纠纷。

民事纠纷的内容主要表现为有关财产关系的民事纠纷和有关人身关系的民事纠纷。前者如因财产所有关系和财产流转关系而引起的民事纠纷,后者如因人格权关系和身份权关系引起的民事纠纷。与其他纠纷相比,民事纠纷最常见,数量也最多。

民事纠纷与刑事纠纷、行政纠纷相比,具有以下特征:

(1) 民事纠纷发生在平等主体之间。民事纠纷的这一特点源于民事法律关系主体的平等性。民事法律关系是平等主体之间的权利义务关系,所以在因民事法律关系所发生的纠纷中,以及在该纠纷的解决过程中,双方当事人之间的地位也是平等的。

(2) 民事纠纷以民事权利义务关系为内容。平等主体之间纠纷的内容只限于他们之间的民事权利义务关系,是纠纷主体就他们之间的民事权益状态或民事权利归属的认识存在不一致而产生的矛盾。如果超出了这一范围,则不属于民事纠纷。

(3) 民事纠纷以违反民事实体法的规定为形成原因。随着民事纠纷的发生,一方民事主体对他人的民事权利实施侵害,或者与他人发生争议,使得民事实体法所保护的权利义务关系遭到了破坏。此时,原本平衡、和谐的民事法律关系处于一种不正常的状态,只有使民事实体法所保护的社会关系恢复常态,纠纷才能平息。

(4) 民事纠纷的解决具有可处分性。在争议的民事法律关系中,当事人享有的民事权利可以自由处分,这是由民事权利的性质决定的。当事人享有的民事权利可以处分,使得民事纠纷的解决具有了较大的自由空间。

(二) 民事纠纷的处理机制

民事纠纷的处理机制,是指一定社会中实行的,能够有效解决和消除民事纠纷的一整套制度和方法。根据解决民事纠纷的制度和方法的不同性质和特点,以及它们对解决民事纠纷的不同作用,可以将民事纠纷的处理机制分为私力救济、社会救济、公力救济三种。

1. 私力救济

私力救济,是指争议主体依靠自己的力量自行解决争议,排除侵害,维护其权益。私力救济包括自决与和解两种不同的方法。自决,是指纠纷主体一方凭借自己的力量强行使对方服从以解决纠纷。和解,是指双方当事人在相互体谅、相互妥协的基础上达成解决纠纷的合意。其中,自决的方式固然可以消除一些纠纷,但复仇、杀戮、弱肉强食、暴力强制往往不利于对弱者的保护,不能公平和妥善地解决纠纷,违反社会正义,同时还会诱发更多、更激烈的社会纠纷,危及社会秩序。因此,自决的方式逐渐被文明社会所禁止。而和解则建立在双方当事人平等的基础上,以相互协商、相互妥协的方式解决纠纷,因而是私力救济中被倡导的一种纠纷解决方式。

2. 社会救济

社会救济,是依靠社会力量解决民事纠纷的一种机制,具体包括调解与仲裁两种方法。在这种纠纷解决方式中,虽然也尊重当事人的意思自治,但是更注重社会力量对纠纷解决过程的介入,注重发挥社会力量作为第三方主持、说服和沟通的作用。同时,虽然社会救济是非公权力解决纠纷的方式,但是国家也对其进行规范,并赋予其纠纷解决结果一定的法律效力,而这一点是私力救济所不具备的。

(1) 调解

调解,是指由第三方出面,依据一定的道德和法律规范对发生纠纷的双方当事人进行劝说,使之达成谅解和让步,从而消除争端,改善相互之间关系的一种活动。

随着第三方力量的介入,纠纷解决的希望增大,而纠纷解决的自主性变小。此时,虽然纠纷的解决最终取决于双方当事人的合意,但第三方的主持、说服、斡旋对纠纷的解决起着非常重要的作用。

我国民间调解的最重要形式是由人民调解委员会进行的调解。2010年8月,第十一届全国人民代表大会常务委员会第十六次会议通过并颁布了《中华人民共和国人民调解法》,于2011年1月1日正式生效。这是我国第一部全面规范人民调解工作的法律。该法为指导管理人民调解工作、依法调解矛盾纠纷,提供了坚实的法制保障,对推动人民调解工作的法制化、制度化、规范化,均具有十分重要的意义。

(2) 仲裁

仲裁,是指纠纷双方在纠纷发生前或纠纷发生后自愿达成仲裁协议,将纠纷提交仲裁委员会审理并作出裁决或调解的机制。

仲裁与其他民事纠纷解决方式相比,具有以下显著特征:

① 自治性。自治性是仲裁最为重要、最为明显的特征,具体体现在以下方面:当事人可以合意确定是否以仲裁的方式解决民事纠纷;当事人可以合意确定仲裁事项;当事人可以合意选择仲裁委员会和仲裁员;当事人可以约定审理方式;当事人在仲裁中可以合意确定是否和解或调解等。

② 民间性。仲裁作为社会救济的主要方式,其民间性主要体现在以下方面:仲裁机构不是国家机关,不享有国家公权力,仲裁机构没有直接采取证据保全、财产保全措施的权力,以及直接强制执行仲裁裁决的权力;仲裁员不是国家工作人员,仲裁员以及仲裁委员会独立于行政机关,也独立于人民法院。

③ 规范性。仲裁虽然属于社会救济,但与和解相比具有较强的规范性,具体体现在以下方面:仲裁当事人、参与人应当依法进行仲裁活动,服从仲裁机构、仲裁庭的组织和指挥;具有给付内容的仲裁裁决、调解书一经生效便具有强制执行的效力,当事人应当自动履行义务,否则对方当事人可申请人民

法院强制执行;人民法院在特定的情形下可以依法撤销或不予执行仲裁裁决。

④ 便捷性。仲裁程序比诉讼程序简便、灵活、快捷,更能够适应民商事纠纷主体低成本、高效率解决纠纷的需要。仲裁程序充分考虑仲裁当事人的意思自治,当事人自主选择的空间较大,审理周期短,费用低,一裁终局,能够确保他们之间的民商事纠纷得以及时、迅速地解决。

⑤ 独立性。独立性是公正性的必要条件。仲裁权的独立性、仲裁机构的独立性、仲裁庭的独立性和仲裁员的独立性为保证仲裁的公正性提供了重要条件。仲裁权的独立性不允许任何行政机关、社会团体和个人对仲裁权的行使加以干涉。仲裁员和仲裁庭在审理案件时与仲裁机构之间不存在隶属关系,依法独立办案。

⑥ 保密性。仲裁以不公开进行为原则、以公开进行为例外,这是世界各国通行的做法。仲裁员及其相关工作人员对在仲裁案件过程中获知的信息有严格保密的义务。仲裁庭审理过程一般不允许旁听和媒体报道,这样可保证当事人的商业秘密不因仲裁而公之于众,有助于消除当事人提交仲裁解决民商事纠纷的顾虑。

3. 公力救济

公力救济,是指争议主体利用国家公权力解决民事纠纷的一种机制。公力救济包括行政救济和司法救济。司法救济在民事领域的表现形式就是民事诉讼。公力救济的实质是由特定的国家机关,在纠纷主体的参加下,解决特定的社会纠纷的一种最具权威和最有效的机制。

诉讼是解决社会纠纷的机制中最正式、最权威、最规范的一种方式。首先,诉讼有规范的程序设置,可保障双方当事人平等对抗,充分行使自己的权利,从而满足当事人保护合法权益的实体目的。其次,诉讼以强制力解决纠纷,是由特定的、有组织的主体实施,裁判者代表国家行使审判权,统一适用国家法律,避免了其他暴力形式的存在,有利于维护法律秩序。再次,诉讼最具权威性,是体现国家公力救济的标志。正因为如此,在现代法治社会中,诉讼是解决社会纠纷的最终方式。以和解与调解方式解决的纠纷,假如当事人不服或者反悔的,仍可向法院提起诉讼,诉讼结果为解决该项争议的最终结果。最后,诉讼的存在,提高了其他冲突解决手段的适用概率和适用效果。没有诉讼审判机制,其他手段也将会是苍白无力的。

▶ 二、民事诉讼

(一)民事诉讼的概念和特点

民事诉讼,是指法院在当事人和其他诉讼参与人的参加下,依法审理和解决民事案件所进行的各种诉讼活动,以及在活动中产生的各种诉讼法律关系的总和。

作为民事纠纷解决机制的重要组成部分,民事诉讼与其他纠纷解决方式相比,具有以下特征:

1. 民事诉讼以国家强制力为后盾解决民事纠纷

从性质上看,民事诉讼属于公力救济,它以国家强制力为后盾,因而在解决民事纠纷的多种方式中,民事诉讼是一种最常规、最规范、最为有效的手段。民事诉讼与非诉讼手段的重要区别之一,就在于它始终是以国家强制力作为解决民事纠纷后盾的。

2. 民事诉讼以严格的规范性解决民事纠纷

我国《民事诉讼法》规定了一套比其他民事争议解决制度更为严格和规范的程序,人民法院、当事人以及一切诉讼参与人都必须严格按照规定的程序进行诉讼。违反了规定的方式和程序可能会导致诉讼行为的无效;严重违反诉讼程序的,还会受到法律的制裁。

3. 民事诉讼具有一定的局限性

与其他纠纷解决方式相比,民事诉讼也具有一定的局限性,主要表现在以下方面:

(1) 由于民事诉讼是具有较高职业性、专门性、技术性的活动,民众普遍不了解、不熟悉,加之许多当事人对我国实体法和程序法的规定存在认知方面的障碍,因而在一定程度上阻碍了当事人选择诉讼作为解决纠纷的方式。

(2) 民事诉讼设有严格的程序制度,因而操作复杂、耗时较长、成本较高,周期较长,这也影响了部分当事人对诉讼程序的利用。

(3) 民事诉讼的国家强制力与规范性特点,使当事人的意思自治受到限制。因此,纠纷虽然从法律上被解决,但当事人心理上的对抗往往不能消除,程序的灵活性也不如其他纠纷解决方式。

正因为民事诉讼、诉讼外调解、和解、仲裁等纠纷解决方式各具特色,不能相互替代,因而有必要构建一个多元化的纠纷解决机制。民事纠纷中的冲突主体可根据其各自的特点、自身的利益需求及法律的规定从中作出选择。

(二) 人民法院适用民事诉讼法主管民事案件的范围

《民事诉讼法》第3条规定:"人民法院受理公民之间、法人之间、其他组织之间以及他们相互之间因财产关系和人身关系提起的民事诉讼,适用本法的规定。"这一规定是以发生争议的实体法律关系是否属于民事关系为标准,来划定人民法院民事诉讼主管范围的。《民事诉讼法》是保证民法实施的程序法,理应将因民事争议案由作为人民法院确定民事诉讼主管的概括性标准。

根据上述规定,确定人民法院民事诉讼的主管范围应当符合以下条件:

(1) 争议主体的实体法律地位平等。民事诉讼程序解决的纠纷,是以民事实体权利义务为基础的争议,而民事权利义务关系主体之间的法律地位是平等的。通常情况下,人民法院主管民事案件的范围就应当是以平等主体之间的争议为前提。

(2) 争议所涉及的内容应当是民事权利义务,具体包括财产关系和人身关系争议。民事诉讼所解决的是一种法律上的权利义务争议,而这种权利义务争议只能是以民事权利义务为内容的争议,这样才能通过民事诉讼程序加以解决,才属于法院主管民事案件的范围。

(3) 当事人向人民法院提起诉讼。在我国民事纠纷的救济机制中,存在当事人协商和解、人民调解委员会调解、仲裁委员会仲裁、行政机关依法调解处理和民事诉讼等多种途径,特定的民事纠纷发生后,选择什么方式和什么机构解决纠纷是当事人的自由;只有当事人向人民法院起诉后,案件才能现实地成为人民法院主管案件的范畴。

具体而言,我国人民法院主管的民事案件有以下几种:

第一,平等主体之间发生的财产权和人身权纠纷。这类纠纷包括:

(1) 由民法调整的物权关系、债权关系、知识产权关系、人身权关系引起的民事案件,如有关财产所有权、用益物权、担保物权、合同、无因管理、不当得利、侵权赔偿、专利权、著作权、商标权、人格权和身份权等权利义务的纠纷形成的民事案件。

(2) 由《婚姻法》《继承法》《收养法》等调整的因婚姻家庭关系、继承关系、收养关系等产生的纠纷形成的民事案件,如离婚案件,追索赡养费、扶养费、抚育费案件,财产继承案件,解除收养关系案件。

(3) 由商法调整的商事关系引起的民事案件,如有关票据权利义务关系、海事海商权利义务关系的纠纷形成的民事案件。

(4) 在由经济法调整的经济关系中,属于平等主体之间权利义务关系纠纷形成的民事案件。如因不正当竞争行为引起的损害赔偿案件,因环境污染引起的相邻关系案件。

(5) 因劳动法调整的劳动关系所发生的纠纷形成的民事案件。劳动争议的处理有四种方式,即和解、劳动争议调解、劳动争议仲裁与诉讼。其中,和解与劳动争议调解是自愿的,而劳动争议仲裁是诉讼的前置性程序,当事人对劳动争议仲裁裁决不服的,可以在法定期间内向有管辖权的人民法院起诉。

第二,法律规定由人民法院适用《民事诉讼法》受理的其他案件。从理论上分析,有些案件并不属于法院主管的范畴,但立法明示某些特定案件通过民事诉讼程序加以处理,这些案件也属于法院民事案件主管的范围。主要有以下情形:《选举法》和《民事诉讼法》规定的选民资格案件;《民事诉讼法》规定由人民法院审理的民事非讼案件,如宣告公民失踪和宣告公民死亡案件、认定公民无民事行为能力和限制民事行为能力案件、认定财产无主案件;适用督促程序、公示催告程序、企业法人破产还债程序处理的案件。

(三)民事诉讼与其他民事纠纷解决方式之间的关系

在我国,除民事诉讼外,民事纠纷的解决途径还包括当事人和解、有关机构或组织主持下的调解、仲裁机构仲裁裁决等其他多种途径。民事纠纷发生后,当事人自由选择解决纠纷的具体途径,各个机构不得主动介入。因此,属于人民法院主管的民事纠纷,有许多未被当事人诉诸法院,而是通过其他途径解决的,或者是先通过其他途径解决未获满意结果才诉诸法院的。

根据我国多年的司法实践经验,在处理人民法院与其他国家机关、社会组织主管民事纠纷的关系时,遵循"司法最终解决原则"。所谓"司法最终解决原则",是指其他机构对其主管的民事纠纷不能彻底解决时,均由法院通过审判的方式最终解决纠纷,法院的裁判具有最高的权威性和法律效力,对机关、团体和个人都具有约束力。依照"司法最终解决原则"的要求,处理人民法院主管民事纠纷与其他机构、社会组织主管民事纠纷的关系,应当遵循以下规则:

1. 人民法院与仲裁机构主管民事纠纷的关系

人民法院是国家的司法机关,通过行使审判权解决当事人之间的争议。仲裁机构是自律性的民间机构,通过行使法律赋予的仲裁权解决当事人之间的纠纷。由于人民法院和仲裁机构对民事案件的主管范围具有重合性,因此正确处理二者主管民事案件的关系是科学认定具体民事案件主管的关键。二者的关系体现在:

(1)人民法院主管民事案件的范围宽于仲裁机构主管案件的范围。按照《仲裁法》的规定,仲裁机构主管的案件只包括平等主体的公民之间、法人之间和其他组织之间以及他们相互之间发生的合同纠纷和其他财产权益纠纷。但婚姻、收养监护、扶养、继承纠纷等不由仲裁机构主管。而上述所有纠纷都属于人民法院的主管范围。

(2)对于既属于人民法院又属于仲裁机构主管范围的民商事案件,应当依据当事人意愿来确定主管。如果双方当事人签订仲裁协议依法选择了以仲裁方式解决纠纷,就不得再向人民法院起诉;如果当事人没有订立仲裁协议或者仲裁协议无效,可以向人民法院起诉。需要强调的是:根据"或裁或审、一裁终局"原则,仲裁裁决生效后,当事人不服的,不得向人民法院起诉,也不得再向仲裁机构申请仲裁;当事人因认为仲裁裁决有法定撤销或不予执行事由而申请撤销或者不予执行仲裁裁决的案件,属于人民法院主管。

(3) 当事人在仲裁裁决被人民法院撤销或者裁定不予执行后,重新达成仲裁协议申请仲裁的,由仲裁机构主管。没有达成新的仲裁协议,或者新达成的仲裁协议无效的,由人民法院主管。

2. 人民法院与人民调解委员会主管民事案件的关系

人民调解委员会是村民委员会和居民委员会下设的调解民间纠纷的群众性组织。人民法院主管民事案件的范围明显宽于人民调解委员会的调解范围,但对于公民之间有关人身、财产权益和其他日常生活中发生的纠纷部分,二者的主管范围是重合的。在处理其关系时应遵循以下原则:

(1) 自愿调解原则。当事人因民事权益发生纠纷,在双方当事人自愿的前提下可以向人民调解委员会申请解决,人民调解委员会有权进行调解。

(2) 人民调解不是纠纷解决的必经程序。当事人中一方向调解委员会申请调解,另一方向人民法院起诉的,由人民法院主管;调解不成或调解达成协议后反悔,当事人向人民法院起诉的,同样由人民法院主管。

(3) 人民调解协议具有契约效力(无强制执行力)。经人民调解委员会调解达成的调解协议,具有法律约束力,当事人应当按照约定履行。人民调解委员会应当对调解协议的履行情况进行监督,督促当事人履行约定的义务。经人民调解委员会调解达成调解协议后,当事人之间就调解协议的履行或者调解协议的内容发生争议的,一方当事人可以向人民法院提起诉讼。由此可见,经人民调解委员会调解达成的协议,并不产生与人民法院的生效法律文书同等的效力。

(4) 人民调解协议的司法确认。为了充分发挥人民调解在解决民事纠纷方面的作用,《人民调解法》第33条还规定了对人民调解协议的司法确认问题,即经人民调解委员会调解达成调解协议后,双方当事人认为有必要的,可以自调解协议生效之日起30日内共同向人民法院申请司法确认。人民法院应当及时对调解协议进行审查,依法确认调解协议的效力。人民法院依法确认调解协议有效,一方当事人拒绝履行或者未全部履行的,对方当事人可以向人民法院申请强制执行;人民法院依法确认调解协议无效的,当事人可以通过人民法院调解的方式变更调解协议或者达成新的调解协议,也可以向人民法院提起诉讼。

3. 人民法院与有关行政单位、执法机关主管民事案件的关系

依据法律规定,行政机关在履行对社会事务的管理职能时,也有处理部

分民事纠纷的权限。在处理人民法院与行政机关主管民事案件的关系时应遵循如下原则：

(1) 并行主管中，人民法院主管优先。根据国家法律、法规的规定，某些违反法律、法规而给他人造成财产和人身损害的侵权纠纷，有关行政单位、执法机关有权进行调解。比如，企业内部职工之间因侵权损害引起的纠纷，企业行政部门有权进行调解，因违反有关治安管理的法律法规而发生的治安案件，以及当事人之间因侵权损害而发生的纠纷，公安机关有权调解。当事人拒绝调解或有关机关调解不成的，当事人可以向人民法院起诉。另外，如果一方当事人请求行政机关处理，另一方当事人向人民法院起诉，则由人民法院主管。因此，法院主管与有关行政单位、执法机关主管的关系是：某些事项可以由行政机关、执法机关调解，但是最终需服从于法院的解决。

应当说明的是，对于某些特殊类型的纠纷处理，法律规定向特定的机构申请处理是当事人向法院提出诉讼的前置程序。比如，公民对选举委员会公布的选民名单有异议的，可以向选举委员会申诉；对选举委员会作出的决定不服的，方可向人民法院起诉。

(2) 当事人因不服行政机关的处理决定而向人民法院起诉的，属于行政诉讼的范畴，应划入人民法院行政诉讼的主管范围。如依据我国《专利法》第60条的规定，未经专利权人许可，实施其专利，即侵犯其专利权，引起纠纷的，由当事人协商解决；不愿协商或协商不成的，专利权人或利害关系人可以向人民法院起诉，也可以请求管理专利工作的部门处理。管理专利工作的部门处理时，认定侵权行为成立的，可以责令侵权人立即停止侵权行为。当事人不服的，可以自收到处理通知之日起15日内依照《中华人民共和国行政诉讼法》向人民法院起诉；侵权人期满不起诉又不停止侵权行为的，管理专利工作的部门可以申请人民法院强制执行。

(3) 当事人因不服行政机关的调解而向人民法院起诉的，属于人民法院民事诉讼的主管范围。如我国《专利法》第60条规定，进行处理的管理专利工作的部门应当事人的请求，可以就侵犯专利权的赔偿数额进行调解；调解不成的，当事人可以依照《中华人民共和国民事诉讼法》向人民法院起诉。

(4) 法律规定专属于其他行政机关处理的争议，由相应机关处理，人民法院无权主管。如农村因划分责任田、规划宅基地引发的纠纷，离婚登记效力的纠纷等。

三、诉权与诉

（一）诉权

1. 诉权的概念

民事诉讼中的诉权，是指民事纠纷的主体享有的，请求法院依法保护其民事权益的权利。这一概念包括两层含义：(1) 诉权的主体为民事纠纷的主体。即在民事诉讼中，只有当事人才享有诉权，人民法院、人民检察院和其他诉讼参与人均不享有诉权。(2) 诉权主体行使诉权的目的在于请求法院保护自己的民事权益，而不是其他权益。

诉权的本质是国民向法院请求行使审判权的权利，因此，又称为司法保护请求权。它是公民、法人和其他组织在其民事权益受到侵害或者与他人发生争议时，请求法院用判决的方式予以保护的一种权利。

既然宪法和法律赋予国民生命权、财产权等各种权利，那么也应当保证国民在这些权利受到侵害或发生争议时能够获得充分救济。因为，"没有救济的权利不是权利"。在文明社会中，国家禁止私力救济中的自决，将强制性解决纠纷的职能全部收为己有，当然也就产生了国家对国民的权利遭受侵害时给予保护的义务。与此相对应，国民也就拥有了保护其权利的请求权，其中最重要的方式就是利用诉讼的权利。在具备诉权要件和诉权行使的程序要件时，法院必须受理诉讼，并依法进行审理和作出裁判。因此，诉权是国民依法享有的一项宪法基本权利，是人权的重要内容之一。

诉权从其内容来看，具有双重含义，即诉权的程序含义和诉权的实体含义。诉权的程序含义，是指在程序上请求法院行使审判权。诉权的程序含义使得启动诉讼程序成为可能。此种诉权的形式实际上是提起程序意义上的诉，即当事人以行使起诉权或反诉权的形式请求法院启动诉讼程序。诉权的实体含义，是指保护民事权益或解决民事纠纷的请求权。行使这种诉权实际上是提起实体意义上的诉，并使其成为法院的审判对象。

诉权的双重含义是指诉权的这两种法律性质共同构成了诉权的内容，而不是把诉权分割为两种彼此独立的权利。凡是诉权，都同时具有这两种含义。诉权的程序含义与诉权的实体含义是一个统一体的两个方面，二者是互相依赖、不可分割的。前者是后者的实现方式和途径，后者是实现前者的目的和意义，两者相辅相成，共同构成了诉权的完整内涵。

2. 诉权的特征

诉权作为一种特殊的权利，与其他权利相比，具有以下基本特征：

(1) 诉权的行使须以民事诉讼法和民事实体法为依据。诉权是国家赋予社会成员请求司法保护的权利。为了保证这种权利的正确行使,国家通过民事实体法规定纠纷当事人可以在什么情况下和在多长期限内有权请求法院解决民事权利义务争议,以强制实现其权利。实体法上的请求权是诉权的依据,即行使诉权必须以提出实体法上的请求权作为依据,但是诉权的存在与实体法上的请求权是否真的存在无关。当事人只需根据自身的法律评价主张一种实体法上的请求权即可,至于这种请求权是否能得到法院裁判的确认和支持,并不影响诉权的存在。国家通过民事程序法规定纠纷当事人可以根据什么条件向法院提起诉讼,依照什么程序进行诉讼活动。诉权的行使必须以民事程序法的规定为依据。如果当事人基于某种民事纠纷享有实体法上的请求权,但是《民事诉讼法》将这类纠纷排除在诉讼救济之外,或者为这类纠纷的解决设置了其他的程序,那么当事人对此类纠纷就不享有诉权或者说诉权受到了限制。

(2)诉权为纠纷当事人平等享有。当事人行使诉权的目的,在于通过法院判决对双方之间民事权利义务关系的确认,使争议得以解决,使自己的民事权益得到保护。因此,凡是与争议的法律关系有直接利害关系的当事人均享有诉权。

(3)诉权的行使贯穿于诉讼的全过程。诉权是当事人请求司法保护的权利。在诉讼中当事人依照诉讼程序进行各种诉讼活动,实施各种诉讼行为。例如,与对方当事人进行辩论、向人民法院提供证据以支持自己的主张等均是当事人行使诉权的具体表现。因此,诉权的行使必然贯穿于诉讼的全过程,既包括审判阶段,也包括执行阶段。

(二)诉

1. 诉的概念

民事诉讼中的诉,是指民事争议发生时一方当事人针对纠纷的另一方当事人向人民法院提出的关于解决争议的请求。任何公民、法人和其他组织享有的民事权益受到侵犯或者发生争议时,都可以按照《民事诉讼法》的规定,向人民法院提出保护其权利的请求。诉是民事审判活动的基础和前提,也是人民法院行使审判权针对的对象。

对诉的含义,我们可以从两个方面加以理解:(1)程序意义上的诉。所谓程序意义上的诉,是指当事人根据民事诉讼法的规定,向人民法院提出的对民事纠纷进行审判的请求。这一请求使民事诉讼程序得以启动,是人民法院开始民事审判活动的前提和基础。(2)实体意义上的诉。所谓实体意义上的诉,是指当事人关于保护民事权益或解决民事纠纷的请求。而这一请求正是当事人进行民事诉讼活动的主要目的。程序意义上的诉和实体意义上的诉紧密联系，相互依存。程序意义上的诉必须以实体意义上的诉为基础。实体意义上的诉则是程序意义上的诉的目的和内容。如果没有程序意义上的诉，实体意义上的诉就无法实现和得到保障；如果无实体意义上的诉，程序意义上的诉就会变成既无目的又无内容的活动。简言之，程序意义上的诉是实体意义上的诉的实现方式和途径，实体意义上的诉是程序意义上的诉的目的和意义所在。

2. 诉的特征

民事诉讼中的诉有以下特征：

（1）诉的主体是当事人。诉的起因是当事人之间发生了民事权益的纠纷，因此，纠纷的当事人是诉的主体。

（2）诉应当向人民法院提出。对于民事纠纷的解决，国家设置了调解、仲裁、民事诉讼等多种方式，当事人对这些解决纠纷的方式有程序上的选择权，但是只有向人民法院提起解决纠纷的请求，才能称为诉。

（3）诉是一种请求。诉是当事人向人民法院提出的一种解决特定民事纠纷的请求。

3. 诉的要素

诉的要素，是指构成一个诉所必不可少的能使诉特定化的因素。一般认为，诉的要素包括当事人、诉讼标的和诉讼理由。

（1）诉的主体

诉的主体就是指诉讼的当事人。任何一个诉都必须有当事人。没有当事人，诉就不能提起；当事人不符合条件，诉就不能顺利进行。因此，诉的主体是诉的要素。

（2）诉讼标的

诉讼标的，即诉讼对象，是指当事人之间发生争议的、请求法院予以裁判的实体权利义务关系。当事人提起诉讼的目的，以及人民法院进行审理活动的目的都是为了解决当事人之间争议的权利和义务。诉讼标的是任何一起民事案件都必须具有的。因此，诉讼标的是诉必不可少的另一要素。

（3）诉的理由

诉的理由，又称为诉讼理由，是指使当事人提出的诉讼请求得以成立的根据，包括事实根据和法律根据两方面的内容。事实根据是指诉方当事人提出诉讼请求所依据的案件事实，通常包括两个方面的事实：一是引起当事人之间民事法律关系发生、变更或消灭的事实；二是当事人民事权益受到侵犯或者发生争议的事实。法律根据是指诉的一方当事人提出诉讼请求所依据的法律规定。诉的理由是任何一个诉都必须具备的要素之一。当事人向人民法院提出保护自己合法权益的请求,没有理由,请求就不能成立。没有诉讼理由的诉,是不完整的诉,人民法院不能受理案件。

4. 诉的种类

根据诉的目的和内容不同,可以把诉分为确认之诉、给付之诉和变更之诉三种。这三种诉各有自己的特点。

(1) 确认之诉

确认之诉,是指一方当事人请求法院确认其与对方当事人之间争议的民事法律关系是否存在或者存在的具体状态之诉。

确认之诉可以分为肯定确认之诉和否定确认之诉。肯定确认之诉,是指一方当事人请求法院确认其与对方当事人之间存在某种民事法律关系,如请求确认存在婚姻关系、收养关系等。否定确认之诉,是指一方当事人请求法院确认其与对方当事人之间不存在某种民事法律关系,如请求确认不存在婚姻关系、收养关系等。

确认之诉有三个主要特点:第一,一方当事人提出确认之诉的目的,不是要求法院判令对方当事人履行一定的给付义务,而是要求法院明确某一争议的民事法律关系是否存在或者存在的具体状态。第二,确认之诉所要确认的民事法律关系必须是现存的。第三,法院对确认之诉进行审理后所作出的判决,没有给付内容,不具有执行性。

(2) 给付之诉

给付之诉,是指一方当事人请求法院判令对方当事人履行一定民事义务之诉。例如,请求判令赔偿损失,请求判令给付违约金,请求判令给付赡养费、扶养费、抚育费等。

在给付之诉中,原告对被告享有特定的给付请求权,是给付之诉成立的基础。原告的给付请求权的享有,是因为原告和被告之间存在具有给付内容的民事法律关系,被告不履行给付义务,原告就可以根据民法上的给付请求权提起给付之诉。原告提起给付之诉,如果胜诉,其判决则为给付判决。给付判决确定被告履行一定给付义务,具有执行力。给付之诉可作如下分类:

第一,根据请求履行的义务是否到期为标准,可以分为现在给付之诉和将来给付之诉。现在给付之诉,是指当事人针对现存的给付义务而提出的给付之诉,法院作出的给付判决生效后,一方当事人必须立即向对方当事人履行给付义务。将来给付之诉,是指当事人针对将来的给付义务而提出的给付之诉,法院作出的给付判决要待义务履行期到来或者所附条件具备时,一方当事人才向对方当事人履行给付义务。

第二,根据请求给付的内容为标准,可以分为实物给付之诉和行为给付之诉。实物给付之诉,是指一方当事人请求法院判令对方当事人履行交付一定物品的义务。行为给付之诉,是指一方当事人请求法院判令对方当事人履行为一定行为或不为一定行为的义务。

第三,由于实物有种类物与特定物之分,因此,也有人将给付之诉分为特定物给付之诉、种类物给付之诉和行为给付之诉三种。

给付之诉的特点是原告请求法院判令被告向自己履行民事义务。因此,法院不仅要确认当事人之间是否存在一定的民事法律关系,而且原告的主张若能成立,法院要判令被告依照这种法律关系的内容履行一定的民事义务。这个义务既包括给付一定的金钱、财物,也包括为一定的行为。行为既包括作为,也包括不作为。法院对给付之诉所作出的判决,如果负有义务的一方当事人不自动履行,对方当事人可以申请法院强制执行。

(3) 变更之诉

变更之诉,是指原告请求法院通过判决改变或者消灭其与对方当事人之间现存的某种民事法律关系之诉。例如,甲起诉,请求人民法院判决解除其与丈夫乙之间的婚姻关系。

变更之诉的特点是,双方当事人对于他们之间存在的民事法律关系的性质与状态没有争议,并且在人民法院作出变更民事法律关系的判决生效以前,当事人之间的原民事法律关系仍然保持现状,但是在判决发生法律效力以后,原来的民事法律关系就发生了变化。

(三) 反诉

1. 反诉的概念

反诉,是指在已经开始的诉讼中,本诉的被告以本诉的原告为被告,向法院提出与本诉有牵连关系的独立的诉讼请求,以达到抵消、动摇或者吞并本诉的目的。原告提起的诉,称为本诉。反诉是与本诉相对应的,都是保护民事主体合法权益的诉讼制度。

反诉制度存在的基础是原、被告之间彼此联系的非单一性,以及权利和义务的交叉和重叠。例如,在房屋租赁纠纷中,房东起诉要求房客支付房租3000元,房客反诉称屋顶漏雨多次要求房东修缮房屋未果,导致下雨屋漏使得家电和家具被雨水浸泡损失4000多元,要求房东赔偿损失。

在民事诉讼中规定反诉制度,体现了当事人双方诉讼权利平等的原则,是当事人享有程序意义上诉权的重要体现。通过反诉与本诉的合并审理,能够更好地查明案情,解决当事人的纠纷。反诉制度可以起到程序简化和诉讼经济的作用,在一定程度上体现了诉讼效率的要求。通过反诉,将两个有关联的诉讼请求合并审理,可以避免法院对相关问题作出互相矛盾的判决。

2. 反诉的特征

反诉是被告所享有的维护自身合法权益的一种特殊的诉讼权利,具有以下特征:

(1)反诉对象的特定性。反诉只能由本诉的被告针对本诉的原告提起,即本诉与反诉的双方当事人不增加、不减少,当事人的人数完全相同,只是原告和被告的诉讼地位进行了调换。

(2)反诉请求的独立性。反诉虽然是以本诉的存在为前提的,没有本诉也就不存在反诉,但是反诉请求也具有独立性。这种独立性体现在:反诉具有独立之诉的要素;被告向原告提出反诉,应按起诉的程序和方式向法院提出;反诉一经成立,不因本诉的撤回而终结,也不因原告放弃诉讼请求而失效。

(3)反诉请求理由的牵连性。这种牵连性既包括客观法律关系或者法律事实的联系,也包括主观权益上的联系。如果两诉之间毫无联系,则反诉不能成立。

(4)反诉时间的限定性。反诉只能在本诉进行中提起,一般是在本诉原告起诉后,举证期限届满前提起,才便于人民法院将反诉与本诉合并审理。

(5)反诉目的的对抗性。被告之所以提出反诉,其目的就是为了对抗本诉原告的诉讼请求。这种对抗包括动摇、抵销或者吞并原告的诉讼请求,使原告的请求全部失去作用,甚至迫使本诉的原告对自己履行一定的义务。

3. 提起反诉的条件

在诉讼原理上,反诉实际上是一种特殊形式的起诉。因此,反诉的提起除了应具备起诉的一般要件之外,还必须具备以下条件:

(1)反诉必须向审理本诉的法院提起。只有向同一法院提起,才能达到反诉的目的,本诉和反诉也才能够合并审理。

(2)反诉与本诉必须属于同一诉讼系列,适用同一诉讼程序。反诉与本诉必须同属于民事诉讼系列,并适用民事诉讼的同一诉讼程序。

(3)反诉只能在本诉进行中提起。没有本诉就谈不上反诉,因此,只有在本诉进行中才能提起反诉。

(4)反诉应当与本诉具有牵连性。反诉与本诉的诉讼标的或者诉讼理由,应当在法律上或事实上有牵连关系。如果本诉的被告提出的诉与本诉原告提出的诉毫无联系,则应是两个独立案件,应分开审理。

第二节　了解诉讼基本准则,确立纠纷解决的正确理念

▶一、民事诉讼法的基本原则的概念

民事诉讼法的基本原则,是指在民事诉讼的整个过程中或者在重要的诉讼阶段,起着根本性指导作用的准则。

民事诉讼法的基本原则体现民事诉讼法的精神实质,是民事诉讼程序制度和规则产生的根据,是法院和诉讼参与人进行民事诉讼活动的基本准则。在诉讼实践中,这些基本原则为人民法院的审判活动和诉讼参与人的诉讼活动指明了方向,概括地提出了要求,因此对民事诉讼具有普遍的指导意义。

民事诉讼法学理论界将民事诉讼法基本原则分为共有原则和特有原则两大类。共有原则是根据宪法原则,参照《人民法院组织法》的有关规定确定的基本原则。例如,人民法院依法独立行使审判权原则,以事实为根据、以法律为准绳原则等。这些原则的特点是它不仅适用于民事诉讼,而且也适用于刑事诉讼和行政诉讼。正因为如此,这些原则就成为了共有的基本原则,简称共有原则。特有原则是根据民事诉讼的特殊规律和要求制定的基本原则,反映了民事诉讼的特殊性,只适用于民事诉讼,例如辩论原则、处分原则等。因此,这些是民事诉讼法的特有原则,简称特有原则。严格意义上的民事诉讼法的基本原则是指民事诉讼法的特有原则,以下就对这些特有原则进行阐述。

▶二、诉讼权利平等原则

我国《民事诉讼法》第 8 条规定:"民事诉讼当事人有平等的诉讼权利。人民法院审理民事案件应当保障和便利当事人行使诉讼权利,对当事人在适用法律上一律平等。"本条规定确立了当事人诉讼权利平等原则以及这一原则的基本内容。

诉讼权利平等原则是宪法规定的"公民在法律面前一律平等"原则在民事诉讼中的贯彻和具体体现,也是民事实体法规定的权利平等原则在民事诉讼中的必然要求。在民事诉讼中,双方当事人平等体现了民事诉讼对抗式结构的特点,是程序正义的基本要求。诉讼权利平等原则的贯彻有利于人民法院通过双方当事人的对抗,发现争议焦点和案件事实,作出公正的裁判。

根据民事诉讼法的规定,当事人诉讼权利平等原则,包括以下内容:

1. 当事人的诉讼地位平等

诉讼地位平等,是指不因当事人的出身、社会地位、经济状况、文化程度、民族等因素不同而使其在诉讼中的地位有所差异。在民事诉讼中,只有原告、被告称谓的不同,不存在双方诉讼地位的优劣和差异。

2. 当事人在诉讼中享有的诉讼权利和承担的诉讼义务平等

诉讼地位平等就要求双方当事人在民事诉讼中平等地享有诉讼权利,平等地承担诉讼义务。当事人享有平等的诉讼权利,并不意味着当事人的诉讼权利是完全相同的。有的诉讼权利是双方都享有的,例如,双方当事人都有权委托诉讼代理人、收集提供证据、进行辩论。而有些诉讼权利只能由原告享有,有些诉讼权利则只能由被告享有。例如,原告享有放弃、变更诉讼请求的权利;被告则享有承认、反驳原告提出的诉讼请求、提出反诉的权利。这些权利虽然不相同,但它们是相对应的。同样,诉讼义务的平等也包括双方当事人所承担的诉讼义务相同或相对应。

3. 双方当事人行使诉讼权利的机会是均等的

当事人在民事诉讼中进行"攻击"与"防御"的机会是平等的。例如,当事人双方都有对案件事实进行陈述的权利,都有权提出证据以维护其合法权益;一方当事人提出主张时,另一方当事人有权反驳其主张;一方提出证据证明其主张时,另一方有权进行质证并提出反证予以抗衡。任何一方不得享有比对方更优越或更多的诉讼权利,只有赋予双方当事人平等的权利、均等的机会,才能维系民事诉讼活动中双方当事人"攻击"与"防御"的平等进行。

4. 保障和便利当事人平等地行使诉讼权利

诉讼权利平等原则作为民事诉讼法的基本原则,是对民事诉讼法本质的一种抽象概括。要使当事人真正现实地平等享有和行使诉讼权利,还必须从以下两个方面加以保障:

(1) 立法保障。作为立法的指导原则,诉讼权利平等原则应当体现在《民事诉讼法》的相关制度和具体规范中,使这一原则具体化,为当事人实际平等地享有和行使诉讼权利提供法律依据。

(2) 在司法实践中,人民法院应当为当事人平等地行使诉讼权利提供保障和便利。依法保障双方当事人平等行使诉讼权利,并且为他们行使诉讼权利提供平等的机会和条件,是人民法院应当履行的职责,也是诉讼权利平等实现的重要保证。这包含两方面的含义:一是人民法院应当保障当事人能够平等地行使诉讼权利,为当事人行使诉讼权利提供均等的机会。二是人民法院应当为当事人平等行使诉讼权利提供便利条件。例如,对书写诉状有困难,不通晓当地的语言文字,生活困难的当事人,人民法院应当为其指定代书人,提供翻译,给予法律帮助等,为当事人行使诉讼权利创造条件。

▶ 三、辩论原则

我国《民事诉讼法》第12条规定:"人民法院审理民事案件时,当事人有权进行辩论。"本条规定确立了我国民事诉讼中的辩论原则。

诉讼中的辩论,是指当事人在民事案件审理过程中依法对案件事实和争议问题各自陈述自己的主张和观点,反驳对方的主张和观点的一种诉讼活动,是当事人依法获得的支持自己诉讼主张的重要手段。辩论原则,是指当事人在民事案件审理过程中有权就案件事实和争议问题相互辩论,人民法院通过当事人的辩论来明辨是非,从而作出裁判的一项诉讼准则。辩论原则的确立,有助于当事人充分行使辩论权,积极地参与诉讼,通过辩论来阐明自己的主张和理由,全面揭示案件的事实,从而维护自己合法的民事权益。

辩论原则包括以下几个方面的基本内容:

1. 辩论原则建立在双方当事人实体权利和诉讼权利完全平等的基础上

民事诉讼双方当事人具有平等的法律地位决定了双方诉讼权利的平等。法律地位和诉讼权利的平等性为当事人充分地行使辩论权提供了基础。同时,辩论原则又是当事人法律地位和诉讼权利平等的重要体现。在当事人的诉讼权利中最具实际意义的便是陈述自己主张,反驳对方主张的权利,也就是辩论权利。辩论原则从法律上确认了当事人双方享有辩论权,从而使当事人双方法律地位平等得到了进一步落实。

2. 辩论的内容涉及争议的实体性问题和程序性问题

在民事诉讼中,当事人行使辩论权的范围十分的广泛。概括起来有两个方面:一是对案件的实体性问题进行辩论。例如,所争议的实体法律关系是否存在,原告的诉讼请求和被告的答辩能否成立,有无事实根据。二是对案件所涉及的程序性问题进行辩论。例如,原告、被告是否为本案正当当事人,受诉人民法院对本案是否有管辖权。对以上问题的辩论,应当是当事人之间存在争议的问题,当事人之间没有争执的问题无须辩论。

3. 辩论原则适用于民事诉讼的全过程,法庭辩论是辩论原则的集中体现

自人民法院受理案件之时开始,当事人就有权陈述自己的诉讼请求,直到法庭辩论终结之前,当事人双方均有权行使辩论权。辩论原则不仅在第一审程序中适用,而且在第二审程序、审判监督程序中也同样适用。但不论在哪一个审判程序中,也不论采取哪一种方式,都不能超越和替代法庭辩论。法庭辩论既是法定的审判程序,也是辩论原则的集中体现,凡是当事人主张的事实和理由,都必须在法庭上提出并经当事人质证和辩论;否则,不产生法

律上的效果。

4. 作为定案根据的事实，必须经过法庭上当事人的质证和辩论

为了保证人民法院切实做到以事实为根据审判民事案件，将判决和裁定建立在牢固的客观事实基础之上，作为定案根据的事实应当在开庭审理中经当事人当庭质证、辩论无误后方可采用。

▶ 四、处分原则

我国《民事诉讼法》第13条第2款规定："当事人有权在法律规定的范围内处分自己的民事权利和诉讼权利。"这是我国民事诉讼处分原则的确立根据。

处分原则，是指民事诉讼当事人有权在法律规定的范围内自主决定是否行使或如何行使自己享有的诉讼权利和实体权利，其处分行为受到人民法院普遍尊重的一项基本准则。处分原则是最能反映民事诉讼制度特点的原则之一，唯有在民事诉讼中才实行处分原则，当事人可以自由地支配其实体权利和诉讼权利。在刑事诉讼和行政诉讼中，由于不实行处分原则，当事人不得自由处置实体权利和诉讼权利。处分原则包含以下基本内容：

1. 处分权的享有者只限于民事诉讼当事人

诉讼代理人不享有处分权，但在一定条件下可以代理当事人实施处分行为。

2. 当事人行使处分权的对象包括自己依法享有的民事权利和诉讼权利

在诉讼过程中，当事人对民事权利的处分一般是通过对诉讼权利的处分来实现的。例如，当事人可以通过行使变更、放弃诉讼请求的诉讼权利来处分其民事权利。

3. 处分原则贯彻于民事诉讼的全过程

这主要体现在以下方面：第一，是否起诉由合法权益受到损害或者发生争议的当事人自行决定；第二，对该争议案件是否进行调解以及调解协议的内容由双方当事人决定，双方经调解达成的调解协议需经法院审查是否合法；第三，审查法院作出裁判后，是否上诉由当事人自行决定；第四，生效法律文书作出后，如果当事人认为该生效法律文书确有错误，是否向有管辖权的人民法院申请再审或者申请检察院抗诉由当事人自行决定；第五，法律文书生效后，如果义务人拒绝履行生效法律文书所确定的义务，权利人是否向人民法院申请强制执行由当事人自行决定。

4. 当事人行使处分权不能超出法律许可的范围

我国民事诉讼中的处分原则赋予当事人广泛的处分权，但并不意味着当

事人可以绝对自由地处分,不受任何限制。《民事诉讼法》第13条第2款明确规定:"当事人有权在法律规定的范围内处分自己的民事权利和诉讼权利。"在我国,对当事人处分行为是否合法的审查,由人民法院依法进行。凡符合法律的基本原则,而且不损害国家、社会和他人合法权益的,人民法院应予批准,该处分行为具有法律上的效力;否则不予批准,该处分无效。

▶ 五、法院调解原则

《民事诉讼法》第9条规定:"人民法院审理民事案件,应当根据自愿和合法的原则进行调解;调解不成的,应当及时判决。"这是我国民事诉讼法院调解原则的确立根据。

调解,是指在中立的第三方的主持下,发生争议的双方当事人自愿协商,达成协议,解决纠纷的活动。根据调解活动是否由人民法院所主持,民事案件的调解分为法院调解(诉讼中的调解)和非法院调解(诉讼外的调解)。依据我国《民事诉讼法》的规定,法院调解是人民法院审判民事案件、解决民事纠纷的重要方式。法院调解作为民事诉讼法的基本原则,包含以下内容:

1. 法院调解原则以当事人的处分权为基础产生,又是当事人行使处分权的重要体现

依据建立在"意思自治"基础上的处分原则,当事人依法享有对实体权利和诉讼权利的处分权,这就为当事人双方相互作出让步和妥协,从而为达成协议、解决争议提供了前提和诉讼空间。因此,当事人依法享有的处分权是法院调解原则能够产生和存在的客观基础。同时,当事人之间在人民法院主持下自愿协商,达成协议,解决纠纷,是当事人行使处分权的重要表现形式。可以说,调解的过程就是当事人双方相互不断妥协、纠纷不断消除的过程。在这一过程中,没有当事人对民事权利的处分行为是不可能的。同时,法院调解又为当事人行使处分权创造了条件和机会,使之能够对诉讼的进程乃至诉讼的结果发生重要影响。

2. 法院调解应当坚持自愿、合法原则

自愿合法是人民法院进行调解时必须遵守的原则。所谓自愿,是指当事人双方都愿意接受人民法院的调解,并且调解协议的达成必须是自愿的。根据我国民事诉讼法规定的精神,人民法院应当在双方当事人都接受的前提下才能开始调解。就一般民事案件而言,调解不是诉讼的必经程序,如果当事人一方不愿接受法院调解,调解程序就不应启动,人民法院既不得强迫当事人接受调解方式,更不得强迫当事人违心地接受调解协议。所谓合法,是指人民法院对民事案件进行调解时必须依法进行,在程序上不得违反自愿原

则,在实体上调解协议的内容不得违反法律的基本精神,不得损害国家、社会和他人的合法权益。

3. 调解不成,应及时判决

调解必须在当事人自愿的基础上进行,调解协议应当是当事人双方共同的真实意愿的结果。如果当事人不愿接受调解方式或经调解无法达成协议,以及在调解协议送达前反悔的,人民法院应当及时判决,不能久调不决。

4. 调解普遍适用于诉讼案件的各个审判阶段

调解原则是人民法院进行民事审判时应当遵循的重要原则,它广泛适用于民事案件的各个审判阶段。即在第一审程序中,开庭审理前法院可以主持调解,开庭审理辩论结束后,法院还可以主持调解;在第二审程序、审判监督程序中,人民法院均可以进行调解。

第三节　明确诉讼主体,促进纠纷的合理解决

一、民事案件管辖

(一) 民事案件管辖的概念

民事案件的管辖,是指确定各级人民法院之间和同级人民法院之间受理第一审民事案件的分工和权限。为此,有必要将人民法院主管的民事案件,在法院系统内部进行分工,以确定不同法院对第一审民事案件的分工和权限。

(二) 民事案件管辖的种类

依据管辖的确定是由法律规定还是由法院裁定为标准,可以将我国《民事诉讼法》规定的管辖划分为法定管辖和裁定管辖。法定管辖,是指由法律明文规定案件的管辖法院。法定管辖是管辖制度中的基本制度,是整个管辖制度的主要组成部分,我国《民事诉讼法》中的级别管辖和地域管辖都属于法定管辖。裁定管辖,是指通过法院裁定、决定的方式来确定管辖法院。裁定管辖适用于某些特殊的情况,是对法定管辖的补充。我国《民事诉讼法》中规定的移送管辖、指定管辖以及管辖权的转移均属于裁定管辖。

1. 级别管辖

级别管辖,是指上、下级人民法院之间受理第一审民事案件的分工和权限。根据人民法院组织法的规定,我国人民法院组织系统分为四级。每一级法院在受理第一审民事案件上的分工和权限范围都不相同。级别管辖就是要从法院组织系统的纵向上来划分每一级人民法院各自管辖第一审民事案件的权限和范围,从而确定哪一级人民法院对哪一类第一审民事案件享有管

辖权,保证人民法院正确行使审判权。

级别管辖的特点在于,它是从人民法院系统的纵向上来划分第一审民事案件的管辖法院。划分级别管辖的标准包括案件影响的大小、案件的性质、各级人民法院工作的繁重程度等。根据《民事诉讼法》的规定,我国各级人民法院管辖第一审民事案件的分工为:

(1) 基层人民法院管辖的第一审民事案件。《民事诉讼法》第17条规定:"基层人民法院管辖第一审民事案件,但本法另有规定的除外。"这一规定实际上把大多数民事案件划归基层人民法院管辖。因此,除法律规定由中级人民法院、高级人民法院和最高人民法院管辖的第一审民事案件外,其余的都由基层人民法院管辖。

(2) 中级人民法院管辖的第一审民事案件。根据《民事诉讼法》第18条的规定,中级人民法院管辖下列第一审民事案件:

① 重大涉外案件。重大涉外案件,是指居住在国外的当事人人数众多或者当事人分属多国国籍,或者案情复杂,或者争议标的额较大的涉外民事案件。

② 在本辖区有重大影响的案件。当案件本身涉及的范围或案件处理结果可能产生的影响,超出了基层人民法院的辖区,在中级人民法院的辖区范围内产生或可能产生重大影响时,该案件应由中级人民法院管辖。

③ 最高人民法院确定由中级人民法院管辖的案件。目前这类案件主要有四类:第一类为海事、海商案件。我国已在天津、大连、广州、厦门、上海、武汉等地设立了海事法院,海事、海商案件由作为专门法院的海事法院审理,海事法院均为中级人民法院。第二类为专利纠纷案件。专利纠纷案件分为两类:其一是专利行政案件,属于行政诉讼的受案范围,如对专利复审委员会宣告专利权无效而起诉的案件;其二是专利民事案件,属于民事诉讼的受案范围,如专利侵权纠纷案件、关于转让专利申请权或者专利权的合同纠纷案件。第三类为重大的涉港、澳、台民事案件。第四类为诉讼标的金额大或者诉讼单位属于省、自治区、直辖市以上的经济纠纷案件。

(3) 高级人民法院管辖的第一审民事案件。我国《民事诉讼法》第19条规定:"高级人民法院管辖在本辖区内有重大影响的第一审民事案件。"

高级人民法院是地方各级人民法院中最高一级的审判机关。它主要是审理不服中级人民法院第一审判决的上诉和抗诉案件,并对下级人民法院的审判工作进行指导和监督。因此,高级人民法院不宜管辖太多的第一审民事案件,只应管辖在全省、自治区、直辖市范围内有重大影响的第一审民事案件。

(4) 最高人民法院管辖的第一审民事案件。根据我国《民事诉讼法》第20

条的规定,最高人民法院管辖的第一审民事案件是在全国有重大影响的案件和认为应当由本院审理的案件。最高人民法院是国家的最高审判机关,它负责指导和监督地方各级人民法院和专门人民法院的审判工作,对于在审判过程中如何具体应用法律的问题进行解释。同时,还要审理不服各高级人民法院第一审裁判的上诉和抗诉案件,所以最高人民法院一般不受理第一审民事案件。但我国《民事诉讼法》赋予了最高人民法院在管辖上很大的机动权,当它认为某个案件在全国有重要影响或者应当由自己审理时,就可取得对该案的管辖权。

2. 地域管辖

地域管辖,是指确定同级人民法院之间在各自辖区内受理第一审民事案件的分工和权限。地域管辖是在级别管辖的基础上产生的,只有先确定级别管辖才能确定地域管辖。在确定级别管辖之后,还必须借助地域管辖的规定进一步落实具体的管辖法院,从而最终解决一个具体案件的管辖法院。

我国《民事诉讼法》是根据两个因素来确定地域管辖的依据的:一是各人民法院的辖区;二是当事人、诉讼标的或法律事实与人民法院辖区的关系。为此,地域管辖可以分为一般地域管辖、特殊地域管辖和专属管辖,以及在适用这三种管辖规定时出现的协议管辖、共同管辖、选择管辖与合并管辖。

(1) 一般地域管辖

一般地域管辖,又称普通管辖,是指以当事人所在地与人民法院辖区的关系来确定的管辖。该类管辖遵循"原告就被告"的原则,即由被告所在地法院管辖。《民事诉讼法》第 21 条规定:"对公民提起的民事诉讼,由被告住所地人民法院管辖;被告住所地与经常居住地不一致的,由经常居住地人民法院管辖。对法人或者其他组织提起的民事诉讼,由被告住所地人民法院管辖。同一诉讼的几个被告住所地、经常居住地在两个以上人民法院辖区的,各该人民法院都有管辖权。"

"原告就被告"作为一般地域管辖的原则,仅适用于一般性的诉讼。法律上为了适应某些人身权益诉讼的需要,以期更全面地保护当事人的合法利益,确定了某些诉讼由原告所在地法院管辖,这就是一般地域管辖的例外。根据我国《民事诉讼法》第 22 条的规定,下列民事诉讼由原告所在地人民法院管辖:对不在中华人民共和国领域内居住的人提起的有关身份关系的诉讼;对下落不明或者宣告失踪的人提起的有关身份关系的诉讼;对被采取强制性教育措施的人提起的诉讼;对被监禁的人提起的诉讼。

(2) 特殊地域管辖

特殊地域管辖,是指以诉讼标的、诉讼标的物所在地,或者引起民事法律关系发生、变更、消灭的法律事实所在地与人民法院辖区的关系为标准所确定的管辖。

特殊地域管辖是相对于一般地域管辖而言的,它是针对某些诉讼的特殊情况,而对诉讼管辖作出的特殊规定。在确定地域管辖时,特殊地域管辖有规定的,则不适用一般地域管辖的规定。我国《民事诉讼法》第23条至第32条规定了下列十种诉讼适用特殊地域管辖：

① 因合同纠纷提起的诉讼,由被告住所地或者合同履行地人民法院管辖。

② 因保险合同纠纷提起的诉讼,由被告住所地或者保险标的物所在地人民法院管辖。

③ 因票据纠纷提起的诉讼,由票据支付地或者被告住所地人民法院管辖。

④ 因公司设立、确认股东资格、分配利润、解散等纠纷提起的诉讼,由公司住所地人民法院管辖。

⑤ 因铁路、公路、水上、航空运输和联合运输合同纠纷提起的诉讼,由运输始发地、目的地或者被告住所地人民法院管辖。

⑥ 因侵权行为提起的诉讼,由侵权行为地或者被告住所地人民法院管辖。

⑦ 因铁路、公路、水上和航空事故请求损害赔偿提起的诉讼,由事故发生地或者车辆船舶最先到达地、航空器最先降落地或者被告住所地人民法院管辖。

⑧ 因船舶碰撞或者其他海事损害事故请求损害赔偿提起的诉讼,由碰撞发生地、碰撞船舶最先到达地、加害船舶被扣留地或者被告住所地人民法院管辖。

⑨ 因海难救助费用提起的诉讼,由救助地或者被救助船舶最先到达地人民法院管辖。

⑩ 因共同海损提起的诉讼,由船舶最先到达地、共同海损理算地或者航程终止地人民法院管辖。

(3) 专属管辖

专属管辖,是指法律规定某些特定类型的案件,必须由特定的人民法院行使管辖权。凡是专属管辖的案件,只能由法律明文规定的人民法院管辖,其他人民法院均无管辖权,从而排除了一般地域管辖和特殊地域管辖的适用。对于专属管辖的案件,当事人双方无权以协议或约定的方式变更管辖法院,从而排除协议管辖的适用。外国的法院更没有管辖权,所以排除了外国法院行使管辖权的可能性。

根据《民事诉讼法》第 33 条的规定,下列案件由人民法院专属管辖:因不动产纠纷提起的诉讼,由不动产所在地人民法院管辖;因港口作业中发生纠纷提起的诉讼,由港口所在地人民法院管辖;因继承遗产纠纷提起的诉讼,由被继承人死亡时住所地或者主要遗产所在地人民法院管辖。

(4) 协议管辖

协议管辖,是指双方当事人在纠纷发生之前或发生之后,通过协商的方式确定案件的管辖法院。《民事诉讼法》第 34 条规定:"合同或者其他财产权益纠纷的当事人可以书面协议选择被告住所地、合同履行地、合同签订地、原告住所地、标的物所在地等与争议有实际联系的地点的人民法院管辖,但不得违反本法对级别管辖和专属管辖的规定。"

(5) 共同管辖与选择管辖

共同管辖,是指依照法律规定两个或两个以上的人民法院对同一诉讼案件都有管辖权。在几个人民法院对同一案件都有管辖权的情况下,就形成了管辖权的冲突。解决管辖权冲突的最主要的办法是赋予原告选择权,原告可以向其中任一法院起诉。如果原告向两个以上有管辖权的人民法院起诉,由最先立案的人民法院管辖,这便是选择管辖。

(6) 合并管辖

合并管辖,又称为牵连管辖,是指对某个案件有管辖权的人民法院可以一并审理与该案有牵连的其他案件。在实践中,对某个案件有管辖权的人民法院,因另一个案件与该案存在着牵连关系,有必要合并审理,从而获得了对该另外案件的管辖权。

3. 裁定管辖

人民法院以裁定的方式确定案件的管辖,称为裁定管辖。民事诉讼法规定的移送管辖、指定管辖、管辖权的转移,都是以裁定的方式来确定管辖法院的,都属于裁定管辖的范畴。

(1) 移送管辖

移送管辖,是指已经受理案件的人民法院,因发现本法院对该案件没有管辖权,而将案件移送给有管辖权的人民法院。《民事诉讼法》第 36 条规定:"人民法院发现受理的案件不属于本院管辖的,应当移送有管辖权的人民法院,受移送的人民法院应当受理。受移送的人民法院认为受移送的案件依照规定不属于本院管辖的,应当报请上级人民法院指定管辖,不得再自行移送。"

(2) 指定管辖

指定管辖,是指上级人民法院根据法律规定,以裁定的方式,指定其辖区内的下级人民法院对某一民事案件行使管辖权。规定指定管辖的目的,在于使不明确的管辖得到明确,使有争议的管辖问题得到解决,还可以使无管辖权的人民法院,由于上级人民法院的指定而获得管辖权,从而解决了立法上没有明确规定的问题。《民事诉讼法》第37条规定:"有管辖权的人民法院由于特殊原因,不能行使管辖权的,由上级人民法院指定管辖。人民法院之间因管辖权发生争议,由争议双方协商解决;协商解决不了的,报请它们的共同上级人民法院指定管辖。"

(3)管辖权的转移

管辖权的转移,是指经上级人民法院的决定或者同意,将某一案件的诉讼管辖权由下级人民法院转移给上级人民法院,或者由上级人民法院转移给下级人民法院。管辖权的转移,是对级别管辖的补充和变通。《民事诉讼法》第38条规定:"上级人民法院有权审理下级人民法院管辖的第一审民事案件;确有必要将本院管辖的第一审民事案件交下级人民法院审理的,应当报请其上级人民法院批准。下级人民法院对它所管辖的第一审民事案件,认为需要由上级人民法院审理的,可以报请上级人民法院审理。"

二、民事诉讼当事人

(一)当事人概述

1. 当事人的概念与特征

民事诉讼中的当事人,是指因民事权利义务关系发生争议,以自己的名义进行诉讼,并受人民法院裁判拘束的利害关系人。当事人有广义和狭义之分。狭义的当事人仅指原告和被告。广义的当事人,除了原告和被告以外,还包括共同诉讼人、诉讼代表人和第三人。从当事人的主体身份上讲,民事诉讼的当事人可以是中国公民(自然人)、法人和其他组织,也可以是外国人、无国籍人和外国的法人及其他组织。从当事人之间的法律关系上讲,民事诉讼的当事人包括有直接利害关系的人和有法律上利害关系的人。

根据当事人的概念,民事诉讼当事人应包含三个特征:

(1)因自己的合法权益或者自己所管理、支配的民事权益受到侵犯或者与他人发生争议。这里有两种情况:第一种情况是自己的合法权益受到侵犯或与他人发生争议。此种情形下的当事人,称为与民事案件有直接利害关系的人。例如,行人甲以驾车人乙撞伤自己为由,起诉请求损害赔偿。行路人甲与驾车人乙是本案受害与加害的直接双方,因此是本案的当事人。第二种情况是自己所管理、支配的合法权益受到侵犯。此种情形下的当事人,称为与民事案件有法律上的利害关系的人。与民事案件有法律上的利害关系的人成为当事人,必须是由法律明确规定,而且必须是与本案有直接利害关系的人自己无法行使诉权,并且也无法或没有委托他人代理诉讼。如不满足此前提,与诉讼标的无直接利害关系的人不能成为当事人。

与民事案件有法律上的利害关系的当事人主要有以下几种:① 财产管理人。例如,因所管理的失踪人财产被他人侵占,该管理人有权以自己的名义起诉,成为与诉讼标的无直接利害关系的当事人。因所管理的财产与他人发生争议时,财产管理人也可以成为被告。② 遗嘱执行人。遗嘱执行人在执行遗产分割或者监督工作中,如因遗产受到他人侵害或者发生争议,遗嘱执行人有权以当事人身份参加诉讼。③ 财产清算人。财产清算人有权以该企业的名义、以该企业法定代表人的身份参加诉讼。④ 代位权人。依据法律规定,在债务人怠于行使对第三人的到期债权时,代位债务人直接向次债务人(第三人)行使债权的人,是代位权人。代位权人不是次债务人的直接利害关系人,是因法律规定而产生的有法律上的利害关系的人。代位权人可以直接起诉债务人。⑤ 公益诉讼人。《民事诉讼法》第55条第1款规定:"对污染环境、侵害众多消费者合法权益等损害社会公共利益的行为,法律规定的机关和有关组织可以向人民法院提起诉讼。"这些"法律规定的机关和有关组织"并不一定是社会公共利益的受害者,即一般与案件并无直接利害关系,而是经由法律规定而具备诉讼主体资格。

(2) 以自己的名义起诉或者应诉,实施诉讼行为。当事人必须在诉状内明确表示为原告或被告,并以自己的名义进行诉讼,直接享有诉讼权利或者承担诉讼义务。如果以他人名义实施诉讼行为或者接受诉讼行为,就不是当事人而是诉讼代理人。

(3) 受人民法院裁判的拘束。当事人由于自己所涉及的实体权利义务关系发生争议而诉至法院,请求人民法院通过行使审判权对发生争议的权利义务关系给予确定。人民法院对当事人间的纠纷作出的裁判生效后,当事人不得拒绝履行,即人民法院的判决、裁定、调解协议对当事人有拘束力。这一特征,是当事人与诉讼当中的证人、鉴定人、勘验人员等其他诉讼参与人的区别。

2. 民事诉讼权利能力与民事诉讼行为能力

(1) 民事诉讼权利能力

民事诉讼权利能力,是指公民、法人和其他组织享有民事诉讼权利和承担民事诉讼义务的能力,即能够成为民事诉讼当事人的法律资格。在民事诉讼中,没有诉讼权利能力,就不具备当事人的法律资格,也就没有诉讼当事人的法律地位,自然也就不能作为民事诉讼的主体。因此,具有诉讼权利能力是作为诉讼当事人资格的基本条件。

由于民事诉讼是保护公民民事实体权利的重要手段,所以,具有民事权利能力的人也必定有诉讼权利能力,以便在其民事权益受到侵犯或者与他人发生纠纷时,可以运用诉讼手段来加以解决。因此更进一步地讲,诉讼权利能力的取得和消灭与民事权利能力的取得和消灭是一致的。对于自然人而言,其民事诉讼权利能力始于出生,终于死亡。对于法人、其他组织而言,它们的诉讼权利能力始于成立,终于被撤销或者终止。

(2)民事诉讼行为能力

民事诉讼行为能力,是指能够以自己的行为行使诉讼权利、履行诉讼义务,并且使自己的行为产生法律上效力的能力,即当事人亲自进行诉讼活动的资格。享有民事诉讼行为能力,是诉讼主体亲自参加民事诉讼的前提。没有民事诉讼行为能力的人,其行为不能在民事诉讼中产生预期的法律效力。

民事诉讼行为能力与民事行为能力基本相适应,但是两者在具体划分上有所不同。民事诉讼行为能力分为有民事诉讼行为能力和无民事诉讼行为能力两种。民事行为能力分为有民事行为能力、无民事行为能力和限制民事行为能力三种。有民事行为能力的人,均有民事诉讼行为能力;无民事行为能力或者限制民事行为能力的人,均没有民事诉讼行为能力。因此,对于自然人而言,具有诉讼行为能力必须同时满足两个条件:已经成年(18周岁以上,或者是16周岁以上不满18周岁而以自己的劳动收入为主要生活来源的人);精神健全,没有任何精神疾病。未成年人和患有精神疾病的成年人,没有诉讼行为能力,他们一旦涉及诉讼,则由他们的法定代理人代为诉讼。法人、其他组织的诉讼行为能力完全与其诉讼权利能力一致,有诉讼权利能力就有诉讼行为能力。它们的诉讼行为能力自依法成立时产生,至撤销时终止。

3. 当事人的诉讼权利和诉讼义务

为了保障当事人充分利用民事诉讼程序解决纠纷,以便更好地维护自己或者自己所管理的民事权益,我国民事诉讼法赋予了当事人广泛的民事诉讼权利。同时,为了保障诉讼程序和人民法院的审判活动的顺利进行,民事诉讼法也为当事人设定了相应的诉讼义务。

根据《民事诉讼法》的相关规定,当事人应享有的诉讼权利主要包括:起诉和答辩的权利、反驳和反诉的权利;委托诉讼代理人的权利;申请回避的权利;收集和提供证据的权利;进行陈述、质证和辩论的权利;请求调解的权利;自行和解的权利;申请财产保全、行为保全和先予执行的权利;申请顺延诉讼期间的权利;提起上诉的权利;申请再审的权利;申请执行的权利;查阅、复制本案有关材料的权利。

当事人应履行的诉讼义务主要包括：依法行使诉讼权利的义务；遵守诉讼秩序的义务；履行生效法律文书的义务。

(二) 共同诉讼人

共同诉讼，是指当事人一方或双方为二人以上的诉讼。共同诉讼中，人数为二人以上的同方当事人称为共同诉讼人。其中，原告一方为二人以上的为共同原告，此类共同诉讼称为积极的共同诉讼；被告一方为二人以上的称为共同被告，此类共同诉讼称为消极的共同诉讼。

共同诉讼是人民法院处理涉及多数当事人民事争议的一种诉讼制度。其意义在于：在一个诉讼程序中一并解决涉及多数当事人的纠纷或者多个纠纷，从而可以简化诉讼程序，节约司法资源，提高诉讼效率，避免法院在同一案件或者同类案件上作出相互冲突的裁判，也有利于充分保护当事人的合法权益。

根据共同诉讼人形成的原因不同，共同诉讼人分为必要共同诉讼人与普通共同诉讼人。

1. 必要的共同诉讼人

必要的共同诉讼人，是指当事人一方或双方为二人以上，诉讼标的是共同的，必须共同进行诉讼的当事人。所谓诉讼标的是共同的，是指共同诉讼人在所争议的实体法律关系中共同享有权利或者共同承担义务，是共同权利人或者共同义务人。这种权利义务的共同性和不可分割性，使共同诉讼成为一种必要。首先，如果有的利害关系人不参加诉讼，就极有可能难以查清与其密切相关的权利义务关系。其次，如果之后其另行起诉，则不仅造成累诉，而且有可能使法院在同一件事情上作出不一致甚至是相互矛盾的判决。鉴于此，必要的共同诉讼又称为不可分之诉。对诉讼标的有共同利害关系的必要共同诉讼人必须一同参加诉讼，法院必须在同一诉讼中对不可分之诉进行全面的审理，作出合一的判决。

构成必要的共同诉讼人，必须具备以下的条件：

第一，当事人一方或双方为二人以上，这是共同诉讼的一般要求。

第二，诉讼标的是共同的。共同诉讼人在诉讼标的中共同享有权利或共同承担义务，决定了他们各自对共同诉讼的请求有合并的牵连性或共同性。这是构成必要共同诉讼的主观要件，也是必要共同诉讼的最基本特征。实践中，权利义务的共同性主要有三种形成原因：(1) 权利义务的共同性是法定的、固有的。例如，数个成年子女共同承担赡养其父母的义务，如果父母对其数个成年子女提起赡养案件，该数个成年子女则为共同被告。(2) 权利义务的共同性是由于合法约定而产生的，即当事人通过合同而具有了连带债权债务关系。例如,甲向银行贷款,由乙做保证人。甲逾期不归还贷款时,银行以甲乙为共同被告起诉。因为甲乙之间通过保证合同而成为连带债务人。(3)权利义务的共同性是因某一事实而形成的。主要是因共同侵权而形成的连带赔偿责任。例如,甲乙两个工厂均向一条河排放污水,造成了大片农田减产,鱼塘受损,甲乙两个工厂因共同侵权行为而须对此损害承担共同的责任。

第三,共同诉讼人必须共同参加诉讼。必要共同诉讼中的诉讼标的具有共同性,因此就要求共同诉讼人必须一同起诉或应诉。如果共同诉讼人没有一同起诉或应诉,法院查明后应当予以追加。

第四,共同诉讼人行为具有一致性。一人的诉讼行为经全体承认后,才发生法律效力。

第五,法院必须合并审理并且作出合一的判决。对于必要共同诉讼,法院必须适用同一诉讼程序进行审理,并对共同诉讼人的权利义务作出内容相同或一致的判决。

2. 普通的共同诉讼人

当事人一方或者双方为二人以上,其诉讼标的属于同一种类,人民法院认为可以合并审理,并经当事人同意的诉讼,称为普通的共同诉讼。普通共同诉讼中的共同原告和共同被告,称为普通的共同诉讼人。所谓诉讼标的是同一种类的,是指各个共同诉讼人与对方当事人争议的法律关系的性质相同,即共同诉讼人各自分别享有的权利或承担的义务属于同一类型。

由于在普通共同诉讼中,共同诉讼人之间没有共同的权利或义务,只不过他们在各自的诉讼标的中所享有的权利或承担的义务属于同一种类。因此,普通的共同诉讼是几个独立的诉的合并。人民法院对这几个独立的诉并不一定要合并审理与裁判,只是基于为了实现诉讼经济、避免作出互相矛盾的裁判,人民法院经当事人同意才将其合并起来共同审理与裁判,从而形成普通共同诉讼。所以,普通的共同诉讼是一种可分之诉。

适用普通共同诉讼必须符合以下条件:

第一,当事人一方或者双方为二人以上。

第二,存在两个或者两个以上的诉讼标的,且这些诉讼标的属于同一种类。在诉讼实践中,诉讼标的属于同一种类的情形主要有:根据同一类事实或同一类法律上的原因而形成的相同类型的诉讼标的,如数个消费者在同一商店购买到同一种商品后,发现商品质量不合格而形成的诉讼;由于同一事实或原因而形成的相同类型的诉讼标的,如在同一次交通事故中,数个受害者向侵权人提出的要求赔偿的诉讼。

第三，人民法院认为可以合并审理，并经当事人同意。在审判实践中，人民法院往往从是否有利于实现诉讼经济、是否有利于防止裁判矛盾等方面进行考虑，以决定是否合并审理。另外，人民法院在作出可以合并审理的判断之后，还必须经过当事人的同意，才能将诉讼标的为同一种类的几个案件合并起来审理，从而形成普通共同诉讼。

第四，同一人民法院对合并审理的各个案件都享有管辖权，且这些案件都可以适用同一诉讼程序进行审判。

（三）诉讼代表人

1. 代表人诉讼与诉讼代表人

代表人诉讼，是指具有共同或者同种类民事权益的一方当事人人数众多，依法推举或者法院指定代表人进行诉讼，其他当事人不直接参与诉讼活动，但法院裁定的效力及于全体当事人的制度。经依法推举或者指定直接进行诉讼活动的人，称为诉讼代表人；其余不参加诉讼活动的人，是被代表的诉讼当事人。

代表人诉讼制度的设立，是基于涉及众多人共同或同种类利益的群体性纠纷日益增多的客观需要，同时也是诉讼经济原则的体现。它是解决群体性纠纷的一种最有效、最经济的诉讼方式。代表人诉讼具有以下特征：

（1）当事人一方人数众多。正是由于一方当事人多到无法全部参加诉讼的程度，才使得需要一种新的诉讼程序制度来处理当事人的诉求。这是代表人诉讼最直观的特征。最高人民法院《关于适用〈中华人民共和国民事诉讼法〉的解释》（以下简称《民诉解释》）第75条规定，所谓当事人一方人数众多，一般指10人以上。

（2）多数当事人的诉讼标的是共同的或同一种类的。由于众多利害关系人对于涉案的诉讼标的有某种相同的利益（他们之间有共同的诉讼标的或者他们之间的诉讼标的属于同一种类），使得他们必须或者可以共同参加诉讼，而这也正是代表人诉讼中一方当事人人数众多的原因。

（3）由代表人代表全体当事人进行诉讼。因当事人一方人数众多，全体当事人不可能都实际参加诉讼，所以只从当事人中推选出2至5人作为代表人，代表全体当事人进行诉讼。这也是代表人诉讼与共同诉讼的区别所在。

（4）人民法院对代表人诉讼裁判的效力具有扩张性。所谓扩张性，是指人民法院对代表人诉讼的裁判不仅对代表人有效，而且对全体当事人都具有约束力，甚至对未参加登记、在诉讼时效内提起诉讼的权利人也有预决效力。

2. 诉讼代表人的种类

根据《民事诉讼法》第53条和第54条的规定,我国的诉讼代表人分为两种类型:人数确定的代表人诉讼中的代表人和人数不确定的代表人诉讼中的代表人。

(1) 人数确定的诉讼中的代表人

人数确定的诉讼中的代表人,是指起诉时共同诉讼的一方当事人人数众多且确定,由其成员推选并授权代表人代为实施诉讼行为的人。根据《民诉解释》第76条的规定,当事人一方人数众多但起诉时能够确定的,可以由全体当事人推选共同的代表人,也可以由部分当事人推选自己的代表人。推选不出代表人的当事人,在必要的共同诉讼中可由自己参加诉讼,在普通的共同诉讼中可以另行起诉。代表人代为诉讼,代表人的诉讼行为对其所代表的当事人发生效力,但代表人在变更、放弃诉讼请求或者承认对方当事人的诉讼请求,进行和解时,必须经被代表的当事人同意。

(2) 人数不确定的诉讼中的代表人

人数不确定的诉讼中的代表人,是指诉讼标的是同一种类,起诉时一方当事人人数不能确定,由向人民法院登记的权利人推选或由人民法院与其商定代表人,并由其代表当事人进行诉讼的人。这种诉讼代表人与在起诉时当事人人数确定的诉讼代表人既有相同之处,又有明显的区别。其特征如下:

第一,诉讼标的不同。人数确定的诉讼代表人,诉讼标的既有共同的,也有同一种类的。当事人人数不确定的诉讼代表人,其诉讼标的只能是同一种类。

第二,诉讼主体人数不同。当事人一方人数众多,并且在起诉时人数尚未确定的,才能适用人数不确定的代表人诉讼制度。如果起诉时当事人人数已经确定,则只能适用我国《民事诉讼法》第53条规定的代表人诉讼制度。

3. 人数不确定的代表人诉讼的特殊程序

根据《民事诉讼法》的规定,人数不确定的代表人诉讼在审理时有一些特殊的制度,以便保证诉讼的正常进行。

(1) 发布公告。人民法院受理部分当事人的起诉后,如果发现起诉的一方当事人人数尚未确定的,可以发出公告。发布公告的目的是要向未起诉的权利人说明案件情况和诉讼请求,通知其在一定期间内向人民法院登记,以便共同推选代表人进行诉讼,从而彻底解决纠纷。公告的方式可以依据案件影响的范围进行选择,如在法院公告栏或在当事人可能所在的地区张贴公告,也可在报纸、电视等媒体上发布。公告的期限由人民法院根据具体案件情况确定,最少不得少于30日。

（2）登记。在公告期内，权利人应当向发布公告的管辖法院进行登记，登记的目的在于确定当事人的人数，为诉讼做准备。登记时，权利人除了提供身份证明外，还需要提供证据证明其与本案诉讼标的的关系，以及自己遭受损害的状况。如果提供不出证据证明，将不予登记，但可以另行起诉。权利人没有在公告期内登记的，仅仅是不能作为本次诉讼的当事人，不影响对其实体权利的保护。

（3）推选代表人。《民事诉讼法》第54条第2款规定，向人民法院登记的权利人可以推选代表人进行诉讼；推选不出代表人的，人民法院可以与参加登记的权利人商定代表人。

（4）审理和裁判。人民法院审理起诉时人数不确定的代表人诉讼的案件，应当公开审理。被代表的当事人有权监督诉讼代表人是否在为维护被代表人的合法权益而进行诉讼，可以到庭旁听。人民法院作出的裁判生效后，参加登记的全体当事人必须按照生效裁判确定的内容行使权利，承担义务。生效裁判除送达登记的当事人外，还应当公告，以便未登记的权利人知晓诉讼结果。未参加登记的权利人在诉讼时效期间内向人民法院起诉的，人民法院认定其请求成立的，可以不对案件进行实体审理，直接裁定适用人民法院已作出的判决、裁定，即按该生效判决、裁定所确定的权利义务执行。

（四）第三人

1. 第三人的概念和特征

民事诉讼中的第三人，是指对他人争议的诉讼标的有独立请求权，或者虽无独立请求权，但案件的处理结果与其有法律上利害关系，因而参加到原告、被告之间已经开始的诉讼中进行诉讼的人。

在民事诉讼中，通常只有原告和被告双方当事人，但有时原告和被告双方的争议可能会涉及其他人的合法权益，这就发生了第三方参加诉讼的问题。民事诉讼中第三人制度的价值在于维护利害关系人的合法权益，给予利害关系人参加诉讼的机会，保障程序上的正义，防止法院作出矛盾的判决，同时实现诉讼经济。

民事诉讼中的第三人具有以下特征：

第一，第三人与原、被告之间争议的诉讼标的存在联系。第三人对于原、被告之间争议的诉讼标的，或者享有独立的请求权，或者虽无独立的请求权，但与本案的处理结果有法律上的利害关系。这是第三人参加诉讼的前提和根据。

第二，第三人具有独立的诉讼地位。第三人既不同于共同诉讼人，又不同于其他诉讼参与人，属于广义的当事人，有独立的诉讼地位。在诉讼中，他或者作为参加之诉的原告与本诉的原、被告进行诉讼,或者辅助一方当事人与另一方当事人进行诉讼,其目的都是为了维护自己的合法权益。

第三,第三人是参加到他人之间已经开始的诉讼中进行诉讼的人。第三人参加诉讼的时间,是他人之间的诉讼已经开始而又尚未结束。如果他人之间的诉讼尚未开始,不存在第三人参加诉讼的问题;如果他人之间的诉讼已经终结,第三人也无必要再参加诉讼。

2. 第三人的种类

根据我国《民事诉讼法》第56条的规定,民事诉讼中的第三人可以分为有独立请求权的第三人和无独立请求权的第三人。

(1) 有独立请求权第三人

有独立请求权的第三人,是指对他人之间正在争议的诉讼标的认为有独立的请求权,因而提出独立的诉讼请求,并加入已经开始的诉讼中的第三方当事人。

有独立请求权的第三人,可以分为对当事人之间争议的诉讼标的有全部或部分独立请求权的第三人。第三人诉讼实际上是诉的合并的一种形式,原告、被告之间已经开始的诉讼是本诉,第三人提起的诉讼为参加之诉。

有独立请求权的第三人参加诉讼必须具备以下几个要件:

第一,本诉讼正在进行,即他人之间的诉讼已经开始尚未结束。

第二,对原告、被告之间争议的诉讼标的主张独立的请求权。这是有独立请求权的第三人参加诉讼的唯一根据。

第三,以起诉的方式参加诉讼。有独立请求权的第三人认为本诉当事人所争议的实体权利全部或部分为自己所有,在本诉中,无论原告还是被告胜诉都将损害他的实体权益。据此,有独立请求权的第三人便以本诉的原告和被告为被告提起了参加之诉。人民法院将本诉与参加之诉合并审理,才形成了三方诉讼的形式。因此,有独立请求权的第三人在参加之诉中处于原告的诉讼地位。

(2) 无独立请求权的第三人

无独立请求权的第三人,是指对原告、被告双方争议的诉讼标的没有独立请求权,但是案件的处理结果可能与其有法律上的利害关系,为维护自己的利益而参加到原告、被告已经开始的诉讼中进行诉讼的人。

在民事诉讼中,无独立请求权的第三人因为与案件处理结果有法律上的利害关系,而参加到诉讼中来,在诉讼中参加到原告或被告一方,但其诉讼的目的是为了维护自己的合法权益。例如,甲公司与乙公司之间签订了一批电脑买卖合同,合同中约定,如果发生质量问题,卖方乙公司应承担最终的民事责任。后来甲公司把该批电脑卖给丙公司。丙公司发现这批电脑质量存在问题,于是以甲公司为被告提起民事诉讼。甲辩称,这批电脑应由乙公司承担最终的民事责任。此时,乙公司为无独立请求权的第三人。

无独立请求权的第三人参加诉讼,需要具备以下三个条件:

第一,对他人之间的诉讼标的虽然没有独立的请求权,但案件的处理结果与其有法律上的利害关系。这是无独立请求权的第三人参加诉讼的根据。所谓"法律上的利害关系",是指当事人双方争议的诉讼标的所涉及的法律关系与无独立请求权的第三人参加的另一个法律关系有牵连,而在后一个法律关系中,无独立请求权的第三人是否行使权利、履行义务,对前一个法律关系中的当事人行使权利、履行义务有直接影响。通常是,在原告、被告进行诉讼的法律关系中,因一方当事人不履行或者不适当履行义务给对方造成的损失,直接责任虽应由不履行或不适当履行义务的一方当事人承担,但造成这种损失的原因则是源于无独立请求权的第三人的过错。如果法院判决一方当事人败诉,承担某种法律责任或履行某种义务,该当事人有权请求无独立请求权的第三人赔偿损失或履行相应的义务;如果法院判决该当事人胜诉,无独立请求权的第三人也就在法律上维护了自己的某种权利。

第二,他人之间的诉讼正在进行。与有独立请求权第三人参加诉讼的时间相同,无独立请求权的第三人也是在原、被告之间的诉讼进行过程中参加诉讼的。

第三,以申请参加或者法院通知的方式参加诉讼。根据《民事诉讼法》第56条第2款的规定,无独立请求权的第三人可以申请参加诉讼,也可以由人民法院通知其参加诉讼。

▶三、诉讼代理人

(一)诉讼代理人的概念与特征

有诉讼行为能力的人涉讼时,可以亲自进行诉讼,但无诉讼行为能力的人却不能自己参加诉讼;即使是具备行为能力的人,由于缺乏法律知识或文化水平有限的原因,也会需要精通法律的人予以帮助。为了维护所有当事人的合法权益,保证诉讼的顺利进行,诉讼法上设置了诉讼代理制度。

所谓诉讼代理,是指以当事人的名义,在法律规定或者当事人授权的范围内,代理当事人一方进行诉讼活动。诉讼代理制度就其本质而言,是当事人为了维护自己的民事权益,而借助他人帮助获得司法保护的一种诉讼制度。以当事人的名义,在一定权限范围内为当事人的利益进行诉讼活动的人,称为诉讼代理人。被代理的一方当事人称为被代理人。

诉讼代理人具有以下特征：

（1）有诉讼行为能力。诉讼代理人参加诉讼是为了代替或者帮助被代理人进行诉讼活动，因此其自身首先要具有诉讼行为能力，否则其实施的诉讼行为将不具有法律效果，也就无法履行自己的职责，这是担任诉讼代理人最基本的条件。

（2）以被代理人的名义，并且为了维护被代理人的利益进行诉讼活动。诉讼代理的目的在于维护被代理人的合法权益，为其提供法律服务。因此，诉讼代理人只能以被代理人的名义进行诉讼，而不能以自己的名义进行诉讼，这也是诉讼代理人与当事人的重要区别。

（3）在代理权限范围内实施诉讼行为。诉讼代理人的代理权限，或来源于法律规定，或来源于当事人或法定代理人的授权。因此，诉讼代理人必须严格在代理权限范围内实施诉讼行为，凡是超越代理权限范围所实施的诉讼行为，都属于无效行为。

（4）诉讼代理的法律后果由被代理人承担。诉讼代理人只要在代理权限范围内进行诉讼活动，就会产生法律上的效果，而代理制度决定了这种法律后果是由被代理人来承担的，而不是由代理人来承担。

（5）在同一案件中只能代理一方当事人进行诉讼。诉讼代理人实施诉讼行为的目的在于维护被代理人的利益，因此，在民事诉讼中诉讼代理人只能代理争议双方中的一方当事人进行诉讼，否则可能会造成诉讼代理人故意偏袒一方当事人，而忽视甚至损害另一方当事人利益的情况。

（二）诉讼代理人的种类

依据诉讼代理权产生的原因不同，诉讼代理人可以分为两类：法定诉讼代理人和委托诉讼代理人。

1. 法定诉讼代理人

（1）法定诉讼代理人的概念

法定诉讼代理人，是指根据法律的规定取得代理权，代理无诉讼行为能力的当事人进行诉讼的人。

法定代理是为无诉讼行为能力当事人设置的一种代理制度。无诉讼行为能力的人，是指未成年人和精神病人。他们具有诉讼权利能力，但尚未具备或者已经丧失了辨别行为的能力，不能亲自进行一般的民事诉讼活动，为了维护其合法权益以及社会利益，法律规定了这种代理制度。

（2）法定诉讼代理人的范围

法定诉讼代理人最显著的特征是"法定"，而法律规定包括程序法和实体法两个方面的规定。我国《民事诉讼法》第57条规定："无诉讼行为能力的人由他的监护人作为法定代理人代为诉讼……"我国《民法总则》第 27 条和第 28 条分别对未成年人和精神病人的监护人的范围作了明确规定:未成年人的监护人首先是父母,未成年人的父母已经死亡或者没有监护能力的,由下列有监护能力的人按顺序担任监护人:祖父母、外祖父母;兄、姐;其他愿意担任监护人的个人或者组织,但是须经未成年人住所地的居民委员会、村民委员会或者民政部门同意;无民事行为能力或者限制民事行为能力的成年人,由下列有监护能力的人按顺序担任监护人:配偶;父母、子女;其他近亲属;其他愿意担任监护人的个人或者组织,但是须经被监护人住所地的居民委员会、村民委员会或者民政部门同意。

(3) 法定诉讼代理人的权限和诉讼地位

由于法定诉讼代理人代理的对象是无诉讼行为能力的当事人,他们不能正确表达自己的意志,而设立法定诉讼代理制度的目的又在于充分、有效地保护被代理人的合法权益,因此,法定诉讼代理人的代理权不应受到限制。凡是被代理人享有的诉讼权利,法定诉讼代理人都有权代为行使;凡是被代理人应履行的诉讼义务,法定诉讼代理人都应当代为履行。因此,法定诉讼代理人实际上是全权代理,其行为的后果与当事人行为的后果相同。

尽管法定诉讼代理人是全权代理,在诉讼中处于与当事人类似的诉讼地位,但是法定诉讼代理人毕竟不是当事人。具体表现在以下四个方面:① 法定诉讼代理人不是实体权利义务的承担者,判决的效力不及于法定诉讼代理人,只及于当事人;② 当事人的住所地可以作为确定案件管辖法院的依据,而法定诉讼代理人的住所地对确定案件的管辖法院没有任何影响;③ 由始至终法定诉讼代理人都只能以被代理人的名义而不能以自己的名义进行诉讼;④ 在诉讼进行中,如果法定诉讼代理人死亡,只能导致诉讼程序的中止,如果当事人死亡,一般情况下会导致诉讼程序的终结。

(4) 法定诉讼代理权的取得和消灭

根据我国法律的有关规定,一般来说,法定诉讼代理权与监护权同步取得。监护权的取得有三种情况:① 因身份关系而产生;② 因自愿而发生的某种扶养义务而产生;③ 基于社会保障措施而产生。监护权一旦取得,监护人同时取得了法定诉讼代理的资格,一旦被监护人与他人发生民事权利义务纠纷,监护人即可依法取得法定诉讼代理权。

法定诉讼代理权依法律的规定而产生,但在诉讼进行中,法定诉讼代理权也会因其赖以存在的客观条件的消灭而消灭。引起法定诉讼代理权消灭的原因有:法定代理人死亡或丧失诉讼行为能力;被代理的当事人取得或恢复诉讼行为能力,如未成年的当事人达到成年而取得诉讼行为能力,患精神病的当事人痊愈而恢复诉讼行为能力；基于身份关系而发生的监护权解除，如因解除婚姻关系、收养关系而使一方丧失监护权。

2. 委托诉讼代理人

(1) 委托诉讼代理人的概念

委托诉讼代理人，是指受当事人、法定诉讼代理人的授权委托，并以被代理人的名义，在授权范围内代为进行民事诉讼活动的人。

委托诉讼代理是民事诉讼代理制度中一种最主要和最常见代理方式，它具有广泛的适用性。委托诉讼代理人适用于代理有诉讼行为能力的人进行诉讼。这是委托诉讼代理与法定诉讼代理的一个重要区别。在现实生活中，有些当事人虽然具有诉讼行为能力，但由于缺乏法律知识而希望获得他人的法律帮助，或者由于某些原因不能亲自进行诉讼而希望他人代劳。于是，诉讼法上便设立了委托诉讼代理制度，使得这些当事人可以委托他人代为进行诉讼，从而充分、切实、高效地行使其诉讼权利和履行诉讼义务，更好地维护其合法权益。

(2) 委托诉讼代理人的范围

我国《民事诉讼法》为充分保证当事人行使委托他人代理诉讼的权利，对委托代理人的范围规定得比较广泛，同时为了保证当事人获得更专业的法律服务，对委托代理人的范围作了适当的限制。根据《民事诉讼法》第58条的规定，当事人、法定代理人可以委托1至2人作为代理人。下列人员可以被委托为诉讼代理人：律师、基层法律服务工作者、当事人的近亲属或者工作人员；当事人所在社区、单位以及有关社会团体推荐的公民。

我国《民事诉讼法》没有规定哪些人不可以成为诉讼代理人，但是根据有关法律和审判实践，下列人员不宜作为诉讼代理人：无诉讼行为能力人和限制诉讼行为能力人；被剥夺政治权利的人；承办案件的审判人员的近亲属；可能损害被代理人利益的人；人民法院认为不宜作为诉讼代理人的人。

(3) 委托诉讼代理人的代理权限和诉讼地位

委托诉讼代理人的代理权限范围，取决于被代理人的委托授权。当事人在民事诉讼中的权利，可以分成两大类：一类是纯粹的程序性诉讼权利，该类诉讼权利与实体权利不存在密切的关系，如起诉、提供证据、申请回避等诉讼权利；另一类是涉及实体性利益的诉讼权利，该类诉讼权利与实体权利有着密切的关系，如代为承认、放弃、变更诉讼请求，进行和解，提起反诉。

与当事人的两类诉讼权利相对应，委托诉讼代理人的代理权限也分为两类：一类是一般代理权限，另一类是特殊代理权限。所谓一般代理权限，是指委托诉讼代理人只能进行一般性诉讼权利代理。如对于当事人的前一类诉讼权利,由于不涉及被代理人实体利益的处分,因此,委托诉讼代理人代为行使此类诉讼权利无须被代理人的特别授权。所谓特殊代理权限,是指委托诉讼代理人除可进行一般诉讼代理行为外,还可以根据授权委托书载明的事项,进行某些特殊诉讼权利代理的权限。对于后一类权利,由于与当事人的实体利益关系密切,因此,《民事诉讼法》规定,对于这类权利,需要被代理人特别授权,即具体写明可以代理哪些具体权利与具体事项。为此,《民事诉讼法》第59条第2款规定:授权委托书必须记明委托事项和权限。诉讼代理人代为承认、放弃、变更诉讼请求,进行和解,提起反诉或者上诉,必须有委托人的特别授权。授权委托书仅写"全权代理"而无具体授权的,诉讼代理人无权代为承认、放弃、变更诉讼请求,进行和解,提起反诉或者上诉。

(4)委托诉讼代理权的取得、变更和消灭

我国《民事诉讼法》第59条第1款规定:"委托他人代为诉讼,必须向人民法院提交由委托人签名或者盖章的授权委托书。"根据这一规定,向法院提交由委托人签名或者盖章的授权委托书,是代理人取得委托诉讼代理权的法定方式。

委托代理关系成立后,当事人可以在法律许可的范围内变更和解除代理事项。根据《民事诉讼法》第60条的规定,诉讼代理人的权限如果变更或解除,当事人应当书面告知人民法院,并由人民法院通知对方当事人,否则,诉讼代理权的变更或解除对人民法院和对方当事人不发生效力,委托诉讼代理人在变更或解除前的诉讼代理行为仍然有效。

委托诉讼代理权可因下列各种原因而消灭:诉讼终结;代理人丧失诉讼行为能力或者死亡;被代理人死亡;委托人解除委托或代理人辞去委托。

第四节　正确运用诉讼证据,揭示纠纷的是非责任

▶一、民事诉讼证据

(一)民事诉讼证据的概念和特征

所谓民事诉讼证据,是指能够证明案件事实的各种材料,也就是人民法院依照法定程序,经过审查判断,采纳作为认定案件事实的材料。在民事诉讼中,案件事实是已经发生过的事实,人民法院要对当事人有争议的民事法律关系作出正确的裁判,必须建立在对该权利义务关系产生、变更和消灭的事实予以认识的基础上。而要认识这些事实,就必须借助于各种证据,因此,证据在民事诉讼中具有十分重要的作用。

一般认为,诉讼证据具有客观性、关联性和合法性三个特征:

1. 客观性

证据的客观性,是指证据必须是客观存在的事实,是独立于人的主观意志之外,不以人的意志为转移的客观存在。因此,毫无根据的推测、个人的主观想象等都不能作为证据。在民事诉讼中,应当以实事求是的态度提供、搜集和运用这些客观事实,而不能用主观臆断来代替这些客观事实。证据的客观性是证据最基本的要素。

2. 关联性

证据的关联性,是指民事诉讼证据必须与其所证明的案件事实有内在的联系。证据与案件事实之间的内在联系表现为,证据应当能证明案件事实的全部或一部分。司法实践中,对于证据的关联性的判断只能依赖法官凭经验、生活常识和逻辑规则来把握。在判断证据与待证事实之间是否存在关联性时,应注意以下原则:证据与待证事实之间的联系必须是客观存在,不能凭空推测;证据与待证事实之间的联系必须是可以认识到的。证据与待证事实之间的关系只有被人们认识,才可能被法官用来作为定案的依据。证据的关联性是某一客观存在的事实能够成为诉讼证据的决定性因素。

3. 合法性

证据的合法性,是指证据本身必须以法律规定的特殊形式存在,并且证据的提供、收集、调查和保全应符合法定程序。一个实质上能够证明案件事实但不符合法律规定的证据,法官也不能作为认定事实的依据。证据的合法性是法律为人们追求证据客观真实性的活动提供的基本规范,也是程序正义的必然要求。

(二)民事诉讼证据的种类

我国《民事诉讼法》第 63 条依据证据的表现形式的不同,将民事诉讼证据分为以下八种:

1. 当事人陈述

当事人陈述,指当事人在诉讼中就与案件有关的事实情况,向法院所作的口头叙述和说明。此处的当事人包括原告、被告、共同诉讼人、第三人、诉讼代表人、法定代理人以及经特别授权的委托代理人。陈述的内容是案件的有关事实情况。

诉讼中并非当事人的所有陈述都属于民事诉讼证据中的"当事人陈述"的范围。当事人的陈述作为证据,必须同时符合以下两个条件:(1)只有对案件事实有证明意义的陈述才可以作为证据;(2)只有记入法院审理笔录或者收入卷宗的当事人的陈述才能作为证据。

当事人陈述作为证据形式最显著的特点就是具有"两重性",即真实性与虚假性并存。一方面,当事人是案件有关事实的亲身经历者,最了解案件事实,最能够提供案件真实情况;另一方面,他们是民事案件的利害关系人,容易从自身利益出发,常常在陈述中夸大或者缩小某些事实,甚至歪曲事实真相,进行虚假陈述。

当事人关于案件事实情况的陈述可分为积极陈述和消极陈述。(1)积极陈述是指当事人站在自己的诉讼立场,对案件事实发生、发展、演变过程的叙述和说明。(2)消极陈述是对对方当事人的事实主张所进行的陈述、说明或反驳。消极陈述又可以分为承认性陈述和否定性陈述。承认性陈述是指一方当事人对对方当事人所提出的事实,明确表示承认。否定陈述是指对对方当事人主张的事实表示反对的陈述。当事人为了获胜,一般都要陈述对自己有利的事实,对对方当事人陈述的不利于自己的事实,则提出不同的事实根据进行反驳。因此,除非当事人承认与配合,积极陈述和否定性陈述一般不能直接作为认定案件事实的独立证据,必须有其他证据进行补充。承认性陈述,是当事人陈述的一种特殊形式,是对不利于自己的案件事实的真实性的认可。在诉讼法理论上一方当事人对对方当事人主张的事实承认,称之为"自认"。自认在诉讼上有十分重要的价值。诉讼上的自认,只要是内容合法、意思表示真实,就可以直接作为定案的依据,从而免除对方当事人的证明责任。

2. 书证

书证,是指以文字、符号、图形等所记载的内容或者表达的思想内容来证明案件事实的证据。书证在民事诉讼中是普遍被应用的一种证据,在有的案件中是不可缺少的。因此,它在民事诉讼中起着非常重要的作用。当事人和人民法院,在诉讼中也很重视提供、调查收集能证明案件真实情况的各种书证。

书证作为民事诉讼中常见的证据,具有以下特征:

(1)文字、符号、图形是书证表达意思的基本形式。最常见的书证是用文字书写、印制或刻制的;其次是用特定符号或图形作为表达形式的,例如有特定符号的商标。

(2)文字、符号、图形以书面及其他物质为载体。最常见的书证是各种各样的纸质书面材料,但有时也用金属、陶瓷、石头、塑料以及竹木等材料为载体。例如,寄存物品时发给的铜牌等。

(3)书证不是一般的物品,而是用文字符号记载和表达人的思想或行为内容的物品。它以其记载的内容来证明案件事实,这也是书证与物证的主要区别。

(4) 书证记载的内容明确且稳定,有较强的客观性和真实性。书证不会像言词证据容易因有关人员的主观意识而改变,也不存在因时间久远造成记忆模糊而影响其证明力的现象。因此,书证的内容一旦形成,便具有较强的客观性和真实性,在一些纠纷的解决中往往可以直接起到证明的作用。但书证易丢失和被伪造,所以在实践中要注意搜集、保存,以及鉴别。

书证应以提交原件为原则。提交原件确有困难的,可以提交复制品、照片、副本、节录本。书证在对方当事人控制之下的,承担证明责任的当事人可以在举证期限届满前书面申请人民法院责令对方当事人提交。申请理由成立的,人民法院应当责令对方当事人提交,因提交书证所产生的费用,由申请人负担。对方当事人无正当理由拒不提交的,人民法院可以认定申请人所主张的书证内容为真实。持有书证的当事人以妨碍对方当事人使用为目的,毁灭有关书证或者实施其他致使书证不能使用行为的,人民法院可以依照《民事诉讼法》第111条的规定,对其处以罚款、拘留。

3. 物证

物证,是指以自己存在的外形、重量、规格、质量等标志来证明待证事实的一部或全部的物品或者痕迹。

物证和其他证据相比,有以下特征:(1) 物证具有较强的客观性、真实性、可靠性。物证对案件事实的证明是以其自身的客观存在的形状、特征、规格、质量、痕迹等来证明一定事实是否发生和存在的,不像证人证言和当事人陈述那样,容易受主观因素和其他复杂情况的影响。只要判明物证是真实的,不是虚假的,用其来证明案件事实,其真实性和可靠性都是较大的,因而有较强的证明力。(2) 物证具有独立的证明性。在某些案件中,物证能独立证明案件事实是否发生或存在,不需要其他证据加以印证即可作为认定事实的依据。如因标的物质量不符合规定而产生的购销合同纠纷,该标的物就是物证。只要查明该标的物质量是否符合要求,就可以直接认定案件事实,及时作出判断,解决当事人之间的纠纷。(3) 物证具有不可代替的特定性。物证作为一种客观存在的具体物体和痕迹,具有自己的不同特征,而且这是特定化了的。因此,在一般情况下,它是不能用其他物品或者同类物品来代替的,否则就不能保持原物的特征,故法律规定:物证必须提交原物,只有在提交原物确有困难时,才可以提交复制品、照片,但提交的复制品的一切特征必须与原物相同,照片也只能是原物的真实情况的反映。同时还需明确,这种复制品和照片,只是固定和保存原物的方法,作为物证的仍是原来的物品和痕迹,而不是复制品和照片。

4. 视听资料

视听资料是指利用录音、录像所储存的资料来证明待证事实的证据。如用录音机录制的当事人的谈话、用摄像机拍摄的人物形象及其活动等。司法实践中,视听资料为法院查明案情、提高审判质量,正确处理民事纠纷提供了很有效的证据方法。

视听资料具有以下特征:(1)视听资料便于收集、保管和使用。视听资料的制作需要借助于特殊的设备,但是一旦制作完毕,视听资料的收集、保管和使用是较为便利的。(2)视听资料具有动态连续性和直感性。视听资料是通过特殊设备对当事人之间民事法律关系成立、变更或者消灭之时的状态形成的记录,它对待证事实的反映通常具有连续性与直感性,生动逼真。(3)视听资料容易被修改或者伪造。视听资料在没有人为干扰的情况下,通常具有较强的客观真实性。但是,一旦受到人为因素的干扰,则极其容易通过技术手段篡改其内容,而且不易被发现。

视听资料作为一种现代科学技术的产物,给诉讼活动带来了巨大的方便。但视听资料是在人的控制下制作完成的,也可以在人的控制下进行修改。因此,对视听资料需进行全面审查。首先,应注重对视听资料的审查工作。审查人民法院在审查视听资料时,应查明该项视听资料的来源、录制的时间、地点、录制的内容、目的、参与录制的人、录制的形象和声音是否真实,以及该项视听资料的保管、储存情况等。其次,凡剪接、篡改、内容失真的视听资料,不能作为诉讼证据。另外,存在疑点而又无其他证据佐证的视听资料不得单独作为认定案件事实的依据。最后,视听资料的收集、取得必须合法。如果视听资料是以侵犯他人合法权益或者违反法律禁止性规定的方法获取的,则不能作为证据使用。

5. 电子数据

电子数据,又称电子证据,是指借用电子技术或电子设备而形成的,以电子形式存在的数据和信息来证明案件真实情况的一种证据。民事诉讼中常见的电子数据,有电子合同、电子提单、电子保险单、电子发票、电子邮件、QQ聊天记录、短信、微信、网页、域名等。这些电子数据不仅广泛存在于我们的日常生活中,也早已成为证明案件事实的证据,在诉讼中被大量使用。

电子数据与视听资料存在着共同点,如视听资料与电子数据一样可以重复呈现其内容,一样可以存储于某种介质中,一样要借助其他设备才能展现其记载的内容,两者都可以复制出副本等。但是二者之间也存在着较为明显的区别。具体讲:首先,视听资料是以模拟信号的方式存储于介质上的数据;电子数据是以数字信号的方式在介质上进行存储的数据。其次,视听资料应限定于以模拟录音录像设备如磁带录像机、磁带录音机、胶卷相机等设备形成的数据。而电子数据强调数据的记录方式,是指以电子方式记录的数据。从这层意义出发,计算机上能直接处理的影音资料等数据文件应归入电子数据范畴。

6. 证人证言

证人,是指以自己所感知的案件情况向人民法院提供有关案件事实陈述的人。《民事诉讼法》第72条第1款规定:"凡是知道案件情况的单位和个人,都有义务出庭作证。有关单位的负责人应当支持证人作证……"第2款规定:"不能正确表达意志的人,不能作证。"以上规定大致说明了民事诉讼证人的范围。首先,证人必须知道案件情况。从宪法的角度说作证是每一个公民的义务,但具体到一个案件里并不是每个公民都能作证,只有知道案情的人才能作证。其次,证人要能够正确表达意志。不能正确表达意志的人,不能作为证人。对未成年人,如果他所表达的内容与其认识力大体一致,也应当允许作为证人。某些有生理缺陷的人,如聋哑人、盲人等,不影响其正确表达意志能力的,也可以就其感知到的事实作证。最后,在同一案件里证人的身份不允许重合,不能既当证人又当律师或审判员。

证人证言,是指证人以口头或书面形式,就他所了解的案件情况向人民法院所作的陈述。证人的陈述,一般是陈述自己感知的事实,如果陈述从他人处听来的事实,必须说明出处或来源,否则不能作为证据使用。

证人在作证过程中,对事实的陈述和对事实的判断往往混在一起,为求得证言的客观性,证人应当根据自己所了解的事实提供证言,并不要求对这些事实在主观上作出评价。

证人证言有如下特点:(1)证人证言具有不可替代性。证人证言的形成是以证人对案件事实的感知为基础的,而案件事实发生时的特定情景,具有不可逆转的特性,这就决定了证人对案件事实的感知具有不可替代性。(2)证人证言具有虚假、失实的可能性。证人证言产生的基础是证人的感觉。但是,人的感觉受制于主、客观条件,有虚假、失实的可能。证人的感知能力、记忆能力、叙述能力以及证人与当事人之间是否存在利害关系等因素都可能影响证言的可靠性。因此,对证人证言必须进行认真的审查核实。(3)证人只是了解案件的某些情况,他与该案的审理结果无法律上的利害关系。如果既了解案情,又与案件处理结果有利害关系,就不得为证人,而是诉讼当事人。

7. 鉴定意见

鉴定意见,是指鉴定人运用专业知识、专门技术对民事案件中的专门性问题经过分析、鉴别、研究后所出具的结论性意见。鉴定人,是指对所需要鉴定的问题具有专业知识,受法院指定或当事人聘请从事鉴定工作,提出鉴定意见的人。

在民事诉讼中,常常会遇到审判人员难以判断的专门性问题,为了查明案件事实,必须由具有专门知识的专家对专门性问题进行科学鉴定。民事诉讼中常见的鉴定有医学鉴定、痕迹鉴定、文书鉴定、会计鉴定、产品质量鉴定、事故鉴定等。

鉴定意见作为诉讼证据中的一种,它具有以下特点:(1) 鉴定意见的独立性。鉴定意见是鉴定人根据案件的事实材料,按科学技术标准,以自己的专门知识,独立对鉴定对象分析、研究、推论作出的判断。(2) 鉴定意见的结论性。其他证据仅就某一个方面或某几个方面作证,通常不可能有结论性意见。结论只能由法官作出。鉴定结论则不然,它不仅要求鉴定人叙述根据案件材料所观察到的事实,而且更重要的是必须对这些事实作出鉴别和判断。(3) 鉴定意见的范围性。鉴定人对专门性问题所作的鉴别和判断,只限于应查明的案件事实本身,而不直接涉及对案件的有关法律问题作出评价。(4) 鉴定意见的可靠性。鉴定意见本身是由经过法定程序聘请的具有资质的专业机构的具有专门知识的鉴定人对诉讼中的专门性问题,在对相关资料经过法定程序进行分析的基础上作出的专业性判断。因此,该鉴定意见本身具有可靠性。(5) 鉴定意见的不确定性。鉴定意见虽然因其法定程序的保障而具有可靠性。但是,鉴定意见毕竟是一种主观性很强的证据形式。因此,如果鉴定机构或者鉴定人员不具备相关的资质,以及鉴定的程序不符合法定程序要求,则该鉴定意见还是可以被推翻的。

8. 勘验笔录

勘验是人民法院审判人员,在诉讼过程中,为了查明一定的事实,对与案件争议有关的现场、物品和物体亲自进行或指定有关人员进行查验、拍照、测量的行为。对查验的情况与结果制成的笔录称为勘验笔录。

在民事审判活动中,经常遇到双方当事人争执的标的物或物证,不便于或根本无法拿到法庭上去的情况,为了弄清案情,就需要派人赶赴现场,进行实地勘验和调查,以便对案件的现场情况有个清晰的了解。另外,勘验笔录还有一个更为重要的作用,那就是它是一种保全和固定诉讼证据的重要手段。例如,为了避免某一个现场在案发后受到人为的或自然因素的影响而遭到破坏,而通过勘验用绘图、照相、制作笔录等方式来加以保全。综上所述,勘验笔录通过对有关证据及时进行收集,以及对可能灭失的证据采取有效的保全,从而对查明事实,确保案件的正确处理具有重要的意义。

勘验可由当事人申请进行,也可以由人民法院依职权进行。勘验物证和现场时,勘验人员必须出示人民法院的证件,邀请当地基层组织或有关单位派人参加。当事人或者他的成年家属应当到场,拒不到场,不影响勘验的进行。有关单位和个人根据人民法院的通知,有义务保护现场,协助勘验工作。勘验时除用文字制成笔录外,还可以用拍照、录像、测绘、绘图、检验和询问有关人员等方式进行。

勘验笔录是现场情况的反映,要求勘验人员在制作勘验笔录时,应客观地、实事求是地记录勘验的真实情况,不能把个人的分析判断同勘验笔录相混淆。勘验笔录应由勘验人、当事人和被邀请参加人签名或盖章。

二、民事诉讼证明

(一)证明对象

民事诉讼证明是以过去事实为认识对象的司法活动,是对已经发生的案件事实进行探索的复杂过程。在这个过程中,通过律师和当事人等诉讼参加人搜集证据、提出证据、进行证据抗辩和反驳,通过法官调查证据、核实证据,最后达到正确认识案件事实的目的。

民事诉讼中,原告提出诉讼请求所依据的事实和理由,被告对原告诉讼请求的答辩、反驳和提起反诉所依据的事实和理由,第三人提出诉讼请求所依据的事实和理由,以及人民法院认为需要加以证明的其他事实,都需要运用证据加以证明。这些需要用证据加以证明的案件事实,就叫证明对象。

证明对象,又称为待证事实,是指证明主体运用证据予以证明的,对审理案件有重要意义的事实。作为证明对象必须符合三个条件:(1)该事实对审理民事案件具有法律意义,即该事实在诉讼中具有判断当事人的诉讼请求是否成立的价值。(2)该事实属当事人双方争议的事实。不存在争议的事实一般不需要证明,除非法官认为该事实涉及社会公共利益或是第三人的合法权益,且存在双方当事人恶意串通之嫌。(3)该事实不属于法律明确规定的无须证明的事实。

在诉讼中明确证明对象,有利于明确审理的范围,确定案件争执焦点;正确指导当事人的举证、质证活动;指导法院的审核、认定证据的活动,从而提高诉讼效率,避免诉讼活动出现偏差。

在民事诉讼中,需要运用证据证明的案件事实因案而异,各个案件证明对象的范围各有不同。综合起来,证明对象主要包括以下方面:(1)当事人主张的具有民事实体法意义上的事实。民事诉讼所要解决的是当事人之间关于民事实体权利义务的争议,所以假如当事人所主张的事实对于判断彼此之间实体权利义务关系是否存在,或者实体权利是否受到侵害具有重要意义,并为对方当事人所争执时,该事实便成为了证明对象。(2)当事人主张的程序法律事实。程序法律事实是指对解决诉讼程序问题具有法律意义的事实。程序法上的事实一般不直接涉及实体问题,但如不予以证明,就会影响诉讼程序的顺利进行。(3)证据事实。证据事实是指能够起到证明争议的案件事实的作用,但其本身的真实性有待查明的事实。(4)外国法律和地方性法规。

在民事诉讼中,并非所有的案件事实都需要当事人提出证据加以证明。出于提高诉讼证明的效率,减轻当事人的证明负担的考虑,许多国家的诉讼法都规定了一定的不需要作为证明对象的事实,而由法院直接予以认定。无须证明的案件事实主要包括:众所周知的事实、自然规律及定理、推定的事实、预决的事实、公证的事实和自认的事实。

(二)证明责任

1. 证明责任的概念

证明责任,是指在诉讼中当事人对自己主张的事实,有责任提出证据加以证明,如果提不出证据或者证据不足以证明自己主张的事实的,就可能要承担败诉风险的责任。证明责任可以分为行为责任和结果责任。行为责任,是指案件中待证事实,由谁提供证据加以证明的责任。结果责任,是指当诉讼终结时待证事实真伪不明,由谁承担不利诉讼后果的责任。

2. 证明责任的分配

法院为作出裁判,首先应确定有关法律事实是否存在,然后才能适用相应的法律规范。但在有的案件中,无论当事人如何举证,法院如何运用职权调查,当事人所主张的事实存在与否仍然无法得到证明,法院也不能拒绝作出裁判。那么法院此时应当如何作出裁判?这便是证明责任分配制度所要解决的问题。

证明责任分配,是指人民法院在诉讼中按照一定规范或标准,将待证事实真伪不明时所要承担的不利后果在双方当事人之间进行划分。在诉讼终结前如果待证事实仍然处于真伪不明状态,人民法院将借助证明责任的规则进行裁判,即将案件事实真伪不明引起的不利后果判归由对该要件事实负证明责任的一方当事人负担。

根据《民事诉讼法》第64条的规定,证明责任分配的一般原则是"谁主张,谁举证"。也就是说,当事人对自己所主张的并作为证明对象的事实,应当负责提供证据加以证明。但是,在具体民事争议案件中,针对任何一个需要证明的对象通常可能存在两个相互对立的主张,就这一证明对象的证明责任不可能同时分配给双方当事人。因此,实践中将"谁主张,谁举证"的原则进一步细化为"主张积极事实,该积极事实作为证明对象,主张者有证明责任,而主张消极事实,该消极事实不作为证明对象,主张者无证明责任"。

根据证明责任分配的一般原则,大多数情况下可以达到公平合理的分配证明责任的目标。但是,在一些特殊侵权案件中,如果根据证明责任分配的一般原则,由提出诉讼请求的一方承担证明责任,该当事人将因无法举证而失去胜诉机会,法律的公正性将无法实现。为此,有必要将侵权行为构成要件中的部分要件倒置。

证明责任的倒置是相对于证明责任分配的一般原则而言的,即按照证明责任分配的一般原则,将本应由主张方承担的证明责任分配给对方当事人承担。但是,值得注意的是,证明责任倒置通常由法律明确规定,法官不得任意将证明责任的分配加以倒置。

最高人民法院《关于民事诉讼证据的若干规定》(以下简称《证据规定》)第4条规定的特殊证明责任中的部分规定便属于证明责任倒置,具体如下:

(1) 因新产品制造方法发明专利引起的专利侵权诉讼,由制造同样产品的单位或者个人对其产品制造方法不同于专利方法承担证明责任。此条规定不是由主张侵权的人证明其被侵权,而由被主张侵权的人证明其不侵权;制造同样产品的单位或者个人对其产品制造方法不同于专利方法承担证明责任。证明不了的,承担侵权的不利后果。

(2) 因环境污染引起的损害赔偿诉讼,由加害人就法律规定的免责事由,及其行为与损害结果之间不存在因果关系承担证明责任。此条规定,将原本由受害人举证证明的侵权行为与损害结果间的因果关系,改由加害人证明,加害人证明不了的,承担赔偿的不利后果。法律规定免责事由的证明责任原本就应由加害人承担的,不属于倒置。

(3) 因共同危险行为致人损害的侵权诉讼,由实施危险行为的人就其行为与损害结果之间不存在因果关系承担证明责任。危险行为与损害结果之间存在因果关系本应由提出损害主张的人承担证明责任,此处倒置为被主张的人承担。

(4) 因医疗行为引起的侵权诉讼,由医疗机构就医疗行为与损害结果之间不存在因果关系及不存在医疗过错承担举证责任。正置时该因果关系应由主张侵权的人举证,此处倒置为医疗机构承担证明责任。

另外,还有一些情况通常被认为发生证明责任倒置的,其实并未倒置。《证据规定》第4条列举的以下情形不属于证明责任倒置:

(1) 高度危险作业致人损害的损害赔偿诉讼,由加害人就受害人故意造成损害的事实承担证明责任。主张对方故意造成损害的属于主张免责事由,主张者应当承担证明责任。

（2）因建筑物或者其他设施以及建筑物上的搁置物、悬挂物发生倒塌、脱落、坠落致人损害的损害赔偿诉讼，由所有人或者管理人对其无过错承担证明责任。主张自己无过错属于免责事由，主张者应承担证明责任。

（3）饲养动物致人损害的损害赔偿诉讼，由动物饲养人或者管理人就受害人有过错或者第三人有过错承担证明责任。主张受害人有过错或者第三人有过错属于主张免责事由，主张者应承担证明责任。

（4）因缺陷产品致人损害的损害赔偿诉讼，由产品的生产者就法律规定的免责事由承担证明责任。主张免责事由者承担证明责任，不属于证明责任倒置。

以上四种情形全部符合"谁主张，谁举证"的分配原则，因此没有发生证明责任的倒置。

第五节　了解"东方经验"，掌握诉讼的调解机制

▶一、诉讼调解概念与特征

诉讼调解，又称为法院调解，是指在人民法院的主持下，双方当事人在自愿协商的基础上，就双方当事人之间争议的权利义务关系达成协议，以解决争议的活动及结案方式。

诉讼调解既是人民法院在审理民事案件过程中，贯彻调解原则所进行的一项诉讼活动，又是人民法院行使审判权，解决民事纠纷，结束诉讼程序的一种方式。诉讼调解以当事人之间私权冲突为基础，以当事人一方的诉讼请求为依据，以司法审判权的介入和审查为特征，以当事人之间处分自己的权益为内容，实际上是当事人的处分权与法院审判权共同作用的结果，是诉讼契约和司法审查相结合的产物。

诉讼调解通过把讲理与讲法结合起来的方式，让当事人能够接受调解结果，自动履行程度高，对于化解社会矛盾、解决纠纷、促进和谐社会构建，具有其他方式无法替代的作用。这种解决矛盾的方式与我国特定的文化背景相吻合，根植于我国的长期司法实践，并因其具有诸多优势而被国际司法界称为"东方经验"。在我国文化传统中，调解不但表现为一种解决纠纷的方式，同时体现了一种社会秩序的安排，反映了传统文化追求自然秩序和谐的理想。在当前和今后相当长的时期内，包括诉讼调解在内的各种调解，不仅符合我国广大民众的思想观念和文化传统，而且适应构建社会主义和谐社会的

现实需要。

调解有诉讼外的调解和诉讼上的调解之分。前者如人民调解、行政调解以及仲裁程序中的调解,后者即诉讼调解。与诉讼外的调解相比,诉讼调解具有以下特征:

第一,诉讼调解是在法院审判人员的主持下进行的。在整个调解过程中,审判人员都居于主导地位,调解应当依照民事诉讼法规定的程序进行。

第二,诉讼调解贯穿于民事诉讼的全过程。人民法院根据审理民事案件的需要,能够调解的,随时都可以进行调节。就审级而言,诉讼调解既可以适用于第一审程序,也可以适用于第二审程序,还可以在审判监督程序中适用;就诉讼阶段而言,诉讼调解从案件的立案阶段,审理前的准备阶段,开庭审理阶段,直至法庭辩论终结后,法庭宣判之前都可以进行。

第三,诉讼调解具有较高的法律效力。诉讼调解是人民法院行使审判权的重要方式,经调解达成协议的,一般由人民法院制作调解书,经双方当事人签收后,即产生与生效判决同等的法律效力。

第四,诉讼调解是人民法院行使审判权与当事人行使处分权相结合的产物。诉讼调解是由审判员主持、劝导当事人协商解决民事纠纷的活动,是人民法院行使审判权的行为。但是,调解协议达成则是建立在当事人私权处分的基础上。没有人民法院的主持和劝导以及对调解协议内容的审查确认,调解就不具备诉讼的性质;没有双方当事人的积极参与配合,调解就难以进行下去。因此,诉讼调解作为解决争议的一种方式,实际上体现了人民法院行使审判权与当事人行使处分权的结合。

▶ 二、诉讼调解与诉讼外调解的区别

行政调解、仲裁调解和人民调解委员会的调解,属于诉讼外调解。行政机关、仲裁委员会和人民调解委员会,不能行使国家审判权,它们的调解效力与法院调解效力不尽相同。仲裁调解协议生效后,义务人不履行义务,权利人可以申请人民法院强制执行。人民调解委员会的调解,其协议不具有强制执行的效力。当事人即使达成了调解协议,仍然可以向人民法院提起民事诉讼。行政调解,除非法律另有规定,一般不具有终局解决纠纷的效力。当事人在行政调解达成或没有达成调解协议后,还可以提起民事诉讼。

在人民调解组织和其他组织主持下达成的调解协议,其民事部分,法律和司法解释赋予其民事合同的性质。调解协议达成,民事合同的效力确立。当事人双方本着自愿的原则,可以依法向人民法院申请司法确认,以使其获得强制执行的效力。2009年7月24日,最高人民法院发布了《关于建立健全

诉讼与非诉讼相衔接的矛盾纠纷解决机制的若干意见》，该《意见》规定："经行政机关、人民调解组织、商事调解组织、行业调解组织或者其他具有调解职能的组织调解达成的具有民事合同性质的协议，经调解组织和调解员签字盖章后，当事人可以申请有管辖权的人民法院确认其效力。"人民法院作出的确认调解协议有效的裁定具有强制执行力。一方当事人拒绝履行或者未全部履行的，另一方当事人可以向人民法院申请执行。

▶三、诉讼调解的原则

诉讼调解的原则，是指人民法院和双方当事人在诉讼活动中必须遵守的行为准则。根据民事诉讼法和相关司法解释的规定，诉讼调解必须遵循以下原则：

（一）自愿原则

自愿原则，是指在民事诉讼过程中，人民法院必须在双方当事人自愿的基础上进行调解，不得强迫。诉讼调解不是通过国家的强制力，不是通过人民法院审判人员行使裁判权，通过认定事实与适用法律解决纠纷。诉讼调解在本质上是一种以双方当事人的合意为核心要素的解决纠纷的方式，这种合意是私法上意思自治原则在纠纷解决领域的延伸。因此，法院调解应当建立在双方当事人自愿的基础上，不能强迫调解，不能违背当事人意志进行不平等的调解。诉讼调解应遵循的自愿原则，具体体现在两个方面：

第一，程序自愿。程序自愿，是指在民事诉讼中是否采用调解方式解决民事纠纷，应完全取决于诉讼双方当事人的自愿。当事人有权依法选择是以判决的方式结案，还是以调解的方式结案。对此，人民法院不得加以强制。对于调解无效或当事人的一方或双方不愿接受调解的案件，人民法院应当及时作出裁判，不得强迫或变相强迫当事人接受调解。

第二，实体自愿。实体自愿，是指双方当事人能否达成调解协议以及调解协议的具体内容完全由双方当事人按自己的意愿自主决定。能否达成调解协议以及调解协议的具体内容，直接关系到当事人的实体权益的得失，调解协议的内容只有充分地反映当事人的意愿，才具有权威性和可接受性。在调解的过程中，法院的审判人员可以根据法律对当事人进行引导，向当事人提供调解意见，但是决不能违背当事人的意志，强迫当事人接受有关的调解协议。

（二）合法原则

合法原则，是指人民法院主持的法院调解活动和双方当事人达成的调解协议的内容，必须符合法律的规定。法院调解合法原则包括程序合法与实体合法两个方面内容：

第一，程序合法。法院调解必须依照民事诉讼法的程序规范进行，不得因调解而违反程序性规定。

第二，实体合法。调解协议的内容应当合法，不得违反法律、行政法规的禁止性规定。《最高人民法院关于人民法院民事调解工作若干问题的规定》（以下简称《调解规定》）第12条规定，调解协议具有下列情形之一的，人民法院不予确认：(1) 侵害国家利益、社会公共利益的；(2) 侵害案外人利益的；(3) 违背当事人真实意思的；(4) 违反法律、行政法规禁止性规定的。对当事人达成的调解协议，人民法院负责审查，并对调解协议的合法性予以确认。

（三）查明事实、分清是非的原则

查明事实、分清是非的原则，是指诉讼中调解应当在事实已经基本清楚、当事人之间的权利义务关系已经基本明晰的基础上进行。

根据我国《民事诉讼法》的规定，"查明事实与分清是非"应当是法院调解的原则之一，这是我国司法审判中"以事实为根据，以法律为准绳"的基本原则在调解中的体现。查明事实、分清是非，有利于调解工作的进行，能够使审判人员抓住当事人的争议焦点，分清是非，对当事人进行有理有据的调解，促成一致意见的达成。查明事实、分清是非，可以防止人民法院在事实不清的基础上盲目调解，"各打五十大板"的做法不仅有损诉讼的公正性，还会导致诉讼结果难以被当事人接受和信服，造成调解书所确定的权利义务在现实中难以实现。

（四）保密原则

调解保密原则，即人民法院审理民事案件，调解过程不公开，但当事人同意公开的除外。调解协议内容不公开，但为保护国家利益、社会公共利益、他人合法权益，人民法院认为确有必要公开的除外。主持调解以及参与调解的人员，对调解过程以及调解过程中获悉的国家秘密、商业秘密、个人隐私和其他不宜公开的信息，应当保守秘密，但为保护国家利益、社会公共利益、他人合法权益确有必要公开的除外。

▶ 四、诉讼调解的程序

诉讼调解的程序，是指在调解过程中，人民法院、当事人和其他诉讼参与人应当遵循的操作程序规范。

由于在我国民事诉讼中，调解本身就是对案件的一种审理活动，并且贯穿于案件审理的全过程，它与诉讼的整个审理活动无法截然分开，因此我国《民事诉讼法》没有规定单独的调解程序，而是调解与审判程序合为一体，只对某些方面作了特别规定。本节所讲的调解程序,就是指调解在程序上的特别规定。凡是《民事诉讼法》对调解未作特别规定的,应当适用审判程序的一般规定。根据《民事诉讼法》的规定和诉讼活动的经验,诉讼调解的整个过程,大体可以分为调解的开始、调解的进行和调解的结束三个阶段。

(一)调解的开始

根据我国《民事诉讼法》和有关司法解释的规定,调解程序的启动有两种方式:

1. 当事人申请

调解程序的启动可以因当事人申请而开始。如果一方当事人申请调解,另一方当事人不同意调解,则法院不得强行调解。

2. 人民法院依职权主动提出并经当事人双方同意

人民法院受理案件后,经审查,认为法律关系明确、事实清楚,在征得当事人双方同意后,可以径行调解。这表明法院有权向诉讼当事人提出调解的建议,征得当事人的同意后,对当事人之间的纠纷进行调解。

人民法院在审理民事案件过程中,调解开始的方式可以因当事人的申请而开始,也可由人民法院依职权主动提出并经当事人双方同意而开始。实践中,应尽量根据案件的类型确定不同的启动方式。对应当调解的案件,由法院主动启动调解;对可以调解的案件,由当事人启动调解。根据《调解规定》第1条第2款的规定,答辩期满前的调解只能是在当事人同意的情况下进行,法院不得依职权主动启动调解程序。

(二)调解的进行

人民法院应当在调解前告知当事人主持调解人员和书记员的姓名,以及申请回避等有关诉讼权利和诉讼义务。在答辩期满前申请人民法院对案件进行调解的,适用普通程序的案件自当事人同意调解之日起15天内,适用简易程序的案件自当事人同意调解之日起7日内,未达成调解协议的,经各方当事人同意,可以继续调解。延长的调解期间不计入审限。当事人申请不公开进行调解的,人民法院应当准许。调解时各方当事人应当同时在场,根据需要也可以对当事人分别做调解工作。主持调解的人员应当认真听取当事人关于案件事实和理由的陈述,一般的次序是先原告方,后被告方,再第三方。需要证人作证的应该传证人到场发表证词。在查明事实的基础之上,有针对性地对双方当事人阐明有关政策和法律规定,做好疏导工作,并引导他们就具体的争议事项展开协商。人民法院调解案件时双方当事人都应当到场,因故不能到场的当事人,可由其有特别授权的委托代理人参加调解;达成的调解协议,可由该委托代理人签名。但是离婚案件的当事人因故无法出庭参加调解的,除本人不能表达意志的外,应向人民法院提交书面的调解意见。对于不能出庭的未成年人和精神病患者,可由其法定代理人出庭调解。在一般情况下,涉及精神病人的离婚案件,除了有关子女抚养和财产分割的问题可以由其法定代理人同对方协商外,对于是否解除双方的婚姻关系,应以判决方式进行。法定代理人和对方达成协议要求发给判决书的,可以根据协议内容制作判决书。

根据《调解规定》第4条的规定,当事人在诉讼过程中自行达成和解协议的,人民法院可以根据当事人的申请依法确认和解协议并制作调解书。双方当事人申请庭外和解的期间,不计入审限。当事人在和解过程中申请人民法院对和解活动进行协调的,人民法院可以委派审判辅助人员或者邀请、委托有关单位和个人从事协调活动。《调解规定》第8条规定,当事人可以自行提出调解方案,主持调解的人员也可以提出调解方案供当事人协商时参考。调解协议内容超出诉讼请求的,人民法院可以准许。

(三)调解的结束

法院调解的结束有两种情况:

第一种情况是因调解无效而结束。经过法院调解,双方当事人不能达成协议,或者虽已达成协议,但协议内容不合法,当事人又不愿修改,或者在调解书送达前一方反悔的,人民法院应当及时判决。

第二种情况是因调解成立而结束。双方当事人经过法院调解后,达成了调解协议,经过人民法院审查协议内容符合国家法律、法规的,应予以批准。需要制作调解书的,人民法院应当制作调解书并送达双方当事人。对不需要制作调解书的,人民法院应当将协议内容记入笔录,并由双方当事人、审判人员和书记员签名盖章,从而结束案件的审理程序。

▶ 五、调解书的制作

调解书是人民法院根据双方当事人达成的调解协议制作的法律文书。调解书与调解协议既有联系,又有区别。调解协议是双方当事人的意思表示,是诉讼文书的一种。调解协议的成立是制作调解书的前提,调解书必须依据调解协议制作,反映调解协议的内容。调解书既是对双方当事人协商结果的记载和确认,又是对人民法院批准当事人调解协议的证明,是具有法律效力的法院的司法文书。

如果调解协议是当事人双方自愿达成,协议内容又符合法律规定的,在通常情况下,人民法院应当根据调解协议的内容制作调解书。

调解书由首部、正文和尾部三个部分组成。首部要求写明制作调解书的人民法院、标题、案件编号,还要求写明当事人及诉讼代理人的基本情况、案由。正文是调解书的主要部分,要求写明当事人的诉讼请求、法院查明的案件事实、调解协议的结果。尾部是调解书的最后部分,通常要求写明调解书经双方当事人签收后即具有法律效力,并由审判人员署名,写明制作的日期,且加盖人民法院的印章,最后由书记员署名。调解书与判决书具有同等法律效力。

人民法院制作的民事调解书,当事人认为与调解协议不一致的,根据最高人民法院《简易程序规定》的司法解释,当事人有权提出异议。对当事人提出的异议,法院审查后认为异议成立的,应当根据调解协议作出补正调解书的裁定,补正其错误。

根据《民事诉讼法》第98条的规定,在下列情况下,当事人达成调解协议的,人民法院可以不制作调解书:

(1) 调解和好的离婚案件。对调解和好的离婚案件,鉴于双方当事人还要保持夫妻关系,为了不影响双方感情,一般不制作调解书。这样有利于当事人和好如初,对夫妻双方的感情发展有利。

(2) 调解维持收养关系的案件。收养是指领养他人的子女作为自己子女的法律行为。因收养而建立的父母子女关系是收养关系。因收养关系引起的纠纷,一般是收养人或被收养人及被收养人的父母要求解除收养关系,而向人民法院提起诉讼的案件。不论是哪一方起诉要求解除收养关系,经调解,双方当事人愿意和好,不解除收养关系的,为了使双方当事人和睦相处,增进感情,人民法院可以不制作调解书。

(3) 能够即时履行的案件。这类案件一般是指争议数额不大,调解达成协议后即能全部履行的损害赔偿案件和即时清结的债务纠纷案件。对此类案件,当事人达成协议后,双方即时将权利义务履行完毕,不再有任何权利、义务关系,可以不制作调解书。

(4) 其他不需要制作调解书的案件。这是一个弹性条款,由人民法院在审判实践中灵活掌握。

对于上述不需要制作调解书的调解协议,人民法院应当记入调解笔录或者法庭笔录,由双方当事人、审判人员、书记员在笔录上签字或盖章后,即具有法律效力。对于当事人、审判人员、书记员签名或者盖章后发生法律效力的调解协议,当事人未申请制作调解书,一方当事人不履行调解协议的,另一方持生效的调解协议申请强制执行的,人民法院应当受理。再审案件经调解达成调解协议并经当事人、法官、书记员签名或者盖章后生效的,当事人不申请制作调解书的,人民法院应当裁定终结再审程序。

六、调解书的效力

(一) 调解书的生效时间

《民事诉讼法》第 97 条第 3 款规定:"调解书经双方当事人签收后,即具有法律效力。"由此规定可知,调解书的生效,必须经过由法院向当事人送达并由当事人签收的过程。只有经过当事人签收的调解书才能发生法律效力。因此,调解书生效的时间应从当事人依法签收调解书时起开始计算。签收是指受送达人在送达回证上签名或盖章,并记明签收的日期。此外,由于当事人的签收是调解书生效的必要条件,所以对于调解书的送达只能采用直接送达的方法,而不能使用留置送达。

对于根据《民事诉讼法》第 98 条的规定不需要制作调解书,而只是由书记员将调解协议的具体内容记入笔录的调解案件,只要双方当事人、审判人员、书记员在笔录上签名或盖章后,调解协议即具有法律效力。对于此类案件,当事人请求制作调解书的,人民法院应当制作调解书送交当事人。当事人拒收调解书的,不影响调解协议的效力。一方不履行调解协议的,另一方可以持调解书向人民法院申请执行。

(二) 调解协议的效力体现

调解协议的效力,是指依据当事人达成的协议由法院所制作的调解文书在法律上的拘束力。《民事诉讼法》规定,通过调解达成协议的,人民法院应当制作调解书,对不需要制作调解书的协议,应当记入笔录。调解书和调解笔录,在法律上具有同等的效力。

当事人的调解协议是人民法院制作调解文书的前提和基础。当事人的调解协议是当事人双方对解决他们之间争议的合意,仅具有契约的性质,只有经人民法院确认后才具有法律上的拘束力。人民法院的调解文书,是对当事人协议的确认,是调解协议生效的法定条件。

生效的调解协议与生效的法院判决具有同等的法律效力。具体来说,生效的调解协议会产生下列法律效力:

(1) 结束诉讼程序。法院调解是法院审结民事案件的方式之一,调解协议生效后,当事人之间所发生的民事争议得到了最终的解决,因此,也就没有了继续进行诉讼活动的必要,而诉讼程序也必然会因调解协议的生效而终结。

(2) 当事人之间的权利义务关系得以确定。调解协议生效后,当事人之间的权利义务关系在调解协议中得以确定,从而最终解决了当事人之间所发生的争议。生效的调解协议还会在诉讼上产生一事不再理的法律后果,也即是说,调解协议生效后,除法律有特殊规定的情形外,当事人不得以同一诉讼标的和诉讼理由向人民法院再次提起民事诉讼。但是，对于在调解协议中约定一方不履行协议应当承担民事责任的，人民法院应予准许。

（3）有给付内容的调解协议书具有强制执行力。调解协议是在人民法院的主持下，由双方当事人自愿依法达成的，所以当事人对于生效的调解协议一般都会自觉履行。为了防止出现具有给付内容的调解协议书中的义务人拒不履行义务的情况，保证生效调解协议内容的实现，法律还赋予生效调解协议书以强制执行力，如果义务人拒绝履行生效调解协议书所确定的义务，对方当事人可以向人民法院申请强制执行。

（4）调解协议生效后，当事人不得对调解协议提出上诉。由于调解协议是双方当事人自愿达成的，因此不会产生对生效的调解协议不服的情况。同时我国法律规定生效的调解协议与生效的判决具有同等的效力，因此对于生效的调解协议一律不得上诉。但是，如果当事人以民事调解书与调解协议的原意不一致为由提出异议，人民法院审查后认为异议成立的，应当根据调解协议裁定补正民事调解书的相关内容。

第六节　适当选择诉讼措施，保障裁判有效执行

▶ 一、保全

（一）保全的概念

保全，是指人民法院为了保证将来发生法律效力的判决得以执行，对当事人的财产、争议的标的物以及某种特定的行为采取的一种临时性措施。

针对财产采取的保全主要表现为对标的物或争议财产的限制处分；针对行为的保全主要表现为要求当事人、利害关系人作出一定行为或者禁止其作出一定行为。保全的目的，一是防止争议的财产或物品被处分或自然灭失，确保当事人的实体权利能够得以实现；二是保证生效裁判能够顺利地得以执行，以维护人民法院生效裁判的权威性和严肃性。

以保全对象为标准，可以将保全分为财产保全和行为保全。

（二）财产保全

1. 财产保全的概念与种类

财产保全，是指人民法院在利害关系人起诉前或者当事人起诉后，为保障将来的生效判决能够得到执行或者避免财产遭受损失，对当事人的财产或者争议的标的物采取限制当事人处分的强制措施。

根据《民事诉讼法》第 100 条、第 101 条的规定，财产保全分为诉讼中财产

保全和诉前财产保全。

(1) 诉讼财产保全

诉讼财产保全,是指人民法院在受理案件之后、作出判决之前,对当事人的财产或者争执标的物采取限制当事人处分的强制措施。

诉讼财产保全,旨在保护将来生效判决的有效执行,但是财产保全毕竟是在判决生效前作出的,申请人能否胜诉尚未定论。因此,为维护被申请人的合法权益,人民法院裁定采取财产保全措施须具备下列条件:

第一,采取诉讼财产保全的案件必须是给付之诉,即该案的诉讼请求具有财产给付内容。

第二,确实存在采取诉讼财产保全措施的必要。即因一方当事人的行为或者其他原因,使将来的生效判决存在不能执行的可能性。

第三,诉讼中财产保全发生在民事案件受理后、法院尚未作出生效判决前。

第四,诉讼中财产保全一般应当由当事人提出书面申请,人民法院在必要时也可以裁定采取财产保全措施。

第五,人民法院可以责令当事人提供担保。人民法院责令申请人提供担保的,申请人应当提供与被保全财产大体相当的担保;申请人不提供担保的,人民法院可以驳回申请。

(2) 诉前财产保全

诉前财产保全,是指在紧急情况下,法院若不立即采取财产保全措施,利害关系人的合法权利会受到难以弥补的损害。因此法律赋予利害关系人在起诉前有权申请人民法院采取财产保全措施。

诉前财产保全是在诉讼开始之前实施的,人民法院采取诉前财产保全措施后,原告是否起诉、原告的起诉是否符合法定条件以及是否有胜诉的可能等皆不可知,而有关财产一旦被人民法院裁定保全,即限制了财产所有人或管理人对该财产的处分,因此,为了保护被申请人的利益,法律对诉前财产保全做了严格限制。根据《民事诉讼法》第101条的规定,诉前财产保全必须具备以下条件:

第一,需要采取诉前财产保全的申请必须具有给付内容,即申请人将来提起案件的诉讼请求具有财产给付内容。

第二,情况紧急,不立即采取相应的保全措施,可能使申请人的合法权益受到难以弥补的损失。

第三,由利害关系人提出诉前财产保全申请。利害关系人是与被申请人发生争议,或者认为权利受到被申请人侵犯的人。

第四,诉前财产保全申请人必须提供担保。申请人如不提供担保,人民法院将驳回申请人在起诉前提出的财产保全申请。

诉前财产保全的申请人必须在人民法院采取保全措施后30日内提起诉讼,使与被保全财产有关的争议能够通过审判得到解决。如果利害关系人未在30日内向人民法院起诉,人民法院应当解除财产保全措施。

2. 财产保全的范围与措施

财产保全的作用是防止当事人在人民法院作出判决前处分有争议标的物或者处分判决生效后用以执行的财产,以防止纠纷扩大,并保障生效判决得到执行。但是,如果人民法院采取财产保全措施不当,会给当事人财产权和人身权造成损害。

《民事诉讼法》第102条规定:"保全限于请求的范围,或者与本案有关的财物。"所谓限于请求的范围,是指保全财物的价值与诉讼请求的数额大致相等;所谓与本案有关的财物,是指被保全的财物是本案的诉讼标的物,或者虽然不是本案的诉讼标的物,但与本案有牵连。

人民法院对需要保全的财物,应当视案件的不同情况采取查封、扣押、冻结或者法律规定的其他方法。财产已被查封、冻结的,其他单位或其他人民法院不得重复查封、冻结。人民法院对抵押物、留置物可以采取财产保全措施,但抵押权人和留置权人有优先受偿权。

在人民法院采取保全措施后,如果被申请人提供了担保,人民法院应当解除财产保全。申请财产保全有错误的,申请人应当赔偿被申请人因财产保全所遭受的财产损失。在人民法院作出财产保全的裁定后,当事人对裁定不服的,可以申请复议一次。复议期间,不停止裁定的执行。

3. 财产保全的程序

(1) 财产保全的申请及担保

诉前财产保全由利害关系人提出申请而引起;诉讼财产保全由当事人提出申请或者由人民法院依职权决定。当事人在诉讼中申请财产保全,应向受诉人民法院提出;利害关系人申请诉前保全,应当向对诉讼有管辖权的人民法院提出。申请一般应采取书面形式。申请书应写明需要保全的原因,请求保全财产的名称、数量或价额,财产所在地点等。采取书面方式确有困难的,也可以口头方式提出申请。口头提出申请的,由人民法院记入笔录,并由申请人在笔录上签名或盖章。

关于诉前财产保全,《民事诉讼法》规定利害关系人必须提供担保,不提供担保的,驳回申请。诉讼财产保全,人民法院要求当事人提供担保的,当事人也必须提供担保。要求当事人提供担保的目的,在于使因财产保全错误而遭受损失的被申请人能够及时得到赔偿,也可防止申请人滥用权利,任意提起财产保全申请,损害被申请人的利益。当事人提供担保的数额应相当于请求保全财产的数额。

(2) 审查

为了防止财产保全被滥用,人民法院应认真审查申请人的申请是否符合法定条件,对符合法定条件的,裁定采取保全措施;不符合法定条件的,裁定驳回申请。审查应当在法定期限内完成,对诉前财产保全和情况紧急的诉讼财产保全申请,人民法院应当在48小时内完成审查并作出裁定;对情况不紧急的诉讼财产保全申请,也应及时审查并作出裁定。

(3) 裁定与执行

人民法院根据当事人或利害关系人的申请或者在必要时依职权,可以裁定采取财产保全措施。人民法院裁定采取财产保全措施的,应当立即开始执行。当事人不服法院裁定的,可申请复议一次,但复议期间不停止裁定的执行。

(4) 财产保全措施的解除

根据《民事诉讼法》第104条和第101条的规定,有下列情形之一的,人民法院应当作出裁定,解除财产保全措施:一是诉前财产保全的申请人在法定期限内不起诉。人民法院采取诉前财产保全措施后30日内,申请人应当及时向人民法院提起诉讼,逾期不起诉的,人民法院应当解除财产保全。二是被申请人提供充足的担保。人民法院裁定采取保全措施后,被申请人提供了担保,并且此担保可以满足申请人一方的请求,那么就消除了将来判决后不能执行或难以执行的可能性,财产保全的措施已无必要,因而人民法院应当解除对被申请人财产的保全措施。三是财产保全的原因或条件发生变化而不符合保全条件的。人民法院采取保全措施是为了防止因当事人一方的故意行为或其他原因使将来判决生效后不能执行。在采取保全措施后,如果使将来判决生效后不能执行的原因消失,那么财产保全的措施已无必要,应当予以解除。

4. 财产保全错误及其赔偿

根据《民事诉讼法》第105条以及《国家赔偿法》第38条的规定,采取财产保全措施发生错误,给被申请人造成经济损失的,应当对被申请人进行赔偿。

《民事诉讼法》第105条规定,申请有错误的,申请人应当赔偿被申请人因保全所遭受的损失。人民法院在采取诉前财产保全和诉讼财产保全时责令申请人提供担保的,提供担保的数额应相当于请求保全的数额。申请人如果申请有错误,给被申请人造成经济损失,就应当用其所提供的担保来赔偿被申请人的损失。法律作出这一规定，既是对被申请人合法权益的保障，又是对申请人滥用权利的限制及制裁，体现了保护双方当事人合法权益的原则。

对于人民法院依职权主动采取财产保全措施发生错误的情形，《国家赔偿法》第38条规定，人民法院在民事诉讼过程中违法采取保全措施对当事人造成损害的，该当事人可以以赔偿请求人的身份依照本法关于刑事赔偿程序的规定，请求人民法院予以赔偿。最高人民法院也以司法解释的形式对此作了明确规定。这有利于促使人民法院在依职权采取财产保全措施时严格依照法定的条件、程序进行，有利于保护双方当事人的合法权益。

（三）行为保全

《民事诉讼法》修订前只规定了财产保全制度，而未规定行为保全制度。基于司法实践的需要，我国《著作权法》第50条第1款、《专利法》第66条第1款和《商标法》第65条中出现了关于行为保全的具体规定。修订后的《民事诉讼法》关于保全制度的修改的一大重点内容就是增加了行为保全制度。

行为保全，是指为了防止他人正在实施的行为或者将要实施的行为给相关人员造成难以弥补的损害，人民法院采取的责令行为人作出一定行为或者禁止其作出一定行为的措施。

根据《民事诉讼法》第100条第1款的规定，人民法院对于可能因当事人一方的行为或者其他原因，造成当事人其他损害的案件，根据对方当事人的申请，可以裁定责令其作出一定行为或者禁止其作出一定行为；当事人没有提出申请，人民法院在必要时也可以裁定采取保全措施。人民法院采取保全措施，可以责令申请人提供担保，申请人不提供担保的，裁定驳回申请。

行为保全与财产保全之间的区别主要体现在以下几点：一是保全针对的对象不同。行为保全措施针对的是被申请人的行为，而财产保全措施针对的是被申请人的财产或者与本案有关的财产。二是保全的措施不同。行为保全的措施是责令被申请人作出一定行为或者禁止其作出一定行为，而财产保全措施是查封、扣押、冻结或者法律规定的其他方法。三是保全的目的不同。行为保全的目的是防止当事人遭受损失或者防止损失继续扩大，而财产保全的目的是保证未来生效法律文书的实现。

▶二、先予执行

（一）先予执行的概念

先予执行，是指人民法院在受理民事案件以后、裁判生效之前，基于申请人生活上或者经营上的急需，根据当事人的申请，裁定被申请人先行给付申请人一定财物或者实施、停止某种行为，并立即执行的一种诉讼制度。

一般而言,执行必须以生效的判决作为依据,必须等到判决生效后进行,但是对于有些原告来说,如果等到判决生效后才执行,他们正常的生活就难以维持,他们的生产或者经营就会受到严重的影响。所以,先予执行的着眼点是满足权利人的迫切需要。

(二)先予执行的适用范围

先予执行是法院已经受理案件但是尚未作出判决,法院责令当事人预先履行义务,所以,它只适用于特定的案件。根据《民事诉讼法》第106条的规定,人民法院对下列案件,根据当事人的申请,可以裁定先予执行:追索赡养费、扶养费、抚育费、抚恤金、医疗费用的案件;追索劳动报酬的案件;因情况紧急需要先予执行的。其中,第三种情况主要适用于某些经济合同案件,以及需要立即制止某些行为或需要立即实施一定行为的场合。具体而言,第一,需要立即停止侵害、排除妨碍的;第二,需要立即制止某项行为的;第三,追索恢复生产、经营急需的保险理赔费的;第四,需要立即返还社会保险金、社会救助资金的;第五,不立即返还款项,将严重影响权利人生活和生产经营的。

在先予执行的数额方面,应当限于当事人诉讼请求的范围,并以当事人的生产、生活的急需为限。

(三)先予执行的适用条件

先予执行是人民法院针对当事人之间的权利义务争议在作出判决前预先责令义务人履行一定的义务,因此,为了避免损害被申请方当事人的利益,避免给法院判决的执行带来不必要的争议,人民法院作出先予执行裁定时,必须严格遵守法定条件。根据《民事诉讼法》第107条第1款的规定,裁定先予执行的条件是:(1)当事人之间事实基本清楚、权利义务关系明确,不先予执行将严重影响申请人的生活或生产经营的。(2)申请人确有困难并提出申请。只有当事人生活或者生产十分困难或者急需,并主动向人民法院提出先予执行申请,人民法院才能作出裁定,要求被告先予执行。人民法院不依职权作出先予执行的裁定。(3)案件的诉讼请求属于给付之诉。案件不具有给付性质,不存在先予执行的问题。(4)被申请人有履行能力。先予执行的目的是为了及时解决申请人的实际困难。但是,如果被申请人根本就没有能力先行给付,裁定先予执行也无法执行。

具备上述条件,人民法院就应当裁定先予执行。先予执行的裁定一经作出,即发生法律效力,并立即开始执行。如果当事人不服先予执行的裁定,不准上诉,但可以申请复议一次。复议期间,不停止先予执行裁定的执行。人民法院对当事人提出的复议应当及时审查,裁定正确的,通知驳回申请;裁定不正确的,作出新的裁定变更或者撤销原裁定。

（四）先予执行的担保和赔偿

由于先予执行的裁定不是人民法院对该案的最终判决,所以,在某些情况下,会发生先予执行裁定的内容与将来的判决结果不一致的情况。审判实践中,人民法院裁定先予执行后,被申请人在诉讼终结时反而胜诉的情况也时有出现。

为了既能够达到解决申请人生活或者生产急需的目的,又能保证被申请人的合法正当权利,《民事诉讼法》第107条第2款规定:"人民法院可以责令申请人提供担保,申请人不提供担保的,驳回申请。申请人败诉的,应当赔偿被申请人因先予执行遭受的财产损失。"

根据上述规定,人民法院裁定先予执行后,经过法庭审理,判决申请人败诉的,申请人不仅应当将因先予执行取得的财产返还给被申请人,而且还要对被申请人因先予执行所遭受的经济损失予以赔偿。

【知识链接】

1. 《中华人民共和国民事诉讼法》。
2. 最高人民法院《关于适用〈中华人民共和国民事诉讼法〉的解释》。
3. 《中华人民共和国人民调解法》。
4. 最高人民法院《关于民事诉讼证据的若干规定》。
5. 最高人民法院《关于建立健全诉讼与非诉讼相衔接的矛盾纠纷解决机制的若干意见》。
6. 最高人民法院《关于人民法院民事调解工作若干问题的规定》。
7. 范愉:《非诉讼解决纠纷机制研究》,中国人民大学出版社2000年版。
8. 江伟、邵明、陈刚:《民事诉权研究》,法律出版社2002年版。
9. 刘学在:《我国民事诉讼处分原则之检讨》,载《法学评论》2000年第3期。
10. 李浩:《民事证明责任研究》,法律出版社2003年版。

【思考题】

1. 民事纠纷具有哪些特征?

2. 如何处理民事诉讼与其他民事纠纷解决方式间的关系？
3. 辩论原则的主要内容是什么？当事人辩论与法院裁判的关系如何？
4. 研究诉的构成要素，对审判实践有什么重要的意义？
5. 什么是代表人诉讼？代表人诉讼判决的效力如何？
6. 试比较法定诉讼代理人与委托诉讼代理人。
7. 什么是自认？其法律效力如何？
8. 简述书证与物证、勘验笔录、视听资料的联系与区别。
9. 什么是证明对象？如何确定证明对象的范围？
10. 试述我国民事诉讼中证明责任的分配规则。

第五章 依法行使权力,规范执法行为

李乐斌枪击案

2015年5月2日，黑龙江省庆安县丰收乡农民徐纯合（男，45岁），与其母亲权玉顺（81岁）携3名子女去大连金州走亲。12时许，徐纯合在庆安站候车室进站入口处故意封堵通道，并将安检通道的旅客推出候车室外，关闭大门，致使40余名旅客无法进站，扰乱车站秩序。保安人员制止无效后报警，民警李乐斌接到报警后前来处置。先对徐纯合进行口头警告，责令其立即停止违法行为。徐纯合不听劝阻，辱骂并用矿泉水瓶投掷民警李乐斌。民警李乐斌随即对徐纯合的双手进行控制，迫其闪开通道，让被阻旅客进站。而后徐纯合追赶民警李乐斌到值勤室并且踹门，民警用防暴棍制止徐纯合。其间，徐纯合先将其母向民警方向猛推，后又将自己6岁的女儿举起向民警李乐斌抛摔，致其女落地摔伤。徐纯合抢夺防暴棍，并拳击民警李乐斌头部，把警帽打飞。民警李乐斌连续多次将徐纯合打翻在地。徐纯合抢走防暴棍，并疯狂抢打民警李乐斌。民警李乐斌开枪将徐纯合击中，徐纯合死亡。

1. 本案中民警李乐斌的行为体现出哪些公安民警现场制止违法犯罪行为的原则？
2. 民警李乐斌开枪是否符合人民警察使用武器的规定？

第一节 人民警察依法行使职权，受法律保护

为了维护国家安全和社会治安秩序，保护公民的合法权益，加强人民警察的队伍建设，从严治警，提高人民警察的素质，保障人民警察依法行使职权，保障改革开放和社会主义现代化建设的顺利进行，根据《宪法》的相关规定，全国人大常委会制定了《中华人民共和国人民警察法》（以下简称《人民警察法》）。《人民警察法》明确规定了人民警察的职权、义务和纪律、组织管理、警务保障以及对人民警察的执法监督等内容。

▶ 一、人民警察的职权

公安机关人民警察的职权由职责和权限两个部分构成。公安机关人民警察的职责，是指国家依法确定的公安机关的管辖范围和应尽的责任义务，

其具体内容由公安机关的性质及人民警察任务所决定,与人民警察的工作范围密不可分。公安机关人民警察的权限,是指人民警察为履行职责,依照法律规定能够采取的各种管理手段和各项强制措施的总称。事实上,在大多数情况下,公安机关人民警察的职责和权限具有一致性。例如,对违法犯罪人员进行盘问、检查,这既是人民警察的权限,也是人民警察履行维护社会治安秩序职责的表现。

(一)人民警察的职责

《人民警察法》第2条规定:"人民警察的任务是维护国家安全,维护社会治安秩序,保护公民的人身安全、人身自由和合法财产,保护公共财产,预防、制止和惩治违法犯罪活动。"这一规定阐明了我国公安机关、国家安全机关、监狱的人民警察和人民法院、人民检察院司法警察等各警种人民警察的总任务。但是,各警种人民警察依照分工和法律、法规的有关规定,其具体任务各不相同,因而不同警种人民警察的具体职责亦各不相同。本书提及的警察职责是立足人民警察的职能,从总体上予以概括的。

1. 人民警察的主要职责

人民警察的职责是国家通过法律形式赋予人民警察的任务,根据各警种职责分工的不同,《人民警察法》第6条对公安机关人民警察的职责进行了详细列举,共计14项,包括:(1) 预防、制止和侦查违法犯罪活动;(2) 维护社会治安秩序,制止危害社会治安秩序的行为;(3) 维护交通安全和交通秩序,处理交通事故;(4) 组织、实施消防工作,实行消防监督;(5) 管理枪支弹药、管制刀具和易燃易爆、剧毒、放射性等危险物品;(6) 对法律、法规规定的特种行业进行管理;(7) 警卫国家规定的特定人员,守卫重要的场所和设施;(8) 管理集会、游行、示威活动;(9) 管理户政、国籍、入境出境事务和外国人在中国境内居留、旅行的有关事务;(10) 维护国(边)境地区的治安秩序;(11) 对被判处拘役、剥夺政治权利的罪犯执行刑罚;(12) 监督管理计算机信息系统的安全保护工作;(13) 指导和监督国家机关、社会团体、企业事业组织和重点建设工程的治安保卫工作,指导治安保卫委员会等群众性组织的治安防范工作;(14) 法律、法规规定的其他职责。其中,第14项"法律、法规规定的其他职责"属于概括性条款。随着社会发展,社会生活必然会出现更多新问题,调整这些新问题的法律也必然会随之出现。概括性条款弹性较大,有利于增强法律的稳定性。

2. 人民警察在紧急情况下的职责

《人民警察法》第19条规定:"人民警察在非工作时间,遇有其职责范围内的紧急情况,应当履行职责。"按照这一要求,人民警察在遇到其职责范围内的紧急情况时,即使不在工作时间内,也应当履行其法定职责。值得注意的是,公安机关为使人民警察更好地履行职责,完成各项工作任务,设置了专门的业务警察建制,从而形成了不同的警种。各警种之间的任务、职责、权限不尽相同。比如,治安警察主要负责保障公共安全,维护社会治安秩序,而交通警察则负责交通管理工作,维护交通秩序和交通安全,处理交通事故等。一般情况下,各警种之间各司其职,但这种分工并不是绝对的,在发生重大事件或者突发性事件时,往往需要各警种通力协作,形成一个作战整体共同应对。

(二)人民警察的权限

人民警察的权限,是人民警察为履行职责,依法能够采取的措施和手段。人民警察是武装性质的国家治安行政力量和刑事司法力量,承担依法预防、制止和惩治违法犯罪活动,保护人民,服务经济社会发展,维护国家安全,维护社会治安秩序的职责。因此,人民警察的权限主要分为治安行政管理和刑事司法两大方面,此外还包括处置突发事件的权限,使用警械、武器的权限,以及特殊情况下使用交通、通信工具的权限。

1. 治安行政管理方面的权限

(1)盘问、检查、留置权

第一,当场盘问检查权。《人民警察法》第9条第1款规定,为维护社会治安秩序,公安机关的人民警察对有违法犯罪嫌疑的人员,经出示相应证件,可以当场盘问、检查。公安机关人民警察在执行维护公共场所治安秩序、巡逻执勤、侦查、调查等任务时,对形迹可疑或其他违法嫌疑人员,经出示人民警察证,即可当场进行盘问检查。当场盘问,主要是询问与违法犯罪嫌疑有关的事项;当场检查,主要是检查违法犯罪嫌疑人员的身份证件,以及随身携带的可疑物品等。当场盘问、检查是人民警察面对违法犯罪嫌疑人员的两种权限,在具体执法过程中,既可以单独使用,也可以配合使用。

第二,留置盘问权。根据《人民警察法》第9条的规定,经当场盘问、检查后,对被指控有犯罪行为的、有现场作案嫌疑的、有作案嫌疑身份不明的或携带的物品有可能是赃物等情形之一的,可以将被盘问、检查的违法犯罪嫌疑人带至公安机关,经该公安机关批准,对其继续盘问。对于批准继续盘问的,应当根据被盘问人的身份证件或者本人提供的姓名、地址,立即通知其家属或者所在单位,并作出记录。盘问记录应当写明被盘问人被带至公安机关的具体时间,并由被盘问人签名或者捺指印。

对经公安机关批准可以继续盘问的违法犯罪嫌疑人,留置时间自带至公安机关之时起不得超过24小时。对于案情复杂,在24小时内无法证实或者排除违法犯罪嫌疑人员的嫌疑,需要继续审查的,经县级以上公安机关批准,可以将留置时间延长至48小时。公安机关对于继续盘问和延长留置时间的人员和情形,均应当留有批准记录。

留置盘问的目的在于查清案情,证实或排除被盘问人的违法嫌疑。因此,经过盘问,如果被盘问人实施了违法行为,依法应当给予行政处罚的,公安机关应依法给其行政处罚。如果被盘问人涉嫌刑事犯罪,需要立案侦查的,公安机关可依法采取拘留、逮捕或取保候审、监视居住等刑事强制措施。

对经过盘问排除违法犯罪嫌疑、不批准继续盘问或不批准延长留置时间的人,公安机关应当立即释放被盘问人。释放应当留有记录,记清具体释放时间,并由被盘问人签名或者捺指印。

(2) 约束权

人民警察依法对特定人约束,是维护社会治安秩序、保障公共安全,也是保护当事人人身安全的重要措施。《人民警察法》第14条规定:"公安机关的人民警察对严重危害公共安全或者他人人身安全的精神病人,可以采取保护性约束措施。"对精神病人采取保护性约束措施,以既能有效制止精神病人危害公共安全或者他人人身安全的行为,又不伤害精神病人本人的人身安全和健康为基本原则,一般使用"约束带""约束椅"等。

(3) 交通管制权

根据《人民警察法》第15条的规定,交通管制是指公安机关及人民警察为预防和制止严重危害社会治安秩序的行为,在一定的区域和时间,限制人员、车辆的通行或者停留的强制措施。交通管制权只能由县级以上公安机关行使。交通管制和交通管理是完全不同的两种措施。交通管理是公安交通管理部门根据交通管理情况,在一定区域和时间内,限制人员、车辆通行或停留的重要措施,其目的是为了维护正常的交通秩序;而交通管制的目的在于预防和制止严重危害社会治安秩序的行为发生,是由县级以上公安机关采取的措施。

(4) 强行带离现场,依法予以拘留权

《人民警察法》第8条规定:"公安机关的人民警察对严重危害社会治安秩序或者威胁公共安全的人员,可以强行带离现场、依法予以拘留或者采取法律规定的其他措施。"

强行带离现场,是指将严重危害社会治安秩序或者威胁公共安全的人,强制带离治安案件现场,进行审查的措施。强行带离现场主要用于非法集会、游行、示威,聚众斗殴和其他群体性危害社会秩序的事件。带离现场后,公安民警应当对被带离人进行审查,如果行为人的行为涉嫌构成违法犯罪,则应依法给予处罚或采取其他强制措施,及时对相关行为进行处理。如果行为人没有违法犯罪嫌疑的,应该及时解除审查。强行带离现场是公安民警维护社会治安秩序、保障公共安全的一项措施,它并不是对行为人的处罚。

对严重危害社会治安秩序或者威胁公共安全的人员,其行为违反法律,造成社会危害但尚未构成犯罪的,公安机关可根据其违法情节进行处罚,必要时可给予行政拘留。

(5)其他行政强制措施、行政处罚权

《人民警察法》第7条规定:"公安机关的人民警察对违反治安管理或者其他公安行政管理法律、法规的个人或者组织,依法可以实施行政强制措施、行政处罚。"行政强制措施,是人民警察在行政管理过程中,为制止违法行为、防止证据损毁、避免危害发生、控制危险扩大等,依法对公民的人身自由实施暂时性限制,或者对公民、法人或者其他组织的财物实施暂时性控制的行为。人民警察实施强制措施的种类主要包括传唤、检查、限期整顿、停业整顿、强制戒毒等。

行政处罚权是人民警察依法对妨害公共安全和社会秩序而尚未构成犯罪的人,给予行政制裁的权力。人民警察的行政处罚权主要包括警告、罚款、拘留、限期出境和驱逐出境等。

2. 刑事司法方面的权力

《人民警察法》第12条规定:"为侦查犯罪活动的需要,公安机关的人民警察可以依法执行拘留、搜查、逮捕或者其他强制措施。"

(1)搜查权

搜查,是指侦查人员对犯罪嫌疑人以及可能隐藏罪犯或者犯罪证据的人的身体、物品、住所或其他相关地方进行搜寻、查找,以发现和收集证据、查获犯罪人的一种侦查行为。

根据《刑事诉讼法》和《公安机关办理刑事案件程序规定》,公安机关在侦查过程中需要采取搜查措施的,应遵守下列程序规定:

第一,公安民警在侦查中需采取搜查措施的,应经县级以上公安机关负责人批准,签发《搜查证》。

第二,进行搜查时,搜查人员不得少于2人,并应向被搜查人出示《搜查证》。搜查进行时,应禁止无关人员进出搜查场所。搜查人的身体时,应首先注意发现被搜查人是否携带武器、凶器、毒药及其他行凶用具。搜查妇女身体时,应由女性工作人员进行。

第三,搜查完毕后,应将搜查的情况按规定及时制作《搜查笔录》,对需要扣押的物品,应填写《扣押物品清单》。《搜查笔录》和《扣押物品清单》应由侦查人员、被搜查人或者家属、见证人签名(盖章)或者捺指印。被搜查人或家属不在现场,或者在现场但拒绝签名、捺指印的,搜查人员应当在笔录上注明。

(2) 刑事强制措施权

刑事强制措施,是指公安机关、人民检察院和人民法院在刑事诉讼过程中,为保证侦查、审判的顺利进行,依法对被告人、现行犯和犯罪嫌疑人所采取的限制其人身自由的各种方法的总称。公安机关人民警察在办理刑事案件过程中能够采取的刑事强制措施,包括刑事拘留、逮捕、拘传、取保候审和监视居住等。

第一,刑事拘留。刑事拘留,是指公安机关在紧急情况下,对现行犯或重大嫌疑分子,依法限制其人身自由的一种临时性强制措施。根据《公安机关办理刑事案件程序规定》的规定,公安机关对于现行犯或重大嫌疑分子,符合以下情形之一的,可先行拘留:正在预备犯罪、实行犯罪或者在犯罪后即时被发觉的;被害人或者在场亲眼看见的人指认他犯罪的;在身边或者住处发现有犯罪证据的;犯罪后企图自杀、逃跑或者在逃的;有毁灭、伪造证据或者串供可能的;不讲真实姓名、住址,身份不明的;有流窜作案、多次作案、结伙作案重大嫌疑的。

第二,执行逮捕。逮捕,是指司法机关为防止犯罪嫌疑人、被告人逃避或者妨害侦查和审判活动的正常进行,防止其发生社会危险性,依法剥夺其人身自由,并将其羁押起来的一种强制手段。逮捕犯罪嫌疑人、被告人,必须经人民检察院批准或者决定,或人民法院决定,并由公安机关执行。

第三,拘传。拘传,是指公安机关、人民检察院、人民法院强迫犯罪嫌疑人、被告人到案接受讯问的一种强制措施。拘传是刑事强制措施中最轻微的一种,拘传的目的在于强制犯罪嫌疑人、被告人到案接受讯问,以便及时查明案情,保证侦查、审判的顺利进行。

第四,取保候审。取保候审,是公安机关、人民检察院、人民法院责令犯罪嫌疑人、被告人提供担保人或交纳保证金,保证其不逃避和妨碍侦查、起诉、审判,并随传随到的一种强制措施。取保候审期间,不得中断对案件的侦查、起诉和审理。

第五,监视居住。监视居住,公安机关、人民检察院、人民法院,为了防止犯罪嫌疑人、被告人逃避侦查、起诉和审判,指令其不得离开指定的居住区域,限制其行动自由的一种强制方法。

(3) 技术侦察权

技术侦察,是指人民警察运用现代科学技术侦破刑事案件,发现罪犯和查找罪证的特殊措施。《人民警察法》第16条规定:"公安机关因侦查犯罪的需要,根据国家有关规定,经过严格的批准手续,可以采取技术侦察措施。"鉴于技术侦察手段的特殊性,人民警察采用技术侦察措施,必须符合国家有关规定,并经过更为严格的批准手续,才能够使用。

3. 公安民警处置突发事件的权限

突发事件,是指突然发生的、聚众性的、较大规模的严重危害社会稳定和治安秩序,必须采取紧急处置措施才能平息事态,恢复正常秩序的事件。根据《人民警察法》第17条的规定,面对严重危害社会治安秩序的突发事件需要采取处置措施时,县级以上人民政府公安机关,经上级公安机关和同级人民政府批准,可以根据情况实行现场管制,采取必要手段强行驱散,并对拒不服从的人员强行带离现场或者立即予以拘留。

(1) 现场管制权

《人民警察法》第17条规定:"县级以上人民政府公安机关经上级公安机关和同级人民政府批准,对严重危害社会治安秩序的突发事件,可以根据情况实行现场管制。"这一规定赋予了公安机关现场管制权。公安机关处置突发事件时可以根据情况采取下列现场管制措施:强制隔离使用器械相互对抗或者以暴力行为参与冲突的当事人,妥善解决现场纠纷和争端,控制事态发展;对特定区域内的建筑物、交通工具、设备、设施以及燃料、燃气、电力、水的供应进行控制;封锁有关场所、道路,查验现场人员的身份证件,限制有关公共场所内的活动;加强对易受冲击的核心机关和单位的警卫,在国家机关、军事机关、国家通讯社、广播电台、电视台、外国驻华使领馆等单位附近设置临时警戒线;其他必要的现场管制措施。

(2) 强行驱散权

强行驱散,是指公安机关人民警察为维护社会治安秩序和公共安全,对参加非法集会、游行、示威等严重危害社会治安秩序的突发事件的人员,在拒不服从人民警察命令解散的情况下,采取必要手段,强迫聚集的人群散开的一种强制措施。公安民警在实施强行驱散之前,应当命令突发事件中聚集的人群解散,并限定一定时间。对在限定时间内拒不离去的人员,则可依法采取必要手段驱散,包括使用警棍、催泪弹、高压水枪、特种防暴枪或其他驱逐性警械。

(3) 强行带离现场权

强行带离现场,是指公安机关的人民警察依法履行治安管理和制止违法犯罪职责时,当场将严重危害社会治安秩序、威胁公共安全或者妨害执行公务的人带离违法、犯罪地的一种强制措施。公安民警在实施强行带离现场措施之前,一般应当先发出警告,命令解散或进行强行驱散。尤其是面对突发事件时,应首先通过警告、命令、强行驱散等手段促使大多数人离开现场,再针对少部分拒不离开的人强行带离现场。

（4）立即拘留权

立即拘留，又称当场拘留，是指公安民警为维护社会秩序和公共安全，在处置非法集会、游行、示威等严重危害社会治安秩序的突发事件时，对拒不服从人民警察命令的人员，根据客观形势和法律要求，可在现场执行拘留。立即拘留带有一定制裁性质，在处置突发事件中具有震慑作用。

4. 公安民警使用警械、武器的权限

根据《人民警察法》的规定，遇有拒捕、暴乱、越狱、抢夺枪支或者其他暴力行为的紧急情况时，公安民警依照国家有关规定可以使用武器。出于制止严重违法犯罪活动的需要，公安民警依照国家有关规定可以使用警械。公安民警在特定情形下使用警械和武器是执法的客观需要。

5. 公安民警使用交通、通信工具的权限

由于公安民警担负任务的特殊性，决定了人民警察在履行职责的紧急情况下或者因侦查犯罪的需要，有必要优先乘坐公共交通工具、优先通行或者优先使用其他单位或个人的交通、通信工具、场地和建筑物。

公安民警不仅应当遵守，更应带头模范遵守公共交通乘坐规则，但遇有因履行职责的紧急情况，需要尽快乘坐公共交通工具到达现场，一旦延误可能造成难以弥补之损失时，经出示相应证件，可以优先乘坐公共交通工具。此外，因履行职责的紧急需要，遇交通阻碍时，公安民警还可优先通行。

公安机关因侦查犯罪的需要，必要时，按照国家有关规定，可以优先使用机关、团体、企业事业组织和个人的交通工具、通信工具、场地和建筑物，用后应当及时归还，并支付适当费用；造成损失的，应当赔偿。

▶二、人民警察的义务和纪律

（一）人民警察的义务和纪律的总体要求

人民警察的义务，是指人民警察在行使权力、履行职责过程中必须实施一定行为或不得实施一定行为的约束，是具有国家强制性的法律义务。《人民警察法》第20条规定了人民警察应当遵循的行为规范，要求人民警察必须做到：秉公执法，办事公道；模范遵守社会公德；礼貌待人，文明执勤；尊重人民群众的风俗习惯。

1. 秉公执法，办事公道

秉公执法，要求民警在执法过程中，公正无私，坚持"以事实为根据，以法律为准绳"的原则，做到不枉不纵，概括起来就是事实为据，秉持公正，惩恶扬善。办事公道，要求民警在执法过程中，公正合理地办理有关事务，讲法律、讲原则。秉公执法是办事公道的前提,办事公道是秉公执法的具体体现。

秉公执法、办事公道,是维护公安机关执法权威的必然要求。办事不公就无法取信于民,就不能得到人民的信服。社会主义法制的基本内容就是有法可依,有法必依,执法必严,违法必究。要做到这一点,公安民警首先必须做到秉公执法、办事公道。

2. **模范遵守社会公德**

社会公德是一定社会中被社会所有成员共同确认并自觉遵守的基本道德准则,它是道德的重要组成部分。社会公德是在社会人际交往和社会公共生活中形成的,反映社会人际交往和社会公共生活的要求,调整人们在社会人际交往和社会公共生活中的行为和道德准则。社会公德是所有社会成员都必须普遍遵守的行为准则,任何社会成员,不论其社会身份如何,都要遵守社会公德。

人民警察的职业特点和承担的社会职责,决定了他们的一言一行,都对其他社会成员具有很强的示范作用和感召力,所以人民警察应该是遵守社会公德的榜样和典范。

3. **礼貌待人,文明执勤**

礼貌待人,是指民警同人民群众交往中,在语言动作方面所表现出来的谦虚、恭敬。文明执勤,是指民警在执勤活动中所表现出来的精神风貌,包括理性平和,文明礼貌,诚信友善。

警务工作是党和政府联系广大人民群众的纽带,具有广泛的社会性和群众性,人民警察能否做到礼貌待人,文明执勤,关系着党和政府在人民群众心目中的形象,代表着整个社会主义精神文明建设的水平。因此,民警应当自觉地在警务活动中讲究文明礼貌,包括:(1)语言文明,做到讲话文明、和气、谦逊。(2)执勤文明,做到文明办案、文明管理、文明接待、文明宣传。(3)举止文明,做到按规着装、警容严整、讲礼节。(4)环境文明,做到文件物品管理好,武器装备维护好,工作和生活环境干净、整洁、有序。

4. **尊重人民群众的风俗习惯**

风俗习惯是不同民族、不同地区的人民群众在社会发展的长期历史过程中所形成的风尚、礼节、习惯等的总和,是一种传统的生活方式的整体体现。尊重人民群众的风俗习惯,实际上主要是指尊重各民族的风俗习惯。尊重风俗习惯,要求民警首先应当了解这些风俗习惯,对于一些落后的、不健康的风俗习惯,可以加强宣传教育,引导人民群众自愿的加以改变。

(二)人民警察的具体义务

《人民警察法》第21条规定:"人民警察遇到公民人身、财产安全受到侵犯或者处于其他危难情形,应当立即救助;对公民提出解决纠纷的要求,应当给予帮助;对公民的报警案件,应当及时查处。人民警察应当积极参加抢险救灾和社会公益工作。"据此,人民警察的义务主要为以下五项:

1. 救助公民危难

公民遇到危难情形,人民警察有立即救助的义务。这里的危难包括以下三种情形:(1)公民的人身安全受到侵犯,指公民的人身安全受到或即将受到不法侵害,或公民的人身自由受到限制、恐吓或者威胁等;(2)公民的财产安全受到侵犯,指公民的合法财产遭到不法分子的盗窃、诈骗、抢夺、抢劫、哄抢、敲诈勒索、故意损坏等侵害;(3)公民的人身、财产安全处于其他危难情形,如发生交通事故、火灾、沉船、爆炸、中毒等治安事件或意外事故。当公民遭受上述危难时,民警应主动、及时的、尽已所能的为其提供帮助,助其脱离险境。

2. 帮助公民解决纠纷

纠纷,是人们在社会生活中,因政治、经济、宗教、习惯、社交,以及权利义务等原因而发生的争执,包括经济纠纷、民事纠纷、侵权纠纷、劳务纠纷等。这里主要指民间纠纷,即街坊、邻里、家庭或者其他公民之间因家庭、民族、婚姻、继承、礼仪、财产等引起的争执。

当公民之间产生纠纷,并向民警提出解决纠纷的要求时,民警应当为其提供帮助。民警在帮助公民解决纠纷时,应当根据纠纷性质和程度的不同,给予其不同的帮助。属于以财产、婚姻等民事关系为主要内容的民事纠纷,不构成违反治安管理的,应告知当事人到有关人民法院或者人民调解组织申请处理;基于合同关系而发生的纠纷,人民警察可提供咨询服务,告知公民到有关管辖机关去解决。人民警察帮助公民解决纠纷,应主要采取说服教育和劝导协商的方法,帮助当事人双方在互相谅解的基础上解决纠纷,重在化解矛盾。

3. 及时查处公民的报警案件

报警案件,是公民个人或者他人的人身和财产安全、公共财产和公共安全受到不法分子的侵害或即将受到侵害时,向人民警察举报的案件。报警案件分为刑事案件和治安案件。

人民警察对于报警案件应当及时查处。人民警察在接到公民的报警案件后应做到:及时做好登记;及时将报警情况向领导报告;情况紧急,接警人员应边报告、边采取应急措施进行处理;及时区分报警案件,分别处理。对其中构成犯罪的,应当立为刑事案件侦查处理;对不构成犯罪的,应当立为治安案件查处;对不属于公安机关管辖的案件,应当依法移送其他有管辖权的机关查处。

4. 积极参加抢险救灾

险情灾害,主要指地震、洪水、风暴、冰雹、火灾、旱灾、虫灾、病灾等自然灾害,以及重大的车船交通事故、飞机失事、工厂、矿山、大型建筑发生的灾害事故等。

抢险救灾具有很强的紧迫性和一定的危险性,要求参加抢险救灾的人民警察具有临危不惧,遇险不慌的精神,要利用自身的有利条件,向人民群众传达自然灾害的预报,进行防灾抗灾的宣传教育,协助有关部门动员群众采取预防和消灭灾害的措施,增强广大人民群众防灾抗灾的能力和信心。

公安机关在获取发生灾害信息后,应立即派人赶赴现场,进行查看,了解灾情,并协同有关方面组织人力、物力、财力进行抢救。民警不仅要积极参加抢险救灾战斗,还要尽力维护好现场秩序,防范发生趁火打劫的犯罪活动,一经发现不法分子,坚决依法从重从快打击。

5. 积极参加社会公益工作

社会公益工作,是指那些为社会全体成员创造良好的生产和生活条件,需要全社会所有成员共同为之尽职尽责的社会物质文明和精神文明建设。其主要内容包括整治城市环境卫生,完善社会保险事业,发展城市交通,创建敬老院、儿童福利院、兴办教育、文化设施等群众福利性事业的工作。

积极参加社会公益工作,是人民警察的一项光荣义务。人民警察要想人民群众之所想,急人民群众之所急,自觉地为人民群众奉献。当代世界很多国家也都把积极参加社会公益工作,为社区服务,作为警务活动的重要组成部分,这是值得我们借鉴的。

(三) 人民警察的纪律

《人民警察法》第22条规定,对人民警察必须遵守的纪律作了12项规定,对人民警察提出了不得实施某些特定行为的要求。我们将人民警察的纪律要求划分为政治纪律、工作纪律和廉政纪律三类。

1. 政治纪律

政治纪律,是指人民警察在对待有关国家安全、荣誉和利益方面应当坚持的政治立场、政治原则和政治态度,是规范人民警察政治言行的准则。政治纪律是实现政治任务的保证,在人民警察纪律中居于头等重要的位置。人民警察的政治纪律包括:

(1) 不得散布有损国家声誉的言论

它要求人民警察不得在公开场合散布有损中华人民共和国声誉、形象和威信的口头或书面言论。我国《宪法》第54条规定:"中华人民共和国公民有维护祖国的安全、荣誉和利益的义务,不得有危害祖国的安全、荣誉和利益的行为。"人民警察是国家的执法力量,应模范地遵守和执行国家法律,更不得有危害国家声誉的行为。

(2) 不得参加非法组织

它要求人民警察不得参加国家明令取缔、禁止以及未依法得到批准,擅自成立的,以实现特定目的为宗旨的社会团体或其他组织。人民警察的重要职责之一就是同违法犯罪活动作斗争,旗帜鲜明地坚持四项基本原则,这是对人民警察的基本政治要求。如果人民警察参加非法组织,不仅与人民警察职责不符,而且丧失了作为一名人民警察的起码条件。

(3) 不得参加旨在反对国家的集会、游行、示威等活动

《中华人民共和国集会游行示威法》第16条规定:"国家机关工作人员不得组织或者参加违背有关法律、法规规定的国家机关工作人员职责、义务的集会、游行、示威。"人民警察的重要职责之一就是维护国家安全和社会治安秩序,如果人民警察参加旨在反对国家的集会、游行、示威等活动,是违背其职责的行为,必然干扰国家机器的正常运转,更会损害国家的形象和人民警察的声誉。

(4) 不得参加罢工

罢工,是指某一行业或者某一部门相当从业人员,为达到某一目的,协同一致地拒绝工作。我国《宪法》并未规定公民有罢工的权利和自由,人民警察是人民民主专政的重要工具,如果在其队伍中发生罢工事件,不只是损害国家的形象,而且会导致国家政治生活和社会公共秩序的混乱,会严重妨碍人民群众的正常工作和生活。

(5) 不得泄露国家秘密、警务工作秘密

国家秘密,是涉及党和国家的安全和利益,尚未公布或者不准公布,在一定时间内只限一定范围的人员知悉的政治、经济、军事、外交、科学技术等重大事项。警务工作秘密,是人民警察在侦查案件和执行其他工作中有关决策、部署、手段、案情、证据、案件当事人等情况,暂时不宜公布或者不准公布,公布后可能对工作和有关人员造成现实危害的重要事项。任何公民、公务员都要严守国家秘密。由于人民警察部门是国家的要害部门,其工作人员接触和掌握国家秘密和警务工作秘密的机会较多,人民警察更应该具有很强的保密意识,充分认识失密和泄密所带来的危害,以维护国家安全和利益。

2. 工作纪律

工作纪律是人民警察调整同工作对象之间关系的行为准则。其核心内容和实质,是要求人民警察在实施职权、履行职责的工作过程中,必须严格依

法办事、实事求是,不得有侵犯公民人身权利的行为。人民警察的工作纪律包括:

(1) 不得弄虚作假,隐瞒案情,包庇、纵容违法犯罪活动

弄虚作假,是指利用职权制造虚假的事实,以陷害无辜或者包庇违法犯罪分子的行为。隐瞒案情,是指在办案过程中,对涉及违法犯罪分子的犯罪情况和犯罪事实,掩盖不报,以帮助违法犯罪分子逃避法律追究的行为。包庇、纵容违法犯罪活动,是指对明知是犯罪分子却故意掩护或者不予追究,帮助其免受法律制裁的行为。人民警察的重要职责是同违法犯罪作斗争,而客观事实则是惩处违法犯罪的基础。因此,人民警察在办案中,必须忠实于事实,忠实于法律,坚持有法必依、执法必严、违法必究的原则,做到事实清楚,证据确凿,处罚得当,不得弄虚作假,隐瞒案情,包庇、纵容违法犯罪活动。

(2) 不得刑讯逼供或者体罚、虐待违法犯罪嫌疑人

刑讯逼供,是指在办案过程中,对有违法犯罪嫌疑的人,使用肉刑或者变相肉刑逼取口供的行为。体罚、虐待,是指利用职权,对被监管或羁押的违法犯罪嫌疑人,实行打骂、冻饿、侮辱人格等肉体摧残和精神折磨的行为。我国公民的人身权利,受法律保护,即使是对被怀疑、被指控有违法犯罪活动的人,也决不允许非法侵犯其人身权利。另外,刑讯逼供和体罚、虐待违法犯罪嫌疑人,所得口供材料可能不真实,妨碍人民警察机关的正常活动。

(3) 不得非法剥夺、限制他人人身自由,不得非法搜查他人的身体、物品、住所或者场所

非法剥夺他人人身自由,是指采取非法拘留、非法逮捕、非法关押等强制手段,使他人完全丧失人身行动自由的行为。限制他人人身自由,是指滥用职权,采取非法管制、非法监视居住等手段,强令他人只能在一定范围内活动的行为。非法搜查,是指非法对他人的人身、物品、住所、有关场所进行搜寻、查找的行为。非法剥夺、限制他人人身自由,非法搜查,在本质上都是直接侵犯公民人身自由权利的行为。人身自由是公民的基本权利,是公民行使其他权利的基础,是公民正常生活、工作、学习和从事各种活动的先决条件。人民警察依法有剥夺、限制犯罪嫌疑人人身自由的权限,也有搜查与犯罪活动有关的公民身体、物品、住所或者场所的权力,这是国家赋予人民警察同犯罪作斗争的重要手段。人民警察应当依法行使权力,即应符合法定条件,按照法定程序进行。

(4) 不得殴打他人或者唆使他人打人

殴打他人,是指使用脚踢、拳击或其他器具击打他人、伤害他人身体的行为。唆使他人打人,就是使用语言、眼神、手势等指使别人殴打他人身体的行

为。公民的人身权利是宪法赋予公民的一项基本权利,任何人和组织不得非法侵犯,人民警察的任务之一是保护公民的人身安全。殴打他人或唆使他人打人是侵犯公民人身权利的行为,历来为人民警察纪律所禁止。

(5) 不得违法实施处罚或者收取费用。违法实施处罚,是指公职人员违反国家法律、法规的规定或者违反法定程序,对个人或者组织予以处罚的行为。违法收取费用,是指公职人员违反各级财政、物价部门核定的收费项目和标准,超越范围或标准收取费用的行为。人民警察收取各项行政性费用,应严格执行有关部门规定的标准和范围。

(6) 不得玩忽职守,不履行法定义务。玩忽职守,是指国家工作人员严重不负责任,不履行或不正确履行自己的工作职责的行为。法定义务,是指国家工作人员对国家和社会必须作出一定行为和不得作出一定行为的规定。人民警察代表国家执行公务,必须履行法律规定的义务,决不能马马虎虎,草率从事,敷衍塞责,滥用职权,更不得擅离职守,脱离岗位。根据《人民警察法》的相关规定,人民警察玩忽职守,不履行法定义务,应受行政处分,构成犯罪的,还应依法追究其刑事责任。

3. 廉政纪律

清正廉洁是人民警察履行职责的保证。如果人民警察有不廉洁的行为,不仅不能保持人民警察人民公仆的本色,还有可能腐化变质成为人民的罪人。人民警察的廉政纪律包括:

(1) 不得敲诈勒索或者索取、收受贿赂

敲诈勒索,是指用威胁或要挟等手段,强行索取公私财物的行为。索取、收受贿赂,是指利用职权或职务上的便利条件,索取他人的财物或者非法收受他人财物,从而为他人谋取利益的行为。敲诈勒索不但侵犯公私财产的所有权,而且危及他人的人身权利及其他合法权益,索取、收受贿赂侵害了人民警察正确执行国家职责的廉洁性,严重腐蚀人民警察机关的肌体,败坏人民警察机关的声誉,这二者都是国家法律和人民警察纪律所不允许的行为。

(2) 不得接受当事人及其代理人的请客送礼

人民警察在职务活动中,不得接受任何当事人赠送的礼金、礼品、宴请和其他各种方便、实惠,也不得接受当事人的代理人的任何形式的请客送礼。接受请客送礼是腐败现象的一种表现,会影响公正执法,导致该追究的不追究,该重处的轻处,该从快的从缓,这是人民警察纪律所不允许的。

(3) 不得从事营利性的经营活动或者受雇于任何个人或者组织

从事营利性的经营活动或者受雇于任何个人或者组织,容易造成人民警察以权谋私、权钱交易,产生腐败。鉴于人民警察工作性质和任务的特殊性,其不得直接或者间接地从事各种营利性活动,不得从事第二职业,不得以家属、亲友的名义从事营利性经营活动,不得在企业或者其他营利性单位兼任职务,不得从其他个人或者组织另行收取报酬、受雇于人。

4. 人民警察的警容风纪

警容风纪是人民警察纪律的重要组成部分,根据《人民警察法》第23条的规定,人民警察必须按照规定着装,佩戴人民警察标志或者持有人民警察证件,保持警容严整,举止端庄。

(1) 人民警察必须按照规定着装

2007年5月11日,公安部发布《公安机关人民警察着装管理规定》,对人民警察的着装进行了规定,要求公安民警做到:在工作时间应当着警服,按照规定配套穿着不同制式警服不得混穿,警服与便服不得混穿,警服内着非制式服装时,不得外露;按照规定缀钉、佩戴警衔、警号、胸徽、帽徽、领花等标志,系扎制式腰带,不同制式警用标志不得混戴,不得佩戴、系挂与公安民警身份或者执行公务无关的标志、物品;保持警服干净整洁,不得歪戴警帽,不得披衣、敞怀、挽袖、卷裤腿;除工作需要或者其他特殊情形外,应当穿制式皮鞋、胶鞋或者其他黑色皮鞋,非工作需要,不得赤脚穿鞋或者赤脚;男性公安民警鞋跟一般不得高于3厘米,女性公安民警鞋跟一般不得高于4厘米。执行特殊侦查、警卫等任务或者从事秘密工作不宜着装的,或工作时间非因公外出的,或女性公安民警怀孕后体型发生显著变化的,不着装。

(2) 佩带人民警察标志或者持有人民警察证件

按照公安部《公安机关人民警察着装管理规定》的要求,人民警察着装时,应佩戴相应的警衔、警号、胸徽、帽徽、领花等人民警察标志,应当随身携带《公安机关人民警察证》。执行某种职务时,还应当携带与该职务相关的证件。

(3) 人民警察应保持警容严整,举止端庄

按照公安部《公安机关人民警察着装管理规定》的要求,人民警察着装时不得系扎围巾,不得染指甲,不得染彩发、戴首饰;男性公安民警不得留长发、大鬓角、卷发(自然卷除外)、剃光头或者蓄胡须,女性公安民警发辫(盘发)不得过肩;不得在公共场所以及其他禁止吸烟的场所吸烟,不得饮酒;非因工作需要,不得进入营业性娱乐场所;除工作需要或者眼疾外,不得戴有色眼镜;2名以上公安民警着装徒步巡逻执勤或者外出时,应当行列整齐,威严有序。

三、人民警察的组织和管理

（一）人民警察的机构设置和职务序列

《人民警察法》第 24 条规定："国家根据人民警察的工作性质、任务和特点，规定组织机构设置和职务序列。"

人民警察机构设置主要包括人民警察机构的名称、机构的分布和层次、机构的级别、规模等内容。按照《国务院组织法》和《地方人民政府组织法》的规定，我国各级政府均设有公安机关。国务院设公安部，各省（自治区、直辖市）设公安厅（局），市（地、州、盟）设公安局（处），县（市、旗）设公安局。各级公安机关按业务分工或地理位置内设或派出若干机构。以公安部为例，内设机构大致有：办公厅、情报指挥、研究室、督察审计、人事训练、新闻宣传、经济犯罪侦查、治安管理、刑事侦查、反恐怖、食品药品犯罪侦查、特勤、铁路公安、网络安全保卫、监所管理、警务保障、交通管理、法制、国际合作、装备财务、禁毒、科技信息化等局级机构，海关总署缉私局、中国民用航空局公安局列入公安部序列，分别接受公安部和海关总署、公安部和中国民用航空局双重领导，以公安部领导为主。

人民警察职务序列包括人民警察职务的名称、级别、职务数量等内容。现行的人民警察职务与公务员职务完全相同，分为领导职务和非领导职务。领导职务为：部长、副部长、厅（司、局）长、副厅（司、局）长、处（局）长、副处（局）长、科（局）长、副科（局）长等。非领导职务为：巡视员、助理巡视员、调研员、助理调研员、主任科员、副主任科员、科员、办事员。

（二）人民警察警衔制度

警衔是区分人民警察等级、表明人民警察身份的称号、标志和国家给予人民警察的荣誉。《人民警察法》第 25 条规定："人民警察依法实行警衔制度。"根据《中华人民共和国人民警察警衔条例》和《国务院批转公安部评定授予人民警察警衔实施办法的通知》的相关规定，我国人民警察警衔设五等十三级，分别为：(1) 总警监、副总警监；(2) 警监：一级、二级、三级；(3) 警督：一级、二级、三级；(4) 警司：一级、二级、三级；(5) 警员：一级、二级。担任专业技术职务的人民警察实行下列职务等级编制警衔：(1) 高级专业技术职务：一级警监至二级警督；(2) 中级专业技术职务：一级警督至二级警司；(3) 初级专业技术职务：三级警督至一级警员。专业技术职务的人民警察的警衔，在警衔前冠以"专业技术"，如专业技术二级警督。

人民警察警衔按照人民警察职务等级编制警衔授予。二级警督以下的人民警察，在其职务等级编制警衔幅度内，根据本条规定的期限和条件晋级。

其中,二级警员至一级警司,每晋升一级为三年;一级警司至一级警督,每晋升一级为四年。在职的人民警察在院校培训的时间,计算在警衔晋级的期限内。

(三)人民警察的条件和录用程序

《人民警察法》第 26 条规定了担任人民警察应当具备的条件,具体包括:

(1) 年满 18 岁的公民。这是对录用人民警察的年龄、身份的规定。

(2) 拥护中华人民共和国宪法。这是对担任人民警察的基本政治条件的规定。

(3) 有良好的政治、业务素质和良好的品行。这是对担任人民警察的政治、业务素质和品质条件的规定。

(4) 身体健康。人民警察担负着打击犯罪、维护社会治安,抢险救灾等实战性任务,这是对人民警察的体能和身体素质条件的要求,也是人民警察战斗力的重要保证。

(5) 具有高中毕业以上文化程度。这是对担任人民警察文化素质的最基本的规定。

(6) 自愿从事人民警察工作。

此外,《人民警察法》还规定了担任人民警察的禁止性条件,包括:曾因犯罪受过刑事处罚的;曾被开除公职的。

人民警察的录用,是指公安机关通过法定方式和程序,选拔人才到各级公安机关工作。《人民警察法》第 27 条规定:"录用人民警察,必须按照国家规定,公开考试,严格考核,择优选用。"

(四)担任人民警察领导职务人员的条件

根据《中华人民共和国公务员法》的规定,公务员职务分为领导职务和非领导职务。领导职务是指在各级行政机关中,具有组织、管理、决策、指挥职能的职务。《人民警察法》第 28 条对担任人民警察领导职务的人员应当具备的条件作出了规定,具体包括:

1. 具有法律专业知识

公安机关是执法机关,各级领导干部是执法活动的组织者和带头人,执法者必须懂法。各级领导干部都应当具有较高程度的法律方面的专业知识,根据工作需要应熟悉《宪法》《刑法》《刑事诉讼法》《行政诉讼法》《国家赔偿法》《人民警察法》等与工作相关的法律,了解和掌握相应的法规和制度。只有懂法才能够依法办事,依法治警。担任的职务越高,掌握和运用法律知识的程度就应当越好。

2. 具有政法工作经验和一定的组织管理、指挥能力

公安工作的职业特性鲜明，工作任务有不可预见性，除了一般性规律外，每项工作都有自身的特点，并且在不同时期、不同地区有不同的表现形式和活动规律。因此，担任人民警察领导职务的人员，在组织管理、指挥能力方面比其他一般行政部门的领导干部有更高的要求，如果不具备一定的组织管理、指挥能力，就难以胜任人民警察领导工作。

3. 具有大学专科以上学历

这是对担任人民警察领导职务的人员应当具有的文化水平的基本要求。人民警察的工作涉及面广，政策性和专业性都很强，担任领导职务的人民警察，如果没有较高的文化水平，则可能难以正确理解党的政策、国家的法律法规和上级指示精神，在工作中不能开拓创新，不能打开公安工作的新局面。

4. 经人民警察院校培训，考试合格

培训的主要目的是通过对拟任新领导职务的人员进行所需的政策水平、组织领导能力和专业知识能力的培训，为其胜任即将担任的职务做好充分的准备。拟任新领导职务的人员，只有经任职培训合格后，方可正式任命。

（五）人民警察的教育和培训

人民警察的教育和培训是公安队伍建设的重要内容，是指国家根据政治、经济、社会发展以及人民警察职责任务和公安工作发展的需要，按照国家法律、法规和规章的规定，有组织、有计划地对人民警察的政治思想、法制、警察业务、文化等各种教育和培训活动。《人民警察法》第29条规定："国家发展人民警察教育事业，对人民警察有计划地进行政治思想、法制、警察业务等教育培训。"

人民警察教育由普通教育和在职民警教育培训两部分组成。公安警察院校是人民警察教育培训的主要基地，公安警察院校具有双重任务：承担普通教育，培养人民警察后备人员；实施在职人民警察教育培训。

人民警察普通教育是根据国家招生计划，经过全国普通教育统一考试、录取，通过全日制普通公安警察院校系统教育取得国家颁发学历证书的一种教育形式。人民警察普通教育分为研究生、本科、专科、中专四个教育层次，其基本内容是政治理论、法律法规、警察业务、警体技能训练和相应教育层次的基础理论、科学文化知识。

在职人民警察教育培训主要有两种类型：一是以提高政治业务素质和文化水平为目的的学历教育；二是以提高职业道德修养，专业技能和体能为目的的专业培训和继续教育。

（六）人民警察奖励制度

奖励是社会对人们良好行为或成果的积极肯定和相应报酬的信息反馈，包括精神奖励和物质奖励，以促使人们将这种行为保持和增强，为社会创造更大的效益。对人民警察的奖励，是指有奖励权限的各级行政机关依照有关规定对作出优异成绩或突出贡献的人民警察给予精神上或物质上的鼓励。《人民警察法》第31条规定："人民警察个人或者集体在工作中表现突出，有显著成绩和特殊贡献的，给予奖励。奖励分为：嘉奖、三等功、二等功、一等功、授予荣誉称号。对受奖励的人民警察，按照国家有关规定，可以提前晋升警衔，并给予一定的物质奖励。"根据公安部、人力资源和社会保障部于2015年共同审议通过的《公安机关人民警察奖励条令》的规定，人民警察奖励制度的具体内容包括奖励的原则、种类、条件、审批权限和程序等。

1. 奖励的原则

公安机关奖励工作应当坚持下列原则：实事求是，按绩及时施奖；发扬民主，贯彻群众路线；公开、公平、公正；以基层一线为重点，领导机关、领导干部从严；精神奖励与物质奖励相结合，以精神奖励为主。

2. 奖励的种类

奖励分为集体奖励和个人奖励。

集体奖励的对象是各级公安机关建制单位和为完成专项工作临时成立的非建制单位。集体奖励由低至高依次为：嘉奖，记三等功、二等功、一等功，授予荣誉称号。集体授予荣誉称号的名称，根据受奖集体的事迹特点确定。

个人奖励的对象是各级公安机关在编在职的人民警察。因公牺牲或者病故的人民警察，生前有重大贡献或者突出事迹，符合奖励条件的，可以追授奖励。个人奖励由低至高依次为：嘉奖，记三等功、二等功、一等功，授予荣誉称号。授予个人的荣誉称号分为全国公安系统二级英雄模范、一级英雄模范称号。

3. 奖励的条件

符合下列条件之一的集体和个人，应当给予奖励：(1) 依法打击危害国家安全和公共安全、颠覆国家政权、破坏社会秩序和经济秩序、侵犯公私财产和公民人身权利等违法犯罪活动，维护国家安全和社会稳定，成绩突出的；(2) 加强社会治安管理，依法查处和制止扰乱公共秩序、侵犯人身权利、妨害社会管理等违法行为，维护治安稳定和公共安全，成绩突出的；(3) 依法妥善处置重大突发事件，积极参加抢险救灾，圆满完成重大活动安全保卫任务，成绩突出的；(4) 加强公安基层基础建设，落实各项管理防范措施，有效预防和制止违法犯罪活动，成绩突出的；(5) 依法履行行政管理职能，科学、文明、规范管理,提高工作质量和效率,成绩突出的;(6)加强科技强警工作,有发明创造、科技创新成果或者创造典型经验,成绩突出的;(7)密切联系群众,热情为群众服务,成绩突出的;(8)加强思想政治工作,强化教育、管理和监督,推动队伍正规化建设,成绩突出的;(9)加强执法监督管理,推动执法规范化建设,成绩突出的;(10)认真完成综合管理、警务保障和国际警务合作等工作任务,成绩突出的;(11)秉公执法,清正廉洁,勇于与社会不良风气做斗争,成绩突出的;(12)在其他方面成绩突出的。

4. 奖励的审批权限

不同级别的公安机关,对奖励的审批权限也并不相同。

公安部可审批以下种类的奖励:(1)全国公安机关集体和个人授予荣誉称号、记一等功奖励,其中授予全国公安系统一级英雄模范称号,由人力资源社会保障部会同公安部审批;(2)省级公安机关及其领导班子成员嘉奖、记三等功、二等功奖励;(3)公安部机关内设机构及直属单位集体和个人嘉奖、记三等功、二等功奖励。

省级公安机关可审批以下种类的奖励:(1)公安部批准权限以外的本地区公安机关集体和个人记二等功;(2)市(地)级公安机关及其领导班子成员嘉奖、记三等功奖励;(3)省级公安机关内设机构及直属单位集体和个人嘉奖、记三等功奖励。

市(地)级公安机关批准上级公安机关批准权限以外的本地区公安机关集体和个人嘉奖、记三等功奖励。

5. 奖励的程序

对集体和个人实施奖励,一般按照下列程序进行:(1)对符合奖励条件的集体和个人,由所在单位民主推荐,集体研究提出奖励申报意见;(2)公安机关政工部门对申报奖励对象事迹进行核实,并在征求相关部门意见后,提出奖励审核意见;(3)公安机关研究确定奖励批准意见,组织进行公示后予以公布。超过本级公安机关批准权限的,报上级公安机关审批。

对在抢险救灾、重大突发事件处置、重大活动安全保卫、重大案件侦破等工作中成绩特别突出的集体和个人,必要时,可以简化程序,由奖励批准机关的政工部门提出奖励建议,奖励批准机关直接批准奖励。

▶ **四、人民警察的警务保障**

所谓警务,是指公安机关和人民警察为了维护国家安全和社会治安秩序,保护公民的人身安全、人身自由和合法财产,保护公共财产,预防、制止和惩治违法犯罪活动,根据法律、法规的规定所进行的各种活动。警务保障,是指国家对人民警察执行职务所给予的各种保证,是人民警察履行职责所必需的条件。具体来讲,就是人民警察在依法执行职务时,要求社会、公民、法人以及其他组织予以支持和配合,并且提供必要的条件和帮助。警务活动能否正常进行直接关系到国家的安全和社会的稳定,因此警务保障非常有必要。《人民警察法》从多个方面对警务保障作出了专门的规定。

(一)保障人民警察依法执行职务

1. 人民警察必须执行上级的决定和命令

《人民警察法》第32条第1款规定:"人民警察必须执行上级的决定和命令。"人民警察队伍是一支正规化、现代化的队伍,服从指挥、执行命令是人民警察队伍正规化、现代化的重要标志。人民警察必须忠于职守、纪律严明、服从命令,才能保障国家法律得以正确实施,只有做到令行禁止,才能真正使人民警察提高工作实效,切实完成法律所赋予的各项职责。人民警察执行上级的决定和命令有较强的法律保障。上级发布命令必须在宪法和法律规定的范围内,人民警察执行上级的决定和命令,应当是符合法律规定的,这就又给执行命令的人民警察提供进一步的法律保障。

根据《人民警察法》第32条第2款的规定,人民警察认为决定和命令有错误的,可以按照规定提出意见,但不得中止或者改变决定和命令的执行;提出的意见不被采纳时,必须服从决定和命令;执行决定和命令的后果由作出决定和命令的上级负责。

人民警察是武装性质的国家治安行政力量,人民警察的职责、权限是由法律、法规明确规定的,人民警察应当在法律、法规规定的职责权限范围内履行职责和行使权限。但是在一些地方,有些机关和个人要求人民警察实施一些职责范围以外的事务,例如要求人民警察插手经济纠纷。这些做法严重违反法律,脱离群众,损害警民关系。对此,《人民警察法》第33条规定:"人民警察对超越法律、法规规定的人民警察职责范围的指令,有权拒绝执行,并同时向上级机关报告。"人民警察在依法执行职务时必须自觉树立法制观念,严格依法办事。

2. 公民和组织应当支持和协助人民警察执行职务

人民警察依法执行职务,公民和组织应当给予支持和协助。支持和协助的方式和内容包括:(1)在遇有人民警察依法执行维护国家安全和社会治安的活动时,公民应当主动交验身份证件,接受对物品的检查;(2)在情况需要时,公民和组织应主动协助、配合人民警察进入有关场所,包括在符合法律规定的情况下,允许人民警察进入限制进入的地区、场所和单位;(3)对于人民警察执行职务确需查看或者调阅有关的档案、资料、物品的,应当积极提供;

(4)对遇有人民警察因维护国家安全和社会治安需要,使用交通工具、通讯工具、场地和建筑物时,也应当允许人民警察优先使用;(5)公民和组织应配合人民警察做好日常治安保卫工作,主动向人民警察报告发现的违法犯罪行为;(6)在人民警察调查破案过程中,积极提供线索,如实提供罪犯的有关情况,配合人民警察抓捕罪犯。

公民和组织协助人民警察执行职务的行为受法律保护。所谓"受法律保护",是指公民和组织协助人民警察依法执行职务的行为不受任何法律追究。对协助人民警察依法执行职务的公民和组织进行威胁和打击报复的,追究其法律责任。此外,为充分调动人民群众同危害国家安全、破坏社会治安的违法犯罪行为作斗争的积极性,《人民警察法》还规定,对协助人民警察执行职务有显著成绩的,给予表彰和奖励。对因协助人民警察执行职务,造成人身伤亡或者财产损失的公民和组织,按照国家有关规定给予抚恤或者补偿。

(二)警用标志、制式服装、警械和证件为人民警察专用

人民警察专用物品是指由国家统一管理、制定,或者用于人民警察工作的场所、车辆等表明人民警察职业身份的外形标志,以及其他属于人民警察专门使用的物品。人民警察的专用物品是人民警察依法执行职务的需要,它既有利于保证人民警察执法的严肃性,也有利于人民群众进行监督,保证执法质量。

专用物品主要包括警用标志、制式服装和警械。警用标志,是指为便于社会外界识别,而用来表明人民警察身份或者用于公安工作的场所、车辆等的外形标记,包括警徽、警衔标志、警号、领章、肩徽、臂章及警灯等。警械,是指人民警察在执行逮捕、拘留、押解人犯和值勤、巡逻、处理治安事件等公务时,依法使用的警用器具,包括警棍、手铐、警绳和其他警械。《人民警察法》第36条规定:"人民警察的警用标志、制式服装和警械,由国务院公安部门统一监制,会同其他有关国家机关管理,其他个人和组织不得非法制造、贩卖。人民警察的警用标志、制式服装、警械、证件为人民警察专用,其他个人和组织不得持有和使用。"

警用标志是人民警察身份的象征,具有特殊性。因此,必须对其严加管理。违反相关规定,非法制造、贩卖、持有、使用人民警察警用标志、制式服装、警械、证件的,没收相关物品,由公安机关处15日以下拘留或者警告,可以并处违法所得5倍以下的罚款;构成犯罪的,依法追究刑事责任。

(三)人民警察的经费保障

人民警察的经费是人民警察工作的物质前提,是警务保障的一个重要方面。为了确保人民警察最大限度地发挥其职能,更好地为人民服务,人民警

察的基本的、必需的经费投入应予明确并得到切实保证。人民警察的经费,包括机关人员的行政经费、办理案件的专项经费以及购置装备、器材、进行必要的基础设施建设所需的经费等。为了保障人民警察有效地履行职责,提高人民警察的工作效率,加强人民警察队伍的战斗力,《人民警察法》第37条规定:"国家保障人民警察的经费。人民警察的经费,按照事权划分的原则,分别列入中央和地方的财政预算。"所谓中央和地方财政预算,是指中央政府和地方政府在未来一个年度内财政收入和支出的计划。按照法律规定,中央政府和地方政府财政支出中的科目和渠道都应当保障人民警察的经费。

(四)人民警察工作的基础设施保障

人民警察工作的基础设施是人民警察工作所必需的、最基本的条件和物质基础。人民警察的工作设施主要包括:通讯设施、训练设施、交通基础设施、消防基础设施以及派出所、监管场所等基础设施。通讯设施主要包括有线通讯系统设施、无线通讯系统设施和图像通信系统设施三大类。训练设施一般包括人民警察体能和技能训练所需具备的体育场馆及各种专门设备,如摩托车、汽车及用于训练的警械等训练工具。交通基础设施主要包括道路交通安全设施、交通信号、控制系统设施和车辆、驾驶员管理系统设施等。消防基础设施主要包括消防队的设置、城市消防栓的分布等有关防火灭火的基本设备。监管场所包括看守所、行政拘留所、监狱等。

《人民警察法》第38条规定:"人民警察工作所必需的通讯、训练设施和交通、消防以及派出所、监管场所等基础设施建设,各级人民政府应当列入基本建设规划和城乡建设总体规划。"人民警察要完成各项职责,必须要有物质保障,基础设施建设,就是一个十分重要的物质保障条件。各级人民政府应当把人民警察工作所必需的基础设施建设,列入基本建设规划和城乡建设总体规划。

(五)人民警察的装备保障

人民警察的装备就是人民警察依法履行职责,完成各项工作任务所必需的基本物质技术设备。人民警察装备包括工作所必需经费、物资、技术装备和各种勤务装备。其中,物资、技术装备包括:武器、警械、被装以及用于从事领导指挥、侦查、治安、保卫、警卫、预审等各项工作的交通、通讯设施,各种化验、检测、鉴定等专门技术设备,电子计算机系统,档案资料设备,研制设备。人民警察装备是人民警察执行职务所必需的专用设备,具有专用性、法律性和机密性。因此,《人民警察法》第39条规定:"国家加强人民警察装备的现代化建设,努力推广、应用先进的科技成果。"

运用先进的科学技术成果,加强警察装备的现代化,为人民警察工作提供先进的、精良的设备工具和武器,并与受到教育、训练的人民警察相结合,就形成现实的战斗力,从而使人民警察在对敌斗争、维护社会治安秩序中做到快速反应,取得对抗的优势,提高获取罪证、揭露犯罪的能力,提高迅速应变的机动性,提高防范、保卫能力和处理治安案件的能力等。

(六)人民警察的工资、福利和抚恤、优待保障

《公务员法》规定,公务员实行国家统一的职务与级别相结合的工资制度。公务员的工资是公务员以及知识和技能为国家提供服务后,以货币形式从社会领取的劳动报酬。《人民警察法》第40条规定,人民警察实行国家公务员的工资制度,并享受国家规定的警衔津贴和其他津贴、补贴以及保险福利待遇。人民警察实行国家公务员工资与警衔工资相结合的工资制度,体现了人民警察队伍的特点,对稳定警察队伍具有重大的积极作用。

除工资外,人民警察还享受国家规定的保险和福利待遇。人民警察的保险,是国家对因年老、伤残、死亡、疾病,暂时和永久丧失劳动能力或者家庭财产受到损失的人民警察所给予的物质帮助。人民警察的福利,是国家和单位为解决人民警察生活方面的共同需要和特殊需要,对人民警察所给予的经济上的帮助和生活上的照顾,如探亲制度、困难补助制度、取暖补贴制度、交通费补贴制度和年休假制度等。人民警察享受保险福利待遇有利于增强人民警察队伍的吸引力,有利于解除人民警察的后顾之忧,有利于提高人民警察的工作积极性,促进人民警察队伍的廉洁和稳定。

由于人民警察是武装性质的治安行政力量,承担着维护国家安全和社会稳定、打击犯罪活动的重要任务,工作危险性较大,随时都有生命危险。因此,《人民警察法》第41条规定,人民警察因公致残的,与因公致残的现役军人享受国家同样的抚恤和优待。人民警察因公牺牲或者病故的,其家属与因公牺牲或者病故的现役军人家属享受国家同样的抚恤和优待。所谓抚恤,是指国家机关、企业、事业单位、社会团体的公职人员和部队的官兵在职期间因公(执行职务)而受伤致残或死亡时,对其本人或其家属给予金钱和物质上的补偿。能享受抚恤的家属一般指受抚恤公职人员和部队官兵的配偶、子女和其他有抚养关系的亲属。抚恤一般情况下是给予抚恤金。所谓优待,是指对国家规定的一些特殊的对象,在工作和生活等方面提供种种补贴、照顾和优先,如优先购买、优先乘车、优先安排工作等。

▶五、对人民警察的执法监督

对人民警察的执法监督,是指由法律授权的机关以及公民和社会组织对人民警察执行职务的活动,以及人民警察机关内部对执法活动和遵纪情况所

进行的监察、督促、检查和纠正的行为。根据《人民警察法》第六章的规定,对人民警察的执法监督,包括外部监督和内部监督两个方面。

（一）外部监督

外部监督是指由国家检察机关、监察机关、公民和社会组织对人民警察机关和人民警察人员的监督。

1. 检察机关的监督

我国《宪法》规定,检察机关是我国的法律监督机关。《人民警察法》第42条规定,人民警察执行职务,依法接受人民检察院的监督。检察机关对人民警察实施执法监督的途径,包括立案监督、审查批准逮捕、审查起诉等。

（1）立案监督

人民检察院认为公安机关对应当立案侦查的案件而不立案侦查的,或者被害人认为公安机关对应当立案侦查的案件而不立案侦查,向人民检察院提出的,人民检察院应当要求公安机关说明不立案的理由。人民检察院认为公安机关不立案理由不能成立的,应当通知公安机关立案,公安机关接到通知后应当立案。

（2）审查批准逮捕

公安机关要求逮捕犯罪嫌疑人的时候,应当写出提请批准逮捕书,连同案卷材料、证据,一并移送同级人民检察院审查批准。必要的时候,人民检察院可以派人参加公安机关对于重大案件的讨论。人民检察院对于公安机关提请批准逮捕的案件进行审查后,应当根据情况分别作出批准逮捕或者不批准逮捕的决定。对于批准逮捕的决定,公安机关应当立即执行,并且将执行情况及时通知人民检察院。对于不批准逮捕的,人民检察院应当说明理由,需要补充侦查的,应当同时通知公安机关。

（3）审查起诉

凡需要提起公诉的案件,一律由人民检察院审查决定。公安机关侦查终结的案件,需要提起公诉的,应当写出起诉意见书,连同案卷材料、证据一并移送同级人民检察院审查决定。人民检察院对公安机关移送起诉的案件进行审查后,应当根据情况分别作出起诉或不起诉的决定,对于需要补充侦查的,可以退回公安机关补充侦查。对于补充侦查的案件,人民检察院仍然认为证据不足,不符合起诉条件的,可以作出不起诉的决定。

2. 监察机关的监督

监察委员会是行使国家监察职能的专责机关,依法对所有行使公权力的公职人员进行监察,调查职务违法和职务犯罪,开展廉政建设和反腐败工作。根据《中华人民共和国监察法》的规定,监察机关对人民警察实施监督的方式包括进行检查和调查、采取必要的监察措施、依法处置等。

(1) 进行检查和调查

监察机关对监察对象依法履职、秉公用权、廉洁从政从业以及道德操守情况进行监督检查,对涉嫌贪污贿赂、滥用职权、玩忽职守、权力寻租、利益输送、徇私舞弊以及浪费国家资财等职务违法和职务犯罪进行调查。

(2) 采取必要的监察措施

监察机关在检查、调查中有权采取谈话、讯问、询问、查询、冻结、调取、查封、扣押、搜查、勘验检查、鉴定、留置等监察措施,具体包括:对可能发生职务违法的监察对象,可以直接或者委托有关机关、人员进行谈话或者要求说明情况;对涉嫌贪污贿赂、失职渎职等职务犯罪的被调查人,可以进行讯问,要求其供述涉嫌犯罪的情况;在调查过程中,可以询问证人等人员;根据工作需要,可以依照规定查询、冻结涉案单位和个人的存款、汇款、债券、股票、基金份额等财产;有权依法向有关单位和个人收集、调取证据;可以对涉嫌职务犯罪的被调查人以及可能隐藏被调查人或者犯罪证据的人的身体、物品、住处和其他有关的地方进行搜查;调查过程中,可以调取、查封、扣押用以证明被调查人涉嫌违法犯罪的财物、文件和电子数据等信息;调查过程中,可以直接或者指派、聘请具有专门知识、资格的人员在调查人员主持下进行勘验检查;调查过程中,对于案件中的专门性问题,可以指派、聘请有专门知识的人进行鉴定;经批准,可以采取技术调查措施;根据工作需要,可以对相关人员采取留置措施;经批准,可以对被调查人及相关人员采取限制出境措施。

(3) 依法处置

监察机关根据检查、调查结果,可以作出以下处置:对违法的公职人员依法作出政务处分决定;对履行职责不力、失职失责的领导人员进行问责;对涉嫌职务犯罪的,将调查结果移送人民检察院依法审查、提起公诉;向监察对象所在单位提出监察建议。

3. 公民和社会组织的监督

《人民警察法》第44条规定:"人民警察执行职务,必须自觉地接受社会和公民的监督。"公民和社会组织的监督,是指由国家机关以外的各种社会组织和公民个人依法对人民警察执行职务的行为,通过一定方式所进行的监督,重点是对人民警察的执法活动的监督。

公民和社会组织监督的内容十分广泛,包括对人民警察执行法律、法规和政策的监督;对人民警察采取强制措施的监督;以及对人民警察个人行使职权,履行义务,执行法律、法规和政策,遵守纪律的情况所进行的监督。公民和社会组织的监督,既可以采取对公安机关及人民警察提出批评与建议、来信来访和进行申诉、检举、控告等方式,也可以通过人大代表、各级政府、人民法院、人民检察院、社会组织和舆论工具来进行。

(二) 内部监督

内部监督是指在人民警察机关内部实施的监督,主要是人民警察上级机关对下级机关的监督和公安机关实行督察制度。

1. 人民警察上级机关对下级机关的监督

人民警察上级机关对下级机关的监督,是指由人民警察的直接上级机关或越级的上级机关对直接的下级机关或越级的下级机关依照法律、法规的规定履行职责、义务和行使权力的组织行为所实施的监督。《人民警察法》第43条规定:"人民警察的上级机关对下级机关的执法活动进行监督,发现其作出的处理或者决定有错误的,应当予以撤销或者变更。"人民警察上级机关对下级机关的监督,主要包括请示报告制度、检查制度、审核制度、调查制度、行政复议制度、错案追究制度、追究违法违纪责任制度、受理控告申诉制度、公安机关的督察制度、人民警察办案中的回避制度等。

2. 公安机关的督察制度

所谓督查制度,是指县级以上公安机关的督察机构依照有关法律和法规,对公安机关和人民警察行使职权、履行义务和遵守政策、法律、纪律的情况进行监督、检查的各项原则、内容、方式和程序的总称。《人民警察法》第47条规定:"公安机关建立督察制度,对公安机关的人民警察执行法律、法规、遵守纪律的情况进行监督。"

公安机关督察工作的任务具体包括:(1) 对公安机关和人民警察的各项工作进行督察,包括执法督察、职能督察、行政督察和风纪督察;(2) 查处公安机关和人民警察违法违纪案件;(3) 受理申诉、控告、投诉;(4) 保护公安机关和人民警察的合法权益;(5) 对人民警察进行法制、廉政和纪律教育。

3. 人民警察办案中的回避制度

人民警察办案中的回避,是指人民警察在办理治安案件和刑事案件的过程中,遇有与本案当事人有特定关系的案件,不得承担该案的办案任务,也不得以任何方式插手、干预该案的查处。人民警察办案中的回避制度,有利于公正处理案件,有利于人民警察秉公执法,也有利于维护当事人的合法权利。

(1) 人民警察在办理治安案件中的回避

人民警察在办理治安案件过程中,应当回避的法定情形包括:是本案的当事人或者是当事人的近亲属的;本人或者其近亲属与本案有利害关系的;与本案当事人有其他关系,可能影响案件公正处理的。

人民警察的回避,由有关的公安机关决定。当出现法定情形时,人民警察应当主动提出回避申请。本人未提出回避申请的,该案件的当事人或法定代理人有权要求他们回避。

(2)人民警察在办理刑事案件中的回避

人民警察在办理刑事案件过程中,应当回避的法定情形包括:是本案的当事人或者是当事人的近亲属的;本人或者他的近亲属和本案有利害关系的;担任过本案的证人、鉴定人、辩护人、诉讼代理人的;与本案当事人有其他关系,可能影响公正处理案件的;接受当事人及其委托的人的请客送礼的;违反规定会见当事人及其委托人的。

人民警察的回避,由公安机关负责人决定;公安机关负责人的回避,由同级人民检察院检察委员会决定。当出现法定情形时,人民警察应当自行回避,当事人及其法定代理人也有权要求他们回避。

第二节 公安民警现场制止违法犯罪作为,应当依法采取处置措施

近年来,公安机关和广大民警的执法水平不断提高,预防、制止和惩治各类违法犯罪活动的能力不断增强。为了进一步规范公安机关人民警察执法执勤活动,及时有效处置违法犯罪行为,保护公安民警的自身安全,保护人民群众的生命财产安全,维护国家法律的权威和尊严,依据《人民警察法》《人民警察使用警械和武器条例》(以下简称《条例》)、公安部《关于加强基层和一线公安民警实战训练工作的通知》的附件、《公安机关人民警察实战基础训练大纲(试行)》等法律、法规和规定,公安部制定了《公安机关人民警察现场制止违法犯罪行为操作规程》(以下简称《规程》)。《规程》进一步明确规定了公安民警现场制止违法犯罪行为应采取的处置措施、处置原则、基本要求、不同处置措施的使用要求、安全检查以及事后报告等。

公安民警使用的处置措施,是指公安民警为现场制止违法犯罪行为而依法律、行政法规以及《规程》而采取的强制手段,需同时符合以下条件:一是应当由公安民警使用,即国家以法律的形式赋予公安民警权力。二是为制止违法犯罪行为而使用,即该权力的行使有明确的目的性。三是在法律、行政法规以及《规程》规定的情形下使用,即公安民警必须在法律授权的范围内,按照规定的程序针对特定行为采取处置措施。

一、公安民警现场处置原则

（一）分级处置原则

分级处置原则是人民警察现场制止违法犯罪行为的一个核心原则，也是基于目前公安民警现场制止违法犯罪行为的执法实际，设定的一个基本操作原则。《规程》规定了对应的由轻到重四个级别处置措施，即口头制止、徒手制止、使用警械制止、使用武器制止。

分级处置原则要求：(1) 公安民警现场处置过程中，针对行为人实施的不同暴力程度的违法犯罪行为，可以采取相应的处置措施。(2) 分级处置不等于逐级处置，如果行为人采取非暴力的行为，公安民警可以采取口头制止措施，但如果在口头制止过程中，行为人突然使用武器或者刀具等凶器危及公安民警生命安全的，公安民警可以直接使用武器予以制止，而不必先采取徒手制止、使用警械制止之后，再使用武器制止。(3) 在分级设定处置措施的基础上，针对现场警情不断变化的特点，可以根据现场警情的变化调整处置措施以及使用处置措施的辅助措施，以保证及时有效地制止违法犯罪行为。

（二）适度处置原则

适度处置原则是公安民警现场采取处置措施应当遵循的基本原则之一，《规程》第3条第1款明确规定："公安民警现场采取处置措施，应当以制止违法犯罪行为为限度，尽量避免和减少人员伤亡、财产损失；使用较轻处置措施足以制止违法犯罪行为的，应当尽量避免使用较重处置措施。"此原则体现出人民警察现场制止违法犯罪行为采取处置措施的行为的性质和目的，其性质是现场处置措施，非惩罚手段；其目的是制止违法犯罪行为。

1. 以制止现场违法犯罪行为为限度

当违法犯罪行为人停止实施违法犯罪行为时，公安民警应当立即停止相应的处置措施；如果制止违法犯罪行为的目的已经达到，相应的处置措施就应当停止，避免造成不必要的人员伤亡和财产损失。但是，这里的"停止"不能机械地理解为公安民警停止所有的控制措施，放弃对违法犯罪行为人的控制。

2. 采取的处置措施应当与违法犯罪行为的危害程度相适应

《规程》由轻到重依次规定了四种处置措施，并在各章相应规定了处置措施的适用情形。公安民警在现场处置过程中应当根据违法犯罪行为的危害程度，使用相应的处置措施。

3. 公安民警在现场处置过程中应当注意方式方法

执法方式主要表现为执法态度和执法艺术，执法态度和执法艺术直接影响执法效果。在现场制止违法犯罪行为过程中,面临复杂情况时,应以法为据,不冲动、不做过激的事,避免因执法不当、处置不妥而激化矛盾。

(三)安全处置原则

安全处置原则是公安民警现场采取处置措施应当遵循的重要原则,是对公安民警人身安全给予的保护。《规程》第5条明确规定:"公安民警制止违法犯罪行为过程中,应当对违法犯罪行为的危险性、可能还有未被发现的违法犯罪行为人等情况保持警惕,防止、减少自身伤亡。"设立本原则的目的是在制止违法犯罪行为过程中保护人民警察免受伤害。

1. 公安民警在制止违法犯罪行为过程中,时刻保持警惕

公安民警在制止违法犯罪行为全部的过程中,在思想上和行动上都要保持警惕状态,如公安民警使用催泪警械,应选择上风向站位和安全有效距离;检查违法犯罪行为人的人身时,应当谨防因接触注射针筒、刀片等物品而感染疾病或者受伤。

2. 防止、减少自身伤亡

公安民警在执法中,特别是现场执法过程中,经常面对暴力违法犯罪行为,受伤甚至牺牲的可能性极大,所以《规程》设立安全原则,以明文规定的方式要求公安民警防止、减少自身伤亡,使安全执法成为公安民警行为规范。

▶ 二、公安民警现场处置程序

(一)表明身份

《规程》第6条规定:"采取处置措施前,公安民警应当表明身份并出示执法证件,情况紧急来不及出示执法证件的,应当先表明身份,并在处置过程中出示执法证件;着制式警服执行职务的,可以不出示执法证件。"

表明身份是公安民警在现场处置中与违法犯罪行为人接触的第一个环节,其目的是让现场的违法犯罪行为人、在场群众知道公安民警的身份,知道公安民警依法采取处置措施是履行职责的行为。有三种表明身份的方式:

(1)在一般情况下,公安民警在采取处置措施前应当表明身份并出示执法证件,即在采取处置措施前,公安民警应当口头告知违法犯罪行为人自己是人民警察,并出示警官证等执法证件。

(2)情况紧急来不及出示执法证件的,应当先表明身份,并在处置过程中出示执法证件。在一些紧急情况下,如现行犯逃跑需要立即抓捕,现场的违法犯罪行为人正在对无辜群众、公安民警实施暴力等紧急情况下,出示执法证件可能贻误战机或者危及人身安全,可以不出示执法证件,这样可以保证公安民警及时制止违法犯罪行为。

(3) 公安民警着制式警服依法执行职务的，可以不出示执法证件。公安民警着制式警服即已表明人民警察身份，口头告知自己的身份即可，不需要再出示警官证等执法证件。

（二）制作处警记录

公安民警对现场制止违法犯罪行为的情况，应当按照《110接处警工作规则》做好处警记录。

处警记录既是反映公安民警处置警情工作的工作记录，也是证实公安民警采取过处置措施的有效证明文件。在对现场处置情况产生争议的情况下，详细、明确的处警记录将有利于保护公安民警的合法权益。《110接处警工作规则》对做好处警记录提出了具体要求，处警记录一般包括警情名称、处警时间和地点、处警人、当事人、目击证人身份情况、联系方式以及现场情况等。公安民警准确、详细地记录相关信息，一方面可以作为处置警情的依据，另一方面有利于开展后续工作，如记录当事人、目击证人身份情况、联系方式等，将大大提高后期案件处理时收集、固定证据的效率。

（三）请求增援

公安民警到达处置现场后应迅速报告、及时请求增援。具体要求有：

(1) 公安民警到达处置现场后，应当与所属公安机关保持联络，迅速报告现场情况；接到报告的公安机关应当视情况增派警力或者调整警力部署。公安民警与所属公安机关保持联络，及时报告现场情况，便于公安机关指挥员在第一时间掌握现场情况，及时调整警力部署，如增派警力、提前在路口设卡等，从而能够更妥善、有效地处置现场警情。

(2) 现场警力难以有效制止违法犯罪行为时，公安民警应当立即向所属公安机关报告，请求增派警力支援；接到报告的公安机关应当根据现场情况立即增派警力。公安机关一贯倡导"优势原则"，即在现场处置过程中，现场警力应当始终处于优势，如果现场警力难以有效制止违法犯罪行为时，公安民警应当立即请求支援，以保证有效控制现场形势。这里的"现场警力难以有效制止违法犯罪行为"，一般是指违法犯罪行为人数量超过了现场公安民警数量，或者违法犯罪行为的暴力程度升级，现场公安民警难以有效制止等。

(3) 增援警力与先期到达现场的公安民警进行有效的衔接，现场公安民警应当立即向增援民警介绍情况，共同进行处置。现场公安民警应当立即向增援公安民警介绍前期现场以及处置情况，重点是违法犯罪行为人的情况（包括违法犯罪行为人的人数，是否有已经被制服的，是否有逃跑的，是否携带武器、爆炸物以及其他凶器等）、违法犯罪行为的性质、是否有人员受伤、现场特点等，便于共同开展现场处置工作。

（四）判断警情

公安民警现场制止违法犯罪行为时，应当判断警情，采取相应的处置措施。即根据现场警情的性质、危害程度、影响范围、涉及人数、当事人身份及警情敏感性等综合因素，快速判断，采取相应的处置措施。

如果现场警情发生变化的，公安民警应当及时调整处置措施，以达到依法有效制止违法犯罪行为的目的。

（五）使用辅助处置措施

现场处置中，公安民警使用较重的处置措施时，可以同时使用较轻的处置措施作为辅助手段。公安民警在依法使用武器的同时，可以使用口头制止发出警告命令，也可以使用徒手制止或者使用警械对犯罪行为人予以控制，其目的是通过各种有效方法，迅速、有效地制止违法犯罪行为，制服违法犯罪分子。

（六）约束违法犯罪行为人

在制止违法犯罪行为后，有效约束违法犯罪行为人是一个必经环节。公安民警采取处置措施制止违法犯罪行为后，对可能脱逃、行凶、自杀、自伤或者有其他危险行为的违法犯罪行为人，可以使用手铐、警绳等约束性警械将其约束，并及时收缴其所持凶器。有效约束是指公安民警使用的约束措施必须能够有效控制住违法犯罪行为人，防止其实施脱逃、行凶等危险行为。

（七）固定证据

固定证据是现场处置的一个重要环节，公安民警在现场处置过程中，应当依法及时收集、固定有关证据；有条件的，应当对现场处置过程进行录音录像。

（八）报告情况

现场处置过程中出现人员伤亡的，公安民警应当按照规定报告情况，并及时采取适当措施救治受伤人员，保护现场。对于现场难以控制伤势的，应当及时通知急救中心抢救。

公安民警使用武器的，根据《条例》第12条的规定，人民警察使用武器造成犯罪分子或者无辜人员伤亡的，应当及时抢救受伤人员保护现场，并立即向当地公安机关或者该人民警察所属机关报告。

▶三、公安民警现场处置措施

（一）口头制止

口头制止，是指公安民警为制止违法犯罪行为而发出强制命令，是强制程度最轻的一种处置措施。

口头制止与《条例》中规定的"警告"存在一定区别,警告主要是指对违法犯罪行为人提出告诫,包括要求其停止实施违法犯罪行为,并告知其应承担的责任。而"口头制止"包含的口头命令内容更为广泛,除警告内容外,还包括命令违法犯罪行为人接受检查、要求在场无关人员躲避以及其他在现场处置过程中能够达到有效制止目的的口头命令。

1. 口头制止的情形

根据《规程》的规定,口头制止针对的是正在以非暴力方式实施违法犯罪行为。这里的"非暴力",主要是指行为人以口头或者逃避等方式拒绝服从公安民警命令,或者口头谩骂、侮辱公安民警以及其他在场人员,但未主动与公安民警或者其他在场人员发生肢体冲突。公安民警在采取其他处置措施时,都可以使用口头制止作为辅助手段。

使用口头制止的例外情形,即口头制止可能导致违法犯罪行为人逃跑、毁灭证据或者其他严重危害后果的,公安民警可以根据《规程》的有关规定,采取徒手制止措施。这主要是考虑到,在执法实践中,有些违法犯罪行为虽然是非暴力的,但是如果使用口头制止,可能导致违法犯罪行为人逃跑或者毁灭证据等不利于办案工作的情形发生,给后期打击处理工作带来困难。例如,对正在进行扒窃行为的违法犯罪分子,如果公安民警仅口头予以制止,违法犯罪分子很可能迅速逃跑,或者将窃得的物品隐藏或者丢弃,给证实违法犯罪活动增加困难,这时公安民警可以不必使用口头制止措施,直接采取徒手制止措施对违法犯罪行为子以制止。

2. 口头制止的内容

公安民警口头制止用语应当明确、简洁、易懂,禁止使用侮辱性、歧视性语言,可以根据现场的具体情况决定采用口头制止的内容有:(1)命令违法犯罪行为人停止实施违法犯罪行为。(2)命令违法犯罪行为人按照要求接受检查。(3)告知违法犯罪行为人拒不服从公安民警命令的后果。即告知其,根据《治安管理处罚法》《刑法》的有关规定,对阻碍公安民警依法执行职务的,可以予以治安管理处罚;情节严重,构成犯罪的,可以以妨碍公务罪依法追究刑事责任。(4)根据警情需要,要求在场无关人员躲避。(5)其他能够达到有效制止目的的口头命令。

3. 口头制止的调整措施

对不听从公安民警口头制止的违法犯罪行为人,公安民警可以调整以下措施:

(1)可以将其传唤至公安机关处理。对于不听从公安民警口头制止的违法行为人,根据《人民警察法》第35条、《治安管理处罚法》第50条的规定,已经构成阻碍执行职务行为的,公安民警可以依法对其予以治安管理处罚。《人民警察法》第 35 条对拒绝或者阻碍人民警察依法执行职务的行为作了细化规定:对于有下列行为之一的,可以依法予以治安管理处罚:公然侮辱正在执行职务的人民警察的;阻碍人民警察调查取证的;拒绝或者阻碍人民警察执行追捕、搜查、救险等任务进入有关住所、场所的;对执行救人、救险、追捕、警卫等紧急任务的警车故意设置障碍的;有拒绝或者阻碍人民警察执行职务的其他行为的。

(2) 对于不听从公安民警口头制止,并实施暴力行为的,公安民警可以采取相应的处置措施。即公安民警根据行为人实施暴力的程度,采取程度不同的处置措施,即如果符合《规程》规定的有关处置措施的适用条件,可以使用较重处置措施。

(二) 徒手制止

徒手制止,是指公安民警使用身体强制力制止违法犯罪行为的强制手段,是公安民警在现场处置过程中经常使用的手段。《规程》对徒手制止做了全面的规定。

1. 适用条件

(1) 程序条件:经警告无效。警告主要是指对违法犯罪嫌疑人提出告诫,包括要求其停止违法犯罪行为,并告知其应承担的责任。但是,情况紧急,来不及警告或者警告后可能导致更为严重危害后果的,可以直接使用徒手制止。

(2) 实体条件:正在以轻微暴力方式实施违法犯罪行为,尚未严重危及公民或者公安民警人身安全。"轻微暴力",是对违法犯罪行为的危害程度作出限定,一方面区别于"非暴力",即已经对公安民警或者其他在场人员实施了暴力行为;另一方面其危害程度尚未严重危及公安民警或者其他在场人员的人身安全,如采取挣脱、拉扯衣服、推搡等方式。

(3) 限度条件:公安民警徒手制止,应当以违法犯罪行为人停止实施违法犯罪行为为限度。这是"适度原则"的具体体现。对公安民警采取徒手制止的强制程度的要求是足以使违法犯罪行为人停止实施违法犯罪行为。

(4) 禁则:除非必要,应当避免直接击打违法犯罪行为人的头部、档部等致命部位。在一般情况下,采取徒手制止应当避免直接击打违法犯罪行为人的头部、档部等致命部位,以尽量减少人员伤亡。

2. 约束措施

当违法犯罪行为人停止实施违法犯罪行为时,公安民警应当立即停止可能造成人身伤害的徒手制止动作,并依法使用手铐、警绳等约束性警械将其约束。即公安民警在制服违法犯罪行为人后,应当立即对其予以有效控制。

违法犯罪行为人停止实施违法犯罪行为时,公安民警停止的并不是所有徒手制止动作,而是停止采取可能造成人身伤害的徒手攻击动作。此时现场的公安民警应当持续保持对违法犯罪行为人进行有效控制的徒手控制动作,对于符合《条例》第8条规定的使用约束性警械条件的,可依法使用手铐、警绳等约束性警械予以约束。

3. 调整措施

当徒手无法制止违法犯罪行为时,公安民警可以根据有关规定,采取相应措施。公安民警在分级处置原则下,有调整处置措施的权力。如果在处置过程中,违法犯罪行为的暴力程度突然升级,甚至已经危及公安民警或者其他在场人员的生命安全时,公安民警可以按照《规程》的相应规定,视情况使用警械制止乃至使用武器制止。

(三) 使用警械制止

使用警械制止,是指公安民警依照《条例》和《规程》的规定使用驱逐性、制服性、约束性警用器械制止违法犯罪行为的强制手段。警械是指公安民警按照规定装备的警棍、催泪弹、高压水枪、特种防暴枪、手铐、脚镣、警绳等警用器械。以警械的用途为标准,可以将警械分为两类:第一类是驱逐性、制服性警械,包括警棍、催泪喷射器、高压水枪、特种防暴枪等。所谓驱逐性警械,是指用于驱逐违法犯罪人员,使其离开违法犯罪现场的警械。所谓制服性警械,是指具有能迫使违法犯罪人员停止违法犯罪行为或者失去违法犯罪行为能力的警械。第二类是约束性警械,包括手铐、脚镣、警绳等。所谓约束性警械,是指用于对违法犯罪行为人的身体进行束缚以限制其人身自由的警械。

1. 驱逐性、制服性警械的使用

(1) 适用情形

《条例》第7条列举了公安民警使用驱逐性、制服性警械的八种情形:

① 结伙斗殴、殴打他人、寻衅滋事、侮辱妇女或者进行其他流氓活动的。这些行为是严重破坏公共秩序的行为。结伙斗殴,是指出于私仇、争霸或者其他动机而成帮结伙地进行打架斗殴。这种情况多发生在流氓团伙之间,社会影响恶劣,甚至发生在公共场所、交通要道上,造成社会秩序混乱、人员伤亡等严重后果。殴打他人,是指以暴力直接损害他人身体的行为,包括徒手袭击、使用工具击打。寻衅滋事,是指在公共场所肆意挑衅,无事生非,起哄闹事,进行骚扰破坏。例如,随意骂人;强拿硬要;投掷石块、污物;等等。侮辱妇女,是指用淫秽下流的语言或动作,侮辱、猥亵妇女,损害其人格的行为。如追逐、拦截妇女;偷剪妇女的衣服、发辫;强行搂抱、接吻等。其他流氓活动,是指违反社会公德,破坏社会生活秩序、伤风败俗的行为,如群奸群宿等。

② 聚众扰乱车站、码头、民用航空站、运动场等公共场所秩序的。这些是聚众扰乱公共场所秩序的行为。聚众，是指在首要分子组织、指挥下，纠集多人共同进行扰乱活动。扰乱，是以哄闹、纠集、辱骂、强行闯入等方式进行的各种干扰和破坏行为。公共场所，是指供不特定多数人出入、停留、使用的场所，包括车站、码头、商场、公园、影剧院等场所。

③ 非法举行集会、游行、示威的。集会、游行、示威，是宪法赋予公民的基本权利，受法律保护。但是公民必须在法律规定的范围内行使其权利。根据《中华人民共和国集会游行示威法》和《中华人民共和国集会游行示威法实施条例》的规定，非法举行集会、游行、示威主要包括：未经合法申请的集会、游行、示威；申请未获许可的集会、游行、示威；未按照主管机关许可的目的、方式、标语、口号、起止时间、地点、路线进行的集会、游行、示威；在进行中出现危害公共安全或者严重破坏社会秩序的集会、游行、示威；等等。

④ 强行冲越人民警察为履行职责设置的警戒线的。警戒线，是人民警察为了执行特殊勤务的需要，如保护现场、围捕罪犯等，在特定的场所设置的非经许可不得擅自闯入或越过的界线。强行冲越人民警察为履行职责设置的警戒线，是一种蔑视国家权力的行为，必须予以制止。强行冲越表现为不顾人民警察劝阻或警戒标志，采取暴力、威胁等手段，冲越警戒线。

⑤ 以暴力方法抗拒或者阻碍人民警察依法履行职责的。人民警察依法履行职责，公民和组织有义务予以支持、协助。抗拒或者阻碍人民警察依法履行职责，是一种违反法律的行为。以暴力的方法抗拒或阻碍人民警察依法履行职责，则是一种严重的违反法律的行为，所以国家允许人民警察对其使用警械。《条例》明确规定了该行为的具体内容和特定方式。暴力，是指对人民警察的人身实施打击或强制。只有在行为人采取此手段抗拒或者阻碍人民警察依法履行职责，人民警察才能对其使用警械。相反，如果行为人消极抗拒或阻碍，如口头上抗拒，消极地不予配合，均不属于使用警械的范畴。

⑥ 袭击人民警察的。公安民警具有打击制止违法犯罪活动，保护合法权利的职责。警察在执法活动中，会引起不法分子的仇视和不满，而对公安民警进行报复，因而袭击公安民警，侵犯公安民警的人身权利，公安民警当然可以使用警械来保护自身不受侵害。但是应明确，这里的袭击人民警察，是指采取非致命的手段攻击公安民警的行为。如果采取致命性暴力手段袭击人民警察，则公安民警可以使用武器进行自我保护。

⑦ 危害公共安全、社会秩序和公民人身安全的其他行为，需要当场制止的。危害公共安全、社会秩序和公民人身安全的其他行为，是指除上述六种情形以外的危害公共安全、社会秩序和公民人身安全的其他行为。所谓危害

公共安全的行为,是指危害不特定的多数人的生命、健康和重大公私财产安全的行为,如纵火、爆炸、破坏交通设施,抢劫或抢夺枪支、弹药、爆炸物等。危害社会秩序,是指妨害国家的社会管理秩序,扰乱工作秩序、生产秩序、教学秩序、人民群众的生活秩序的行为。危害公民人身安全,是指侵犯公民生命、健康、自由权利的行为,如杀人、伤害、抢劫。这项规定是对前六种情形以外的危害程度相当的违法犯罪行为的说明。同时,特别规定"需要当场制止",这是公安民警使用驱逐性、制服性警械的必要条件。需要当场制止,表明上述违法犯罪行为正在进行,必须予以制止,否则会发生严重的后果。因此,公安民警使用驱逐性、制服性警械的原因在于有较严重的违法犯罪行为存在,并且需要立即制止。

⑧ 法律、行政法规规定可以使用警械的其他情形。如前所述,规定人民警察使用警械、武器的法律、法规很多。就驱逐性、制服性警械的使用,除《人民警察法》和《条例》以外,还有《集会游行示威法》《看守所条例》《戒严法》等,都有公安民警在某些特定情形下使用驱逐性、制服性警械的规定。所以,公安民警可以依照《条例》的规定,也可以依照法律、法规的具体规定使用驱逐性、制服性警械。这项规定是公安民警可以依照《人民警察法》和《条例》以外的法律、法规使用驱逐性、制服性警械的补充规定。

(2) 适用程序

公安民警在使用驱逐性、制服性警械之前,应当对违法犯罪人员进行警告。所谓警告,是指针对正在实施违法犯罪的人员,公安民警以口头或者其他方式明确地发出责令立即停止违法犯罪活动的告诫、命令。当警告无效,公安民警根据需要可以使用警棍、催泪喷射器等警械。警告无效,是指公安民警发出警告后,行为人不听警告仍然继续实施违法犯罪行为或者转而实施新的违法犯罪行为的情形。

由于催泪警械的特殊性,《规程》第 26 条规定了公安民警使用催泪警械的程序和方法:根据现场情况,要求现场无关人员躲避;选择上风向站位和安全有效距离,直接向违法犯罪行为人喷射催泪剂;制服违法犯罪行为人并将其约束后,对有异常反应或者可能引发疾病的,应当及时采取适当措施救治。

(3) 禁则

由于公安民警使用驱逐性、制服性警械的目的在于执行职务,制止违法犯罪行为,此类警械具有较强的攻击性,所以《条例》和《规程》在授予公安民警使用驱逐性、制服性警械的权力的同时,也对该权力规定了禁则。《规程》第 24 条规定:"公安民警使用驱逐性、制服性警械,应当以制止违法犯罪行为为限度;当违法犯罪行为人停止实施违法犯罪行为时,应当立即停止使用。"

这表明：

① 公安民警使用驱逐性、制服性警械的强度是以制止违法犯罪行为为限。使用此类警械在于驱逐、制服正在实行违法犯罪的人员，在此过程中，可能会造成人身体上的损害，但这不是公安民警使用警械的目的，应当以制止违法犯罪行为为限度。

② 当违法犯罪行为得到制止时，公安民警应当立即停止使用驱逐性、制服性警械。所谓违法犯罪行为得到制止，是指公安民警通过使用警械，违法犯罪人员已被驱逐或制服，停止实施违法犯罪行为，如违法犯罪人员停止了其危害行为，或丧失了侵害能力、反抗能力等。在这种情况下，公安民警必须立即停止使用警械。如果仍然继续使用此类警械，则是违法行使权力，应承担相应的法律责任。

2. 约束性警械的使用

约束性警械的作用，是限制违法犯罪人员的身体自由。公安民警使用约束性警械的目的是防止违法犯罪分子脱逃、行凶、自杀、自伤或者有其他危险行为。

（1）适用情形使用约束性警械的情形有：① 抓获违法犯罪分子或者犯罪重大嫌疑人。公安民警根据有关法律、法规的规定，抓获违法犯罪分子或者重大嫌疑人时，为了防止其脱逃、行凶、自杀、自伤或者有其他危险行为，可以使用约束性警械。对于不是违法犯罪分子或者不是犯罪重大嫌疑人的，不得使用。② 执行逮捕、拘留、看押、押解、审讯、拘传、强制传唤的。根据《刑事诉讼法》的规定，公安民警依法对违法犯罪嫌疑人执行逮捕、拘留、看押、审讯、拘传、强制传唤时，可以使用约束性警械，防止发生意外情况。③ 法律、行政法规规定可以使用警械的其他情形。除上述两种情形以外，法律、行政法规还规定了公安民警使用约束性警械的情形。④ 公安民警制服违法犯罪行为人后，应当立即使用手铐、警绳等约束性警械。需要特别说明的是，《规程》明确了一种使用手铐、警绳等约束性警械的情形：公安民警制服违法犯罪行为人后，应当立即使用手铐、警绳等约束性警械将其约束。

（2）禁则。为了正确发挥约束性警械的作用，《条例》第8条第2款规定："人民警察依照前款规定使用警械，不得故意造成人身伤害。"这是人民警察使用约束性警械的禁则。不得故意造成人身伤害，是指人民警察在对违法犯罪人员使用约束性警械时，不能明知错误地使用约束性警械会造成对方人体器官、组织的损伤或者功能障碍的结果，而希望或者放任这种结果的发生。这样做就改变了警械的性质而成为制裁工具，是违背国家赋予人民警察使用警械权力的宗旨的。

（四）使用武器制止

使用武器制止，是指公安民警在紧急情况下，根据《条例》和《规程》的规定，使用武器制止暴力犯罪行为的强制手段。《人民警察法》第10条规定，遇有拒捕、暴乱、越狱、抢夺枪支或者其他暴力行为的紧急情况，公安机关的人民警察依照国家有关规定，可以使用武器。《条例》在第三章"武器的使用"和《规程》第五章"使用武器制止"中具体规定了公安民警使用武器的程序、情形、禁则以及现场处置。这些规定是公安民警使用武器权的行为准则，确定该行为是否合法的法律标准。

公安民警使用武器制止的重要内容之一是武器。根据《条例》第3条的规定，武器是指人民警察按照规定装备的枪支、弹药等致命性警用武器。警用武器包括手枪、步枪、冲锋枪、机枪及其他特种专用枪和弹药。

武器和警械的区别在于是否为致命性警用器械。枪支、弹药等武器具有高强度的杀伤性能，可以直接致人伤亡，所以称之为致命性器械。警械，特别是约束性警械，虽然也有一定强制性、打击性，但不能直接致命，所以是非致命性器械。《条例》以是否致命为标准把警用器械分为警械和武器，从而严格规范武器这种致命性器械的使用。

武器所包括的枪支与《中华人民共和国枪支管理法》中所规定的枪支含义不同。《中华人民共和国枪支管理法》第46条规定："本法所指枪支，是指以火药或者压缩气体等为动力，利用管状器具发射金属弹丸或者其他物质，足以致人伤亡或者丧失知觉的各种枪支。"据此，驱逐性、制服性警械中的特种防暴枪等都是枪支的范围。《中华人民共和国枪支管理法》中枪支的概念，是以枪支所具有的共同结构和性能来确定的，是从公安机关对枪支的管理的角度规定的。《条例》所规定的枪支，是因武器的不同杀伤力，而需要规定不同的使用条件，从而严格武器的适用范围。所以，《条例》中的枪支仅指人民警察因公务用枪而装置的枪支，即军用枪支系列。特种防暴枪，虽然在结构等方面与军用手枪有相同之处，但不具有军用枪支的致命性的杀伤力。如果把特殊防暴枪也归于武器，在使用上就不能发挥其作用，只有归于警械的使用条件，才能发挥其驱逐、制服而非致命的作用。因此，人民警察使用武器权中的枪支，基于其特殊的立法意图，发挥各种致命性枪支在制止违法犯罪活动中应有的作用，严格规范致命性枪支的使用，使其具有特定的范围，不能等同于一般意义的枪支。

使用武器制止，是公安民警的一项特殊权力，具有了法定的情形就可以使用武器。但需要明确：第一，强制性是公安民警权力的共同特征，武器所具有制服性、杀伤性，但并不意味着人民警察可以在任何地方、任何时间、对任何人使用。应当明确,武器是为了制服正在实施严重犯罪行为的人而使用的。第二,维护社会治安程序,打击制止违法犯罪活动是公安民警的重要职责,由于这一职责的特殊性,国家赋予公安民警为保证其职责得以实现的相应的权力,包括使用警械、武器制止严重暴力犯罪的权力。所以,公安民警使用武器的行为是一种执行职务行为,公安民警使用武器的目的是履行职责。公安民警不得在非警务活动中使用武器。第三,公安民警使用武器直接涉及公民基本权利,为了防止这一权力被滥用,维护公民的合法权利,法律明确规定了公安民警使用武器的情形,只有法定情形在人民警察履行职责的时候出现,才可以使用武器,否则其行为就是非法的,并且要承担相应的法律责任。第四,根据法律、法规的规定,公安民警使武器的情形都具有强烈的突发性、暴力性,适用对象的人身危险性,在当时紧急情形下,公安民警必须当机立断。

1. 使用武器制止的原则

公安民警使用武器权制止应当遵循一定的准则,在符合立法精神的前提下,在一定的原则指导下正确行使权力,在权力与职责之间找到平衡点,使行使权力的强度达到必要和合理。使用武器,公安民警应当遵循怎样的原则,是其使用武器制止的重要内容。

（1）依法使用的原则

公安民警必须依法使用武器,这是公安民警使用武器必须遵循的首要原则。所谓依法,是依照《条例》等法律、法规的规定。《条例》是公安民警合法使用警械、武器的标准,公安民警必须在法律、法规授权的范围内使用武器。法律、法规授予公安民警使用武器的权力,同时详细规定了其行使权力的具体情形即范围,以及行使权力时应遵守的程序,应履行的义务。公安民警必须明确自己权力的具体内容。公安民警依法使用武器,受法律保护,相反,公安民警使用武器的行为,违反了法律、法规的规定,公安民警将对其行为及其后果承担法律责任。因此,公安民警不得超越职权使用武器,禁止公安民警违法滥用警械、武器,禁止利用武器进行刑讯逼供或者体罚、虐待犯罪嫌疑人以及非法剥夺、限制公民人身自由等违法犯罪行为。

（2）保障依法履行职责的原则

公安民警依法使用武器的目的,是保障公安民警依法履行职责。即人民警察使用武器的行为是执行职务行为,在于及时有效地制止犯罪行为,维护公共安全和社会秩序,保护公民的人身安全和合法财产,保护公共财产。所以,一方面,公安民警不得使用警械、武器进行非警务活动,不能把国家装备给人民警察的武器成为私人工具,成为个人的实施违法犯罪的工具;另一方面,公安民警不得把使用警械、武器行为作为对违法犯罪嫌疑人制裁或惩罚的措施,造成不应有的严重后果,从而改变了公安民警使用武器是保障履行职责而制服犯罪嫌疑人的性质。

(3) 适度使用的原则

《条例》第4条规定:"人民警察使用警械和武器,应当以制止违法犯罪行为,尽量减少人员伤亡和财产损失为原则。"这是对公安民警使用武器权力的一个质的要求。基于这一立法意图,在实践用中,公安民警在发生法定的使用武器的情形时,应当尽量减少人员伤亡和财产损坏,包括对犯罪嫌疑人的人身和财产的损坏,尽管使用武器不可避免地会发生人员伤亡和财产损失,但是公安民警有责任使损失大小限制在必要的范围内。

(4) 对不服从公安民警命令的犯罪嫌疑人使用的原则

公安民警在使用武器时,一般情况下只有经警告无效时,才使用。违法行为人如果在听到公安民警的警告而停止其违法犯罪行为,并服从公安民警的命令的,公安民警则不应当对其使用具有较大杀伤力的武器。

(5) 保护公民合法权益的原则

公安民警履行的职责,行使权力的重要内容之一,就是保护公民的权益不受侵犯。人民警察使用武器的行为本身就是通过制止犯罪活动来保护公民权益不受违法犯罪行为的侵害,同时也应当使自己使用武器的行为不会给公民造成损失。《条例》第6条规定:"人民警察使用警械和武器前,应当命令在场无关人员躲避;在场无关人员应当服从人民警察的命令,避免受到伤害或者其他损失。"这是公安民警使用武器前应当履行的义务。

2. 使用武器制止的程序

(1) 判明现场情况

这一程序是提醒公安民警在使用武器前应当综合现场环境、人员力量对比等因素,判断现场情况,如现场是否有人群聚集、是否有存放危险物品场所等不适合使用武器的情形,现场是否有无关群众等。判明现场情况是公安民警下一步正确、合理使用武器进行处置,有效制止犯罪行为,避免造成不应有的损失的重要前提。

《条例》第9条明确规定,公安民警使用武器前,应当判明有法规规定的暴力犯罪行为的紧急情形。公安民警使用武器之前,有义务对确实存在使用武器情形作出判断。所谓暴力犯罪行为是指采取打击或强制的方法危害人身安全、公共安全的犯罪行为。例如,凶杀、绑架、抢劫、放火、爆炸等严重犯罪行为。所谓紧急情形,是指暴力犯罪行为正在进行,不加制止立即会造成严重危害结果的情形,即有危害结果发生的时间紧迫性。犯罪行为具有暴力性和紧迫性,是公安民警使用武器的基本条件。所以公安民警必经在使用武器前,对现场行为具有此特征作出准确判断。并且公安民警使用武器前,还应当对实施该行为的人是谁作出准确判断。虽然有暴力犯罪行为发生,还必须确认犯罪行为人。确定了犯罪行为人,才能对其使用武器,不能对怀疑是行为人的人的使用武器。因此,"判明"是指公安民警对现场是否发生暴力犯罪行为以及谁是犯罪人当场作出准确的判断。

(2)警告

公安民警使用武器,应当先警告,经警告无效,才使用武器。警告,是公安民警向犯罪行为人发出的警示和告诫。警告包括:一是要求犯罪分子停止实施暴力犯罪行为;二是如果不停止其暴力犯罪行为,人民警察使用武器予以制止。警告的方式,包括口头警告、旗语警告、信号灯警告、鸣枪警告等。鸣枪不再是唯一的使用武器的警告方式,根据案件的具体情况,人民警察可以选择警告的方式。

《规程》第31条对警告作了更为明确的规定:① 表明警察身份,出枪示警。此规定表明警告的两项内容:一是告知是警察,二是告知将使用武器。所谓出枪,是指公安民警将枪从枪套内拔出并呈持枪状态的动作。② 情况紧急时,可以在出枪的同时表明身份。情况紧急时,公安民警为了立即发出使用武器的警告,有效震慑、制止犯罪行为,可以在出枪的同时表明警察身份。③ 命令犯罪行为人停止实施暴力犯罪行为,或者鸣枪警告。公安民警可以口头警告,即口头命令犯罪行为人停止实施暴力犯罪行为;也可以鸣枪警告,即公安民警使用武器朝安全方向射击,对犯罪行为人予以警告。

但是为了充分保障公民和公安民警的人身安全公安民警,在使用武器时,遇有下列情形之一的,不得鸣枪警告:第一,处于繁华地段、群众聚集的场所或者其他容易误伤他人的场所。第二,明知或者应当明知存放有大量易燃、易爆、剧毒、放射性等危险物品的场所。这种情况下可能造成现场爆炸、剧毒物品泄漏、放射性物品扩散等更严重的危害后果。第三,鸣枪警告后可能导致危及公民或者公安民警人身安全等更为严重危害后果的。第四,来不及警告或者警告后可能导致更为严重危害后果的,可以直接使用武器。

警告是公安民警使用武器前,应当履行的义务,但不是绝对的,如果来不及警告或者警告后可能导致更为严重的危害后果的,可以直接使用武器;所以公安民警在两种情况下可以不警告而直接使用武器。一是来不及警告,即犯罪行为即刻造成严重结果,必须立即制止。二是警告后可能导致更为严重的危害后果的、一般指犯罪分子实施某种犯罪行为过程中,与公安民警处于严重对峙状态,而又准备铤而走险、负隅顽抗时,公安民警需要趁其不备予以击毙或者击伤,否则不能制止其犯罪行为。

(3) 命令在场无关人员躲避

为了防止造成不必要的伤亡，公安民警使用武器前，应命令在场无关人员（如围观的群众）躲避。

(4) 开枪射击

犯罪行为人在公安民警口头警告或者鸣枪警告后继续实施暴力行为的，可以对其使用武器，即开枪射击。开枪射击是整个使用武器过程中核心的一个环节，公安民警遇有符合使用武器条件的情形，都是对公共安全、公安民警自身以及公民生命安全造成严重、紧迫危险的紧急情况，瞬间的迟疑和犹豫，都可能导致现场事态失控。因此，在处置过程中，如果公安民警判明现场有《条例》第9条规定的紧急情形，并依法予以警告无效，或者来不及警告以及警告后可能致更为严重危害后果的，应当准确把握时机，及时果断地向犯罪分子射击，以有效制止犯罪行为，防止造成更为严重的危害后果。

(5) 持枪戒备

持枪戒备包括以下几个环节：① 犯罪行为人出现两种情形之一：一是停止实施犯罪，服从公安民警命令，即犯罪行为人主动停止实施犯罪，并服从公安民警命令。二是失去继续实施犯罪能力，即犯罪行为人被迫停止实施犯罪。② 应当立即停止射击，即必须立即停止射击。③ 在未确认危险消除前，即不能完全排除犯罪行为人实施犯罪行为。④ 应当保持持枪戒备状态，即时刻注意观察周围环境，以保证在遇有突发情况时能够及时作出反应。

(6) 收枪

确认危险消除后，应当关闭枪支保险，收回枪支。收枪包括以下几个环节：① 确认危险消除，这是收枪的前提条件，公安民警在收枪前，应当确认已经控制现场，危险因素已经消除；② 关闭枪支保险；③ 收枪入套。

3. 使用武器的情形

《条例》第9条规定了公安民警使用武器的情形，只要具有其中之一，经警告无效，公安民警就可以使用武器。

(1) 放火、决水、爆炸等严重危害公共安全的。放火、决水、爆炸是用危险方法危害公共安全的犯罪。危害公共安全的犯罪，是指危害不特定多数人生命、健康和重大财物安全的严重犯罪行为。放火，是指故意放火焚烧公私财物危害公共安全的行为。决水，是指故意破坏水利设施，制造水灾危害公共安全的行为。爆炸，是指故意以爆破的方法危害公共安全的行为。此外还有以其他危险方法危害公共安全的行为。此类犯罪行为危害极大，如不加以立即制止，就会造成大量的人员伤亡和财产损失，武器可以有效地予以制止。

(2) 劫持航空器、船舰、火车、机动车或者驾驶车、船等机动交通工具，故意危害公共安全的。劫持交通工具,是使用暴力、胁迫或者其他危险方法对交通工具进行控制的严重暴力犯罪行为。这类犯罪严重危害交通工具本身以及乘务人员、运载人员、货物的安全,是严重的犯罪行为。航空器,主要指飞机、直升机。船舰,包括各种船舶舰艇。火车,包括蒸汽机车和电力机车推动的客运、货运列车。机动车,是指用于公共交通运输的汽车。驾驶车、船等机动交通工具故意危害公共安全,是指驾驶车、船故意伤人,危害交通、建筑物等其他公共安全的行为。应当明确如果过失地驾驶车、船危害公共安全的,不适用此规定。

(3)抢夺抢劫枪支、弹药、爆炸、剧毒等危险物品,严重危害公共安全的。枪支、弹药、爆炸、剧毒等危险物品,都有相当的破坏性、杀伤性。危险物品指爆炸物品、易燃物品、剧毒、放射性、腐蚀性等能够对人身或公共安全造成威胁的物品。如果犯罪分子使用暴力、胁迫或者其他方法抢劫,或者公然抢夺枪支、弹药、危险物品,为了防止严重后果的发生,人民警察有权对犯罪分子使用武器予以制止。

(4)使用枪支、弹药、爆炸、剧毒等危险物品实施犯罪或者以使用枪支、爆炸、剧毒等危险物品相威胁实施犯罪的。使用枪支、弹药、爆炸、剧毒等危险物品实施犯罪,是指犯罪分子以枪支、弹药、爆炸、剧毒等危险物品为犯罪工具,实施杀人、伤害等侵犯公民人身权利、危害公共安全的犯罪行为。如使用枪支杀人、抢劫、绑架;在饮用水中投毒、投掷爆炸物;等等。以使用枪支、爆炸、剧毒等危险物品相威胁实施犯罪,指犯罪分子持有枪支、爆炸、剧毒等危险物品,尚未使用,但以当场使用相威胁而实施的犯罪行为。如持枪抢劫、持爆炸物品劫持公共交通工具等。对此,人民警察可以使用武器制止其犯罪行为。

(5)破坏军事、通讯、交通、能源、防险等重要设施,足以对公共安全造成严重、紧迫危险的。特定设施具体指:军事设施,是指国家直接用于军事目的的建筑、场地和设备,如军用机场、作战工程、训练场等。通讯设施,是指国家重要的有线、无线信息传输设备、建筑,如无线通信枢纽等。交通设施,是指用于道路、铁路和水上交通运输的建筑、设备、标志等,如车站、码头、桥梁、隧道等。能源设施,是指国家用于开发、利用能源设备、建筑和其他重要的工具,如电厂、核电站、输油管道等。防险设施,是指用于防范自然灾害而建设的重要建筑、设备或者其他专用工具,如防汛设备、水坝、水闸等。足以对公共安全造成严重、紧迫危险,是指破坏行为已经或正在造成各种设施的毁坏,并有对国防、交通等公共安全造成严重危害的实际可能。所以,当破坏特定设施行为存在,并且对公共安全造成严重紧迫危险时,人民警察可以使用武器予以制止。

（6）实施凶杀、劫持人质等暴力行为，危及公民生命安全的。凶杀，是指使用暴力直接非法剥夺他人生命的行为，如持刀、持枪杀人。劫持人质，是指用暴力方法对他人的身体进行挟持、控制。上述以暴力手段侵犯公民生命权、健康权、人身自由权的行为，表现出正在或即刻造成被害人生命、健康的重大损害，人民警察可以使用武器予以制止。但是应当明确犯罪分子虽然准备实施侵犯公民生命权、健康权、人身自由权的行为，但没有立即造成人员伤亡的紧迫危险，人民警察不应当使用武器。因此，此项规定的情形的特征是行为具有侵犯公民人身权利的暴力性和紧迫性。

（7）国家规定的警卫、守卫、警戒的对象和目标受到暴力袭击、破坏或者有受到暴力袭击、破坏的紧迫危险的。人民警察警卫的对象，是党和国家领导人，来访外国贵宾。人民警察守卫的对象，是党和国家机关所在地、国家重要单位和设施。人民警察警戒的目标是看守所、监狱和其他需要警戒的场所。当上述对象、设施、目标正在受到暴力袭击、破坏或者即将受到暴力袭击、破坏时，人民警察可以使用武器予以制止，保护上述犯罪对象的安全。

（8）结伙抢劫或者持械抢劫公私财物的。抢劫，是指当场使用暴力、胁迫或者其他方法强行夺取公私财物的行为，是一种严重的犯罪行为。当三人以上共同实施结伙抢劫的行为，或者持枪、刀、棍棒，或者其他可以用来杀伤他人的器械实施抢劫行为时，这些行为严重地危害了被害人的生命、健康以及财产安全，是社会危害性严重的抢劫行为，所以人民警察可以使用武器予以制止。

（9）聚众械斗、暴乱等严重破坏社会治安秩序，用其他方法不能制止的。聚众械斗，是指纠集多人持械相互殴斗的行为。聚众暴乱，是指纠集多人实施暴力制造动乱的行为。对于这种参与人数多，使用暴力手段造成社会混乱和大规模的人身伤亡、公私财产损失的破坏社会治安秩序的行为，人民警察应当在指挥人员的指挥下集体采取行动，加以制止。如果使用其他方法，如劝导、驱散或使用警械能够制止时，不使用武器。在用其他方法不能制止的，人民警察可以使用武器。

（10）以暴力方法抗拒或者阻碍人民警察依法履行职责或者暴力袭击人民警察，危及人民警察生命安全的。当犯罪分子以人民警察为袭击目标，并且正在剥夺人民警察的生命或者剥夺人民警察生命的紧迫危险时，人民警察可以为保护自己的生命安全而使用武器。

（11）在押人犯、罪犯聚众骚乱、暴乱、行凶或者脱逃的。在押人犯，是指被依法逮捕、拘留而被羁押在特定场所的犯罪嫌疑人和被告人。在押罪犯，是指被依法判处拘役以上刑罚正在服刑的犯罪分子。在押人犯、罪犯聚众骚乱、暴乱、行凶或脱逃,严重破坏国家司法制度,危害人民民主专政的国家政权,具有极大的社会危害性,必须坚决予以制止。

(12) 劫夺在押人犯、罪犯的。劫夺在押人犯、罪犯,是指犯罪分子使用暴力等方法从监狱、囚车、法庭、看守所、刑场、押解途中等场所将人犯、罪犯从监管人员控制下劫走的行为。该行为严重侵犯国家司法制度,与国家政权公然对抗,必须采取有效的措施予以制止。

(13) 实施放火、决水、爆炸、凶杀、抢劫或者其他严重暴力犯罪行为后拒捕、逃跑的。公安民警对犯罪后拒捕、逃跑的犯罪嫌疑人使用武器,应当具备以下条件:第一,犯罪嫌疑人实施了暴力犯罪行为。犯罪嫌疑人实施的行为的性质是犯罪行为,不是轻微的违法行为,并且必须是采用暴力手段,如果采取的是非暴力手段,如盗窃、诈骗等,则不适用本项规定。第二,其暴力犯罪行为危害严重。法规列举四种行为来说明其严重程度,即行为危害程度与放火、决水、爆炸、凶杀、抢劫相当的所有的行为。第三,实施了上述性质的严重暴力犯罪行为后,犯罪嫌疑人不服从人民警察命令,抗拒人民警察抓捕,或者正在逃离。犯罪嫌疑人的行为同时具备上述条件时,人民警察可以使用武器。

(14) 犯罪分子携带枪支、爆炸、剧毒等危害物品拒捕、逃跑的。人民警察对于实施了一般犯罪行为(即非严重暴力犯罪)后拒捕、逃跑,同时携带着枪支、爆炸、剧毒等危险物品的犯罪分子,可以使用武器。因为这些犯罪分子逃跑后,仍将严重威胁他人的生命安全以及公共安全。

(15) 法律、行政法规规定可以使用武器的其他情形。这是对公安民警使用武器的补充规定,除《条例》以外的法律、行政法规中还有涉及公安民警武器的规定,或者将来法律、行政法规所作的有关补充规定,都是公安民警使用武器的法律依据。

4. 使用武器的禁则

公安民警使用武器的禁则,是指法律规定的公安民警必须遵守的禁止使用武器的规定。《条例》和《规程》对此作了明确规定。使用武器禁则的设立意味着公安民警的权力只能在法律界定的范围内行使,是公安民警依法使用武器的重要内容,因此必须正确理解和执行。

禁则的设立与赋予公安民警使用武器的权力的目的是一致的,以此维护权力和义务的对等关系,使权力的行使不偏离一定的轨道,而防止滥用权力。禁则的规定体现以下精神:

第一,公安民警使用武器必须符合有助于执法目的的实现,不得采取与执法目的相违背的行为。人民警察使用武器的目的是有效地制止犯罪,保护国家利益、公共利益和人民群众的合法权益,禁则的规定就是防止公安民警在使用武器的过程中,忽视对公共利益和公民合法权益的保护,从而达到公安民警使用武器的"剑"和"盾"的统一。

第二,公安民警使用武器应当将可能造成的损失限制到最小。禁则的规定具体体现了"人民警察使用警械和武器,应当以制止违法犯罪行为,尽量减少人员伤亡,财产损失"的精神。使用武器,不可能绝对避免造成损害结果,但是人民警察应当将损害减少到最小,包括对公共利益,其他公民以及犯罪分子本人。

第三,公安民警使用武器时,应当衡量其行为的强度与其行为目的所需强度的比例。如果采取较弱的措施即可达到行为目的,就不应当采取激烈的措施。公安民警使用武器所保护的合法利益应当大于不使用武器给犯罪分子所造成的损害。如果使用武器则造成更为严重的损害结果,是违背法律赋予人民警察使用武器的权力的立法意图的,因此法律禁止这种情况下使用武器。

(1) 禁则的内容

根据《条例》的规定,公安民警使用武器禁则的内容包括:

① 案件限制。公安民警在处理治安案件、群众上访事件、疏导道路交通和查处交通违法等非刑事执法活动时,一般不得使用武器。公安民警处理治安案件、群众上访事件、疏导道路交通和查处交通违法等非刑事执法活动,一般面对的是非暴力或者暴力程度较为轻微的违法行为,明显不符合《条例》第9条规定的情形,在此类情形下,不得使用武器。

② 对象限制。第一,发现实施犯罪的人为怀孕的妇女和不满14周岁的儿童,不得使用武器。所谓"发现",应当包括两种情况:公安民警事先知道实施犯罪的人为怀孕的妇女、儿童;公安民警虽然没有事先知道,但在现场上可以从形体的外部特征上判断出是怀孕的妇女、儿童。对孕妇、儿童不得使用武器,是我国人道主义和保护人权精神在法律上的体现,公安民警应当遵守这一规定。第二,正在实施盗窃、诈骗等非暴力犯罪或者实施暴力犯罪情节轻微,以及实施上述犯罪后拒捕、逃跑的。对于非暴力犯罪或者实施暴力犯罪情节轻微,以及实施上述犯罪后拒捕、逃跑的,不得使用武器。因为公安民警采取的处置措施应当与违法犯罪行为的暴力程度相适应,对于非暴力犯罪或者轻微暴力犯罪,如入室盗窃或者诈骗,以及实施上述犯罪后拒捕、逃跑的,从行为性质上分析,不符合《条例》第9条规定的情形。

③ 空间限制。犯罪分子处于群众聚集的场所和存放大量危险物品的场所时,不得使用武器。所谓"群众聚集的场所",是指正有群众聚集的公共场所,包括室内、露天场所,如繁华街道、交易市场、影剧院等。所谓"存放大量

易燃易爆危险物品的场所",指成批存放大量易燃、易爆、剧毒、放射性等危险物品的仓库、场院等。犯罪分子在这些场所有两种情况：在上述场所实施犯罪；在其他场所犯罪后为了躲避追捕而藏匿其中。在这些场所使用武器，会造成无辜群众的伤亡，会引起火灾、爆炸或者引起剧毒物品泄漏，产生放射源进而对公共安全造成严重危害。

④ 时间限制。犯罪分子停止实施犯罪，服从人民警察命令，失去继续实施犯罪能力时，不得使用武器。其一，必须是犯罪分子停止实施犯罪和服从公安民警命令同时具备，如果犯罪分子停止实施犯罪后，不服从公安民警命令，抗拒逮捕或逃跑，公安民警可使用武器予以制止。所谓"停止实施犯罪"，是指犯罪分子在实施犯罪过程中，主动停止或者由于公安民警使用武器迫使犯罪分子停止实施犯罪行为。"服从人民警察命令"，是指犯罪分子停止实施犯罪后，服从公安民警指挥、接受公安民警处置。其二，必须是犯罪分子失去继续实施犯罪的能力，即犯罪分子由于意志以外的原因而丧失继续实施犯罪、抗拒逮捕、逃跑的能力。如犯罪分子受伤，或者因其他客观原因失去反抗能力。在上述情况下，没有继续使用武器的必要，因为公安民警使用武器的行为，是一种现场处理措施，而不是一种制裁手段，仅以制服犯罪分子为限。

(2) 禁则下使用武器的例外

在上述情况下，公安民警原则上不得使用武器。但是禁则并不是绝对的，《条例》也规定了禁则下使用武器的例外情况。

① 怀孕妇女、儿童使用枪支、爆炸、剧毒等危险物品实施暴力犯罪，人民警察可以使用武器制止。在执行此规定时，应当明确：其一，公安民警有义务判明犯罪人是否是怀孕妇女、儿童。如果人民警察在不明知，也不能知道对方为怀孕妇女、儿童时，可以使用武器。其二，只有严重危害性存在时，才能对怀孕妇女、儿童使用武器。所谓严重危害性，应当指他们使用枪支、爆炸、剧毒等危险物品实施暴力犯罪，这些行为的后果是相当严重的。其三，严重危害行为正在发生，是对怀孕妇女、儿童使用武器的必要条件。怀孕妇女、儿童已经着手使用武器、爆炸、剧毒等危险物品实施暴力犯罪，致使国家利益和公共利益处于紧迫危险状态。如果此时公安民警仍不使用武器会产生严重的后果。

② 犯罪分子处于群众聚集场所或存放大量危险物品场所，不予以制止，将发生更为严重的危害结果，此时公安民警可以使用武器。公安民警在特定场所能否使用武器，应当对不使用武器和使用武器所造成的危害结果的大小作出合理的判断。所谓"将发生"，是指有发生更为严重后果的必然因素，而不是简单地推测可能发生。如何衡量危害结果的大小，一方面要认识到人身

权高于财产权,国家利益高于个人利益;另一方面要根据犯罪分子实施犯罪的具体环境、行为性质作出正确判断。

③ 犯罪分子停止实施犯罪,但不服从公安民警命令,或者犯罪分子虽受伤,但未完全丧失继续犯罪的能力,继续对抗,实施犯罪,逃跑,此时人民警察可以使用武器。

正确理解和执行公安民警使用武器的禁则,是公安民警依法使用武器的要求。公安民警应当遵守《条例》的有关规定,正确行使法律所赋予的使用武器的权力,有效地打击犯罪,保护人民群众的合法权益。

5. 使用武器后应采取的措施

根据《条例》第12条、第13条的规定,人民警察使用武器造成犯罪分子或者无辜人员伤亡的,首先应当现场处置,然后作出书面报告。

(1) 进行现场处置。根据《条例》第12条的规定,人民警察使用武器造成犯罪分子或者无辜人员伤亡的,应当采取以下措施:① 抢救受伤人员。公安民警使用武器,无论造成犯罪分子伤亡,还是无辜人员伤亡,都应当及时抢救。这样,一方面体现革命人道主义,另一方面可以保存证据。② 保护现场。对公安民警使用武器造成人员伤亡的地点或者场所进行保护。避免人为和自然因素的破坏,防止痕迹、物证受损或灭失。保护好现场有利于查明人民警察使用武器的真实经过,保护人民警察的执法行为,有利于公民和组织对公安民警执法活动进行监督,有利于确定公安民警是否依法使用武器。③ 向当地公安机关或人民警察所属机关报告。公安民警使用武器后,应当立即向公安民警使用武器的现场所在地的公安机关,或者该公安民警所在县市以上的公安机关报告,以便公安机关对事件尽快地调查。④ 公安机关应当及时勘验、检查。公安机关收到报告之后,应当及时对现场进行实地查看,以及对使用的枪弹进行实物检验,并且向当事人、受伤人员、目击者等进行询问取证,以便掌握事件的真实材料。⑤ 通知当地人民检察院。公安民警使用武器之后,在报告公安机关时,还应当通知现场所在地的人民检察院。根据法律规定,公安民警执行职务的行为,受人民检察院的监督。公安民警使用武器,造成人员伤亡时,必须自觉地接受人民检察院的监督。公安机关应当与人民检察院共同对事件进行调查,了解第一手材料。⑥ 通知伤亡人员家属或者其所在单位。当地公安机关或人民警察的所属机关,应当将犯罪分子或者无辜人员的伤亡情况,及时通知其家属或者其所在单位。以上措施,是公安民警使用武器,造成人员伤亡后,必须立即采取的,也是《条例》规定必须履行的行为。

(2) 写出书面报告。《条例》第13条规定:"人民警察使用武器的,应当将使用武器的情况如实向所属机关书面报告。"人民警察使用武器后,应当就使用武器的情况,向所属公安机关作正式的书面报告。书面报告应包括以下内容:① 使用武器的人民警察的个人情况:姓名、年龄、性别、职务、所属机关。② 武器的情况:武器类型、编号,弹药类型、数量等。③ 武器使用对象的个人情况:姓名、年龄、性别、单位、是否携带或者使用武器或者其他工具。④ 使用武器的经过。具有使用武器的情形,是否警告,使用武器的经过。⑤ 使用武器后的后果。人员伤亡情况,财产损失情况。⑥ 现场处置情况。公安民警使用武器后,及时地采取现场处置措施,并且作出书面报告,这是公安民警严格执法,依法行使权力的体现。

▶ 四、人身安全检查

公安民警现场制止违法犯罪行为,按规范进行人身安全检查。"安全检查",是指公安民警在现场处置中,为保证处置安全、查找违法犯罪行为线索、收集违法犯罪证据,对违法犯罪行为人的人身以及随身携带的物品进行检查,发现是否携带枪支、爆炸物品、管制刀具等其他对人身安全构成威胁的物品,以及其他所有与证明违法犯罪行为有关的物品的调查活动。在总结公安民警现场制止违法犯罪行为的实际经验的基础上,《规程》对人身安全检查作了详细的规定。

(一)人身安全检查的情形

公安民警现场制止违法犯罪行为时,在两种情形下应当进行人身安全检查:

1. 公安民警在制服违法犯罪行为人以后

公安民警通过口头制止、徒手制止等处置措施将违法犯罪行为人制服后,应当对违法犯罪行为人当场进行人身安全检查。

2. 使用约束性警械约束违法犯罪行为人以后

公安民警使用约束性警械约束违法犯罪行为人以后,应当对违法犯罪行为人当场进行人身安全检查。

(二)人身安全检查的内容

1. 检查人身

公安民警对违法犯罪行为人的身体及穿戴的衣服进行检查,及时发现其是否隐藏赃款赃物、作案工具或者违禁品等。

2. 检查携带的物品

公安民警对违法犯罪行为人携带的行李、包等物品进行安全检查,及时发现是否是赃款赃物、作案工具或者违禁品等。

（三）不适合当场检查的情形

在执法实践中,确实有一些情形无法当场检查或者不适合当场检查,如体内携带毒品,而现场没有相应检查设备,无法作出准确检测的,或者必须进行脱衣检查的,在这些情形下,公安民警可以将违法犯罪行为人带离现场,到公安机关或者指定地点进行安全检查。

（四）操作要求

为保障公安民警进行检查时的安全,《条例》对公安民警进行安全检查时的地点选择、现场控制、检查方式等作了具体操作要求:

1. 检查地点的要求

检查地点的选择对于保证检查的顺利进行具有重要性。在光线充足、开阔的场地进行安全检查,有利于保证检查时看得清楚,同时更有利于防止违法犯罪行为人脱逃、反抗或者实施其他暴力行为。因此在条件允许的情况下,公安民警进行安全检查应当尽量选择光线较好、场地开阔、有依托或者容易得到支援的地点。即使现场条件有限制,如单元楼内、晚上进行处置等,也要在现场尽可能选择更有利的地点进行安全检查。

2. 保持高度警惕

保持高度警惕,控制违法犯罪行为人,防止其反抗、逃跑、自杀、自残或者有其他危险行为。这也是安全原则的具体要求,其目的是在安全检查中保障公安民警自身以及违法犯罪行为人的人身安全。在执法实践中,公安民警制服违法犯罪行为人后,因为没有保持对其有效控制,导致自身受伤,或者违法犯罪行为人跳楼、跳车自杀、自残的情况时有发生。因此,公安民警在检查过程中,始终要绷紧安全这根弦,保持对违法犯罪行为人的有效控制。

3. 检查方式的要求

不得采取侮辱人格、有伤风化的方式进行安全检查。公安民警对违法犯罪行为人进行安全检查,应当在法律法规规定的范围内进行,既要有效打击、制止违法犯罪行为,也应当尊重社会公序良俗,保护违法犯罪行为人的合法权益,不得采用侮辱或者有伤风化的方式进行检查,如命令违法犯罪行为人在公共场合脱光衣服接受检查等。

4. 检查女性违法犯罪行为人的要求

检查女性违法犯罪行为人人身的,由女民警进行,可能危及公安民警人身安全或者直接危害公共安全的除外。为更好地保护女性违法犯罪行为人的合法权益,检查女性违法犯罪行为人人身的,由女民警进行。同时,考虑到一些处置现场没有女民警,但如果不马上对女性违法犯罪行为人进行检查,就可能导致公安民警人身安全或者公共安全面临紧迫危险,如违法犯罪行为人极有可能携带爆炸物等,此时也可以由男民警进行检查。

(五)检查顺序和方法

公安民警检查违法犯罪行为人的人身时,一般应当从被检查人的双手开始从上至下顺序进行,对其腋下、后背、腰部等重点部位及衣服重叠之处、衣服口袋、皮带内侧、鞋里帽边等易隐藏物品的地方,应当重点检查。这是公安民警对违法犯罪行为人进行检查的一般顺序。公安民警在进行人身检查时,一般先责令违法犯罪行为人伸开双手高举过头,公安民警从其双手开始从上至下顺序进行。检查过程中,对腋下、后背、腰部等可能藏匿物品的重点部位,以及衣服重叠处、衣服口袋、皮带内侧、鞋里帽边等易隐藏物品的地方,要重点检查。

一般情况下,公安民警检查违法犯罪行为人的人身应当采取用手轻拍、触摸违法犯罪行为人衣服外层的方法;经轻拍、触摸后,怀疑违法犯罪行为人可能携带赃款赃物、作案工具或者违禁品的,可以翻开衣帽检查。出于保护被检查人的合法权益以及公安民警自身安全的考虑,一般不直接翻开违法犯罪行为人衣帽进行检查。公安民警应当采用轻拍、触摸违法犯罪行为人衣服外层的方法进行检查;经轻拍、触摸后,如果怀疑其可能携带赃款赃物、作案工具或者违禁品的,可以进一步翻开衣帽检查。

(六)防护措施

从保护公安民警人身安全的角度,公安民警在检查中应小心谨慎,防止感染疾病或者受伤。在检查中,如果公安民警判断违法犯罪行为人特别是疑似吸毒人员,有可能携带注射针筒、刀片等锐器的,应当小心谨慎,改变检查手法,避免直接拍打可能藏匿此类物品的部位,有条件的可以使用防刺手套,避免感染疾病或者受伤。同时,为防止违法犯罪行为人脱离控制,公安民警在检查中,一般不得让其自行翻动物品。如果能够确保安全,在保证有效控制的情况下,公安民警可以命令违法犯罪行为人将衣服口袋翻出接受安全检查。

公安民警在安全检查中发现违法犯罪行为人携带的物品可能为易燃、易爆、剧毒、放射性等危险物品时,应当立即采取适当的防护措施,并通知专业人员到场处置。

五、公安民警现场处置的事后处理

(一) 对违法犯罪行为人的处理

公安民警控制住违法犯罪行为人后,应当将其带至公安机关,区分其违法犯罪的不同情况,依法采取相应强制措施,但是依法当场处理完毕的除外。

(1) 对于实施了违反治安管理行为的人,公安民警应当按照《治安管理处罚法》的规定,对行为人口头传唤。在实施口头传唤时,公安民警应当向被传唤人说明其被传唤的原因、法律依据、接受调查的地点等。对于不接受传唤或者逃避传唤的,可以强制传唤其到案接受调查。

(2) 对于涉嫌犯罪,符合《刑事诉讼法》规定的拘留条件的行为人,考虑到现场处置中情况紧急,来不及办理拘留手续,公安民警可以对其先行控制,将其带至公安机关后,立即办理立案、拘留手续。拘留与抓获不同,公安民警抓获犯罪嫌疑人是紧急情况下的应急措施,抓获犯罪嫌疑人并不等于对犯罪嫌疑人采取了拘留措施。在抓获犯罪嫌疑人后应当进行初步审查,确定是否符合拘留条件,符合拘留条件的,应当依法办理拘留手续并羁押;不符合拘留条件的,应当立即释放。还需要强调的是,将犯罪嫌疑人拘留后,应当依法及时通知被拘留人的家属或者其所在单位。

(3) "依法当场处理完毕的除外"。根据有关法律法规的规定,当场处理完毕的情形主要包括:

一是可以当场作出处罚决定的情形。根据《行政处罚法》第 33 条、《治安管理处罚法》第 100 条及《道路交通安全法》第 107 条的规定,对违反治安管理行为人或者道路交通违法行为人处 200 元以下罚款或者警告的,以及对有其他违法行为的个人处 50 元以下罚款或者警告、对单位处 1000 元以下罚款或者警告的,公安民警可以当场作出处罚决定。应当注意的是,对符合当场处罚条件的案件,公安民警只是"可以"适用当场处罚,并非"应当"适用。公安民警在实施当场处罚前,应当对违法事实、适用法律等进行综合分析判断,无法确定的,可不适用当场处罚。

二是可以现场调解的情形。所谓现场调解,是指符合治安调解条件且不涉及医疗费用、物品损失或者双方当事人对医疗费用和物品损失的赔偿无异议的案件,在公安机关的主持下,以法律法规为依据,当场促使双方当事人达成协议并履行协议,对治安案件作出处理的活动。关于现场调解的条件和程序,《公安机关执法细则》明确规定现场调解有以下条件:符合治安调解的条件;情节轻微;事实清楚、因果关系明确;不涉及损失赔付或者双方当事人对赔付无争议;双方当事人同意现场调解并能够当场履行。在现场调解过程中,公安民警应当做好调查取证工作,向双方当事人了解情况,告知现场调解的法律规定及法律后果,询问双方当事人对案件处理的态度和意见,公安民警居中由双方当事人自愿达成调解协议。对于现场调解达成协议的,不再进行行政处罚,但公安民警应当制作《现场治安调解协议书》,载明治安调解机关名称,调解主持人、双方当事人和其他在场人员的基本情况,简要案情,协议内容及履行方式,现场履行情况等内容,由双方当事人签名、捺指印,作为对调解成果和纠纷处理结果的法律凭据。

（二）物品的处理

第一,违法犯罪行为人携带毒品、淫秽物品等违禁品或者管制刀具、武器、易燃、易爆、剧毒、放射性等危险物品的,公安民警应当依法予以扣押或者收缴。这里的"违禁品、危险物品",主要是指法律法规明确规定禁止私自制造、销售、购买、持有、使用、储存和运输的物品。根据现行法律法规,违禁品、危险物品主要包括:毒品、淫秽物品,邪教组织、会道门等宣传品,枪支、弹药、爆炸物品、剧毒物品、放射性物品、易制毒化学品,管制刀具等。根据《刑事诉讼法》《治安管理处罚法》以及有关部门规章的规定,对于违禁品、危险物品,公安机关应当依法收缴或者扣押。收缴是公安机关在办理行政案件时,对违禁品、危险物品等涉案物品采取的一种行政强制措施。《公安机关办理行政案件程序规定》第十一章对有关涉案物品的收缴作了明确规定。扣押是公安机关对于发现与案件有关的需要作为证据使用的物品,依法强行扣留到公安机关的强制措施。根据有关法律法规的规定,在办理行政案件、刑事案件中,公安机关可以依法使用扣押措施。需要注意扣押与收缴的区别:扣押是一种临时性措施,一般有期限限制,主要目的是为了固定、保存证据。当案件办结时,要对扣押的物品予以处理,属于非法所得的,予以没收;属于被害人合法财产的,及时予以返还。收缴是一种对物品的处置措施,没有期限限制,收缴违禁品、危险物品的目的是防止其流入社会,危害社会治安秩序。

第二,对需要作为证据使用的物品、文件,应当根据案件性质,分别依照公安机关办理行政案件或者刑事案件的有关规定处理。公安民警在现场处置完毕后,对于现场发现的与案件有关的物品、文件,应当按照《公安机关办理行政案件程序规定》和《公安机关办理刑事案件程序规定》中有关收集、固定证据的规定,该扣押的依法扣押,该提取的依法提取,并依法出具相关执法文书,及时将发现的相关物品、文件固定、转化为法定证据形式,从而保证案件顺利办理。

(三) 人员伤亡的处置

1. 公安民警的处置程序

现场处置过程中出现人员伤亡的,公安民警应当按照以下程序处置:

(1) 立即向所属公安机关口头报告。报告内容包括公安民警身份、目前所处位置、采取处置措施情况、人员伤亡情况、现场情况、联系方式;异地采取处置措施的,应当同时向现场所在地公安机关口头报告。这是关于口头报告的时间和内容的要求。公安民警及时报告情况有利于公安机关指挥员迅速调整部署,保证处置工作的顺利完成。

(2) 迅速对受伤人员采取临时救治措施,并根据需要立即通知急救中心进行抢救。即对于受伤人员,现场处置的公安民警应当及时采取力所能及的临时救治措施,对于受伤较严重,需要送医院治疗的,应当立即通知急救中心派员抢救。

(3) 保护现场,寻找相关证人和物证、书证,防止证据灭失。考虑到出现人员伤亡的现场在事后处理时容易产生争议,公安民警应当采取措施对现场进行保护,防止现场遭到破坏。同时,公安民警应当对现场目击者、围观人员进行询问,有条件的还可以使用录音录像设备对现场情况予以固定。公安民警要尽可能在第一时间收集、固定相关证据;否则,处置完毕后,围观人员散去,时过境迁,收集、固定证据的工作量和难度会大大增加。

2. 公安机关的处置程序

县级以上公安机关在接到人员伤亡的报告后,应当按照以下程序进行处置:

(1) 视情况指派有关部门立即赶赴现场,划定警戒区域,进行现场勘查等工作。对杀人、放火、爆炸等严重犯罪的现场或者已经造成人群聚集的现场,公安机关负责人应当赶赴现场进行指挥。公安机关在接到报告后,应当根据现场情况以及公安机关内部分工,指派相关部门派员到场开展先期调查、勘查等工作。考虑到杀人、放火、爆炸等严重犯罪的现场或者已经造成人群聚集的现场,情况比较复杂,需要多部门协调配合进行现场处置,因此,对于此类现场,应当由公安机关负责人赶赴现场进行指挥。

(2) 及时对受伤人员采取紧急救治措施。即公安机关应当根据现场公安民警报告的伤亡情况,协调医院等部门派遣人员携带相关医疗器械到场进行救治。

(3) 对于公安民警采取处置措施造成人员重伤、死亡的,及时通知当地人民检察院。也就是说,对于公安民警采取处置措施造成人员重伤、死亡的,及时通知当地人民检察院,以便充分发挥人民检察院的法律监督职能,对人员伤亡事件予以公正认定。

(4) 将伤亡人员情况及时通知其家属或者其所在单位,并做好善后工作。

(5) 根据需要准备新闻口径,做好舆论宣传、引导工作。当前,公安机关面临的执法环境发生了复杂而深刻的变化,执法活动已经处于一个全面开放、高度透明的社会,对于处置中发生人员伤亡的,公安机关应当积极做好舆论宣传、引导工作,坚持用正面声音引导舆论,用事实真相回应社会关注。

3. 事后报告

现场处置过程中出现人员轻伤、重伤或者死亡的,公安民警应当在现场处置完毕后,及时将处置情况向所属公安机关书面报告;异地处置的,应当同时向现场所在地公安机关书面报告。这样,一方面便于公安机关全面掌握、分析公安民警进行现场处置的有关情况;另一方面在有关现场处置情况产生争议的情况下,书面报告可以作为全面说明现场处置情况的一个重要参考。对于跨辖区异地处置的,公安民警应当同时向现场所在地公安机关书面报告现场处置情况,以便于现场所在地公安机关及时掌握有关情况。

4. 公安机关启动调查的条件

公安机关启动调查程序的条件是现场处置过程中出现人员轻伤、重伤、死亡或者已经引发争议、引起舆论关注等。包括两种情况:(1) 公安民警在现场处置过程中出现了人员轻伤、重伤、死亡的情形之一的。(2) 公安民警在现场处置后已经引发争议、引起舆论关注。

5. 公安机关启动调查的程序

公安机关启动调查的程序是:(1) 现场所在地县级以上公安机关应当对现场处置情况进行调查。(2) 出具调查报告。(3) 异地采取现场处置措施的,公安民警所属公安机关应当配合做好调查工作。

6. 调查报告的内容

调查报告应当包括以下内容:(1) 公安民警现场处置情况。主要是公安民警在现场的处置经过。(2) 伤亡人员情况。(3) 对伤亡人员的救治及通知家属情况。(4) 调查工作情况。(5) 调查结论。即由公安机关对参与现场处置的公安民警采取处置措施是否适当、是否违法等作出结论。

7. 公安机关调查结果的运用

县级以上公安机关对现场处置情况调查结束后,应当及时向参与现场处置的公安民警及其所属部门、其他相关单位或者个人宣布调查结果;对公安民警采取处置措施不当或者违反规定采取处置措施的,应当按照有关规定提出处理意见。

公安机关应当在全面查明现场处置情况的基础上,认真负责地作出调查结论,对于确实属于公安民警采取处置措施不当或者违反规定采取处置措施的,应当依法处理;而对于公安民警依法正当使用处置措施的,应当及时予以肯定,并在一定范围内消除影响,积极鼓励公安民警依法正当使用处置措施。

【知识链接】

1. 《中华人民共和国人民警察法》。
2. 《中华人民共和国刑事诉讼法》。
3. 《公安机关办理行政案件程序规定》。
4. 《中华人民共和国治安管理处罚法》。
5. 《人民警察使用警械和武器条例》。
6. 《公安机关人民警察现场制止违法犯罪行为操作规程》。
7. 《公安机关人民警察盘查规范》。
8. 《公安派出所执法执勤工作规范》。
9. 邢曼媛等:《人民警察执法权力与自身权利保护》,中国人民公安大学出版社2005年版。
10. 邓国良等:《袭警犯罪的控制与预防》,北京大学出版社2015年版。

【思考题】

1. 人民警察的职权有哪些?
2. 公安民警应当保持怎样的警容风纪?
3. 对人民警察进行教育和培训有何意义?
4. 国家为人民警察依法执行职务提供了哪些保障?
5. 如何对人民警察进行执法监督?
6. 如何理解分级处置原则?
7. 公安民警使用武器制止的情形和程序是什么?
8. 如何理解公安民警使用武器制止的禁则?
9. 公安民警徒手制止的要素有哪些?
10. 如何理解口头制止?

参 考 文 献

一、图书

1. 蔡虹:《民事诉讼法学》(第三版),北京大学出版社2013年版。
2. 常怡主编:《民事诉讼法学》(第二版),中国政法大学出版社2010年版。
3. 车辉、李敏、叶名怡:《侵权责任法理论与实务》,中国政法大学出版社2012年版。
4. 陈晋胜:《警察法学概论》,高等教育出版社2002年版。
5. 冯菊萍主编:《民法学概论》,上海人民出版社2012年版。
6. 公安部编:《人民警察法教程》,群众出版社1996年版。
7. 公安部法制局编:《公安机关人民警察现场制止违法犯罪行为操作规程释义》,中国人民公安大学出版社2010年版。
8. 公安部人事训练局编:《警察法教程》,群众出版社2001年版。
9. 公丕祥主编:《法理学》,复旦大学出版社2002年版。
10. 韩大元、胡锦光主编:《宪法教学参考书》,中国人民大学出版社2003年版。
11. 胡锦光、韩大元:《中国宪法》(第四版),法律出版社2018年版。
12. 惠生武:《警察法论纲》,中国政法大学出版社2000年版。
13. 焦洪昌:《宪法学》(第五版),北京大学出版社2013年版。
14. 李响、冯恺:《侵权责任法精要》,中国政法大学出版社2013年版。
15. 梁慧星主编:《民法总论》(第五版),法律出版社2017年版。
16. 卢建军:《警察职权的界定与配置》,北京大学出版社2017年版。
17. 马爱萍主编:《民事诉讼法》,法律出版社2006年版。
18. 曲天明、王国柱等:《合同法》,浙江大学出版社2010年版。
19. 沈宗灵主编:《法理学》(第二版),北京大学出版社2003年版。
20. 史尚宽:《债权总论》,中国政法大学出版社2000年版。
21. 宋朝武主编:《民事诉讼法学》(第二版),中国政法大学出版社2011年版。
22. 苏力:《法治及其本土资源》(第三版),北京大学出版社2015年版。

23. 王利明:《合同法研究》(第四卷)(第二版),中国人民大学出版社2017年版。

24. 王利明、杨立新、王轶、程啸:《民法学》(第五版),法律出版社2017年版。

25. 王利明主编:《民法》(第六版),中国人民大学出版社2015年版。

26. 王玉梅主编:《合同法》(第二版),中国政法大学出版社2014年版。

27. 魏振瀛主编:《民法》(第七版),北京大学出版社、高等教育出版社2017年版。

28. 夏蔚、李爽主编:《民事诉讼法学》(修订本),中国人民公安大学出版社2008年版。

29. 谢妹玮:《宪法教程》,中国人民大学出版社2008年版。

30. 邢曼媛等:《人民警察执法权力与自身权利保护》,中国人民公安大学出版社2005年版。

31. 徐罡、宋岳、覃宁:《美国合同判例法》,法律出版社1999年版。

32. 徐国栋:《民法基本原则解释——以诚实信用原则的法理分析为中心》(增删本),中国政法大学出版社2004年版。

33. 许崇德、胡锦光主编:《宪法》(第六版),中国人民大学出版社2018年版。

34. 杨立新:《侵权责任法》(第三版),法律出版社2018年版。

35. 杨秀清:《民事诉讼法》(第三版),中国人民大学出版社2016年版。

36. 张建明、蔡炎斌、张丽园主编:《公安学基础理论》,中国人民公安大学出版社2007年版。

37. 张庆福主编:《宪法学基本理论》,社会科学文献出版社1999年版。

38. 张荣顺主编:《民法总则解读》,法律出版社2017年。

39. 张文显主编:《法理学》,高等教育出版社、北京大学出版社2011年版。

40. 赵肖筠、史凤林主编:《法理学》,法律出版社2012年版。

41. 《中国大百科全书》总编辑委员会:《中国大百科全书·法学卷》,中国大百科全书出版社2006年版。

42. 周叶中主编:《宪法》(第四版),高等教育出版社、北京大学出版社2016年版。

43. 卓泽渊主编:《法学导论》(第四版),法律出版社2003年版。

二、期刊

1. 韩大元:《加强宪法监督是全面推进依法治国的根本保障》,载《人民法院报》2015年12月3日。
2. 韩大元:《论国家监察体制改革中的若干宪法问题》,载《法学评论》2017年第3期。
3. 林来梵:《合宪性审查的宪法政策论思考》,载《法律科学》2018年第2期。